HAWKING
HAWKING

The Selling
of a Scientific
Celebrity

霍金传

［美］查尔斯·塞费（Charles Seife）————— 著· 骆相宜 ————— 译

中信出版集团 | 北京

图书在版编目（CIP）数据

霍金传/（美）查尔斯·塞费著；骆相宜译．—北京：中信出版社，2022.7（2023.11 重印）
书名原文：Hawking Hawking: The Selling of a Scientific Celebrity
ISBN 978-7-5217-4344-9

I.①霍…　II.①查…　②骆…　III.①霍金（Hawking, Stephen 1942-2018）－传记　IV.①K835.616.14

中国版本图书馆 CIP 数据核字（2022）第 079344 号

霍金传
著者：　　[美]查尔斯·塞费
译者：　　骆相宜
出版发行：中信出版集团股份有限公司
　　　　　（北京市朝阳区东三环北路 27 号嘉铭中心　邮编　100020）
承印者：　北京通州皇家印刷厂

开本：880mm×1230mm　1/32　　印张：14.25　　字数：350 千字
版次：2022 年 7 月第 1 版　　　印次：2023 年 11 月第 2 次印刷
京权图字：01-2022-2337　　　　书号：ISBN 978-7-5217-4344-9
　　　　　　　　　　　　　　　定价：69.00 元

目 录

前言

　　《每日邮报》对史蒂芬·霍金有着超乎寻常的喜爱，但后者对前者则不然。即便以英国小报的评判标准来看，《每日邮报》中的科学报道也显得可笑，有时甚至令人愤怒，看读者站在什么立场了。该报总是充斥着各种关于科学研究的文章，但研究本身则因作者们的夸张文字变得面目全非。当然，这些手段都是为了吸引读者。

　　没有人能像霍金这样引人注目，因此他的名字时常出现在小报上，但往往不是因为什么好消息。这位教授不是给出关于厄运的预兆，就是发出各种死亡警告，而起因通常是全球变暖、机器人暴动、外星人入侵等灾难。除此之外，他还丑闻缠身，婚姻和私生活一团糟。但在 2018 年年初，霍金去世前夕，《每日邮报》又出了新花样。

　　"史蒂芬·霍金是否已成为一个傀儡？"报纸头条这样写道，"阴谋论者认为真正的教授已经去世，现在我们看到的只是一个傀儡。我们有 6 条线索支持这一观点。"[1]

这篇报道十分冗长且详尽，试图证明从 20 世纪 80 年代中期的某个时候开始，这位倍受尊敬的物理学家就已经被顶包了。这个结论听起来十分离谱，但《每日邮报》还是阐述了一些理由，比如他的外貌（尤其是牙齿）是如何随着年龄增长产生了一些所谓的异常，以及在身患绝症之后，本应只剩几年寿命的他却出乎意料地活了很长时间，再加上其他一些线索，似乎都表明原本的霍金早已死去，现在出现在公众面前的只是一个替身。"我们所听到的声音是美国国家航空航天局的天体物理学家输入电脑的信息，这些都只是他们想传达给毫无戒心、易受蒙骗的公众和霍金的粉丝的信息，他们深信（他们所认为的）霍金所说的每一个字。"

即便对于小报作者想象中的离奇世界来说，这个观点也过于离谱了。在此之前，他们仅有过一次堪比此次事件的报道。那是在大概 50 年前，即 1969 年，小道消息说披头士乐队的保罗·麦卡特尼在一次车祸中丧生，随后被一个替身取代。

将史蒂芬·霍金与保罗·麦卡特尼相提并论，并不完全符合霍金本身非凡的名望。纵观历史，大概只有三四位科学家可以获得这样的公众声望，他们是爱因斯坦、牛顿、伽利略，或许还有达尔文。对于媒体和大众来说，霍金已经成为思想胜利的终极象征：他是世界上最聪明的人，拥有一个无与伦比的大脑，将毕生精力奉献给了宇宙最深邃的奥秘。

《每日邮报》关于霍金已经被替身取代的说法，只是近几十年来媒体和公众将他描述得最离奇、最荒谬的一次。除此之外，这位教授已经被塑造成一个反差极大的矛盾体：一方面，他向世人展示了超越常人的头脑，甚至超越了其他的天才科学家，举世无双，或者说与正常人类不在同一个智力层面上；而另一方面，他又被当作一个不再鲜活的个体，被神经系统疾病逐渐剥夺了自由行动的能力，只能依靠电脑合成语音说话。草率地认为霍金是一个人造产物而非真实的人类，可能对普通人而言更易接受。正如《每日邮报》所言，人们甚至不一定能分辨出他的电脑合成语音是否真的是坐在轮椅上的那个人控制的①。

到2018年，也就是他去世的那一年时，人们几乎已无法从这层层堆积的象征意义中分辨出真正的霍金是什么样子。与其说这是一个活生生的人，倒不如说他已经成为一个简单又夸张的符号。尽管每一个认识他的人都说，霍金是他们见过的最固执、意志力最强的人之一，但要透过大众传媒塑造的这个公众形象看清他的真实面貌，分辨出他的真实意志，却极其困难。

要了解史蒂芬·霍金，就必须让时光倒流。在霍金生命的最后1/3，他是世界上尚健在的最负盛名的科学家，地位稳固，却没有做出什么实际的科学贡献。虽然是媒体的常客，但是媒体关注的重点并不在他的科学研究上。在这最后的几十年中，霍金倾尽全力取得的研究成果将不会对物理学界产生任何持续性的影响。他就像一颗坍缩的恒星，用自身的能量使得周围的世界发出耀眼的光芒，内核却只剩下往日辉煌的一个微弱倒影。

但在此之前，在他生命的中间那1/3，霍金是一颗超新星。这20年是一段壮丽辉煌的转变，他由一名默默无闻、与同事共同探索宇宙最初奥秘的物理学家，变成了国际巨星，变成了世界上最聪明的人，变成了科学界的披头士。这种蜕变既是巨大的满足，也带来了强烈的痛苦。而当蜕变完成时，霍金已经与过去的自己割裂开来，取而代之

---

① 霍金在与外界接触中的任何真实的个性化表现都会被公众倍加珍惜。例如，他在剑桥的街道上驾驶轮椅时我行我素，全然无视街上的其他车辆，这件事相当出名。2018年他去世后，推特上有一场热门讨论，全是他差点儿被车撞到的故事。

的是一个神话。

而只有在他生命的前 1/3，在他取得地位和名声之前，在他成为世界上最聪明的人之前，在他成为一流的科学布道者之前，这段传奇背后的真实的人性才得以显现。让我们慢慢追溯，逐渐还原霍金最初的辉煌。若你穿越回霍金的青年时代，你就会了解到他是如何获得使他声名远播的科学见解的，就会觉察出他成为著名的科学布道者的根源，还会理解这个努力奋斗（以及努力组建家庭）的年轻人在面临绝症时的恐惧：这个绝症随时都会夺走他的生命。

对一项科学发现来说，随着时间的推移，如果有越来越多的科学家投身其中，那么这项发现就会变得更加容易理解。但史蒂芬·霍金的一生则恰恰相反。随着时间的倒流，他身上的明星光环和传奇色彩逐层剥落，本来面目却渐渐清晰。最终，霍金这个人与大众喜爱的那个"霍金"变得截然不同。

公众眼中的霍金是全世界最聪明的人，是科学家群体中的佼佼者；而霍金本人虽然也很出色，但是他知道周围有一群同样出色的同行也在默默无闻地工作着。公众眼中的霍金是世界上最伟大的科学布道者；而霍金本人则是这个世界上最难交流的人之一，在他成名的时候，他每分钟只能说出几个词。公众眼中的霍金为人隐忍，将自己身体上的困难说成是小小的不便，不值一提；而霍金本人则被自己的身体残疾所影响，他的人生观、科学研究、家庭生活，还有他的名声，方方面面都受到了影响。对于公众来说，霍金所做的一切都非同寻常、充满勇气，无论他是说话、吃饭，还是跳舞、工作、坠入爱河，都像是一场场精彩的表演；然而对于霍金本人来说，他没有勇气只做自己。

就连他的同事和竞争对手也不得不竭尽全力，才能区分真实的霍金和那个神坛上的传奇人物。美国斯坦福大学物理学家列纳德·萨斯坎德曾就黑洞特性与霍金有过争论，他说："我并不是说霍金是骑着魔法轮椅穿梭于宇宙中的一束脑电波，我是说他是一个真实存在的人。但是你知道，没有人能够真正了解他。"[2]

但是当我们把时光倒流，一个真实的人就出现了，他狂妄、傲慢、冷酷，同时也温暖、风趣、聪颖。他既复杂又迷人，特立独行。

他就是史蒂芬·霍金。

第一部分

合并

哦，智者们！立于上帝的神火中，
好像是壁画上嵌金的雕饰，
从神火中走出来吧，旋转当空，
请为我的灵魂作歌唱的教师。
把我的心烧尽，它被绑在一个
垂死的肉身上，为欲望所腐蚀，
已不知它原来是什么了；请尽快
把我采集进永恒的艺术安排。

——威廉·巴特勒·叶芝，《驶向拜占庭》（查良铮译）

第 1 章

与牛顿为邻

（2018）

在过去的 100 年中，仅有三位科学家获得了入葬英国伦敦威斯敏斯特教堂的殊荣，他们是发现原子结构的欧内斯特·卢瑟福（1937 年去世）和发现电子的约瑟夫·约翰·汤姆森（1940 年去世），还有一个就是史蒂芬·霍金（2018 年去世）。

2018 年 6 月 15 日，物理学家史蒂芬·霍金的骨灰被送入教堂，安葬在一块黑色的石板下，距离艾萨克·牛顿和查尔斯·达尔文的墓碑只有几英尺[①]远。

霍金曾公开拒绝与牛顿做任何比较，每当有人试图这样做的时候，他总是会斥责其为"炒作"。然而，面对霍金这样一位当代最负盛名的物理学家，公众难免总是在二者间建立起各种联系。霍金在剑桥大学担任卢卡斯教授，300 年前的牛顿也担任同一职务。像牛顿一

[①] 1 英尺 ≈ 0.30 米。——编者注

样，霍金将大部分职业生涯都倾注于探寻引力的奥秘。即使去世之后，霍金也仍然无法摆脱这种联系。这两位伟大的科学家不仅安息之所仅相距几步之遥，他们的墓志铭也是一样的。牛顿的黑色墓碑上只有一句拉丁文铭文："Hic depositum est quod mortale fuit Isaaci Newtoni（艾萨克·牛顿安葬于此）"。而霍金的墓碑上用英文写着同样的一句铭文："Here lies what was mortal of Stephen Hawking（史蒂芬·霍金安葬于此）"。[1]

霍金的墓碑虽然比牛顿的墓碑小，却更加精致。石板上雕刻着一组旋涡状的曲线，周围环绕着铭文，这些旋涡似乎都朝着中心的椭圆空白处移动，示意气体云正被黑洞缓缓吞噬。左边刻着一个等式，那些字母似乎是对画面中心的黑洞引力的一种公然反抗：

$$T = \frac{\hbar c^3}{8\pi GMk}$$

看过墓碑的人中很少有人懂得这些符号的含义。但对史蒂芬·霍金来说，这个等式就是他超越常人的关键所在。

* * *

在霍金于 2018 年去世之前，他一直是这个星球上最知名的人之一，同时也可能是最容易被注意到的一个人。他被限制在轮椅上，几乎无法动弹，而且必须有随行护士陪同，自己无法隐姓埋名地外出。当然，他也并不是很在乎这些。霍金是我们这个时代中最著名的科学家，令公众极度着迷，这样的盛况百年难遇。

公众崇拜霍金，却不了解确切的原因。爱因斯坦发现了相对论，牛顿发现了万有引力，但绝大多数崇拜霍金的人却不知道他因何出名。他们其实也不知道，为什么媒体总把霍金与爱因斯坦或者牛顿相提并论。霍金自己总是谦虚地拒绝这种比较，但同时他的勤奋和努力又在不断引发类似的比较。而即便是那些对霍金的学术成就有一丝了解的人，也不能说自己全然了解霍金之所以成为霍金的原因。因为他不仅是一名物理学家、一个名人，还是一名"演员"、一位丈夫和父亲、一个象征符号。

这些角色之间激烈交战，无法和谐相处。就在霍金成名的那一刻，他的婚姻破裂了，他的家庭破碎了。而对于他的学生来说，虽然身为物理学家的霍金更想把他们培养成自己的学术接班人，但是他们不得不变成看护和保姆来照顾他。霍金也许是这个世界上最知名的物理布道者，但是他却难以被外界理解，即便借助于一台特制的电脑，他每分钟也只能说几个词。即使是他个人人设中最直白的部分—— 一流物理学家，也比初看起来复杂得多。科学家们认为霍金的头脑无与伦比，但同时，很多人对他的后期成果不屑一顾，将它们贬低得一文不值。真正的霍金则隐藏在这些杂乱无序又相互矛盾的故事背后。

正如他所研究的黑洞一样，有一股不可思议的力量在阻止外人窥见霍金的内心。但你无法否认，去掉这些明星光环，他其实是一个真实的人。

他具有多重身份：他是一名颇有成就的科学家，但其成就几乎被普遍地误解了；他是一个饱受苦难的人，但他同时也给他人造成了痛苦；他还是一位科学名人，却打破了前人的模式，从根本上改变了"科学名人"这一概念。

大多数对霍金有所了解的人都会被他生活中的一幕蒙蔽双眼。那是一个小插曲，发生在1980—1990年这动荡的10年间，彼时他正从一名备受尊敬却默默无闻的科学家转变为这个星球上最知名的人之一。但是，就像超新星爆发一样，耀眼的光芒短暂遮蔽了寄主星系，既吸引了无数人的目光，又将一颗不依附一切的赤裸的恒星隐藏了起来。霍金的成名也是如此，他的明星光环既引发了大众关注，又分散了人们的注意力。

* * *

演员本尼迪克特·康伯巴奇曾在 2004 年上映的英国电影《霍金传》中饰演霍金，他出席了在威斯敏斯特教堂举行的霍金追悼会，并朗读了《所罗门的智慧》中的一段作为致辞：

> "……是他把所有事物的正确知识赐给了我，
>
> 使我明了世界的构造，和元素的能量，
>
> 时间的始末和中心，
>
> 冬至夏至的转变，和季节的变更，
>
> 年岁的循环与星辰的位置……"

霍金并不是全知全能的，但他试图去了解宇宙的始末，并将其作为自己的毕生事业。20 世纪 60 年代初，当他的研究开始时，宇宙学领域还是一片沉寂，已经几十年没有取得任何实质性的进展了。但是到他去世的时候，宇宙学摇身一变，已经成为物理学中最激动人心的领域。它改变了我们对于宇宙形成的理解，也产生了一个又一个诺贝尔奖，直到现在还是这样。

霍金的第一项实质性研究是关于宇宙起源的一项重要发现。回到 1965 年，在宇宙是如何诞生的这一问题上，当时有两种互不相让的观点：一种是宇宙永恒地处于自我更新中；另一种是宇宙诞生于一次惊天动地的爆炸。后者就是我们现在所知的大爆炸理论。在他的博士论文中，霍金证明了如果宇宙起源于一次大爆炸，那么爆炸的起点一定是我们现在所称的奇点。这个点在时空结构上无限小又无限瑕疵①，任何已知的物理定律都不再适用于此，连数学也在这里失效。这是一项惊人的发现。我们如果相信大爆炸的存在，就必须同时接受我们已知的物理定律无法描述宇宙诞生这一事实。这个现在被称为奇点定理的发现，照亮了霍金之后的研究道路。

随着霍金学术声誉和地位的提升，他成为"暴胀理论"阵营的一号关键人物，这一理论描述了极早期的宇宙是如何膨胀的，也是相关领域中的主流理论。但在霍金看来，他对宇宙学最重要的贡献是在量子力学层面试图计算"宇宙波函数"，这是一个野心勃勃、激进又充满争议的理论。他不仅相信这一理论可以描述宇宙时空的起点，也确信该理论使上帝变得无关紧要。"这样一来，创世者的位置又在哪里呢？"他的问话让全世界的许多神学家，甚至一些科学家，感到非常懊恼。2

事实上，霍金最重要的成果并不是关于宇宙诞生的研究，而是关于一类特别的奇点：位于黑洞中心的奇点。他一生中的大部分精力都用来研究这类神秘物体的运行方式，在他科学生涯中最重要的时刻，他意识到这类物体有一种旁人无法想象的奇异特性。

黑洞是一种具有强大引力的天体，所有靠近它的物体，包括光在内，都无法逃脱它的引力。黑洞由大质量的恒星演化而来。在恒星生命的尽头，其内部的核反应停止，自身也在引力作用下坍缩。一瞬间，整个恒星的质量都压向自身，将物质压成了一团毫无差别的原子②，紧接着电子被压进质子形成中子，就这样逐层压缩，最终我们得

---

① 无限瑕疵（infinite blemish）可以理解为时空中的类时世界线在奇点处被截断，并且没有办法通过任何修复让它延伸下去。由于类时世界线就是一个物体的"历史"，因此它的截断就意味着物体的消失。——译者注

② 指由电子、质子和中子组成的均匀混合物。——译者注

到了一个奇点。这是时空结构中的一个瑕疵，也是一个断点。然而，由于这颗恒星周围的引力太过强大，没有任何物体可以在接近它之后顺利逃脱，因此也没有什么东西可以告诉我们奇点周围是什么样子的。这就好像有一个无形的罩子罩住了之前所有的恒星。这也是一条不归路，一旦越过所谓的"视界"，就注定了无法返回，无论你怎么挣扎，都必定要掉入黑洞。

正因为黑洞连光线都能吞噬，所以它们都"黑"到了极致。它们是终极的吸收体，吞噬一切光亮，不会反射出一丝一毫。但是在 20 世纪 70 年代，霍金有了一个惊人的发现：黑洞不是真正完美的黑色，它们会向各个方向辐射粒子，包括光子。这一发现后来被称为"霍金辐射"。在大多数情况下，霍金辐射异常微弱，在任何合理距离上都无法被探测到。然而，仅仅是发现这种辐射的存在已足够产生深远的影响。因为一旦接受了黑洞会辐射能量的说法，就意味着黑洞必将在辐射中蒸发，或者叫爆炸。而这又意味着被黑洞吞噬掉的物质和能量最终必然会得到释放。霍金早就意识到，这些物质和能量的释放导致了现代物理学的两大支柱——爱因斯坦相对论和量子理论——之间不可调和的冲突。这种冲突意味着，霍金辐射的发现不仅颠覆了我们关于黑洞的传统认知，还有可能是统一量子理论和爱因斯坦相对论的一个重要里程碑。甚至，我们可能通过霍金辐射找到一个"万有理论"来取代这两大支柱。

霍金的朋友、物理学家约翰·普瑞斯基尔说："我想说的是，回想起来，他对科学有三个伟大的贡献。一个是奇点定理……一个是关于宇宙波函数的想法；但是到目前为止，最重要的还是霍金辐射的发现与推演。"[3]

霍金墓碑上的方程式就是霍金辐射的主要体现，它说明了黑洞温度与其质量之间的函数关系，而黑洞的温度又决定了它所发出的辐射量和辐射类型。这一切，包括它们所属的黑洞本身，都可以由这个方程式体现。

* * *

当威斯敏斯特教堂的管风琴奏起时，成千上万个声音汇聚在一起，唱诵起来自英国的古老旋律：

> 天父啊，请倾听我们的祷告：
> 祈祷不是为了轻松，
> 而是为了勉励我们不断
> 勇敢地生活。

21岁那年，史蒂芬·霍金被确诊患有肌萎缩侧索硬化（ALS），这是一种致命的神经系统疾病，霍金可能只剩下两三年的寿命。在接下来的55年中，他一直生活在死神的阴影之下，不知道自己还能活多久。霍金这一生所做的一切，不管是有了新的物理学发现、写作畅销书，还是乘坐飞机环游世界，或是养育三个孩子，都是在病痛下完成的。疾病几乎剥夺了他的一切能力，使他无法行走、无法说话、无法自己进食，也无法控制身体的绝大部分肌肉。然而，每当有人把他面对病魔时所展现的这种顽强的坚持与勇敢混为一谈的时候，霍金就会大发雷霆。1990年，他曾对一个记者说："我觉得有点儿尴尬，因为人们总是认为我很有勇气。但实际上，我并没有选择的余地。我不是主动选择了一条充满艰辛的道路，只是做了这种情况下唯一可以做的事情。"[4]

畅销书《时间简史》让霍金在20世纪80年代末成为家喻户晓的

人物。这本书出版时，霍金已经被禁锢在轮椅上，不能说话，也几乎无法移动，只能通过一台电脑与他人交流。他用手中的摇杆控制电脑，费力地拼写他想说的话，发送到语音合成器上，最终由语音合成器为他发声。

在各种公开场合，人们簇拥着霍金，却不太知道该如何与他交流，人们总是对他抱有一种好奇的态度，既敬畏，又有一些优越感。从智力角度讲，大家都知道霍金是世界上最杰出的物理学家之一。然而，严重的残疾使得人们把他当作一个蹒跚学步的幼儿。这几乎形成了条件反射，无论他说了什么做了什么，都会引发一阵欣喜而惊奇的欢呼。2011 年，演员简·方达记录下了她对霍金的探访：

> 我跪在史蒂芬的椅子旁边，向他提起贝多芬说过的话，并且问他是否也像贝多芬一样，在病魔的鞭笞下不断前进，更深入地对宇宙起源进行研究。在等待答复的过程中，我将头靠在他的肩膀上，仔细地观察他，看着他专心致志地"写作"时脸上的细微动作。当时我一直在想，这是一个被囚禁在废墟中的人，但他竟然能够理解那些远在人类理解范围之外的事情。
>
> 大约 5 分钟之后，屏幕上逐渐出现了几个字母和单词："它……解放了……我……"啊！导演摩西·考夫曼和我欣喜地对视了一下，确信我们的猜想即将得到验证，史蒂芬一定会说出"它解放了我，让我可以自由地探索宇宙起源"之类的话。然而几分钟的等待之后，出现了这样一句话："它解放了我，让我不用再教书了！"随后一个电子合成音大声地读出了这句话，每个人都听得清清楚楚。我看着史蒂芬，他似乎露出了一丝狡黠的微笑。曾有人告诉我，他有一种调皮的幽默感，而他刚刚就证明了这一点！我们都笑得很开心。不用再教书了！确实，这就是 ALS 的好处！[5]

来访者在不自觉间不仅会被霍金深邃的智慧折服，也会被他孩童般的纯真感染。他逐渐成为一名精神领袖和一个象征符号，一个近乎完美的人。虽然困囿于轮椅上，但是借助非凡的智力和强大的头脑，霍金仍然能够畅游宇宙，探索那些无人能及的未知区域。

霍金很清楚，神话传说具有强大的力量，足以掩盖原本真实的人类行为。所以，他一直努力防止这种事情的发生。在家庭生活中，霍金拒绝讨论自己的病情，并对此毫不让步，几乎达到了病态的程度。这种固执也成为他第一段婚姻的一大痛处。作为一名物理学家，霍金展示了深邃的思想，并取得了重大的科学进展，从而使自己身体上的残疾显得无足轻重。他会说："我希望被当成一名科学家来对待，只是这名科学家身体上有残疾，而不是被当成一名残疾人科学家。"然而，终其一生，霍金一直怀疑人们因为他的残疾而给予了他特别的优待，尤其是将他与其他物理学家区别对待。更糟糕的是，人们也许会用他的残疾来定义他。他的这种担心不无道理。[6]

残疾是"霍金"这尊神像的核心，即使这对于霍金本人来说无关紧要。尽管霍金希望在他的残疾之外，人们可以更深入地了解他，但现实令人沮丧，他的残疾正是他公众形象的核心所在。

* * *

参加霍金葬礼的除了他的家人、朋友和社会名流之外，还有从25 000余名群众中选取的1 000个人，教堂里人头攒动。伴随着希腊作曲家范吉利斯特别创作的舒缓而绵延的爵士合成乐，他们惊讶地听见霍金的电子合成音最后一次回荡在教堂中。"我很清楚时间的宝贵。抓紧时间。现在就行动起来。我这一生，都在脑海中遨游宇宙。"[7]

与此同时，欧洲航天局位于西班牙的一台直径约30米的射电

望远镜将这段话连同配乐一起，朝向太空的方向，发往一颗编号为
1A 0620–00 的黑洞。在接下来的 3 500 年中，霍金的话语将以光速飞
向它的目的地，飞向它的终点。

霍金一定会对之感到欣慰的。

早在霍金因《时间简史》蜚声全球之前，他就已经是一个善于
表现的人了，他具有一种引人注目的天赋。就连他的同行科学家也会
被霍金的魔咒所迷惑。虽然物理学家列纳德·萨斯坎德多年来一直反
对霍金关于黑洞运行原理的一些观点，但他也会讲述霍金是如何吸引
全场注意的。在场的物理学家先是意识到霍金准备发言了，于是停止
了交谈。随后是一段漫长的等待，霍金正在电脑上斟酌字句。与此同
时，气氛渐渐紧张，但是几分钟之后就松懈下来，因为大家等到的只
是一个简单的"是"或者"不是"，又或者是一句令人印象深刻的俏
皮话。"他是一个非常非常机智的人，一句话就能戳中要点……只是
一句有趣的点评，就能令你哈哈大笑起来。"而对公众来说，霍金的
影响力更大。每当听完霍金的讲座，人们都会觉得受到启发，并对他
充满敬畏。[8]

霍金不仅擅长吸引注意力，还准确地知道应该如何利用它。甚
至早在其读研究生的时候，他就做出了轰动之举，通过公开对抗世界
上最重要的天体物理学家，来树立自己智力超群的形象。而一旦引
起了注意，他就开始利用他那调皮而自嘲式的幽默感来赢得人们的好
感，给人们留下了印象深刻的谦逊态度。这是一件令人费解的事，因
为即使是他最亲密的朋友和同事，也会把他描述成一个傲慢、极端顽
固的人。

霍金的采访、旅行、演讲、著作，甚至他的很多主张，都强化了
他在公众中的地位。无论是在南极荒原上驾驶轮椅，还是在零重力飞
行中因为摆脱了重力束缚而露出微笑，他在各种冒险中的照片都相当

经典，被全世界的报纸和网站转载。他的每一次公开发言都会被媒体反复报道，即使只是一些不成熟的想法或者危言耸听的言论。在其职业生涯的晚期，霍金向人类社会发出了灭亡警告，具体途径包括小行星撞击、机器人暴动甚至是物理常数的剧变等。

虽然霍金是一个杰出的表演者，但是他对公众目光的热爱也是有代价的。在他名扬天下的那一刻，他的第一段婚姻就在压力下破裂了，他和孩子们的关系也随之分崩离析。虽然他总是被护士和粉丝簇拥着，看上去很热闹，但实际上霍金是孤独的，就像奇点一样形单影只。

然而，奇妙之处在于，这样的霍金成功地获得了非同凡响的地位。他被认为是与爱因斯坦、牛顿和伽利略齐名的智者，是登上西奈山接受上帝启示并下山布道的科学先知，是可以影响和激励后世子孙的精神领袖，也是一个在严重残疾禁锢下依然达成了非凡成就的凡人。这是一种震撼人心的形象。

也有一些人了解霍金公众形象背后的所有缺点和弱点。但是，即使对于他们来说，霍金也拥有一些引人深思的特质。加拿大滑铁卢大学的雷·拉弗兰姆教授曾是霍金的学生（以及看护之一），他办公室的墙上挂着霍金那张著名的零重力飞行的照片。在谈及前导师时，他一度中止了对话，接着他说道："我得了肺癌，预后诊断并不是太好。但是我现在还活着，感谢现代医学。"然后，他又指了指墙上的照片，飘浮在半空中的霍金正哈哈大笑。"这就是我把这张照片挂在办公室的原因。每当感到沮丧的时候，我就看看这张照片，心想这个老头儿都能再活 50 年，我只要再活 25 年就够了。"[9]

第 2 章

被诺贝尔奖遗忘

（2014—2017）

凌晨 2 点 40 分，闹钟响起，巴里·巴里什强忍住失望的情绪。他后来回忆说："我当时以为他们已经把我们忘了。"随后，他的手机响了起来。[1]

在清晨提前打电话通知是诺贝尔奖公布得主的一个既定桥段。获奖的科学家迷迷糊糊地被电话铃惊醒，然后就会意识到自己即将声名鹊起。这本应是一个大大的惊喜。对于许多声名显赫的物理学家来说，10 月的第一个星期一晚上注定是一个不平静的夜晚。但是，无论多么自大，也不会对于第二天一早收到获奖通知抱有多大希望。

然而这一次，2017 年 10 月 3 日，情况有所不同。

在此之前的两年，一台横空出世的望远镜 LIGO（激光干涉引力波天文台）做出了重要的发现，不仅将诺贝尔奖稳稳地握在手中，而且还有可能很快拿到。唯一的问题在于如何分配奖金。虽然有成百上千的人参与了此项工作，但是诺贝尔奖规定一次最多只能颁发给 3 个人。

发出获奖通知的前一天晚上，该项目的主管、美国加州理工学院的巴里什教授自信满满地上床睡觉了。麻省理工学院的雷纳·韦斯教授花了几十年时间设计这台望远镜，他比较谦虚，认为自己只有20%的机会获奖。当晚第三个抱着获奖的期待入睡的是加州理工学院的理论物理学家基普·索恩，他是霍金50多年的同事和密友。[2]

和霍金一样，索恩一生都致力于研究黑洞、引力和时间，而这台全新的望远镜正好为这些研究课题提供了新的线索。这台即将为索恩、巴里什和韦斯赢得诺贝尔奖的望远镜，并不是那种收集来自遥远恒星的光芒的普通望远镜。它被称为激光干涉引力波天文台，用于探测由黑洞碰撞而产生的引力波。有了这个新工具，索恩就可以验证霍金、他自己以及其他物理学家于20世纪60年代末70年代初提出的那些理论。顺带一提，那段时间的相关理论蓬勃发展，索恩将其称为"黑洞的黄金时代"。"黄金时代中最美好的一点就是我们的研究都是建立在彼此工作的基础上的，"索恩写道，"霍金奠定了基础，然后他的同伴前赴后继，在这个基础上建造了一座大厦……"[3]

索恩用他的诺贝尔奖兑现了15年前对霍金的承诺。彼时正是霍金的60岁生日，索恩告诉他说："我恐怕现在只能给你一纸承诺，而不是具体的物理学成果。我们将使用我们的引力波探测器（包括LIGO）来验证你在黄金时代提出的黑洞理论和预测，这项工作会在你70岁生日之前开始。这就是我们送给你的生日礼物。生日快乐，史蒂芬！"[4]

* * *

70岁时，霍金已成为世界上尚健在的最负盛名的科学家，而且他已经获得这一殊荣几十年了，甚至距离他第一次在著名动画情景喜剧《辛普森一家》中客串也过去了10多年，他最重要的研究进展已经是多年以前的事了。

到了他生命的最后 10 年，史蒂芬·霍金已经不再是真正意义上的科学家，他更广为人知的一个身份是文化偶像。名人霍金被冠以科学的光环，但实际上，他的科学属性几乎已被他的名声覆盖。他关于物理学的最新声明是否有价值已经变得无关紧要。但是他总会时不时地发表一些声明，以保持他作为一个"偶像"的地位。公众根本不关心他的科学成就。然而，真实的霍金总试图将自己的名声建立在物理学研究的基础之上，而不是自己的个性、客观条件或是科学之外的东西。

21 世纪 10 年代末，人们似乎看到了姗姗来迟的希望。当时最激动人心的物理学成果都与引力波和黑洞有关，而这正是霍金最具影响力的领域。经过多年的努力，全世界的物理学家们，包括霍金的密友基普·索恩，终于从实验中得到了一些结果，有望验证霍金几十年前提出的理论。如果他们做到了，霍金就可以得偿所愿，成为公众眼中的杰出科学家，而不只是一位名人。但是，当诺贝尔奖委员会将他排除在获奖名单之外时，这个梦想似乎要化为乌有了。

* * *

史蒂芬·霍金的研究围绕着引力展开。他的大部分职业生涯都用来弄清在宇宙中可能产生的一些最极端的条件下，尤其是在黑洞附近，引力是如何表现的。而 LIGO 的新发现让科学家们第一次直接看到了巨大的引力场对物质的影响。这正是霍金最主要的研究领域。

LIGO 的成果在这一领域遥遥领先，甚至可以说过于超前，以致科学家们仍然在努力研究这些数据究竟能告诉我们什么。但无论如何，它已经为万有引力这个始于 300 多年前的故事揭开了激动人心的新篇章。

万有引力这个故事的开头众所周知。1666年，艾萨克·牛顿坐在苹果树下，思考着苹果为什么会掉到地上，而不是飞到空中。从那一刻起，牛顿就开始着手解决这一困扰了哲学家们几千年的难题。这位物理学家的解决方案激进又有效。

牛顿建立了一个描述所有巨大物体之间相互吸引的理论。任何两个物体，无论处于宇宙中的什么地方，或多或少都会感受到一种相互拉扯的力，无影无踪，但又不可阻挡，令人费解。树上的苹果不仅受到地球上每一个物体的引力作用，也同时受到宇宙中每一颗恒星的引力作用，无论这颗恒星距离地球有多远。牛顿的方程漂亮而准确地描述了作用于物体上的引力，但是他无法解释这个力是如何作用的，它是由什么构成的，又是怎样跨越遥远的距离依然起作用的。两个半世纪之后，爱因斯坦终于解释了这个问题。

爱因斯坦并没有彻底改变我们对于引力的理解。相较于恒星和行星的运动，学生时代的爱因斯坦更关心分子、原子和尘埃微粒。他更关心的是电磁力的作用方式，而不是引力。但是，当他在看似完美的电磁场方程组中找到那个小小的缺陷时，他在不知不觉中已经颠覆了科学家关于引力的一切认知。

这组用来描述电磁场的方程，就是众所周知的麦克斯韦方程组。这组方程隐藏着一个小小的缺陷：运动会破坏它。对于同一种情况，若两位观察者以不同的速度运动，比如其中一位静止不动，另一位坐在火车里经过，他们就可能从方程中得到两个相互矛盾的答案：一个预测粒子会被推到右边，而另一个预测粒子被拉到左边。物理学不应该得到这样的结论。物理定律以及用于描述定律的方程应该对所有观察者保持一致，不因他们的运动状态而变化。

1905年，爱因斯坦意识到他应对一些默认的基本假设进行修正，从而弥补麦克斯韦方程组的缺陷。但修正后的物理规则增添了很多哲学色彩，特别是其中一条，光总是以相同的速度传播，看上去有悖常理。

也就是说，爱因斯坦断言，一束光总是以相同的速度——每秒 299 792 458 米——经过观察者，不管观察者以什么样的状态运动。物理学家将这一数值记为 c。如果观察者静止不动，他测得的光速会是 c；如果观察者以每小时 100 万米的速度向光源移动，没关系，测得的光速还是 c；甚至当观察者以 99% 的光速移动，竭尽全力想超越光束时，光还是会以 c 的速度经过他的身边，与他静止不动的时候测量的结果一样。这不合常理啊！除非我们改变对于速度的看法。

速度用来衡量一个物体在一定时间内经过多少距离，比如每秒经过多少米。因此，这一概念的任何改变都必然意味着我们对于距离或者时间的理解出现了问题，或者两者都有问题。这就是爱因斯坦最伟大的认识之一。

爱因斯坦意识到，如果所有的观察者测得的光速都相同，那就意味着，他们会测得不同的距离和时间。具体来说，一个快速移动的观察者戴着的腕表与静止观察者的腕表相比，指针会走得更慢；一个静止观察者手中的尺子与快速移动的观察者的尺子相比，刻度之间会相距更远。

对于 1905 年之前的物理学家来说，这是一项关于宇宙认知的巨大突破。科学界不再认为一根尺子的长度是一个客观事实，以不同速度、不同方式运动着的观察者会得到不同的尺子长度，尽管这些测量结果相互矛盾，但所有人的答案也可能都是正确的。再也没有绝对的长度，也没有绝对正确的答案。更加离奇的是，时间也不再是不可改变的，宇宙中不同地方的时间可以以不同的速度流逝，再也没有绝对时间，人们对于同一件事发生的时刻会有不同的答案。时间和空间都具有可塑性，这就解释了为什么所有时空中的光速都精确地一致。不同时空中时间和空间的差异共同确保了光速是一个恒量。

爱因斯坦发表于 1905 年的论文表明，时间、长度和运动之间存在着某种联系，而这种联系是伽利略或者牛顿做梦都没有想到的。一个人在空间中的运动方式会影响他周围的时间流逝以及物体之间的距离。你运动的速度不仅能改变你所处的地点，也能改变你所处的时间。为了修复麦克斯韦方程组，人们花费了巨大的精力，然而，类似时钟变慢这种奇怪的现象已经在现实生活中被多次观察到，我们再也无法将时间和空间割裂开来，这没有任何意义。时间和空间是密不可分的。

在各种关于运动的物理定律中，绝对空间和绝对时间的概念已根深蒂固。牛顿的方程描述了物体在受力时的运动状态，它的前提条件也是时间和空间不可改变。因此，当爱因斯坦抛弃了绝对时间的假设时，就意味着牛顿定律必然有一些小错误，甚至所有的物理定律都在一定程度上不再成立，包括万有引力定律。

我们以往对引力的理解可能出了问题。第一个证据同样来自爱因斯坦1905年发表的论文：不仅长度和时间取决于观察者的运动，质量也跟运动相关。一个物体运动得越快，对于旁边的静止观察者来说，它看上去就越重。而一个完全静止的物体的质量（"静止质量"）会小于它运动时的质量（"相对论质量"）。1905年年底，爱因斯坦开始研究物体的能量 E 和它的质量 m 之间的关系，并得到了他最著名的公式：$E = mc^2$。

然而，一旦涉及质量的本质，必然会对引力产生影响。1907年，发生了一件具有里程碑意义的大事。彼时，爱因斯坦正在思考一个奇怪的现象，即并不是地球上的每一个物体都会一直感受到地球的引力拉扯。

当电梯以向上的加速度开始向上加速运动时，乘客们将感受到一种与重力相似的拉力。就像空间、时间、质量和能量那样，引力也与物体和观察者的运动方式联系在了一起。空间、时间、质量、能量、引力共同被卷入了一场复杂的舞蹈中，使它们无法彼此分离。

1907—1915 年，爱因斯坦花了 8 年时间将最初的灵光一现变成了一组方程，这是一组可以描述这种复杂舞蹈的数学法则。（2001 年，史蒂芬·霍金曾风趣地指出，这一重大突破发生于爱因斯坦第一段婚姻崩溃并与妻儿疏远之时。"战争期间他孤身一人，没有受到家庭的牵绊，这可能是他这一时期在学术上取得卓越成果的原因之一。"[5]）这组方程被称为爱因斯坦场方程，它将质量与能量、空间与时间，以及引力联系在一起，成为一个整体。最令人惊讶的是，这些场方程与下面的形式极其相似，

$$G_{\mu\nu} = (8\pi G/c^4)T_{\mu\nu}$$

这些方程实际上描述了一个平滑而弯曲的平面，用数学语言来说，就是一个"流形"。方程右边的字母代表了时空区域中的所有物质和能量，左边则描述了该区域的曲率，而引力不过是该曲率的一种表现形式而已。引力场的奥秘——距离遥远的物体如何于无形之中相互拉扯的难题，已不复存在。引力变成了单纯的几何学问题[①]。

这一观点令人震惊，而且需要用到高等数学才能解答。但是一个简单的比喻可以帮助我们理解：将时空想象成一张床垫或者一块橡胶布，或者其他任何具有弹性的表面。时空中的一团物质或者能量，比如一颗恒星，就像一块重物，它将橡胶布表面压出了一个深坑，那里的橡胶布也随之弯曲。如果这时有另一个物体经过，比如一颗彗星，它的路径就会因为曲率而发生偏移。彗星不再沿直线运动，而是会因为时空（橡胶布）上的这个凹陷而转向恒星的方向。这就是引力（大质量天体之间的相互吸引力），其本质是大质量天体所导致的时空弯曲。

---

① 正如物理学家约翰·惠勒所言："时空告诉物质如何运动，物质告诉时空如何弯曲。"

橡胶布的比喻只能到此为止。因为橡胶布是一个二维平面，但时空流形却是一个四维物体，而且其中的三个维度（我们所熟知的空间维度：上下、左右、前后）与第四维（时间维度）有着截然不同的性质。物质和能量会使四个维度都发生弯曲，也就是说，从恒星附近经过的物体不仅会在空间中转变运动方向，也会在时间中转变运动方向，它的时钟会以微妙的方式受到附近的质量和能量的影响。橡胶布的比喻能够帮助我们很好地理解广义相对论，以及它与牛顿定律对于运动和引力的描述的不同之处。

牛顿的万有引力与爱因斯坦引力之间的差异通常是极其微小的，但是在某些特殊情形下，这种差异会变得非常明显。当物体以接近光速运动时，或者无限接近像恒星那样的大质量引力体时，爱因斯坦场方程就会预测出一些不符合牛顿定律的现象。如果实验物理学家能够发现任何一个相对论效应，他们就能证明爱因斯坦的方程组不仅仅是一个数学幻想。

第一个佐证爱因斯坦关于引力的想法的证据出现在1915年。他意识到，水星轨道的一些无法解释的异常现象可以用相对论来解释。这一点虽然令人激动，但还不足以支持这一理论。为了说服那些抱有强烈怀疑态度的科学家，必须观测到一些由爱因斯坦的理论预测出的新现象才行。

1919年发生的日食就是一个好机会。如果时空真的弯曲了，那么如爱因斯坦的方程所言，光线在经过太阳这样的大质量天体时将不会沿着直线运动，而是会像通过透镜那样发生弯曲。这种"引力透镜"的效应应该是显而易见的。当来自遥远恒星的光线经过太阳附近时，时空的扭曲会使恒星出现在天空中的位置发生微小的偏移。也就是说，本应出现在太阳边缘的恒星会出现在另一个位置。在日食期间，当太阳的光芒被月亮暂时遮住时，天文学家就可以测量太阳周围的恒星的位置，看它们是如牛顿所言出现在平常的位置，还是如爱因斯坦所言微微偏离。因此，在 1919 年，时任英国皇家天文学会学术秘书亚瑟·爱丁顿爵士组织了两次考察，准备在发生日食期间测量恒星的位置。结果证明，爱因斯坦是对的！恒星确实移动了，而牛顿定律被推翻了。阿尔伯特·爱因斯坦几乎在一夜之间成为国际名人①。

＊ ＊ ＊

　　在爱因斯坦崛起成为科学代言人不足 100 年的时候，霍金取代了他，成为首屈一指的科学名人。但在此期间，大众对名人的期望却发生了一些变化。

　　"在分析了自 1966 年世界杯以来的所有数据后，我解决了折磨球迷们许久的两大难题。"2014 年，霍金在伦敦萨沃伊酒店的地下室对一群记者说，"第一，英格兰队赢球的最佳条件是什么；第二，如何在点球大战中得分。"6

　　这是一次由爱尔兰博彩公司（Paddy Power）赞助的活动。这家公司总部位于爱尔兰都柏林市，以其奇特的赌注吸引了世界的关注。2010 年，美国墨西哥湾原油泄漏事件后不久，该公司就曾宣布："墨西哥湾的石油灾难已经进入第二个月了，丝毫没有减弱的迹象。世界一流的博彩公司现在开出赌盘，赌第一种灭绝的物种是什么，当前位于榜首的是已经濒临灭绝的肯普氏丽龟，赔率为 4/5……"7 而这一次，这家公司尝试了一种新方法来吸引人们的注意。

　　"我使用的方法叫作广义逻辑回归模型，"霍金说，但是这一次，

---

① 现在回想起来，爱丁顿的测量结果是否能证明爱因斯坦理论的正确性，还有待商榷，但在当时这并不重要。1919 年 11 月 10 日，《纽约时报》说，"天堂里的光都歪了"。

他的"分析"并不科学,"我们获胜的概率可以通过一些变量计算出来。从统计上看,英格兰队穿红色球衣时胜率更高。"

出于某些原因,英国媒体似乎非常喜欢把营销伎俩包装成无厘头的数学公式。比如,用一个完美比萨饼公式来帮助比萨饼连锁店提高销量,用一个年度悲惨日方程来鼓励英国人购买某家旅行社的周末度假套餐,或者用一个完美烙饼公式来推销连锁超市里的不粘锅,诸如此类①。为了让这些公式具有一定的可信度,赞助商通常还会找到一位科学家或者数学家,付给他们高额的报酬,来为这种愚蠢的行为背书。一般来说,这些科学家都是些无名之辈,愚蠢的行为和无厘头的方程对他们的学术声誉不会有太大影响。"所有人都是公司找来的,这是一种营销的噱头,他们的价值也仅限于此。"一位科学记者在《卫报》上写道,"起草这些公式的科学家们绝大多数籍籍无名。"8

而这一次,情况明显不同。

面对媒体的长枪短炮,霍金看起来好像在开玩笑,他甚至用一种特殊的音调说道:"用我们的科学语言来讲,英格兰队不可能用班卓琴打到牛屁股②。"这样一位杰出的科学家竟然愿意亲自充当噱头,进行如此荒谬的宣传,甚至连这家博彩公司都感到震惊。公司的一位发言人后来承认,他从来没有想到霍金会答应他们的请求。"我们原先以为他答应的可能性最多只有1%。结果他真的答应了,我太震惊了。"9

当记者询问这家博彩公司向霍金支付了多少出场费时,对方没

---

① 请参见本书作者所著的《数字是靠不住的》英文版 65–66 页。

② 这是一句英国俗语,通常用来形容一个不合格的足球运动员,尤其是射门能力不佳的运动员。这句话更容易理解的版本是"无法在球门前十步之内进球"。——译者注

有回答。不过，据报道，霍金"说他把费用全部捐给了两家慈善机构，一家致力于拯救叙利亚的儿童，另一家致力于攻克运动神经元疾病——霍金从学生时代就患上的那种疾病"。[10]

* * *

霍金得的这种病可以叫作运动神经元疾病、葛雷克氏症、肌萎缩侧索硬化或 ALS。霍金在 21 岁时被诊断出患有这种疾病，医生认为他最多还剩下两三年的生命。但是此后，尽管与死亡有几次亲密接触，他还是顽强地活到了 70 多岁。

这种疾病使他无法控制自己的身体：不能说话、不能进食、不能抬起头，总之，他的大部分肌肉都无法自由活动。他需要 24 小时全天护理，英国国家医疗服务体系提供的支持远远不足以保障他的生存，而这种全天候的护理又相当昂贵。担任霍金经纪人 30 余年的艾尔·祖克曼说，尽管霍金靠出版书赚了数百万美元，特别是他的第一本畅销书《时间简史》销量超过了 1 000 万册，但他似乎永远缺钱，无论赚多少，都无法让他有足够的安全感。

"在霍金去世的前几年，"祖克曼说，"有人告诉我霍金非常需要钱，所以我就想能不能做点儿什么来增加他的收入呢？"祖克曼和一些出版界人士洽谈，提出了一些想法，比如，可以把他的一些书变成网络课程。"我还联系了一些慈善机构，看看能不能支持他和他的研究。"但是，最终还是没有成功。[11]

* * *

爱因斯坦和霍金是同一种名人，他们都不太自在地顶着"全世界最聪明的人"的名号，而霍金的研究也是建立在爱因斯坦学术成就的基础之上，这不能算是一种巧合。霍金是研究爱因斯坦相对论的大师，并且也像爱因斯坦一样，能够预测人们从未想象过的现象。

然而，追随爱因斯坦的脚步并非易事。爱因斯坦可不仅仅只是为引力、空间和时间建立了一个全新的数学架构，更重要的是，彼时的天文学家和实验物理学家能够验证他的理论预测。在观测和实验的帮助下，这位年轻的后起之秀最终取代了牛顿的地位。

引力透镜只是隐藏在爱因斯坦场方程中众多有待验证的新现象之一。但问题是，要如何来验证呢？ 1919 年的日食提供了一个好方法，而物理学家们很快又想到了另一个方法。广义相对论不仅预言了光的路径会被强引力场弯曲，它的颜色同样也会随之改变，从引力场"深坑"中爬出来的光线会比来自平坦时空区域的光线更红。1924 年，天文学家证实观测到了这种"引力红移"效应。爱因斯坦又说对了！

又过了很长时间，大约七八十年，一种更加微妙的效应才被测量出来，这就是相对论的"参考系拖拽"效应。根据爱因斯坦场方程，一个旋转的大质量物体弯曲时空的方式与一个静止的大质量物体的方式略有不同。21 世纪初，科学家们发现了这种效应。最初的证据来自对于围绕在大质量恒星周围的物质的观测，随后在围绕地球运行的轨道卫星上也发现了运动状态的微小变化。

然而，相较于引力透镜、引力红移或者参考系拖拽，爱因斯坦场方程最重要、最根本、最深刻的预言还要数引力辐射。

根据相对论，时空区域中的物质和能量决定了该区域的曲率。但如果那个区域的物质和能量发生突变（比如重新排布），会发生什么呢？比如一次超新星爆发，两颗大质量恒星相撞合并，或者一些不那么激烈的情况，如两颗大质量恒星相互绕行，同时使得周边的物质分布不断变化。根据场方程，在每种情况下，这些变化都会引起时空结构的涟漪[①]，它们携带着能量，以光速向外传播。橡胶布的比喻在这里也有助于理解，想象一下，两个巨大的铁球在一块橡胶布中间相互环绕，就会导致布表面出现起伏[②]。宇宙是一个充斥着暴力事件的地方，每时每刻都有很多碰撞、爆炸或者类似的事情发生。这意味着，如果爱因斯坦是对的，时空结构就会不断受到冲击和激荡。时空不会是一片安静的海洋，而是到处都有引力波，暗流涌动。这还意味着，地球也肯定被引力波环绕，空间和时间也发生了扭曲。

在爱因斯坦的预言中，这可能是最难被实验验证的。引力波小得难以觉察，探测引力波也极其困难，这是一项诺贝尔奖级别的工作。在 20 世纪 70 年代初，罗素·赫尔斯和约瑟夫·泰勒两位天文学家做了一次间接的观测，他们连续 5 年观测两颗相互绕行的大质量恒星，发现恒星轨道逐渐衰减，两颗恒星正在慢慢向彼此靠近。而恒星轨道只有在这个双星系统失去能量的时候才会逐渐衰减，因此，一定有什么东西把能量带走了，才让这对双星越陷越深，直至陷入对方的怀抱。这种带走能量的东西就是引力波，而这对双星的环绕舞蹈正是导致时空结构被挤压或拉伸的原因。

当年的技术还无法直接探测到引力波（实际上现在也不行），但是赫尔斯和泰勒的观测表明，恒星轨道的衰减与爱因斯坦场方程所预测的能量损失完美地契合了。正如泰勒后来所说的，这是"对广义相对论的一个全新且彻底的证明"。这项工作也为两人赢得了 1993 年的

[①] 指引力波。——译者注

[②] 但是，正如前文所述，这里的"布"实际上是一个四维的流形，而不仅是一片二维的布。它既包括时间，也包括空间。此外，时空涟漪只有在特定情况下才会产生，所以从某些角度来说，这个比喻还是有一些误导性的。

诺贝尔物理学奖。[12]

赫尔斯和泰勒对引力波做了一次间接观测。但是,科学家们真正想要的还是直接看到引力辐射,看到引力波在时空中如波浪般起伏扩散,使时空结构扭曲,使码尺拉伸或挤压,使时钟加速或减慢。但是要如何看见这些波呢? 引力波所造成的影响相当小,在一英里[①]长的范围内的变化甚至远远小于质子的大小。但如果用上激光以及一些精巧的工程设计,就可以勉强看到了。激光可以作为一种相当精确的测距仪,当把两根这样的"激光码尺"排列成合适的角度时,科学家们就可以看见引力波了。当引力波来临时,时空的曲率变化可能会拉伸一根码尺,挤压另一根码尺,这样两根码尺相对彼此的长度就发生了变化。

但这种方法不够灵敏,无法探测到赫尔斯和泰勒所观察到的恒星轨道衰减,因为这种规模的引力波的波动太微弱了。但是,对于一些在一个小的时空区域内引发大规模物质和能量重排的剧烈事件,理论上,我们可以通过一个非常精密的仪器来直接观测到旁边经过的引力波。

什么样的事件称得上非常剧烈呢? 这难不倒黑洞,它是宇宙中最极端的物体。黑洞比其他恒星更致密,也更"黑"。当外物靠近时,会受到更加极端且强烈的引力作用。30多年来,科学家们已经意识到,这种强烈的引力源正是引力辐射的绝佳来源,探测引力波的时机已经成熟了。

这就是LIGO望远镜的意义所在,也是韦斯、巴里什和索恩获得诺贝尔奖的原因。LIGO,全称为激光干涉引力波天文台(Laser Interferometer Gravitational-wave Observatory),由一对巨大的L形激

---

① 1英里≈1.61千米。——译者注

光码尺组成[①]。它们非常灵敏，可以感知引力波的细微变化。然而，正是由于这种灵敏，它们变得很容易受到周围环境的干扰，地面的轻微震颤、几英里外过往车辆的低沉轰鸣，甚至附近森林里的伐木的电锯声，都能产生信号。在 LIGO 启动后的 13 年时间里，仪器检测到了各种干扰信号，比如来来往往的车辆、轰隆隆的大地，还有电锯，但就是没有引力波。

在 2015 年 9 月的一个清晨，这对探测器捕捉到了一个信号—— 一种越来越快的振动。1/10 秒后，振动突然停止了，只留下微弱的回波。这是引力波的信号！两个巨大的天体——30 倍于太阳质量的黑洞，相互围绕着越走越近，越走越近，然后相互撞击，产生了一个更大的黑洞。这场死亡舞蹈所发出的引力波在宇宙中跋涉了 10 多亿光年，才到达地球。它们在穿过地球时，拉伸或者挤压了我们这里的空间和时间结构。而人类经过几十年的尝试，终于可以探测到这种结构扭曲了。这是人类有史以来第一次直接"观察"到了引力波，也是第一次通过实验验证了霍金及其同事在 40 多年前对黑洞做出的预测。[13]

* * *

在很长一段时间内，科学家们都担心，这个已经沉默了 15 年、价值 5 亿美元的大家伙是不是会一直沉默下去。但就算在 LIGO 没有探

---

① 确切地说，LIGO 包括两台巨大的干涉仪，每一台都包含两根 4 000 米长的真空钢管臂，两根臂相互垂直形成一个 L 形。高功率的连续稳定激光就在真空钢管中穿梭。在没有引力波的影响时，在这两根相互垂直的钢管中，激光走过的距离相同，因此它们在探测器处汇合时会完美地相消，我们就不会得到任何信号。然而，一旦有引力波经过，这两束激光走过的路程就会产生不同的变化，那么它们汇合时就不再相消，而我们的探测器也就可以记录到忽明忽暗的信号。——译者注

测到引力波之前，对于研究黑洞的理论物理学家而言，黄金年代都是一个激动人心的年代。当时正在酝酿着一场争辩，科学家对黑洞研究领域的一个悬而未决的重大问题产生了严重分歧。而40年后，这场争辩烽烟再起，霍金即将加入战局。

从结构上说，黑洞可以分为两个部分。在霍金职业生涯的第一阶段，他研究了黑洞中心，那个令物理定律崩溃的区域：奇点。没有人能够确切知道奇点处会发生什么，因为我们用来理解引力的数学工具——广义相对论，在奇点处完全失效了。相对论假设时空是一个平滑的表面，即一个流形，但是在奇点处，时空结构出现了一个缺口，相对论的假设也随之不成立。在弄清了奇点的一些重要特性之后，霍金的研究重心转向了黑洞结构的另一部分。每个黑洞中都存在着一个区域，区域中的任何事件都无法对区域外的观察者产生影响。这个区域将奇点完全包裹起来，它被称为事件视界，简称为视界。

当物体与黑洞保持一定的安全距离时，黑洞的表现与其他恒星或者大质量天体一样，宇宙飞船可以接近它，环绕它飞行，然后发动引擎飞离它。飞船离黑洞越近，安全飞离所需的引擎功率就越大，否则就无法摆脱黑洞的控制。然而，如果飞船离得太近，黑洞的引力强大到无法想象，宇航员就会惊恐地发现，摆脱黑洞控制所需的能量是……无限大！也就是说，不管引擎多么强劲，不管燃料箱里有多少燃料，飞船都不可能从黑洞中逃出来。这艘飞船已经踏上了一条不归路，进入了一个终极区域，在那里，没有任何事物能与黑洞的引力相抗衡。这个区域就是视界——令黑洞如此与众不同的终极边界。任何物质、任何粒子、任何光线，即任何事物一旦越过视界，都会不可挽回地与我们这个世界相隔绝，好像从我们的宇宙中完全消失，进入了另一个宇宙一样。

视界远比"边界"复杂。几十年来，物理学家们都认为，视界附近不会有什么特别的东西。毕竟，那是一条单行道，终点是黑洞那个吞噬一切的深渊，因此不可能发射出任何光线。从视界内发出的任何光线都会立即被吞噬，靠近视界的区域将是一片漆黑。不过，也许这只是科学家们的想法而已。

20 世纪 70 年代中期，霍金证明了这一想法是错误的，这也是他在科学上的一次伟大胜利。他表明，在视界的边界闪烁着微光，这条不归路并不像人们曾经认为的那样平平无奇。

从那时起，宇宙学家们就一直试图弄清视界的特性。当一大块物质穿过视界、落入黑洞奇点的时候，究竟会发生什么呢？落入黑洞的宇航员在穿越视界的时候，又会看到什么呢？遗憾的是，关于黑洞，即使是最基本的问题，科学家们的答案也往往相互矛盾。而其中的一个矛盾导致了霍金科学创造力的终极爆发，这也是他最后一次探究黑洞的奥秘。

根据相对论，一个自由下落的观察者应该完全感觉不到引力的影响[①]。这意味着，落入黑洞的宇航员在穿越视界时，观察不到任何特别的东西，不会看到任何物理边界或者其他指示不归路的标志，这就是宇宙学家们所说的“无意外”原则。然而，在 2012 年，约瑟夫·波钦斯基、艾哈迈德·阿尔姆海里、唐纳德·马洛夫和詹姆斯·苏利四位科学家发表了一篇颇具影响力的论文，令人信服地证明了，如果霍金关于黑洞发光的观点是正确的，那么“无意外”原则就一定是错误的。事实上，落入黑洞的宇航员会遇到由辐射组成的巨大的“火墙”，将他瞬间烧成灰烬。这真是一场严重的意外。

霍金不赞同这篇论文的观点。作为一名相对论专家，他坚信一个

---

① 严格来说，潮汐力除外。这是一种拉伸力，当宇航员向奇点坠落时，这种力最终会把宇航员拉成一根面条。但是当黑洞足够大时，潮汐力在视界中可以忽略不计。

基本假设，那就是自由落体的观察者无法判断自己是否受到引力场的牵引。然而，火墙的存在向观察者表明了黑洞引力场的存在。（那时的观察者并不是完整的人，可能被蒸发得只剩下残渣儿。）对于霍金来说，这根本不可能是黑洞的行为方式。

然而，波钦斯基和他的同事们提出的论点相当有说服力，这说明人们关于黑洞的认知肯定出了问题，这正是霍金在过去的半个世纪中帮助人们建立起来的认知。这个问题必须解决，而霍金决定亲手解决它。

2013年年末，霍金对一群满怀敬意但也抱持怀疑的物理学家说，他们一直以来关于黑洞的思考方式从根本上就错了。他用那熟悉的电子合成音说："……没有什么视界，也没有什么火墙……你们很多人都假设存在的视界，不可能存在。"这段话令人十分费解，霍金似乎是在否认一个使黑洞成为黑洞的事物。然而，在黑洞宇宙学的专业领域之外，几乎没有人知道霍金想表达什么。即使是物理学家，也不清楚他在说什么。[14]

霍金似乎是想论证，并不存在一个不可逾越的视界，但是坠落的物质会被黑洞搅成一团然后重新发射出去。从技术上讲，这一过程不会造成任何信息的丢失。但不幸的是，霍金没有提供足够的论证细节，即使是领域内的专家也无法理解他的观点。波钦斯基对记者表示："听上去，他好像是在用'混沌墙'来取代'火墙'。"美国加州理工学院的另一位物理学家肖恩·卡罗尔满怀希望地补充道："我们相信霍金还可以更好地论述，只是他还没写出来。"[15]

2014年年初，霍金终于写出来了，但是并没有什么帮助。这是一篇发表于互联网的文章，基本上是将他2013年的演讲一字一句地记录下来，并没有提供更多的细节供同行们参考。他只加了几句话，其中的一句似乎是为了抓住公众的眼球而特别设计的。黑洞大师霍金突然宣称："视界的缺失意味着，黑洞根本不存在，因为光也无法逃脱无穷。"[16]

很快，消息传遍了全世界。一家通篇充斥着语法问题的报纸大肆宣传道："史蒂芬·霍金说并没有黑洞这种东西，爱因斯坦在坟墓里待不住了。"而另一家媒体坚持认为："史蒂芬·霍金宣称'不存在黑洞'，这让物理学家们颇为震惊。"与霍金的全盛时期相比，此时的媒体只能算是小打小闹，但仍然引起了广泛关注，从孟加拉国到加拿大，全世界媒体再次对这位物理学家的科学研究进行了报道。这是 10 年来的头一回。[17]

* * *

这并不是说媒体已经将霍金遗忘了，只是新闻头条几乎从来都不关注他的科学研究，而只将重点放在他的各种声明或者他的私生活上。从来没有一名科学家的私生活如此吸引公众，甚至被拍成了许多影视剧。就连爱因斯坦也没受到过这样的关注。

"备受期待的新片《万物理论》将于周日晚在多伦多举行全球首映，该片获得了本届电影节最热烈的掌声。"好莱坞商业杂志《综艺》盛赞道，"这部关于史蒂芬·霍金的传记电影由埃迪·雷德梅恩和菲丽希缇·琼斯（饰演史蒂芬的妻子简·霍金）主演，全场观众都为之热泪盈眶。"[18]

这不是关于霍金的第一部电影，却是最被认可的一部。瘦高个儿、一脸雀斑的主演雷德梅恩凭借此片获得了奥斯卡最佳男主角奖，他在剧中塑造了一个被疾病夺走行动能力却努力与病魔抗争的物理学家形象。不过本质上，这还是一个催人泪下的爱情故事，霍金挖苦地评价其"大致上是真实的"。[19]

在故事的一开始，年轻的史蒂芬是一个身体健康的怪才神童，准备开始他在剑桥大学的学业。在遇到一生挚爱简·怀尔德之后不久，他就被诊断出患有运动神经元疾病，只剩下短短两年的生命。他陷入了充满愤怒的抑郁当中。简的爱情将他从绝望的深渊中拉了回来，史蒂芬随后决定充分利用他剩下的时间来研究时间本身。

这个爱情故事从一开始就命运多舛，简和史蒂芬关于宗教问题的争吵贯穿了整部电影。史蒂芬试图"用一个方程来证明时间有起点……一个简单、优雅的方程就可以解释一切"；而作为一名虔诚的英国圣公会教徒，简认为这项工作有时是对自己一直信仰的造物主的肯定，有时则是否定。随着史蒂芬的病情逐渐恶化，简去求助了一位丧偶的唱诗班指挥乔纳森·赫利尔·琼斯，琼斯帮助简维持这个家，有时也充当史蒂芬孩子们父亲的角色。简逐渐爱上了琼斯，而史蒂芬告诉妻子，他并不反对琼斯出现在家里。但是史蒂芬脸上饱受折磨的表情让人明白了这种许可的真正含义。[20]

简没有去发展这段感情，尽管两人相互吸引，但是电影暗示了她与琼斯的关系完全是清白的。只有在史蒂芬爱上了他的护士之后，经过一场催人泪下的诗意离别，简才终于不再压抑自己的感情。离婚后，史蒂芬和简依然是朋友。在电影的结尾，两人手牵手深情地看着对方，不远处是他们那三个愉快玩耍的孩子。

除了少数绝望和痛苦的时刻，雷德梅恩所饰演的霍金总是表现出一种古怪、调皮的笑容，即使是在勾搭护士、离开结婚24年的妻子的时候，他也表现得和蔼可亲、令人同情。而菲丽希缇·琼斯饰演的简似乎很气愤，这位女演员试图表现出沉稳和坚定，但总是表现得对丈夫的残疾感到恼火。简本人在同意出售这本书的电影版权时，肯定不是这么想的。

《万物理论》这部电影由简·霍金的回忆录《飞向无限：和霍金在

一起的日子》改编而成，而这本 500 页的回忆录又是根据她更早期的作品、600 页的《音乐移动群星：霍金传》再加工而成。在她的书里，简可以控制剧情的走向。而当她看到电影版并没有按照自己的预期讲故事时，她多少有些震惊。

"这部电影并没有完全展现我们在剑桥的生活。"简·霍金对《卫报》解释说，电影并没有让人感觉到照顾史蒂芬是多么吃力，尤其是在为那些无法拒绝的出行做准备的时候。她曾经要求在电影中加入一段蒙太奇，表现她为霍金的出行疯狂收拾行李的场景，却遭到了拒绝。她也不认同自己在电影中"完全没有任何朋友或者社会关系"的形象。"我知道电影中的错误是会被永远流传的，事实上已经流传开了，"她补充道，"我很生气，我不想让这种事情发生。千万不要相信你在电影中看到的东西。"[21]

虽然这部电影改编自霍金前妻的书，而不是他本人的自传，但是霍金在电影制作中也帮了很大的忙。他与雷德梅恩相处了一段时日，甚至授权制作组使用他独特的电子合成音。"公司模仿他的声音合成出了一种类似的电子音，我们在拍摄过程中一直使用这个模仿版。"雷德梅恩告诉《帝国》杂志，"但是在试映会结束的时候，他授予了我们版权，允许我们使用他真实的声音。"[22,①]

作为原著作者和电影灵感的来源，简在片尾字幕中也占据着特别的位置，她位列导演、制片人和编剧之后，并用了同样大的字体[23]。②他们的名字后面是演员和工作人员的名单，还有很长的致谢，包括一

---

① 霍金能在多大程度上控制第三方使用自己的电子合成音，是一个有趣的法律问题。这只是一个电脑程序，由他人创建，因此也可以由他人使用。但这种声音和霍金的脸一样，肯定都和霍金有关。我找到了一些与霍金名字相关的商标，但是没有找到他们拥有版权的证据，甚至没找到是否有这种版权存在。

② 字体大小在好莱坞是个非常重要的问题。

些艺术家、拍摄地点以及图片的来源机构。就连在电影开拍前已经去世多年的简的父母也得到了特别的感谢。

只有一个人完全没有被提及：史蒂芬·霍金。

* * *

史蒂芬有他自己的电影项目，但与他前妻的项目规模完全无法匹敌（《万物理论》的全球票房超过了 1.2 亿美元 [24,①]）。这位教授和他的电子合成音一直是有线电视科学节目的常客。

《与霍金一起了解干细胞的世界》是探索科学频道于 2014 年 4 月推出的一部纪录片。片子的开场镜头是这位物理学家坐在轮椅上，身后是一个缓缓旋转的发光的旋涡星系。"我这一生都在探索宇宙的奥秘，但还有一个宇宙让我着迷，这就是隐藏在我们身体中的那个宇宙。"话音刚落，霍金身后的星系突然朝他的腹部收缩。然后砰的一声，一盘发亮的模糊不清的小球开始环绕在这位物理学家周围。"这是我们自己的细胞星系。今天，我们即将迎来医学的新时代，在这个时代，我们能够治愈任何疾病，这一切都是因为我们体内的细胞具有特殊的能量。" [25]

霍金的夸张可以理解，毕竟他是一位宇宙学家，而不是生物学家或者医生。从星系到细胞的这种笨拙的动画试图掩盖霍金对于干细胞研究的无知。但这不重要，霍金是科学的化身，他的出现就是向观众

---

① 即使取得了这样的票房成绩，作者也不一定能赚到大钱。美国证券交易委员会 2006 年的一份文件披露了简的《音乐移动群星：霍金传》的电影版权合同条款。在这份合同中，她获得了 2 000 美元的期权价格，如果拍成电影，她将获得 2.5% 的制作预算和同比例的净利润分成。如果她的《飞向无限：和霍金在一起的日子》的版权合同与之类似，她可能最多只能从这笔交易中赚到几十万美元。

发出信号，告诉你接下来讲述的将是严肃的前沿科学。霍金的 6 集系列节目《未来的科学》于 2014 年在国家地理频道播出，内容涉及虚拟现实、机器人、城市设计和军事技术，与这位物理学家的研究领域相去甚远。霍金将自己的声音和名字授权给节目制作人，使节目具有一定的可信度。除此之外，他并没有（也不需要）贡献任何东西。

霍金将自己的声音授权给节目制作组，这在当时的名人中是独一无二的。20 世纪 80 年代中期，医生为了挽救他的生命而进行了气管造口术，此后霍金的喉部就失去了作用，他也失去了说话的能力。但随后，一个由工程师和软件设计师组成的团队在他的轮椅上安装了一个电脑系统，使肌肉控制能力不断下降的他也可以正常操作。该系统还嵌入了一个语音合成器，霍金可以在电脑上慢慢敲出一句话，将文本发送到语音盒，然后语音盒就会将霍金输入的单词读出来。

霍金的声音实际上是脱离肉体的，存在于一台小电脑里，它甚至可以（也的确是）独立于它的主人行事。

霍金有时候会让其他人帮忙写出句子，然后上传到轮椅电脑中，再根据自己的需要对这些句子进行编辑，或者不编辑，这比霍金自己费力地在电脑上从头开始组句要有效率得多。他的一个抽动就表示同意，这样这些外来词就通过他的身体传输出来，通过语音盒发声，成为他的话。

有时候，坐在轮椅上的这个人甚至不必出现。在霍金把自己的声音授权给《万物理论》的制片人之前，他就偶尔会允许电影制作人使用他的语音合成器，这已经有将近 30 年的历史了。1990 年《时间简史》的电影导演埃罗尔·莫里斯说，霍金给了他一份语音软件，这样他就可以在霍金不在场的时候录制霍金的声音了。"理论上来说，我可以让霍金说出任何话，这就有点儿荒唐了，"莫里斯说，"你只需要输入一句话，然后录下来，就可以放到电影里。"某些时候，莫里斯也会对霍金的话进行调整，而霍金立刻注意到了这一改动。"他说，'你改了'，"莫里斯回忆道，"然后他又说，'但是改得好'。"[26]

与普通演员不同，史蒂芬·霍金从来不会念错台词，只要台词被正确地输入电脑，他就能一字不落地念出来。而且，因为霍金"说话"的时候从来不动嘴唇，一个导演一旦完全拥有了他的语音合成器的使用权，就可以把他的讲话与任何一个他坐在轮椅上的画面叠加，看起来就像霍金自己在念念有词，但他本人可能并没有参与构思，甚至都没听过这些话。当霍金将自己的声音交给电影制作方的时候，他同时也会将声音控制权授予导演，这是一项闻所未闻、不可思议的特权。只需要拍摄几个霍金坐在椅子上的场景（通常是在铺着木地板的大厅里缓慢旋转的镜头），以及几个眼睛转动或者头局促地靠在肩上的近距离特写，就足以完成一部作品。剪辑师可以将任何一幅画面与语音合成器说出的一句话进行搭配[①]。

2016年，霍金将自己的名字用在了美国公共电视台播出的一个古怪的系列节目——《史蒂芬·霍金的天才实验室》中。这个节目既是真人秀，也是科学纪录片，它要求参赛者通过解决一系列挑战来说明一些科学原理。例如，某一集节目中，一个团队要在没有明显热源的情况下融化一桶冰，他们的解决方法是来回弯曲一根金属棒，将机械能转化为热量。这个节目总长6个小时，霍金的镜头只有不到4分钟，但贯穿全季。剪辑师们一遍又一遍地使用相同的影像库，在不同的地方剪切和拼接，再用数码着色或者其他手段做一些微小的改动，甚至倒放影片，使这些拍摄画面看起来各不相同。只有

① 即便如此，霍金也可能是一个难缠的演员。2005年他参演了一部纪录片，导演告诉社会学家海伦·米亚雷特，霍金是如何在这部BBC（英国广播公司）纪录片的拍摄过程中迟到早退，赌气动怒的。后来，导演试图"在互联网上寻找一种类似霍金的声音，但没有找到"。最终，他们还是说服了这位物理学家，让他把准备好的剧本"念"了出来。

最细心的观众才能发现，这些完全相同的拍摄片段里，某一集中霍金在谈论化学，另外一集中在谈论进化论，再另外一集可能又在谈论宇宙膨胀。[27]

导演埃罗尔·莫里斯说："你知道，我会和他开玩笑说，他是第一个不说话的发言人。"[28]

* * *

伴随着缓慢的节奏，电吉他发出像猫叫一样的温柔的哀鸣，然后渐渐消失。忽然间，一个机械的声音响起："语言实现了思想的交流，使人类能够齐心协力，共同创造奇迹。"这正是霍金的声音。随着键盘和吉他的音调越来越高，他继续说道："人类最伟大的成就都是靠交谈来实现的。"

这不是霍金第一次出现在平克·弗洛伊德的音乐专辑中了。20 年前，这位物理学家就曾为专辑《永不止步》献声。2014 年，时隔 20 年之后，乐队决定再制作一张录音室唱片，将霍金的声音纳入《滔滔不绝的霍金》。像原来的专辑一样，这张专辑还是一样的迷幻，霍金的声音也同样不协调。

霍金逐渐成为摇滚界的常客。2015 年，他参与了 U2 乐队的"纯真＋经验"全球巡演，尽管他并没有亲自到场。在每一场演出中，粉丝们都会看到一段视频，霍金在视频中宣布："同一个星球，同一个人类社会。我们不尽相同，但我们是一体的。"这句话引起了欢呼，但另一句话使得欢呼声更大，那句话是："我们将权力赋予了民选官员，我们也可以把它夺走。"[29]

霍金在收到 U2 乐队的出场费后，马上开始运作他的基金会。2015 年秋天，在英国伦敦皇家学会的一场盛大晚宴上，霍金和一些社会名流（比如埃迪·雷德梅恩）齐聚一堂，共同开启这位物理学家的新事业：慈善基金会。这个基金会致力于推广宇宙学与帮助 ALS 患者，为各种相关项目提供小额资助，具体包括送英国年轻人去太空训练营、创作教导幼儿的科学乐曲，以及资助关于极早期宇宙的研究。在霍金的妹妹玛丽、好友基普·索恩和同事马尔科姆·佩里的共同监督下，这个基金会迅速开始筹集资金。

在其第一份财务报表中，霍金基金会宣布，它已经从一些渠道获取了 26 000 英镑的资金，主要来自 U2 视频的版权费、在马恩岛上发行的一套邮票（这套邮票的其中一张印有霍金的左脸，与之对应的另一张上印着爱因斯坦的右脸）的收入，以及香薰蜡烛的销售收入。这不能算作一笔巨款，外界的直接捐款数额大概是这个数目的两倍。[30]

鉴于基金会的现金流十分有限，霍金通过出售自己的名字所换来的收入应该也不会太丰厚。尽管他的经纪人想去寻找更多的资金来源，但霍金还是决定做出一些改变。

"他和我见了一面。"与霍金合作多年的经纪人艾尔·祖克曼说道。祖克曼在 20 世纪 80 年代初就开始与霍金合作，当时这位物理学家正决定写一本畅销书，就是后来风靡全球的《时间简史》。"我帮他赚了很多钱，"祖克曼笑着说，"或者我应该这么说，他帮我赚了很多钱。"尽管与霍金合作了这么久，但是他从未和这位物理学家签订过独家合同，也没有独揽所有的赢利项目。"他自己有一间办公室，里面有各式各样的人，请求他出席各种场合，有时是大学的活动，有时是会议，他们确实有能力为他赚钱。"祖克曼说，"但是他雇来管理办公室的人并不十分尽责，所以大多数请求我都不知道。"这样的安排不是最有效的，但是霍金和祖克曼看起来都没有什么异议，因此这次会面完全是个意外。[31]

"他与我见了面，他的律师也在，后者决定解雇我，也的确这么做了。"祖克曼说，"我认为，他想挣更多钱，而我也想了很多提高收入的方法。但是到了最后关头，他还是选择了那个英国人。"那个人就是罗伯特·柯比，他是霍金生命最后两年的经纪人，直到本书写作的时候，他仍担任着这位物理学家的遗产代理人。

大约在那次见面的三年后，祖克曼依然有些震惊。"他选择了柯比，我不知道为什么。我做了很多工作，想办法给他挣钱，我不知道自己说了什么，"祖克曼解释道。"不过我想我犯了个错误，那时候我主要是在和他的律师说话。你知道，他和他的律师一拍即合，他的律师可以理解他讲的话，并且做出回应。但是他本人却转过身去，一直看着电脑。我后来才意识到，我不应该一直看着他的律师，而是应该看着他。但是，嗯，"祖克曼叹了一口气说，"幸运的是，你知道，我的生活，我的生计，都不需要再依靠……"他的声音戛然而止。

* * *

史蒂芬·霍金很少赌钱，这是一件好事，因为他几乎逢赌必输。很多时候，没人故意设计，都是自然发生的。

然而，这一次不一样。2014 年 3 月 17 日，一个美国的物理学家团队宣布，他们探测到了微弱的引力波信号，不是来自黑洞相撞，而是来自宇宙大爆炸本身。第二天，霍金就此事在 BBC 广播发表了演说，他告诉听众们："昨天，哈佛大学的一个团队宣布，他们探测到了来自极早期宇宙的引力波。"而后面的话，换任何一个人说，都会变得非常平庸。霍金接着说："这也意味着在与尼尔·图洛克的赌约中我获胜了。图洛克是加拿大圆周理论物理研究所的所长。"就这样，霍金的赌约也融入了这个正在进行的故事。这个关于宇宙创世之后最初缩影的故事必将气势宏大。[32]

宇宙中的一个剧烈活动，比如两个黑洞相互环绕然后相撞，会在时空结构中引发阵阵涟漪。可想而知，宇宙中最剧烈的活动——宇宙大爆炸和早期快速暴胀，必然会引起整个宇宙的时空结构的剧变。而随着时间流逝和宇宙膨胀，由此发出的引力波逐渐拉长、衰减，以至于我们无法直接探测到它们。即便像LIGO这样的超灵敏探测器也不够强大，无法探测到这些引力波，但它们还是在太空中留下了些许痕迹。

我们这个宇宙被许多"光墙"所包围。它们远在数十亿光年之外，从各个方向包围了我们。这些墙肉眼不可见，因为那些来自远古的光早已随着宇宙膨胀被拉长了，只有特殊的微波探测器才能发现它们。但是没人可以否认它们的存在，它们遍布于太空的每一个角落。它们是宇宙大爆炸的余辉，是宇宙诞生后大约40万年的某一刻发出的光。那时，充斥着宇宙的炽热的气体云逐渐冷却，然后突然变得透明，释放出禁锢其中的光。这种原始的光现在被称为宇宙微波背景（CMB），它无处不在，无论你把望远镜朝向哪个方向，都能看到它。而它也是我们所能看到的最遥远的物体。穿过这些光墙，就可以看到年轻的、小于40万岁的宇宙①。但是在宇宙微波背景之外，即光墙之外，光根本无法穿过这些屏障到达我们的世界。

下面，让我们看向引力波。虽然我们无法接收到来自极早期宇宙的光，但是引力波不会被这些"墙"所阻挡。更重要的是，时空结构中的涟漪会影响"墙"的样子，引力辐射将原始气体云拉伸或者挤压，并影响了背景辐射的本质。具体来说，科学家正试图通过对宇宙

---

① 因为光的传播速度是有限的，所以看远处的物体就像在回看时间。光从太阳传播到地球大约需要8分钟，所以当你仰头看到太阳时，你看到的是太阳在8分钟之前发出的光。仙女座大星系是离我们最近的星系，距离大约200多万光年，因此我们接收到的是它200多万年前发出的光。

背景辐射的偏振模式的研究①，来寻找引力波的蛛丝马迹。而在3月17日，这个哈佛的研究团队宣布，他们利用架设在南极的微波探测器BICEP2找到了这些信号。物理学界对此兴奋不已，至少大部分人都很兴奋。

"这项工作意义重大，怎么夸它都不为过，"理论物理学家马克·卡米奥科夫斯基在《纽约时报》的头版新闻中表示，"这是来自极早期宇宙的一个信号，是一条用引力波编码的电报。"一时间，研究早期宇宙的理论物理学家深受鼓舞，报纸和媒体上记录了他们充满激情的话语，包括提出了暴胀理论的艾伦·古斯和完善了暴胀理论模型的安德烈·林德。后者甚至开了一瓶BICEP2科学家送的香槟，来庆祝这一重大发现。物理学家们更是开始谈论起诺贝尔奖来，哈佛大学天文系主任、理论物理学家阿维·勒布对《泰晤士报》说，如果结果属实，"是值得一个诺贝尔奖的"。[33]

所以，当霍金在第二天参加BBC节目的时候，对此也非常激动。BICEP2的观测结果不仅意味着我们检测到了一个与宇宙大爆炸有关的极早期宇宙信号，还意味着艾伦·古斯和安德烈·林德关于早期宇宙的描述（暴胀理论）很有可能是正确的。霍金的赌约就是基于此②。

霍金的前同事尼尔·图洛克和其他几位宇宙学家，比如普林斯顿的保罗·斯坦哈特和宾夕法尼亚大学的伯特·欧洛特，一直在研究另

---

① 光波具有一定的方向性。它们可以垂直振动，可以水平振动，也可以划圈振动，就像两个孩子可以用很多种方式摇跳绳一样。通过研究宇宙背景辐射的偏振模式，理论上，科学家们就可以弄清楚引力波是如何影响极早期宇宙中的气体云的。更多相关内容，请参见查尔斯·塞费的《阿尔法与奥米伽：寻找宇宙的始与终》，英文版第 209 页起。

② 保罗·斯坦哈特和他当时的研究生安德烈亚斯·阿尔布雷克特也应该得到这份荣誉，但是霍金并不愿意承认他们的贡献。

外一种理论，以避开宇宙早期的快速膨胀①。在他们的理论中，原始引力波不会在早期宇宙中乱窜，炽热的原始气体云中也不会有引力的存在。而霍金则全身心地研究暴胀，这不仅仅是因为他是林德的好友（以及斯坦哈特的"夙敌"），还因为他在暴胀理论的诞生中起到了至关重要的推动作用（详见第11章）。因此，作为暴胀理论的忠实信徒，霍金曾与图洛克定下200美元的赌约，打赌标准暴胀理论是正确的，而且其中必然包含原始引力波。或者说，他打赌图洛克、欧洛特，尤其是斯坦哈特都错了。这也非常重要。

根据理论物理学界的议论，图洛克可能要输了，霍金终于赌赢了一次。然而，图洛克并不是那么肯定。"我很怀疑这个新实验和它的结果，"当天晚些时候，图洛克说，"他们声称可以看到一些结果，然后就清楚地看到了，这并不能使我完全信服。"这并不是不服气。事情发生得太突然，还来不及仔细查看数据，也来不及评估这到底是BICEP2团队的伟大发现，还是一次令人尴尬的错误。[34]

3月17日，除了BICEP2团队之外，只有少数几名理论物理学家和十几名记者花了一天多的时间来检查他们的研究成果。记者们提前一周就收到了采访通知和一份受访者名单，包括团队成员以及像古斯和林德这样得到阅读论文授权的热情的科学家。但是，为了获得授权，记者们被迫放弃了自由采访的权利，只能按照名单来采访②。而名单上没有一个实验物理学家。

理论物理学家擅长数学，能够用数学语言来描述宇宙。但是与纯粹的数学家不同，他们的工作通常受到现实的限制，具体来说，他们

---

① 关于这个被称为"火劫（ekpyrotic）"或者"循环宇宙"的理论，更多相关内容请参见查尔斯·塞费的《阿尔法与奥米伽：寻找宇宙的始与终》英文版第196页起。

② 我认为这是一种不寻常、不道德的安排，可以称之为"严密封锁"，它使得相关组织可以对新闻报道进行肆意的控制。

的数学模型必须能够解释我们对于物理世界的一些观察结果，至少不应该与这些结果相冲突。而实验物理学家擅长观察这个物理世界，他们通常针对一些从理论角度来看非常有趣的领域，通过他们的实验或者观测来研究这些理论。他们的主要工作不是创造数学框架，而是提供数据来约束这个框架，告诉人们理论的边界在哪里。还有一些物理学家在这两个领域都取得了不错的成绩，但这些人是极少数的个例，大多数人无法做到。（有些理论物理学家在实验方面可谓无可救药。传说，20 世纪最重要的理论物理学家之一——沃尔夫冈·泡利，仅仅是出现在实验室附近，就能毁掉那里正在进行的物理实验。）

从理论物理学家的角度来看，BICEP2 的观测结果激动人心，因为它们为暴胀理论提供了直接证据，为宇宙学理论框架提供了至关重要的支撑。而站在实验物理学家的角度，这次观测同样令人兴奋，但是在技术上极具挑战性，其中很多方面都可能出错。天空中出现的一个偏振光谱，可能是来自早期宇宙的信号，也可能是尘埃的反光，这两者并不好区分。此外，有一个更实际的理由引发了一定的担忧：旨在研究微波背景辐射的昂贵的普朗克卫星并没有发现任何值得注意的东西。事实上，如果 BICEP2 团队是对的，那么普朗克卫星也应该有所发现。至于为什么位于南极的望远镜看到了卫星没看到的东西，项目组对此并没有很好的解释。在理论物理学家的热情鼓舞和引导下，关于 BICEP2 观测结果的最初的新闻报道中，这些问题都没有出现，诺贝尔奖看起来十拿九稳了。

霍金是一个顽固的死硬派理论物理学家，即使他有足够的时间来阅读 BICEP2 团队的论文，也没有足够的实验技巧来发现数据分析中隐藏的缺陷。从这一点来说，图洛克的学术背景也差不多，但事实证明他的怀疑是有道理的。几周之内，一些著名的实验物理学家开始戳破 BICEP2 团队的数据分析中的一些漏洞。这是一项技术含量相当高的论证，因为望远镜只对一种频率的微波敏感，所以它无法直接测量出偏振光中有多大比例来自宇宙微波背景，多大比例来自尘埃。但是，当团队试图用数学模型消除尘埃的影响时，他们用错了方法，这种方法低估了尘埃的影响。简而言之，正如一位著名天文学家所认为的那样，项目团队"过分夸张……他们的数据无法支持他们的结论"。

时间证明怀疑者们是正确的。在使用多种频率的微波进行观测之后，更多的证据表明，观测到的偏振光来自尘埃，而不是原始气体云。2015 年年初，BICEP2 团队撤回了他们的观测结果。

霍金还是没有赢得赌局，但是他也没有输。这比他的其他赌约更值得一提，包括那些最接近他的核心方向——对黑洞的物理研究——的赌局。

* * *

也许黑洞最引人注目的特点就是它没什么特点。笼罩着奇点的视界是完全不透明的，没有任何东西可以穿过那个看不见的边界而逃离黑洞，光、物质、能量、信息，统统不行。这意味着视界之外的观察者根本无法知道视界之内的情况，信息几乎完全被封锁了。

这是黑洞黄金年代最重要的结论之一。霍金和其他物理学家都认为，由于任何信息都无法逃出视界，因此对于黑洞的观测是无法得到结果的，包括黑洞的年龄、成分、所吞噬的物质等，这些都隐藏在视界的后面，成为难以理解的谜团。事实上，物理学家已经有了结论：从外界只能知道黑洞的质量、电荷和它的自转速度这三件事，别的一无所知。

一个黑洞几乎完全没有显著的特性，这一定理后来被称为黑洞无毛定理①。然而，在20世纪70年代中期，史蒂芬·霍金开始意识到，这种基于相对论的无特性的性质，为理论物理学家带来了巨大的麻烦。从量子力学定律出发，黑洞根本不可能毫无特性。根据量子理论，黑洞的历史、构成、吞噬物等信息，多多少少都会被外部观察者保存下来。这个矛盾被称为"信息悖论"，它迅速成为当时最大的科学难题之一。它直指近代物理学近百年来的核心矛盾，即20世纪物理学的两大领域——量子理论和相对论的互不相容。解开这一矛盾，就有可能得出物理学的终极答案，一个囊括一切的统一理论应同时包含相对论和量子理论，能描述宇宙中各个尺度上的所有物质、能量和力。自信息悖论被提出以来，霍金就一直在探索解决这一悖论的方案。直到生命的终结，他一直相信，这个悖论的解决方案很可能就在于黑洞视界。

2014年，当霍金宣布"黑洞不存在"的时候，他并不是在宣布这个他穷尽毕生精力去研究的物体不存在，而是试图通过重新审视视界的本质来解决这一悖论。虽然他拒绝了约瑟夫·波钦斯基和其他物理学家提出的"火墙"论（认为视界上有一道"火墙"，可以烧毁一切落入黑洞的物质，同时也防止黑洞内部的信息外泄），但是显然，霍金也认为视界上发生的一些不同寻常的事情可以解决信息悖论。然而，没有人明白霍金的观点和意图，甚至连波钦斯基也不明白，他把霍金的新想法称为"混沌墙"，但是科学界还在等待进一步的发展。

尽管被媒体争相报道，可是霍金再也没有提供更多的信息。他

---

① 黑洞物理学家雅各布·贝肯斯坦当时在普林斯顿读研究生，他认为这种毫无特征的黑洞就像一颗光溜溜的台球，同时也被这种无特性所震惊，惊呼道"黑洞没有毛"。他的导师约翰·阿奇博尔德·惠勒随后将这句话传播开来。但并不是所有人都对这句话感到满意，物理学家理查德·费曼"认为这是一个淫秽的词"，惠勒也曾经告诉一位采访者："费曼不想使用这个词。"

很快就放弃了混沌墙的概念，而选择了另一个更令他激动的想法。在混沌墙的论文发表几个月之后，霍金前往得克萨斯州的一处牧场参加了一场物理学退修会[1]。牧场的主人是一位亿万富豪——石油大亨乔治·P. 米切尔，他是霍金的忠实粉丝，不仅在得克萨斯农工大学捐助设立了史蒂芬·霍金讲席教授职位，以霍金的名字在校园里命名了一座新礼堂，还会定期邀请霍金和其他物理学家聚在一起，讨论宇宙的奥秘。这一次，安迪·斯特罗明格也参加了讨论，他是哈佛大学的一名物理学家，从20世纪80年代初就认识霍金了。而这一次，他带来了一些新的成果。[35]

斯特罗明格的研究工作与广义相对论的一个分支相关，这个方向起始于20世纪60年代，随即被放弃，但他越来越相信，他的想法可以帮助解决黑洞视界的难题。"史蒂芬对此非常兴奋。我下午做了一个报告，然后我们一直讨论到次日凌晨1点，"斯特罗明格说，"他写道，我从来没有这么兴奋过……这就像我发现黑洞面积定理时的感觉[2]。他的护士们也说，很久没有见过他这么兴奋了……他变得充满活力。"随后，斯特罗明格开始和霍金，还有剑桥大学的物理学家马尔科姆·佩里一起着手完善这个想法。2015年年底，霍金曾经公开表示，他和斯特罗明格还有佩里一起正在进行一些激动人心的新的研究探索，并承诺他会对这一研究进行"全面处理"。[36]

与霍金的合作总是会具有挑战性。"马尔科姆和我会把想法写在黑板上，然后从史蒂芬那里得到一些指导，"斯特罗明格说，"而史蒂芬会坐在一旁敲击键盘，通常会有几分钟的延迟。"但两人都已经习惯了与霍金对话的这种令人尴尬的流程。然而，更麻烦的是让这三位

---

[1] 退修会是基督教徒的一种仪式，可以理解为避开人群和俗世，找一个安静平和的地方进行自我反省。——译者注

[2] 请参见本书第13章。

物理学家同时出现在一个地方。在访问英国几次之后，斯特罗明格邀请霍金和佩里访问波士顿。"资金问题总是会出现，"斯特罗明格说，"我是说，有时候他的一些富有的朋友会让他坐着私人飞机到处飞，但是现在他不能坐那些私人飞机了，他只能坐救护专机。当他的医生坚持选择一家昂贵的瑞士公司时，我就必须为支付他的出行费用找赞助。"最后，多亏了那些富有的朋友，这次出行所需的几十万美元终于有了着落。[37]

但即使有了经费，没有霍金医生的同意，这次出访也不可能成行。这一次，据说医生拒绝了请求，但是霍金又写了一封信，希望医生可以做出一些让步。"他在信中说，他对这项研究十分着迷，而且这是一项有望冲击诺贝尔奖的工作，"斯特罗明格回忆道，"我觉得他的医生并不是很赞同他外出会见什么人，但是这一次涉及他的科学贡献……而且我想，大家都能看出来，史蒂芬被我们的新思路所鼓舞，他已经好几年没有这种感觉了。"2016 年 4 月，霍金终于得偿所愿，他的医生允许他飞往波士顿，与斯特罗明格和佩里一起工作。

尽管困难重重，三人还是进行了一次富有成效的合作。他们很快发表了一系列论文，认为黑洞无毛定理并不完全正确。事实上，黑洞被一层"软毛"所覆盖。

具体说来，这一观点认为，当一个带电粒子落入黑洞视界时，根据电磁学法则，视界处会产生一个奇异的、不携带能量的光子（"软"光子）。这种光子不仅储存了产生它的带电粒子的信息，而且最终会从视界顶部逃脱。也就是说，软光子记录了穿过视界的物质的信息，而在未来的某一时刻，这些信息会被外部的观察者接收到。简而言之，霍金的观点就是，黑洞并不是一个完全没有任何特征的物体，不是一个在无边无际的时间荒漠中丢失了自己的历史的虚空世界，它有自己的历史，被记录在视界的软光子中。由于每个黑洞的历史都不尽相同，它们的软光子也一定是不同的。换句话说，每个黑洞都有自己独一无二的"软毛"。

霍金可能认为，他终于解决了粒子落入黑洞之后会发生什么的问题，这是霍金科学贡献的核心，也将是他的最高成就。

但他的合作者们并不是那么确定。"史蒂芬总是通过大胆地简化我们的工作来得出问题的本质，同时表达出那种兴奋的感觉。有时候他会说这样的话，你知道，'我们已经解决了黑洞问题'，"斯特罗明格说，"更糟糕的是，他经常会把'我们'换成'我'。"①, 38

团队之外的物理学家对"软毛"的概念不是很有兴趣。霍金以前的博士生拉斐尔·布索和一位同事就认为，数学推导中的一个"错误选择"导致了他们的错误结论。布索写道："换句话说，所谓的软毛只是一顶假发。"软毛的发根并没有触及视界，它与黑洞内部没有联系，说它记录了落入视界的物质的信息，那只是一种错觉。也就是说，软毛"与黑洞信息悖论并无关联"。而霍金的另一位学生玛丽卡·泰勒也同意这一观点："史蒂芬太聪明了。他一定知道，这也许为解决这一问题做出了一定贡献，但并没有解决最基本的问题。史蒂芬一定知道这一点。但是……他喜欢做大事的时候被人崇拜的那种感觉。"39

尽管黑洞软毛并不是霍金准备宣布的突破，但它在科学界引发了一场严肃的辩论。这是10多年来，科学家们第一次积极地研究霍金的

---

① 斯特罗明格强调，他没有任何怨恨。"就像我对朋友说的那样，你和史蒂芬合作写一篇论文比你自己写一篇，得到的关注度要大得多。即使我做了其中百分之九十九的工作，那我还是赚了千分之一。"他笑着说，"如果你关注过史蒂芬，就会知道他接受采访时几乎从来不会把成果归功于任何一个合作者。我想他算在马尔科姆和我头上的功劳比其他任何人都多。有时他会暗示我们是在为他工作，但是你知道，我真的不觉得被骗了，我已经得到了很多赞赏，所以我不会抱怨。但事实就是这样，他就是这样做的。"

一篇论文。

霍金又一次处于争议的中心，而战场又是视界——已知宇宙与最黑暗的未知世界之间的边界。然而这一次，实验物理学家们也开启了他们的首次冒险。

＊　＊　＊

谣言似乎永远都传播得更快。在社交媒体上，一个安静的爆料可以瞬间传遍全世界，在几分钟之内被成千上万的人知道，甚至越传越夸张。即使在科学界，情况也是如此。2015 年 9 月 25 日，美国亚利桑那州的一位宇宙学家在推特上发布了一句不经意的评论，引发了热议，也再次引起了关于诺贝尔奖的窃窃私语。不过这一次比 BICEP2 团队的结果要好得多。

在那个周五的下午，宇宙学家劳伦斯·克劳斯的推特是这样写的："有传闻说 LIGO 探测器探测到了引力波。这如果是真的，就太神奇了。等到消息被证实，将发布细节。"[40]

仅仅就在几周之前，LIGO 的探测器完成了一次长时间的升级，刚刚重新开启。而自从 2002 年它首次开启以来，LIGO 就一直出乎意料地保持着沉默，从事该项目的物理学家也一直紧张地等待着。它的建造者们能不能最终兑现自己几十年前（以及数亿美元）的承诺？LIGO 团队一言不发，只在专业媒体上发表了一些简短的博客文章和短篇报道，平息了公众的七嘴八舌。这样的情况持续了差不多 3 个月。

随后，克劳斯再次出手："我之前关于 LIGO 的传闻已经得到了独立消息源的证实。敬请关注！引力波可能已经被发现了！激动。"这一次，传闻变成了现实。近一个月以来的不断猜测和议论在 2016 年 2 月 8 日达到了顶点，那天项目团队宣布将在 3 天后召开新闻发布会。

团队对于即将宣布的内容讳莫如深，他们只是说，将在3天后宣布一个新消息，一个"关于引力波探测的种种努力的状态报告……"，以及他们搜寻引力波工作的最新进展。尽管这在物理学界已经是尽人皆知的秘密，但是LIGO团队还是非常小心，在消息正式公布之前不想走漏风声。他们差一点儿就成功了。[41]

新闻发布会开始前的16分钟，美国国家航空航天局的一位天文学家在推特上发布了一张蛋糕的照片，蛋糕上装饰着两个盘旋着撞向对方的"黑洞"，并用绿色的糖霜写道："为首次直接探测到引力波而干杯！"传闻是真的。糕点师走漏了风声。[42]

几分钟后，美国加州理工学院的基普·索恩在新闻发布会上向一众记者解释了这一发现，他说道："人们总是说，广义相对论从未被验证过。"LIGO第一次让人们直接看到黑洞边缘附近的状况，由于黑洞不停地吞噬大量物质，因此那里的时空结构不仅极度扭曲，而且变化非常迅速。"我们从来没有在那个环境条件下进行过任何实验，"索恩继续说道，"这次观测完美地验证了广义相对论，证据确凿，这也是爱因斯坦的一次胜利，他终于成功了。"[43]

这是霍金自职业生涯伊始从未敢想象的成功。从那时起直到20世纪60年代末、70年代初的黑洞黄金时代，物理学家都无法证明黑洞的存在。坍缩的恒星只是广义相对论在理论上的附属产物，从这些定律出发进行一定的逻辑推演，霍金、索恩以及其他众多物理学家非常详细地描述了黑洞，但这不等于真的在太空中找到了黑洞。黑洞能够吸收附近的光，因此寻找黑洞困难重重。正如霍金所说，试图找到一个黑洞就像"在煤窑里寻找一只黑猫"。[44]

在霍金开始做黑洞研究时，天文学家在天鹅座看到了一个奇怪的物体，这个天空中的神秘小点放射出明亮的X射线。科学家们起初怀疑那是一颗死去的恒星，但它的质量又远远高于理论物理学家所知道的其他类型的坍缩恒星。它只可能是一个黑洞。大多数天体物理学家都是这样认为的，实际上它也确实是一个黑洞，但当时并没有直接的证据能够证明。事实上，霍金在 1975 年与索恩的赌约就是关于天鹅座的这个奇怪天体是否真的是黑洞。这是霍金最著名的赌约，他在 1990 年才认输。

多年来，天文学家为了证实黑洞的存在，找到了越来越有力的证据。利用 X 射线探测器，他们发现了更多像天鹅座 X-1 这样的天体。利用红外和可见光望远镜，他们窥探遥远星系的中心，寻找巨大黑洞吞噬物质的迹象。（天体物理学家现在认为，几乎每个星系的中心都存在着一个黑洞。）他们观察到银河系中心的恒星围绕着一个巨大的看不见的物体旋转。天文学家非常确定黑洞的存在，但是想要使用探测光（无论是 X 射线、紫外线，还是可见光、红外线、微波、无线电波）的望远镜发现吞噬一切光的物体都是极其困难的，更不用说去探测它的特性了。而凭借着方程的力量，理论物理学家能看得更深更远，远比实验物理学家的仪器深入得多。

这就是 2015 年 9 月发生的事情，LIGO 突然改变了世界。时空的短暂颤抖预示着两个巨大黑洞的灾难性碰撞。而此后，每隔几周，LIGO 就会探测到一次这样的"合并"，10 月一次，12 月一次。现在，通过引力波，实验物理学家不仅能够探测黑洞本身，而且开始收集关于黑洞视界之外的区域的数据。[45]

当两个黑洞盘旋着向对方靠近时，它们的轨道会越拉越近，旋转会越来越快，同时一直发出引力波，使时空像水面一样翻涌。在碰撞前的最后几毫秒，两个黑洞的视界靠得越来越近，而引力波正是从视界附近发出的。他们探测到的正是在那场惊天动地的毁灭之前的最后一瞬间，在一切再次归于沉寂之前的最后一次剧烈震荡中，来自黑洞视界附近的信号。实验物理学家们直达深渊的边缘，就在这里，他们或许能验证霍金在 20 世纪 70 年代做出的关于黑洞的一些关键性预测。如果是这样，霍金就会像爱因斯坦一样，在经历了半个世纪的等待之后，终于等来一个实验，可以证明自己的想法是正确的。

"他非常兴奋，"索恩说，"他想知道我们能够多准确地测量黑洞的质量和自旋，以便验证他的黑洞面积定理。"遗憾的是，由于技术上的原因，LIGO 目前还不够精确，无法为霍金的任何想法直接提供严格的验证，不论是他在 20 世纪 70 年代的工作，还是最近在软毛和火墙上的论战。即便如此，这也是一个惊人的成果。在这个霍金奋斗了大半生的战场上，第一次由一个天文台探明了情况，他当然会认为这是一个胜利。"除了证实爱因斯坦的美丽理论外，这些探测结果也与我和其他科学家对黑洞的预测一致，"霍金在 2016 年年底宣布，"在未来的许多年内，他们的工作都将惠及天体物理学领域。"[46]

次年 10 月，巴里·巴里什、雷纳·韦斯和基普·索恩"因为他们对 LIGO 探测器和引力波观测的决定性贡献"，获得了近年来最不令人意外的诺贝尔奖。在宣布的那一刻，诺贝尔委员会公布了大量关于获奖者成就的信息，有宣布获奖依据的新闻稿，有旨在让公众了解科学知识的科普报道，还有密密麻麻的长达 18 页的背景资料，深入探讨了获奖者的研究工作及其重要性。在所有这些材料中，以及所有的参考资料、赞誉和历史解释中，只有一个名字被彻底遗忘了。

又是只有一个人完全没有被提及——史蒂芬·霍金。

第3章

生活在聚光灯下

（2012—2014）

体育场沐浴在一种超凡脱俗的蓝色光芒中，颜色鲜艳纯净，但是显得不太自然。场馆中央，一个巨大的月亮模型高高盘踞于塔楼之上，与之相比，那个坐在轮椅上的身影显得有些矮小。人们几乎看不到他，他就像华丽光芒中一个静止不动的暗褐色斑点。突然，在人们的翘首期盼中，这一壮观的表演停止了，周围顿时陷入一片沉默。

"自从文明开化以来，人们就渴望了解世界的根本秩序，为什么世界会是这个样子？为什么它能够存在？"霍金的电子声音从音箱中传出，他静静地坐着，语音合成器则继续说着，"不过，即使我们能够找到一套完备的理论来解释这一切，那也只不过是一套规则和公式而已。究竟是什么给这套公式赋予了灵性，并创造出一个符合它们描述的世界呢？"[1]

随着霍金陷入沉默，一个巨大的、冒着烟的发光球体从天而降，它像一个被电子环绕的原子，又像是一个浑天仪，随即落入一片蓝色的虚空中。烟花从四面八方迸发，音箱中播放出沉闷的音乐，2012 年残奥会隆重开幕了。

伦敦崭新的奥林匹克体育场几乎座无虚席，6 万多名观众在现场聆听霍金有生以来规模最大的一次演讲。然而，尽管这是他一生中面对观众人数最多的一次，也是他参与的活动中花费最多的一次，可是霍金并没有特别为这一场合去做什么改变。他完全没有被周围的焰火所影响，一如既往地讲话，语音合成器也一如既往地念出同样的词。[2]

霍金经常被誉为世界上最优秀的科学布道者之一。然而，他必须通过异于常人的方式，才能让周围的人理解自己。自从 20 世纪 80 年代中期失声后，他几乎完全依靠嵌入轮椅上的电脑来说话、写作和演讲。他最初通过右手边的控制器操控一切，但随着病情恶化，他改用脸颊附近的传感器，在电脑上一个一个地选择他想说的词，在费尽心思组合出一串单词后，才能指示语音合成器大声念出来。巅峰时期，霍金每分钟能"说"出大约 15 个单词，但随着肌肉控制能力的下降，他与外界的交流速度也随之下降。

"当我第一次见到他的时候，他是可以以正常速度对话的，当然也许会比普通人稍微慢一些，"安迪·斯特罗明格说，"20 年前，我们会以每分钟说几个词来衡量他的速度，再后来就变成了每个词要花几分钟，然后你知道，速度越来越慢，近乎停止。"[3]

通常，对于霍金来说，调用一个已储存在电脑内存中的句子比从头开始拼写更容易。因此，霍金公开发表的言论往往是由以前的文章和报告的碎片拼凑而成的，就像拼凑马赛克一样。甚至在这种拼凑习惯形成之前，他似乎就乐于给记者灌输他的妙语连珠。根据一位记者的回忆，霍金在 20 世纪 80 年代中期做气管造口术之前就已经这样做了。

"我的目的很简单，"他突然严肃地说，"就是去透彻地了解宇宙。为什么世界会是这个样子？为什么它能够存在？"

我把这些话匆匆地记在笔记本上。但当我抬起头时，霍金笑得浑身抽搐，眼里充满狡黠的光芒。

他问道："这些话听上去耳熟吗？"

我一下子就想起来了，确实如此。一年前，我曾写过一篇关于霍金的报道，刊登在美国的一本知名科学杂志上。在报道开篇的一个显著位置上，我引用了霍金说的那几句话，和我刚才记在本子上的话一字不差。[4]

对于残奥会开幕式上的听众来说，这不重要，不过霍金开篇词中的其他句子也都是 20 多年前就说过的了。"自从文明开化以来，人们……就渴望了解世界的根本秩序，"这句话出自他最著名的著作《时间简史》。同样还有这一句："不过，即使我们能够找到一套完备的理论来解释这一切，那也只不过是一套规则和公式而已。究竟是什么给这套公式赋予了灵性，并创造出一个符合它们描述的世界呢？"即使是残奥会中最著名的那句"仰望星空，不要低头看脚下"，也来自他几年前的一句话。[5]

但在霍金的这次演讲中，有一段是全新的，都是他以前从未说过的话，至少在公开演讲中从未出现过。在演讲接近尾声时，霍金告诉观众们，最近在欧洲核子研究中心（CERN）发现的希格斯玻色子是一次划时代的伟大胜利。他通过他的语音合成器宣布："它将改变我们对世界的认知，并有可能加深我们对于完备的万有理论的理解。"两个发光的 DJ（唱片骑师）在他身后疯狂地比画着。霍金的声音渐渐消失，电子舞曲开始响起，杂技演员们盘旋飞舞，转动着红色的雨伞，演员伊恩·麦克莱恩随着节拍挥舞着标语牌，轮椅周围的伴舞也随之挥舞着拳头。此时，距离粒子物理学家宣布找到希格斯粒子已经过去一个多月了，这一事件再次引起了大众的关注。霍金不动声色地坐在舞台中央，似乎对周围的骚动无动于衷。

* * *

霍金喜欢坐在舞台的中央，而在他生命的最后几年中，他习惯了那个位置。至少在大众的认知中，他总是位于科学世界的中心。就像牛顿和爱因斯坦一样，霍金也是物理学中一颗闪亮的星。他的夺目光辉让所有人黯然失色。

总是会有人时不时地觊觎科学世界的宝座。其他科学家也会和霍金一样被人们谈论，甚至偶尔赶上霍金的热度。比如，2012 年，法国和瑞士边界处的一个巨大的粒子加速器（大型强子对撞机 LHC）将苏格兰物理学家彼得·希格斯送上了媒体头条。他（与其他一些物理学家）于 20 世纪 60 年代预言了一种新粒子的存在。2012 年之前，科学家们已经在寻找这种新粒子的道路上苦苦探索了 40 年，而这台价值数十亿美元的仪器终于为这段探索画上了句号。这种新粒子就是希格斯玻色子，或者按照一位诺贝尔奖获得者的说法，叫作"上帝粒子"。

与大多数同行不同，霍金不相信希格斯，也不相信上帝粒子的存在。至少在没有确切的实验结果可以证实之前，他是不相信的。然而，即使霍金对于粒子物理学一直抱持着正统的科学观，在希格斯取得最后胜利的时刻，两人之间的争执也还是不可避免的。

霍金不怕与任何人争辩。他的想法往往不会因循守旧，有时候甚至有些怪异，即使在步入事业的暮年后，他与合作者也在不断尝试着新的理论，加入科学研究的竞赛中。（有时候，霍金的竞争方式会有些恶劣，偶尔还曾得罪过同事。）然而，作为一个名人，霍金不得不处理另一方面的丑闻，包括关于他的桃色新闻和八卦。在这些年霍金卷入的所有争议中，希格斯玻色子只是一个不重要的小争端。然而对于霍金来说，这明显是一个从一开始就令人悲伤的争端。可悲之处在于，霍金在脑海中苦心建立了一个宇宙模型，而真实的宇宙并不像模型那样有趣。

* * *

希格斯玻色子为彼得·希格斯赢得了 2013 年的诺贝尔物理学奖，这种粒子仿佛来自另一个宇宙，一个与爱因斯坦广义相对论的描述不符的宇宙。

爱因斯坦的宇宙中充满了在广阔无际的时间和空间中延伸的平滑、缓缓起伏的流形。万有引力来自物质和能量所造成的流形弯曲，在大尺度上这种弯曲的曲率大得惊人，而在微小的亚微观尺度上却几乎可以忽略不计，在最小的尺度上，时空变成了一个连续、静止且无聊的地方。但是，黑洞是唯一的例外，它的曲率非常极端，完全破坏了流形的平滑性。

希格斯的宇宙并不是平滑的流形，而是充满一种泡沫状的不连续基质，时空尺度越小，振荡越剧烈。在这里，力并不是时空弯曲的结果，而是由无法探测的亚原子携带着，这些亚原子突然出现，在相互撞击作用之后，又再次消失于虚空之中。这是一片不断翻涌的粒子海洋，与相对论宇宙的"橡胶布"毫无相通之处，而这种不相通正是近代物理学所面临的最大问题，也是霍金穷尽毕生精力试图去解决的问题。

量子理论描述了在极小尺度上，分子、原子和亚原子粒子是如何运动和相互作用的。其中的一些规则正是造成粒子在最小的时空尺度上出现形如泡沫翻涌的随机活动的原因。和相对论一样，量子理论诞生于 19 世纪与 20 世纪之交，而且爱因斯坦在其创立过程中也起到了核心作用。但爱因斯坦本人对量子理论中的随机性和不连续性很排斥，他宣称："上帝不掷骰子。"在他看来，与量子理论在亚原子尺度上的剧烈翻涌相比，广义相对论的平滑流形要舒服得多。

量子理论的诞生恰好与亚原子粒子的大发现相吻合，但这并不能算是一种巧合。1897 年，剑桥物理学家 J. J. 汤姆森发现了电子，这是一种微小的带电粒子，其质量仅相当于最小原子质量的 1/2 000。10 年后，在同一间实验室，欧内斯特·卢瑟福发现了另一种更重的带电粒子，即我们现在所知的质子。这间实验室也是霍金的传记电影《万物理论》中的一处重要场景。不久之后，还是在这间实验室里，詹姆斯·查德威克发现了一种不带电、质量与质子相当的粒子，这就是中子。这三种粒子以各种不同的占比组合在一起，构成了原子、分子以及地球上所有的常见物质，包括我们人类。

但物理定律却给了我们一个惊喜。20 世纪 20 年代末，剑桥大学的保罗·狄拉克提出了一个优雅的方程，解决了困扰物理学家们的电磁力与量子理论相结合的问题。这个方程完美地解决了这个问题，但同时，它似乎表明电子有一个分身，一个质量完全相同、电荷量相等，但电荷相反的分身。如果这两种粒子相互接触，它们会在一阵能量爆发中相互摧毁。换句话说，狄拉克预言了一种粒子的存在，即我们现在所知的正电子，也就是电子的反物质。4 年后，加州理工学院的物理学家卡尔·安德森拍到了这个小粒子穿过铅板的轨迹，证实了狄拉克的预测是正确的。巧合的是，狄拉克担任了剑桥大学卢卡斯教授，50 年后，霍金也被授予了同一职位。

出乎化学家和物理学家的意料，越来越多的新粒子被发现，远远超出了他们解释物质构成所需要的量。1936 年，卡尔·安德森又发现了一种粒子，这种叫作 μ 子的粒子更加出人意料。它的行为与电子相仿，但质量是电子的 200 多倍，而且往往在短时间后就开始衰变。"谁能想到它会是这样的？"理论物理学家伊西多·拉比如是说。新的粒子不断涌现，中等质量的如 π 介子和 K 介子，大质量的如 Λ 子和 Ξ 子。粒子种类急速增加，科学家们快要赶不上步伐了。物理学家威利斯·兰姆在他的诺贝尔奖获奖演说中开玩笑地说道："我听人说，以前发现一个新的基本粒子就能得一次诺贝尔奖，但现在发现一个就应该罚款 1 万美元。"[6]

直到 20 世纪 60 年代初（彼时霍金已开启了在剑桥的求学生涯），科学家们才开始弄清众多粒子之间是如何联系在一起的。在这一片混乱之下隐藏着一个结构，一个潜在的规律。20 世纪 70 年代中期，这种规律发展成了我们现在所说的标准模型[①]。

标准模型是一个数学框架，它描述了宇宙中的所有物质[②]及其相互作用的方式。这个框架假设有一小部分基本粒子的行为方式是可以预测的，再通过这一假设来解释数量庞大且还在不断增加的亚原子粒子王国。

一方面，标准模型正确描述了粒子，即"基本费米子"，它们是组成物质的基本元素。其中，质量相对较大的夸克构成了原子中心的质子和中子，以及其他一些更加奇特的粒子；此外，还有像电子这样质量较轻的"轻子"，以及质量小得几乎无法探测的中微子。另一方面，标准模型也描述了粒子之间是如何相互作用的。比如，我们知道由于电磁力的作用，一个带负电的电子会排斥另一个带负电的电

---

① 关于标准模型及其发展的更多细节，请参见查尔斯·塞费的《阿尔法与奥米伽：寻找宇宙的始与终》，第 8 章和第 9 章。

② 我们有理由相信，有一些物质无法用标准模型来解释，但我们还没有发现它们，请参见查尔斯·塞费的《阿尔法与奥米伽：寻找宇宙的始与终》，第 7 章和第 10 章。

子。在标准模型中，这种排斥力是由"规范玻色子"引起的，它与两个电子都发生相互作用，从而使这两个电子相互感受到了对方的存在。也就是说，标准模型中有一个可以携带（或者说"传递"）电磁力的规范玻色子。同样，也有传递"强力"（又称强核力或者强相互作用力——译者注）的规范玻色子，它将原子中心的质子和中子紧紧黏合在一起；此外，还有传递"弱力"（又称弱核力或者弱相互作用力——译者注）的规范玻色子，它通过改变粒子的种类来使粒子之间发生相互作用。在标准模型中，传递弱力的规范玻色子一共有三种①。

标准模型解释了关于物质的一切：物质是由什么构成的，它的行为模式是怎样的，它受到了什么力的作用，以及它是如何受到力的作用的。然而，它仅仅是一个数学框架，并包含用这个框架描述的两种粒子，即基本费米子和规范玻色子。以各种组合和排列方式呈现的基本费米子，解释了每一种亚原子粒子的性质，可能有些粒子还没有被我们观察到。更令人震惊的是，标准模型还描述了这些粒子之间的每一种可能的相互作用方式，或者说这些粒子感知到其他粒子存在的每一种可能的方式，包括强力、弱力和电磁力这三种基本作用力。建立这样一个模型是一项巨大的数学成就，是20世纪末物理学的至高无上的荣耀。

但是且慢，还有一个问题，一个严重的问题。

标准模型中只包含了三种基本作用力，但宇宙中一共有四种基本作用力：强力、弱力、电磁力，以及引力。标准模型根本不涉及引

---

① 标准模型的主要成就之一就是证明了电磁力和弱力从根本上来说是同一种东西，尽管它们看起来有很大差异。这就好比冰和液态水其实是同一种东西，但是在加热到足够高的温度之前，它们看起来完全不一样。电磁力和弱力的情况与之相似，当温度非常高的时候，电磁力和弱力也变得难以区分，而这正是宇宙大爆炸之后不久发生的情况。

力，其中的三种基本粒子无法感知彼此的质量，也没有一个规范玻色子来解释引力的相互作用。标准模型对物质的描述建立在粒子相互作用的基础上，而爱因斯坦将引力解释为物质和能量塑造时空结构的产物。目前来看，这两种理论互不相容。没有引力，标准模型就不可能是完整的，它就不是一个包含万事万物的理论，只能算是一个包括了许多条件下的大多数情况的理论。

即使是引力理论的最基本要素——质量，也与粒子物理学的宇宙观相冲突。这个数学模型后来发展为标准模型，它对于无质量的粒子来说是成立的。事实上，当物理学家开始构建它时，他们所用到的数学方法就意味着必然存在很多无质量的粒子，然而现实世界中并没有观察到这样的粒子。同时，现实世界中的有质量的粒子并不符合这个数学框架，质量似乎破坏了这个模型的数学基础。

此时，希格斯玻色子闪亮登场了。20 世纪 60 年代初，包括苏格兰物理学家彼得·希格斯在内的几位科学家，想出了弥补这个漏洞的方法，即弥合这个由数学框架产生的无质量粒子和现实生活中观察到的有质量粒子之间的差别。这就是我们现在所知的希格斯场。

为了便于理解，我们将希格斯场形象化地描述，它就像宇宙中充满了某种蜂蜜一样黏稠的液体。有些质量较大的粒子就像是形状粗钝的物体，它们在蜂蜜中很难被推动，或者说它们是抗拒运动的，因为它们能强烈感知到蜂蜜的影响。而其他质量较小甚至没有质量的粒子就像呈流线型的物体，它们与蜂蜜之间几乎没有相互作用，可以不费吹灰之力地穿过蜂蜜。真空中的所有粒子，不管形状如何，都会以同样的方式运动，不会受到任何阻力；但是，一旦加入蜂蜜，这种情况就被打破了，有些粒子与蜂蜜的相互作用更强烈，移动起来就更困难。同样，从某种意义上来说，一个粒子本身是没有质量的，它所获得的质量都取决于它与希格斯场相互作用的强度①。

作为一个理论架构，希格斯场运转得很出色。它并没有真正解释质量从何而来，也没有解决爱因斯坦引力模型的平滑宇宙与由量子理论和相互作用的粒子构成的不连续宇宙之间的矛盾。引力依然没有被纳入其中。但它至少让物理学家建立了一个数学模型，以往他们只能逐个描述人类已知的所有有质量的粒子，以及这些粒子所感受到的三种基本作用力。可以说，希格斯机制是标准模型的一个重要组成部分。

假设存在一个希格斯场，那么就必须存在一种与之对应的粒子。所以，如果你相信这个原始的标准模型，那么你将不得不相信存在一种所谓的希格斯玻色子②，等待被人们发现。如果不能找到希格斯玻色子，那么标准模型就将陷入麻烦之中。因此，科学家们开始了寻找希格斯玻色子的行动。

物理学家们寻找未知粒子的方法通常是向一个非常小的空间内注入巨大的能量，具体来说，就是将粒子加速到非常高的速度，然后让它们相撞，通过观察撞击喷射出的碎片寻找新的东西。粒子对撞机的能量越高，能发现的物质就越奇特。由于没有人知道希格斯玻色子到底有多重，或者有多罕见，科学家只能粗略估算出他们的对撞机要有多强大才能发现希格斯玻色子。从 20 世纪 80 年代中期开始，粒子物理学家就开始在实验结果中看到一些如幽灵般若隐若现的证据，似乎表明了希格斯粒子的存在。然而，这些证据也可能像幽灵一样是过度

---

① 这显然是一种过于简单化的说法，有些不尽如人意，原因很多，其中最重要的一个是，大部分普通物质的质量来源于不同的机理。但是这样说也有些误导。宇宙中存在 4 个希格斯场，以及与之对应的 4 种玻色子，而我们只能观察到其中的一个，究其原因，也和统一电磁力与弱力的理论相关。

② 它与传递电磁力、弱力和强力的玻色子不同，但也具有一些共同的性质。

活跃的想象力的产物。理论物理学家在几十年的时间里建造了一台又一台对撞机，他们越来越担心希格斯粒子到底还会不会出现。

2012 年 7 月 4 日，此时距离最初的预测已经过去了近半个世纪，日内瓦附近的欧洲核子研究中心的科学家宣布，寻找希格斯粒子的工作终于结束了。

《纽约时报》在头版高调宣布："物理学家发现了宇宙中这种关键且难以捉摸的粒子。"而《华盛顿邮报》则略为低调："科学家对希格斯玻色子的搜寻导致了新的亚原子粒子被发现。"英国的《每日电讯报》也惊呼："科学家们可能找到了'上帝粒子'。"而旁边则写着："希格斯玻色子。霍金教授输掉了 100 美元的赌注。"

霍金本人与希格斯玻色子的发现无关，也与导致了希格斯预言的标准模型的那些细枝末节无关。然而在消息发布的当天，BBC 还是请霍金来评论了这一发现的意义。"如果粒子的衰变和其他相互作用都如我们所期望的那样，那么这将有力地支持所谓的粒子物理学标准模型，这个标准模型的理论能解释我们目前的所有实验结果，"霍金告诉记者，"这是一个重要的成果，彼得·希格斯值得一个诺贝尔奖。但从某种意义上来说，这也是一个遗憾，因为我们并没有期望能够获得这样的实验结果，而这个结果又恰恰是物理学最伟大的进步。"他接着补充道："我曾与密歇根大学的戈登·凯恩打赌……我们不会发现希格斯粒子。不过，看来我输掉了 100 美元。"[7]

尽管希格斯粒子的发现很重要，但其发现过程却既抽象又难以讲述。霍金的赌局给记者们提供了一种报道方法，让他们在叙事上有了些许人情味，可以讲述一个引人入胜的故事，而不是一个使读者不明所以的故事。彼得·希格斯本人生性害羞，不爱与人交往，有些过于谦虚，不太适合媒体报道。但是霍金不同，他已经成为公众生活中的一个固定角色，是科学版面的主力军，也是一个众所周知可以吸引眼球的人物。同时，要是霍金知道自己从希格斯那里抢走了一点儿风头，也可能会很高兴。

＊　＊　＊

"我觉得史蒂芬并不是很享受聚光灯下的感觉，"《时间简史》的编辑彼得·古扎尔迪说，"我的意思是，他只是生活在其中。"2012年残奥会开幕式上，当他向6万名现场观众解释希格斯玻色子的意义时，他就已经成为近几十年来最成功的名人。大多数时候，霍金很享受这种关注，但即便他不想被关注，他也无法逃避公众的目光。"我无法用假发和墨镜来伪装自己，"他写道，"轮椅出卖了我。"所以，他的每一次风流韵事可以说都发生在公众的关注之下，这也使得他的私生活被娱乐小报争相报道。而且，小报通常不会对粒子物理学的奥秘感兴趣，他们更喜欢刊登霍金的怪癖，特别是他的过失。[8]

2012年2月，一家小报大肆宣传："著名物理学家史蒂芬·霍金频繁出入风月场所。"

据娱乐网站RadarOnline.com（雷达在线）的独家报道，著名物理学家史蒂芬·霍金似乎是美国加利福尼亚州德沃尔市一家色情俱乐部的常客。

据该俱乐部的一名入会将近5年的会员透露，现年70岁的霍金带着一众护士和助理出现在俱乐部，并享受了色情服务。

"我在俱乐部不止一次看到过霍金。"该消息人士透露。

"他是在护士和助理的陪同下过来的。有一次，我看到他躺在后面的'娱乐区'的一张床上，两个全身赤裸的女人在他身上扭动。"

该消息人士还指出，霍金因为肌萎缩侧索硬化只能坐在轮椅上，他和这些女人在一起时，他的工作人员就站在附近看着。[9]

英国《每日邮报》竟向霍金的雇主剑桥大学求证。据报道，一位发言人说："霍金教授是相关俱乐部的'常客'这一报道并不真实，它严重夸大了事实。真实情况是，几年前他在加州访问时，曾经和朋友们一起参观过一次。"[10]

自由地带是美国加利福尼亚州圣贝纳迪诺的一家色情俱乐部，距离加州理工学院约一小时车程。该俱乐部虽然欢迎单身男性，但主要客户群体是裸体主义者和崇尚开放式性关系的情侣，并试图吸引喜欢参加"狂欢"派对的人群。据该俱乐部的老板之一罗斯·托马斯说，霍金曾来过这里"一次，也许两次，但肯定不是常客"。事实上，考虑到霍金只能坐在轮椅上，对于他来说穿过黑暗到达俱乐部就已经是一项挑战了，那里有太多偏僻的角落和岔路，还有装饰性的阁楼和舞台。"我们的设施没有顾及残疾人的需求，"托马斯承认，"但霍金先生有陪同人员，他们可以满足他的所有需求。"[11]

霍金出入加利福尼亚的色情场所在他的圈子里是一个公开的秘密，而且显然，不仅只有色情俱乐部，还包括一些私人派对。这种派对是高度社会化的活动。可以理解的是，霍金的朋友和同事都不愿意直接讨论此事，但从一些知情者的表现来看，很明显，霍金就是这样的人，尽管这些知情者没有直接表现出来。

此时，霍金的症状已经愈加严重了，除了脸部的个别部位外，他几乎无法控制身体的其他部位。他的双腿早已毫无用处，因为几十年未自主活动，肌肉也早已萎缩了。他不能用胳膊，不能用手指，也不能用喉咙。他做的几乎每一件事都需要第三方的介入，这不仅包括基本的生活要求，比如吃饭、穿衣、洗漱和排便，还包括满足个人欲望的活动。霍金渴望品尝美食、聆听音乐、凝视赤裸的身体以及感受爱人的抚摸①。对于霍金来说，所有这些私密的快乐都必须依靠护士或旁人来实现，即使是在自己家里，他也从来没有独处过，总是和一群人在一起。

霍金是一个感性的人。导演埃罗尔·莫里斯试图在电影《时间简史》中刻画出霍金个性中的这一面。"我想捕捉一些关于他的思想的瞬间，比如他的执着，他的挣扎，还有他得到的快乐，"莫里斯回忆道，"我的意思是，一些令人难忘的瞬间……比如在这个街角，波士顿肯德尔广场的里格海鲜餐厅里，霍金点了一只龙虾。当然，他需要别人的帮助才能吃到这只龙虾，这是我见过的最混乱的场面之一。"莫里斯停顿了一下，微笑着继续说道："桌子上铺满了龙虾，霍金身上也都是龙虾。但是这里有一个人，玩得非常开心。"[12]

这些感性的时刻总是需要通过牺牲别人的时间和精力来实现，而霍金已经有些年头没有享受过伴侣心甘情愿的自我牺牲了。他的第二任妻子伊莱恩在 2007 年就离开了他，而他与第一任妻子简曾经的亲密关系也早已成为后者难以承受的负担，至少她是这样向世人述说的。

在简的第一本回忆录《音乐移动群星：霍金传》中，简用惨痛的语言描述了她与坐在轮椅上的史蒂芬之间的性关系。对她来说，这种性行为本身"既空虚又可怕"，是她焦虑和排斥的根源。

> ……我十分担心，性行为可能会导致我怀里的史蒂芬死去……。我为他所做的一切都像是出于母性，而不是以一名妻子的身份。我喂他吃饭，给他洗衣服，给他洗澡，给他穿衣服，给他梳头，给他刷牙……面对这样一个大屠杀受害者一般的身

---

① 尽管身有残疾，但霍金的性欲是正常的。

体，和像婴儿一样的需求，真的很难让人产生欲望，这简直就不正常。[13]

几年后，当简再版她的回忆录时，这段话被改得温和了一些，但基本的信息还是一样的，为满足史蒂芬的需求而不断付出的牺牲与夫妻感情从根本上就是不相容的。

没有伴侣的支持，就意味着霍金没有一个可靠的机制来满足他的基本需求，他不得不利用他的人格力量或者他的钱，把自己的意志强加给别人。

与此同时，其他人也试图将自己的意志强加给他。霍金的名字极具价值。据一些与霍金关系密切的人描述，在他生命的最后几年里，为了控制他的财富使用、他的注意力以及他的时间，有时会在背地里发生激烈的冲突。这些冲突大多不为公众所知，但是也有例外。不过即便如此，相关细节也很少曝光。

这个例外就是霍金的一名护士——帕特里夏·多迪。多迪曾在 2000 年年初为霍金工作，离开几年后又回到霍金身边。2016 年，在霍金亲属的要求下，英国护士和助产士协会对多迪展开了调查，并立即暂停了她的工作，等待调查结果。对标协会行为准则的 25 项专业标准，多迪被指控违反了其中的 19 项。这个调查持续了两年，在霍金去世后不久听证会才结束。而多迪因为在护理霍金期间的"多项行为失当的指控"，包括"财务行为失当，诚信失当，没有提供适当的护理"等，在 2018 年被吊销了护理执照①。[14]

虽然这种听证会通常会对公众开放，但这一次，协会破例以非公开方式举行了听证会，时至今日，相关文件仍保密。虽然霍金一方

———————————

① 严格来说，是将她的名字从护士登记册上"剔除"了。

的文件肯定揭示了导致多迪护士生涯结束的冲突情况，但是这些文件全部掌握在指控多迪的霍金亲属手中，而他们也没有透露任何相关信息。

在层层表象之下，霍金个人生活的粗略轮廓只能隐隐约约地呈现出来，这也足见人们花费了很多精力去掩盖它们。

* * *

尽管关于霍金个人生活的细节备受市场追捧，但他本人直到2013年71岁高龄时才出版第一本自传。而在这本名为《我的简史》的自传问世之后，人们发现此书几乎与他前妻的大作截然相反。评论家对它的简洁以及作者的含蓄印象深刻，特别是他"那种刻意的漠不关心的态度，尤其是对他生命中出现的人的冷漠，应该是一种根深蒂固的态度"。[15]

"至于他的私生活，他在两段婚姻中的不忠传闻以及遭受身体虐待的传闻，以及他作为名人的环球旅行经历，霍金一直保持低调，几乎没有透露什么信息，"另一位评论家写道，"他承认，他糟糕的健康状况和名人身份对他的人际关系没有帮助，但对此没有提供相关细节或者深入见解。"[16]

霍金曾经在同行评议杂志《自然》上发表了他著名的黑洞最终会爆炸的言论，然而这次，《自然》的评论更加残酷："《我的简史》不符合我们对于回忆录的期望，它没有把读者带入任何幕后场景。霍金叙述了他的一生，但是并没有任何反思，只是在庆祝胜利，记录其中的敏感时刻。这是一本简明扼要、光彩照人的肖像画，与公共关系部门所发布的对外宣传资料并无二致。"[17]

没有真正的反思，《我的简史》就不可能获得关键的——或者说更重要的——经济上的成功①。霍金每分钟最多只能说三个字，这种速度影响了他的交流，也限制了他不断产生新的素材。这本书的大部分内容都是对以往素材的重新利用。其中对于自己童年和大学时代的描写，来自他 1987 年的一次演讲稿和几年之后的一次内容增补，在出版之前又稍作了修改。对于《时间简史》写作过程的描述，曾于 1988 年年底和 1989 年年初发表在《独立报》和《大众科学》上。书中关于他的科学研究的其他章节，也是对以前的演讲和著作的整理。评论家和读者所渴望的反思部分是书中唯一的新内容，然而篇幅太短了。对于霍金来说，重新创作是最困难的，远比剪贴以前的言论困难得多。[18]

但即使书写新的章节变得容易，霍金也很可能不愿意这样做。他始终试图在面对大众的作品中保持一个庄重、幽默又自嘲的形象，而利用他生活中那些更私密的部分，尤其是争议或丑闻来提高销量，这与他的既定形象是不相符的。因此，在《我的简史》一书中，对于霍金的爱情生活，还有他的政治观点以及宗教信仰，都没有任何深入的见解，这也就不足为奇了。

霍金对于自己的无神论信仰毫不掩饰。虽然他经常在自己的著作中提到上帝，但这通常只是对于宇宙基本秩序的一种隐喻，他在许多场合都曾经非常明确地表示，自己不相信有超自然或精神力量的存在②。事实上，他所信奉的宇宙学创世论就否认了造物主的存在。然而

---

① 2013 年，霍金获得了俄罗斯寡头尤里·米尔纳赞助的 300 万美元，暂时缓解了他的经济状况。三年后，米尔纳和霍金又登上了媒体头条，当时霍金公开支持一个相当奇怪的建议，而米尔纳则对其进行了资助，这个项目就是向半人马座 α 星发送超小型激光推进航天器。

② 唯一一次与此相反的例子是由他的第二任妻子伊莱恩讲述的。按照她的说法，在他们的婚姻期间，她经常带着史蒂芬去剑桥的圣巴纳巴教堂做礼拜。在那里，"祈祷、赞美诗和诵读《圣经》常常会让他安静地哭泣。在家里，他也读《圣经》。他通常要求读旧约故事，并经常一起祷告"。

这似乎并不能满足公众对于这位物理学家的精神力量和智慧的期待，他依然不断地被问及对宗教的观点。在他的回忆录中，完全没有上帝的影子，这一点令人震惊。

霍金的政治观点也鲜少见诸报端。自年轻时起，他就被认为是社会主义者，而且明显偏左。然而，他很少公开参与政治活动，除非这件事可以从科学的角度进行分析，或者与社会服务有关，比如气候变化、裁减核武器等议题，这样他就可以利用自己的科学资历来提高自己的权威。

霍金的专业科学素养往往与他在公共场合提出的观点没有什么关系，不过这也无关紧要。他研究广义相对论和粒子物理学多年，但这并没有帮助他更深入地理解人工智能的本质、太空旅行的必要性，抑或是与外星物种接触的必要性。然而，他却非常乐意就这些话题发表长篇大论，仿佛他自己就代表了科学界的共识。有时，这种做法甚至让他的一些老朋友感到不快。比如 2018 年，天文学家马丁·里斯就曾经写道："他的偶像地位有一个缺点，那就是他的评论总能吸引过多的关注，即使那些话题并不属于他的专业领域，比如哲学或者来自外星人或人工智能的威胁。他参加媒体活动时会使用一些'脚本'，而那些脚本的作者可能都对自己的事业抱持矛盾的态度。"[19]

当然，这并不是说霍金只会对科学话题发表意见。在生命的最后阶段，他直言不讳地评论了欧美民粹主义的兴起，甚至支持了几个工党的议会候选人。他反对英国脱离欧盟，就像几年前反对苏格兰独立一样。但大多数时候，他都会从科技的角度来谈论各种话题，甚至包括纯政治问题。2016 年，他说英国脱欧"会伤害到英国的科学研究"，说民粹主义在某种程度上是"互联网和社交媒体在全球传播的一个意外后果"，并且在给唐纳德·特朗普贴上蛊惑民心标签的同时，还敦促这位新总统换一位环保署负责人。[20]

甚至当他与保守党在削减英国国家医疗服务体系（帮助霍金活了这么多年的英国医疗系统）资金的问题上发生争执时，他仍把当时的卫生大臣杰里米·亨特也当作一名物理学家来对待①：

> ……亨特为了证明自己的观点，对研究成果做了一些手脚。但对于一个科学家来说，绝对不可以对证据进行有倾向性地筛选。有时，公众人物为了证明自己推行的政策的正确性，会滥用科学论证，推动某些研究，同时压制另一些研究，这是对科学文化的贬损。这种行为的一个后果是，在这样一个科学研究和科技进步比以往任何时候都重要的时代，它会导致普通人对科学不再信任。

绝大多数情况下，霍金都会从权威的科学角度进行论证，极少出现例外。但是一旦出现例外，一般都是大新闻。[21]

2013 年年中，霍金被安排出席由时任以色列总统西蒙·佩雷斯主持的一次会议，引起了英国巴勒斯坦大学委员会（BRICUP）的注意。这个组织由英国学者组成，致力于通过抵制以色列和其他一些手段，来抗议对巴勒斯坦领土的侵占。英国巴勒斯坦大学委员会主席乔纳森·罗森海德组织了 20 余名学者给霍金写信，宣称他们对霍金助长以色列"斯文的外表下掩盖的压迫行为"感到"惊讶和深深的失望"。[22]

霍金立即退出了会议，并宣布这是他"尊重（对于以色列的）抵制行为的个人决定"。他所在的剑桥大学显然被打了个措手不及，立即宣称这位广受爱戴的教授无意涉足现代最受争议的政治话题之一，

---

① 在生命的最后阶段，霍金对英国保守党摧毁英国国家医疗服务体系的担忧促使他进一步公开了自己的政治观点，以至于在 2017 年选择支持工党的议会候选人。

并指责委员会"误解"了霍金退出会议的原因。校方发言人坚称："霍金教授因健康原因将不会出席6月在以色列举行的会议，他的医生建议他不要乘坐飞机。"但事实上，真正误会的是剑桥大学，霍金退出会议正是由于这一抵制行为。[23]

霍金的这种争议性立场意味着他将遭受到极其负面的宣传，这是他这一生都在尽量避免的事情。巴勒斯坦人及其支持者赞扬了这位物理学家，但同时批评者则对他进行攻击。有些人指责他虚伪，因为他的语音合成器依靠的是以色列制造的计算机芯片，以色列海法大学一位愤怒的教授甚至建议，应该让霍金"免费乘坐阿基莱·劳伦号"，那是一艘被武装分子劫持的游轮，劫持者们曾将一名坐轮椅的乘客扔下船。[24]

这是一次例外事件，霍金极其罕见地采取了极端反应。他并不怕引发争议，但是他只在科学领域这样做，一般也只针对他的同行，那些真正惹恼了他的科学家，比如彼得·希格斯。

* * *

2012年，当欧洲核子研究中心的大型强子对撞机发现了希格斯玻色子时，报纸兴高采烈地报道了霍金与物理学家戈登·凯恩的赌约，以及霍金输掉100美元赌注的事情。但他们没有报道的是，这其实是他与凯恩的第三次赌约，而前两场霍金全赢了。

早在20世纪90年代中期，欧洲核子研究中心就制作了一种与众不同的粒子加速器，即大型电子–玻色子对撞机（LEP）。LEP比LHC能量稍弱，但当时的物理学家预测它能够找到希格斯粒子。霍金对此持怀疑态度，他的计算结果似乎表明，人们要想看到希格斯粒子，必须将空间放大到足以看到泡沫状的、不连续的基质的程度，而在这种极小的尺度上，微小的黑洞会不断出现并消失。这种想法看上去非常奇特，但不可思议的亚原子世界可能更加古怪，这种怪事显然是可能发生的。霍金认为，这些微小的黑洞会掩盖住希格斯玻色子的存在，使得人们无法观察到它们的痕迹。然而，大多数科学家并不认同霍金的观点，同为物理学家的马尔科姆·麦卡勒姆将其描述为"狂野而充满挑衅"。[25]

但这至少激起了戈登·凯恩的兴趣。这位美国密歇根大学的理论粒子物理学家对 LEP 的前景极为乐观，他认为，LEP 不仅有可能发现希格斯粒子，而且还能发现一些以前未被发现的粒子的蛛丝马迹，科学家们将首次了解到那些没有被标准模型预测到的粒子。于是，他与霍金打赌 100 美元，赌 LEP 一定会发现希格斯粒子。

2000 年，搜寻希格斯粒子的情况变得更加严峻。经过大约 10 年的实验，加速器只发现了极少量的证据，证明希格斯粒子可能存在，拆除 LEP 的计划已经提上日程，更加强大的 LHC 将取而代之。就在 LEP 即将关闭的最后关头，科学家们声称看到一个闪现的粒子，可能与他们要找的希格斯粒子十分相似①。因此，拆除 LEP 的计划被推迟了一个月执行，以便科学家们可以收集更多的证据。但是根本没用，他们并没有发现希格斯粒子，理论粒子物理学家们心情沮丧，甚至有些情绪失控。而霍金则自豪地从凯恩那里领走了 100 美元。

平日里沉默寡言的彼得·希格斯突然发难，驳斥了霍金关于永远找不到希格斯玻色子的观点。"很难让（霍金）参加讨论，所以他以自己独有的方式逃避了判决，"希格斯告诉《苏格兰人报》，"他的名人身份让他瞬间获得了其他人不具备的可信度。"[26]

"我很惊讶，希格斯的言论中会带有这么强烈的情绪。我希望人

---

① 事实上，这只是一个拖延战术。

们在讨论科学问题的时候，不要带上个人情绪。"据报道，霍金不动声色地做出了回应，"希格斯搞错了，我并没有打赌说希格斯玻色子不存在，只是打赌说它不会被 LEP 发现，而我已经赢了。"[27]

就在 LEP 关闭的同时，美国的费米实验室升级并启动了他们的万亿伏特粒子加速器——Tevatron。霍金和凯恩又一次站在了赌桌的两边，凯恩坚信希格斯粒子一定存在，他打赌 Tevatron 一定会找到它，而霍金仍然对此表示怀疑。

即使设备建成并且全部到位，运行粒子加速器也是一件极其昂贵的事情。它需要消耗大量的电力，不仅要让粒子以接近光速的速度运动，还要为引导粒子束的磁铁提供动力并帮助冷却，同时保持粒子所处的数英里长的管道是真空状态。21 世纪初，管理费米实验室的美国能源部宣布：Tevatron 将成为美国在粒子物理学前沿领域的最后一台对撞机。如果 Tevatron 如美国政府一直担心的那样，没有找到希格斯粒子，那么政府将不会再投资建设对撞机。随着 21 世纪第一个 10 年的结束，情况变得越来越清楚，希格斯粒子还不想暴露自己。虽然有实验结果显示其可能存在，但还没有谁能勉强说"发现"了这种粒子。看起来 Tevatron 很快也会被关闭，而霍金将再次赢得他与凯恩的赌约。

情况看起来令人绝望，但游戏还没有结束。寻找希格斯粒子的征途上还有最后一个希望，凯恩和霍金也还有最后一个赌约。LEP 已经被拆除，一个更加强大的加速器取而代之，这就是建在同一条隧道里的 LHC。而如果 LHC 还是没有找到希格斯粒子，那么游戏就真正结束了，至少在可预见的将来，情况就是这样。如果 LHC 失败了，人们可能不会再建一台更好的仪器来继续搜寻工作。因此，当 2008 年年底，科学家们终于准备好开启 LHC 时，这些搜捕希格斯粒子的猎人看上去既有些期待，又有些惶恐。

"我认为，如果我们没有找到希格斯粒子，那将会更加令人兴奋。这将表明有些东西是错的，而我们需要重新思考。"在 LHC 开始收集数据的前一天，霍金对 BBC 这样说道。由于霍金的电子合成音只能直接地表现出情绪，所以当他补充道"我赌 100 美元，我们找不到希格斯粒子"时，很难说他有没有在意气用事。鉴于当时希格斯一派的情绪高涨，几乎可以肯定，霍金一定知道自己的话会引起轩然大波。[28]

第二天，在庆祝 LHC 启动的新闻发布会上，彼得·希格斯大发雷霆，嘲笑霍金关于永远找不到希格斯玻色子的言论。"我必须承认，我没有读过霍金提出这一说法的论文。但我读过他写的另一篇文章，我认为他就是据此进行相关计算的。坦率地说，我认为他的计算方式还不够好。"希格斯抱怨道，"我的理解是，他把粒子物理学理论与引力放在一起……没有任何一个理论粒子物理学家会认为这是一个正确的做法……我非常怀疑他的计算结果。"随后，专家组中的其他科学家"迅速行动，打断了讨论"，以免事态失控。[29]

4 年多以后，LHC 终于找到了希格斯粒子存在的充足证据，霍金也不得不承认，他输掉了与戈登·凯恩最后的赌约。但在此之前，霍金似乎很享受与希格斯以及 LHC 工作人员之间的交锋。有好几次，霍金漫不经心地开玩笑说，加速器可以产生微型黑洞，获得诺贝尔奖的将是他，而不是希格斯①。而到了 2012 年，他终于承认自己错了，但是就在霍金承认彼得·希格斯应该获得诺贝尔奖的那一刻，他马上又说："从某种程度上说，希格斯玻色子的发现也是一种遗憾。"

彼得·希格斯永远不会承认这一点，但是这回霍金说对了。希格斯玻色子的发现标志着粒子物理学标准模型的完成，它是这个成功理

---

① 即使在霍金认输之后，他似乎还乐于普及一种理论，即对希格斯玻色子的测量可能意味着宇宙在某种意义上是不稳定的。某个新闻标题写道："霍金说'上帝粒子'可能会彻底摧毁宇宙。"

论的最后一块拼图。但是，仅凭标准模型的理论是不够的。尽管希格斯机制允许粒子有质量，但它并不能解释引力。为此，科学家们需要建立一个更大、更好的模型，它需要超越标准模型，不仅要描述强力、弱力和电磁力，也要将引力包括进来。物理学家需要着手发现现有的标准模型无法解释的现象，以此扩展和改进这个模型。旧模型失效的地方，恰恰是新物理学的起点。而如果旧模型不失效，那么科学家们就无从下手。

正是基于这个原因，霍金一生都在寻找理论冲突和崩溃的边界，在黑洞的边缘寻找，在宇宙诞生之初寻找，因为正是这些边界让科学家们灵光一现，让他们掌握到更加深刻的真理。大型强子对撞机将巨大的能量注入一个非常小的空间，它也有可能产生一个边界。但即使它成功地找到了希格斯粒子，也还不足以产生这样的边界，对撞机没有产生任何关于超越标准模型的提示，也没有足以产生新知识的理论冲突。霍金终其一生都在寻找一个包含一切的"万有理论"，这个理论能够统一泡沫状的不连续的亚原子宇宙和平滑的广义相对论宇宙，从这个意义上来说，大型强子对撞机是他一生中最大的遗憾。

第 4 章

穿越时空的邀请函

（2008—2012）

"现在我意识到，四维时空中的状况难以想象……"本尼迪克特·康伯巴奇的声音响起，他那抑扬顿挫的英式口音代替了霍金那尖细、含糊不清的合成美式口音，"不过等一下，我设计了一个简单的实验，它可以验证人类的时间旅行……是否可行，不论现在，还是将来。"当然，这是在吊人胃口，因为接下来是广告休息时间。[1]

《与霍金一起了解宇宙》是探索频道推出的又一部以著名物理学家为主角的迷你剧，其中第二集专门讲述了时间旅行。霍金的实验出人意料。当广告时间结束时，我们没有看到实验室仪器设备或黑板，没有任何一个场景可以让观众联想到物理学。相反，屏幕上全是气球，还有一个装满香槟杯的托盘，不出意外地溢满了泡沫。桌上放着一盘盘开胃菜，一个服务员打开了一瓶产地不明的香槟，上面似乎有霍金心爱的剑桥大学冈维尔与凯斯学院的徽章。"我喜欢简单的实验，还有香槟，"由康伯巴奇配音的霍金解释说，"所以我把我最喜欢的两样东西结合起来，来看看从未来回到过去的时间旅行是否可能。"镜头一转，这位物理学家坐在一堆节日装饰品当中，而康伯巴奇的声音慢慢变成了霍金的声音："我正在举办一场派对，一场欢迎宴会……"在他身后，大厅里悬挂的横幅上写着"欢迎时间旅行者"。

这是一个聪明的小把戏。霍金举办了一场宴会，但事先没有告知任何人。只有在活动结束后，他才公布了邀请函：

我们诚挚地邀请您参加时间旅行者的欢迎宴

主办人：霍金

地点：英国剑桥市三一街剑桥大学冈维尔与凯斯学院

坐标：北纬 52°12'21"，东经 0°7'4.7"

时间：格林尼治标准时间 2009 年 6 月 28 日中午 12 时整

无须回复

邀请函上提供了宴会的四维坐标，包括三个空间坐标和一个时间坐标，这是一个精确的时空位置。但由于邀请函是在活动结束后才公布的，所以只有未来的人知道这些信息。也就是说，除了霍金（和他的摄制组）之外，唯一的与会者将是来自未来的人，他们能够以某种方式穿越时空，回到过去参加聚会。

不出所料，没有人出现。"真可惜，"霍金说，"我本来希望未来的环球小姐能够穿门而入的。"①

---

① 还有一种可能是霍金没有想到的，无人出席的原因可能是他准备的香槟酒廉价又劣质。

*　*　*

　　这个时空旅行实验的小把戏完美地展示了霍金的性格特点。他的机智、自嘲式的幽默，加上对宇宙运行方式的坚定信心，每次都会让观众着迷。毫无疑问，在这一刻，真实的霍金闪亮登场，让这个平淡无奇的节目熠熠生辉。

　　发现人设背后的真实的霍金越来越困难。从那些由编剧或者合作者为他思考、为他拼写的语句中，我们很难分辨出哪一句是这位科学家的真正所思所想。即使在他的科学研究中，也越来越难以弄清哪部分是他的工作，哪部分是合作者的。霍金不再只是一个人，他也成为一个品牌。

　　在这一点上，霍金与许多名人没什么不同，甚至与许多科学家也没什么不同。许多科学家的荣誉都来自实验室助理或者所指导的研究生的工作成果，有时荣誉分配与实际工作并不成比例。霍金的情况更极端，这要归因于他的病情，不论是吃饭、解手，还是写作和演讲，他生活中的每一件事几乎都是合作的结果。霍金常常不得不将自己的一些基本行为托付出去，因此很难分清作为个人的霍金和由集体创作而成的霍金。这个品牌太有名了，以至于有时候你会忘记，在一切表象之下还有一个真实的人，而且是一个病入膏肓的人。

*　*　*

　　虽然比起爱因斯坦，霍金的这个时间旅行的小把戏更像是马戏团鼻祖P. T. 巴纳姆的手法，但事实上，这个想法确实起源于相对论。1905 年，爱因斯坦无意中打开了时间旅行的大门，他发现空间、时间和运动密不可分地交织在一起，一个人在空间中的运动可以影响他在时间中的运动，这时，回到过去的想法似乎不再是马克·吐温或者赫伯特·乔治·威尔斯笔下的荒谬幻想。科学已经宣布，时间具有可塑性，现在只有一个小问题，那就是时间究竟可以被拉伸或弯曲到什么程度。

在爱因斯坦建立起引力和时空结构曲率之间的关键联系之前，他和他的同事就意识到，空间在被塑造变形时存在一些非常奇怪的地方。而时空形态的这些怪异之处，就是理解爱因斯坦所发现的时空奇异规则的关键所在。

牛顿宇宙中的运动是一个简单的几何学问题，与全世界的中学所教授的几何学并无二致，就是欧几里得、毕达哥拉斯和阿基米德所使用的几何学。在三维牛顿空间中，要计算两个物体之间的距离（物理学家所说的牛顿空间的"度量"），只需使用我们在小学时就学过的毕达哥拉斯公式（勾股定理——译者注）。而对于牛顿宇宙来说，这就是最复杂的情形了，我们的宇宙是三维的，只需要三个变量 x、y 和 z，就可以精确地定位空间中的物体，而古老的欧几里得几何学（欧氏几何——译者注）可以完美地描述一切[1]。

计算距离，即所谓空间的"度量"，可以使我们深入了解我们所处的这个宇宙的基本"形状"。这种特定的度量显示，空间是无聊的，它没有什么特征，平坦，没有任何惊喜，连古希腊人都可以描述出来。事实上，它被称为"欧几里得"空间或者欧氏空间，因为它的几何学规则早在 2 500 年前就已经被欧几里得写下了。

爱因斯坦的宇宙比牛顿宇宙更棘手。要描述爱因斯坦宇宙中的某个位置，我们不仅需要空间的三个维度，还需要一个时间维度。而这

---

[1] 牛顿空间中两个物体之间的距离 $d = \sqrt{x^2 + y^2 + z^2}$，其中 x、y、z 分别代表两个物体之间的左右、上下、前后的距离。

就意味着，时空的"距离"公式中除了空间的 x、y、z 之外，还必须加入第 4 个变量，也就是时间 t。而爱因斯坦理论中的距离公式比毕达哥拉斯定理更为复杂。在毕达哥拉斯定理中，所有的维度都是可以互换的，它们是同一类型的维度，本质上基本没有差别。但在爱因斯坦的宇宙中，距离公式变得不一样了，时间 t 与空间的三个维度 x、y 和 z 有着不同的表现。事实上，如果你仔细看一下这个公式，时间变量旁边有一个奇怪的减号，而空间变量旁边却没有[①]。这是一个微妙的差别，却导致了巨大的影响。

对于一个数学家来说，这种度量不仅是一个公式，更是对某种几何学的描述，是对某人周围的空间（在这种情况下指"时空"）的一个整体描述。我们在日常生活中早已经习惯了欧氏空间，我们所经历的一切都发生在由欧氏度量描述的空间中，并遵循牛顿运动定律。所以，我们一开始会很难理解，生活在一个不遵循欧氏几何的流形上到底意味着什么。时空的度量中有一个减号，因此这就意味着，爱因斯坦方程所描述的时空（物理学家们所说的洛伦兹时空）的几何结构比牛顿运动定律所存在的那个标准的、毫无特征的欧氏空间要复杂得多[②]。

从某种意义上来说，爱因斯坦的相对论本质上是对我们所处的空

---

① 时空中两个物体之间的距离，严格来说叫"时间间隔"，由公式 $s = \sqrt{x^2 + y^2 + z^2 - t^2}$ 表示，其中 x、y 和 z 表示两个物体之间三个空间维度上的距离，t 代表两个物体之间的时间差。

② 严格来说，相关术语要更加复杂一些，因为科学家在描述物体几何形状和物体本身时会使用不同的术语。地球是一个物体，在其表面的任意一点上都（或多或少地）存在一个三维欧几里得几何体。这就使它成为一个"黎曼"流形。爱因斯坦的时空，由于负号的存在，严格来说属于"闵可夫斯基"时空几何结构；宇宙中的每一点都具有这种几何结构，因此被称为"洛伦兹"流形。为了简单起见，这里我没有区分这几个术语的区别。

间和时间的几何结构的描述。相对论的所有不可思议的后果，比如光速极限和钟慢尺缩，都只是时空不遵循欧氏几何的表现。我们用一张图就可以理解这一点。

如果一个人从英国伦敦的特拉法尔加广场出发，任意选择一个方向，然后在欧氏空间移动 1 000 米，那么她的终点将在以她的起点为圆心的圆圈上的某个地方。如果她能飞行或者遁地而行，那么只需将圆圈换成圆球即可。无论她选了哪个方向，如果她坚持走下去，就会发现自己的旅程是受限的，终点必然落在这个圆圈或者圆球上的某个地方。

而同一个人，在 2001 年 1 月 1 日的午夜，若通过洛伦兹时空离开特拉法尔加广场，在一定的时间间隔内，会得到另外一种不同的限制结果。这是因为洛伦兹时空与欧几里得空间有不同的规则，我们可以通过观察时空图来粗略地了解这一点。时空图中有两条坐标轴，其中一条代表空间，另一条代表时间。在这张图上，我们的时空旅行者无法任意选择自己的移动方向，甚至也不能坐着不动。她总是沿着时间轴向上移动，也就是在时间上向前移动。而且，洛伦兹时空的规则决定了在经过一定的时间间隔之后，她的终点不会像在欧氏空间中那样位于一个圆圈上，而是形成一种截然不同的无限的开放曲线，我们称之为双曲线，互相呈 45 度的角。

那条双曲线和那些 45 度的斜线限制了这个人在时空中可以到达的地方。旅行者可以越走越快，离特拉法尔加广场的距离越来越远，但是由于她的终点必须在双曲线上，因此她的行动轨迹永远不会越过那些 45 度的斜线。因为在时空图中，45 度斜线就代表了光速，它们也被称为由起点发出的"光锥"，也就是旅行的最终边界。除非旅行者能想出超越光速的方法，否则无论怎么努力，都无法跨越光锥的屏障。他向未来进发的道路永远受限，永远无法到达某些时空区域。

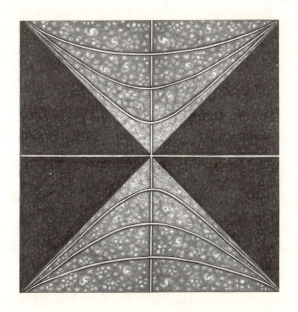

　　然而，这里也存在一个漏洞。如果我们的时空旅行者以某种方式超越了光速，他就可以穿越到禁区。或者时空结构中也许存在一些缺陷或隧道，让旅行者可以穿过光锥。如果这真的发生了，时空的数学法则就会崩溃，基本定理就会被打破，而旅行者本人也可以和过去的人交流，向过去发送一些足以改变命运的信息，甚至或许可以让时间倒流。

　　广义相对论的规则排除了这两种可能性，因为它不仅禁止物体以比光速更快的速度运动，还假定时空的结构是平滑、连续的，而不是布满了洞或隧道。但是，霍金和其他大多数物理学家一样，认为这些规则并不总是成立。至少在理论上，时间旅行是可能的。而霍金最喜欢的活动之一就是思考时间旅行的可能性，以及如果时间真的可以倒流，那么宇宙将遵循什么样的规则。

　　这也是他的听众所喜爱的内容。在一次公开演讲的结尾，他强调："空间和时间的扭曲、高速的空间旅行或者回到过去，按照我们现在对宇宙的理解，都不能被完全否定。"这是一个激动人心的声明，尽管它是由平淡的电子合成音发表的。不过，也许正是因为它是由平淡的电子合成音发表的，所以才更让人兴奋。[2]

＊　＊　＊

关于霍金的公开演讲，有两件事永远正确。第一，参加讲座的听众总是很多，座无虚席，而如果可以忽略各种消防安全要求，连出口附近和过道上都会挤满人，大家都伸长脖子想第一时间看到这位著名的物理学家。第二，当助手推着轮椅上的他出现时，人群顿时鸦雀无声，而当助手摆弄着设备、霍金准备发言时，人群中又通常会出现紧张的窃窃私语，然后霍金会说出第一句话："你们能听到我说话吗？"每次的语调都完全一样，仿佛是一种仪式。紧张的气氛随着观众的掌声而打破，霍金开启了语音合成器，开始念出演讲的第一句话。

"这种沉默有时会长达三四十秒，"霍金的博士生克里斯托弗·加尔法德说。在导师的启发下，他毕业后成为一名科普工作者。"对我来说，正是这40秒的沉默……促使我走上了这条职业道路。"[3]

与许多巡回演讲者一样，霍金也有自己的一套模板可以借鉴，他偶尔会对这些模板讲稿进行调整或者重新组合，或者在适当的时候加入新的知识或描述。他在演讲中引用了很多早期论著中的段落，而他后来的著作中则包含了很多演讲中的语句。事实上，因为霍金的所有对外交流都是以电脑为媒介，包括他的书稿、演讲、尚未公开的演讲以及对同事或听众提问的回答，因此他的发言从来都不是一闪而过，而是会被半永久地存储在数字存储器中。每次他说话或写作时，这些话语都会被留存几十年，并且在霍金每次搜索记忆库时，就会被改编、合并并产生新的语句。

科学社会学学者海伦·米亚雷特记录下了这种由霍金的"创作"习惯所导致的痛苦，图书管理员助理不得不大量翻阅霍金的论文。通常情况下，档案管理员会根据文件的独特性来评估它的价值：

> 然而，关于霍金的文件材料往往重复的内容比较多，因为这样的电子文件或已出版文件可以无限地随意复制……那我们该如何处理这些发表于不同地点的演讲呢？虽然每次发言都略有变化，但本质上还是一样的。因此，图书管理员助理很难追溯它们的出处，也很难把它们放到相应的背景中去。[4]

霍金并不是唯一一个重复使用自己的演讲稿和论文的演讲者。但他那饱受摧残的病体意味着，如果他想向外界传输大脑中产生的任何信息，都必须通过一个数字通道，而这个通道却掩盖了最初创造这些信息的思想。正如米亚雷特所说：

> 多年来，他不得不通过电脑来完成所有事。不仅是霍金，其他越来越多的学者也是如此。霍金的特殊状况……暴露了知识分子的这些惯常做法，他们摘取不同文件的词句拼成新的演讲稿，将同一份演讲稿循环利用、讲给不同的听众，将演讲稿转化为文章，将讲座、访谈和会议广告册整理出版。换句话说，以前，演讲稿的起草过程通常会使我们更接近创作过程的"原点"，即作者本人；但是现在，这一过程却使我们置身于一间放满镜子的大厅。[5]

几乎无一例外，霍金的每一次演讲都是对他多年前所写的演讲稿、著作或者文章的镜面反射。

他的听众们对此毫不关心。霍金的演讲总是非常成功，当他能够回答观众提问时更是如此，而这些问题往往是事先准备好的，或者由助手预先筛选的（所有这些举措都是为了避免霍金回答时的长时间停顿）。米亚雷特记录了1999年的一次新闻发布会：

> 有趣的是，这些问题总是大同小异……"嗯，基本上，"助理解释说，"他们问的都是：'你认为我们会找到一个万有理论吗？'当史蒂芬在美国白宫千禧年晚会上给当时的总统比尔·克林顿做演讲时，他曾说，25年之内，这一理论一定会被找到。所以如果史蒂芬要回答这个问题，他可能会把那段演讲的最后一段话摘出来，重新讲一遍。"[6]

霍金的助理们对这些浅显又容易被猜中的问题不以为然，但那些受人尊敬的新闻界人士却对与这位伟人同台倍感兴奋。霍金的一位研究生说："他可能会把那次演讲的最后一段话重新讲一遍，而那些记者则痴迷于此，激动得尖叫。"即使霍金把以前说过的话重复100遍，也根本不重要，人们只是想要亲眼看到他运用仅有的肌肉、向语音合成器发送文本包而已。他们并不关心文本是不是新的。[7]

* * *

当霍金需要产出一些真正的新东西时，他需要旁人的帮助，而他身边并不缺乏愿意提供协助的人。

对于一名职业物理学家，特别是一名需要指导学生攻读博士学位的教授来说，这是一件再自然不过的事。研究生的学习生涯就像是在师傅手下见习的学徒，师傅有许多研究想法，而学生有更多的时间和精力去追求成果。同样，博士生就像是教授手中的一件工具，教授用这件工具来拓展自己的能力，比如寻找新的研究方法、转换思维模式或者在烦琐的计算中磨炼自己；同时，他们也带来了更大的荣誉，因为在研究生的科研项目中，很大一部分功劳通常会归功于指导教授①。霍金身边总是有 4 名研究生为他工作，几乎一直都是这样，因为剑桥的博士学制通常是 4 年，每年都会有一名学生毕业，而毕业的学生的位置随后会被一名新人所取代。这是物理学界的一条不成文的准则。但霍金因为残疾，需要他的研究生提供更多的帮助，不仅是在物理学研究方面，还有身体上的协助。

多年来，霍金曾多次让自己的研究生担任住家看护。20 世纪 70 年代，霍金曾这样描述："他帮助我起床和睡觉，还喂我吃饭，而作为回报，他得到了一间住处和学术界的大量关注。"和霍金的许多学生一样，卡尔对他的导师充满了敬畏，几乎可以说是崇拜。他告诉记者丹尼斯·奥弗比，帮助霍金"就像亲历历史"。奥弗比写道："对于这样的看法，霍金也嗤之以鼻，在帮助教授上厕所之后，学生很难会对教授产生敬畏之心。"8

至于霍金出版的那些大众读物和发表的演讲，也在一定程度上需要学生们的协助，但是真正重要的工作还是需要更加专业的协助。霍金已经 10 年没有写出比较重要的著作了（这显然也带来了一些经济问题），他的下一部作品绝对是重中之重。

列纳德·蒙洛迪诺是美国加州理工学院的物理学家和科普作家，他曾多次与霍金合作。21 世纪初，霍金和他的经纪人艾尔·祖克曼讨

---

① 有时候，这种功劳可以说是被夸大了，甚至是错误的。"我确实认为，比如我们一起发表的那篇最著名的论文，他应该让我以唯一作者的身份署名，因为主要研究成果是我的，"霍金曾经的学生玛丽卡·泰勒说，"他把一些不属于他的功劳占为己有了。"遗憾的是，像这样对论文导师的抱怨并不罕见。

论了重新编写《时间简史》的可行性。"霍金正在寻找合作伙伴。"祖克曼说。正巧，蒙洛迪诺的文学经纪人苏珊·金斯伯格与祖克曼在同一家经纪公司工作，于是《时间简史（普及版）》诞生了。"这项工作中，蒙洛迪诺的身份并不是合著者，我想他可能只是出现在致谢部分。但是，蒙洛迪诺肯定参与了这本书的写作，而霍金并不喜欢这样。"祖克曼回忆道。他还补充说，令霍金不爽的并不是这件事脱离了他的控制，"他分给蒙洛迪诺30%的收益。霍金很恼火，因为虽然蒙洛迪诺参与了写作，但是卖书靠的还是霍金的名号"。对此，蒙洛迪诺反驳道："他后来还要求我为他写东西，所以他肯定认为这样做是值得的。"⁹

霍金想尝试与之前不同的工作。"我意识到，《时间简史》《时间简史（普及版）》《果壳中的宇宙》《时间简史：插图本》其实都是关于差不多的主题，都是他在20世纪七八十年代的作品，"蒙洛迪诺说，"在那之后他还做了很多东西。"¹⁰

这就是《大设计》一书的由来。与霍金之前的几次创作不同，这是一本全新的书，用出版商的话说，这将是"世界上最伟大的思想家之一近10年来最重要的作品"。

蒙洛迪诺将与霍金联合署名，他十分想把工作做好。然而经过一年的努力，两人还是没有写出完美的写作大纲。"但是有一天，（霍金）说，基本上'我们已经完成了'，"蒙洛迪诺说，"所以我当时认为，他的意思是让我们去吃饭或干点儿什么，休息一下。但是不是这样的，他的意思是我们已经完成了大纲……其实我们并没有，他这样说只是因为他已厌倦了这件事。"¹¹

霍金认为：即使没有完美的大纲，这本书也可以大受欢迎。"我们十分有把握，《时间简史》畅销几百万册的盛况会重演，"专业图书杂志《书单》认为，"预计书店和图书馆会排起长队购买霍金关于遥远外太空的最新物理学解读。"[12]

由于出版前媒体的关注，这本书的销售前景一片大好，大家都特别关注手稿中的一句话："没有必要劳烦上帝来引燃这根使宇宙运转的蓝色导火线。"这肯定会让那些想从霍金这里寻求神学智慧的人感到不快，因为《时间简史》的最后一句话似乎暗许了这种智慧。这句话非常有名，当时霍金提出，构建物理学的终极定律意味着"……我们将了解上帝的思想"。事实上，《大设计》的最后一句话呼应了这句话，只是在这里，上帝的位置被取代了。霍金写道，构建这些定律意味着"我们将发现宏大的设计"。

"霍金说：上帝并没有创造宇宙"，《泰晤士报》这样宣告。全世界数百家媒体对霍金的无神论表示惊讶和不适。牛津大学神经生物学家、著名科学家苏珊·格林菲尔德女男爵在 BBC 的电台节目中阐述了霍金的"自以为是"是如何让她感到恶心的："当然，他们可以任意发表他们的看法。但是，如果他们认为自己找到了所有问题的答案，而且像塔利班一样不接受一切反驳，那么我确实对此感到很不舒服。我认为这不一定对科学有帮助。"[①] 但是，那些因为上帝无用论而批评霍金的人，或者指责他"在知识的高速公路上掉头"去追求无神论的人，显然还不太熟悉霍金本人或者他的工作。[13]

正如一些更有洞察力的评论家所意识到的那样，《大设计》一书并不是试图将上帝与科学对立起来，它本质上还是一本关于宇宙学的大众读物。霍金和其他物理学家早已写过很多类似的作品，有些写得还很好。

---

① 据英国《每日电讯报》报道，格林菲尔德撤回了这些评论："随后她声称她的塔利班言论'并非针对个人'，她说自己'非常钦佩霍金'，并且'并不希望将他与塔利班做特别的比较'。"

* * *

《大设计》的标题唤起了物理学家半个多世纪以来的期望：在不远的将来，科学家会找到一组简单的方程，一系列美丽且自成一体的自然法规，它们支配着宇宙中的所有物质和能量在各种情况下和各种尺度上的行为。宇宙中的各种粒子和所有相互作用力，都将由这些方程来描述，这就是神奇的"万有理论"，也是自爱因斯坦以来的所有理论物理学家都在苦苦寻找的那头白鲸。这套自然法则将成为宇宙的基本蓝图，而这个宏大的设计是造物主也必须遵守的规则。

物理学家理查德·费曼曾经把寻找宇宙准则比喻为通过观察棋局来弄清国际象棋的规则，但你无法一下子看到整个棋局，只能看到棋盘上的几个格子。短时间内，你可能可以弄清楚一些规则，比如兵只能向前移动不能后退，对弈双方各有两个象，其中一个只能在白格中，而另一个只能在黑格中，还有其他一些基本规则。"但是有一天你突然发现，在某个棋局中，象好像并没有一直在同色的格子里，而是改变了颜色。后来你才发现了新的规则，那就是当象被俘虏后，兵会一直向前走到对方底线，然后升级为一个新的象。这是规则允许的，但你事先并不知道。"费曼解释道，"这与我们的自然法则很相似。它们有时看起来完全正确，从不出错，我们也一直是这样认为的。但是突然间，一些小把戏就揭示了它们的错误，然后我们就必须调查这个原因，就像调查象为什么会进入不同颜色的格子里一样……"[14]

物理学家提出了一套关于世界是如何运作的自然法则，然后不断进行观测，看看这些法则是否如预期那样成立。大多数时候，它们确实是成立的，但当它们不成立时，就有可能得到比以前更深刻、更完善的理解。

例如，18 世纪末，科学家总结出一套似乎很有效的法则。原子论描述了物质的构成，物质是由看不见、摸不着的原子构成的，这些原子具有不同的性质。同时，牛顿的万有引力定律描述了物质如何受到引力的影响并影响引力，麦克斯韦方程组描述了电和磁。然而，20世纪初的科学家看到，原子本身并不是不可分割的，它由不同的部分（电子、中子和质子）组成，在放射性衰变中还有"弱力"参与其中。到了20世纪70年代，这些自然法规变得更加错综复杂。如第3章所述，物理学家发现质子和中子本身是由更小的夸克组成的，并由"强力"结合在一起。

　　看起来，游戏规则的每一次迭代都会变得越来越复杂。但是，在物理学家看来，情况恰恰相反。实际上，由于"统一化"，现在规则变得越来越简单。科学家们意识到，电力和磁力其实是同一个事物的两个方面。弱力也是如此，在能量足够高的情况下，它们受到相同的自然法则的支配。同样，整个宇宙中看似产生了无穷无尽的不同亚原子，但是少数的基本粒子就足以解释所有这些亚原子。正如费曼所说："在国际象棋的例子中，你越是深入研究，规则就变得越复杂；但是在物理学中，每当你发现新的东西，规则就会变得更加简单。"也许，这是一种只有理论物理学家才能真正体会到的简单，但对于标准模型来说，它的数学框架却相当简单，只需要几个前提假设，就足以描述科学家所遇到的所有物质，以及它们是如何受到三种基本力的影响的。但由于标准模型中只包括电磁力、弱力和强力，不包括引力，因此它充其量只是一个"几乎万有"的理论。[15]

　　物理学家仍然在观察和等待，用他们手中的粒子对撞机和望远镜观察宇宙，希望看到自然界打破现有规则，这样他们就可以提出更新颖、更深刻、更简单的规则，来解释更多的现象。也许，万有理论这样一套规则可以解释宇宙中所有物质和能量的行为，但同时，这样一个理论还需要一个新的数学框架，以及与这个框架相适应的关于物理世界的新的前提假设。那么，这个框架究竟会是什么样的呢？

当霍金写作《大设计》这本书时，他开始相信，"M理论"是唯一可能的万有理论数学框架。"M理论"并不是一种真正的理论，或者说目前还不是。它是一种假设，一个尚未成形的数学框架，理论物理学家知道它的存在，但还不能很好地描述它。而对于霍金以及许多物理学家来说，想要超越标准模型、彻底解释宇宙中的所有物质和作用力，M理论是当前最好的机会。然而，就像所有可能的万有理论一样，从M理论出发的一些推论也带有一定的哲学意味，需要做出解释。例如，M理论似乎意味着可能存在着遵循不同物理定律的多个宇宙，或者情况可能更糟糕，这些宇宙确实真的存在。霍金在书中花了很大的篇幅来讲述这一推论，并且解释了在这无数种可能性中，为什么我们居住在现在所处的这个宇宙①。

遗憾的是，霍金涉足M理论的时间太晚了。此前，关于这一主题已经出版了好几本大众读物。所以，那些希望突破"霍金否认上帝"的噱头、看得更深远的评论家很有可能会感到失望。"虽然难免存在一些有趣的闲谈，但这本书里的铺垫和陈词滥调也属实多了点儿，"物理学家、数理畅销书作家格雷厄姆·法梅洛写道，"我不得不说，如果封面上没有霍金的名字，我认为《大设计》这本书连出版的价值都没有。"[16]

尽管如此，但霍金的名字出现在封面上就是一种保证。一经发行，《大设计》一书立即升至《纽约时报》畅销书排行榜第一名。这个销售成绩毫无疑问可能要归功于此前的争议，不仅包括霍金对上帝的态度，也包括这位物理学家一直以来对科学哲学家的抨击嘲讽。"哲

---

① 霍金通过人择原理来解释。这一原理的大致意思是说，如果有一个宇宙与我们现在所处的这个差别很大，那么我们就无法在其中存活，也就无法观察它。关于M理论及其相关问题的更多内容，请详见第7章。

学已死，"《大设计》开篇就说，"哲学没有跟上现代科学的发展步伐，尤其是物理学的步伐。"这句话似乎是为了激怒学术界的某一部分人而特意写的。

虽然以任何标准来衡量，《大设计》都是成功的，但它毕竟不是《时间简史》。对于大多数作者来说，在畅销书排行榜上保持 8 周就是了不起的成就了，但《时间简史》已经在那里扎扎实实地待了两年多。《大设计》只是没有达到那个高度罢了。这一次，即使是霍金独特的略带挖苦、时而邪恶时而自嘲的幽默感，也没有掀起什么波澜。《纽约时报》的评论员抱怨说"这简直就是红菜汤地带"，这是一种对美国俄裔犹太人的谑称，他似乎把责任全部归咎于蒙洛迪诺，而不是霍金。然而，我们并不清楚，这项工作中哪部分是蒙洛迪诺做的，哪部分又是霍金的贡献。[17]

* * *

年近七旬的霍金不再招收新的研究生。在他的职业生涯中，霍金曾指导过 40 多篇博士论文的写作，而他指导的最后一位博士生是在2010 年毕业的。但霍金一直与同行合作，并发表学术论文，主要的长期合作者有两位，分别是美国加州大学圣塔芭芭拉分校的詹姆斯·哈特尔和比利时鲁汶大学的托马斯·赫托格。他们的论文涉及近半个世纪之前霍金在自己的博士论文中就一直考虑的一个问题。它与时间相关，具体来说，就是时间是如何开始的。

在一个平滑的、没有遭到任何破坏的时空结构中，如果没有某种形式的快过光速的机器，人类就无法使时间倒流。不仅是人类，任何信息都不可能以比光速更快的速度发送出去。时空的几何结构会阻止信息向时空"禁区"传递。光锥包围着那些信息，不仅把未来关在未来，同时也把过去关在过去，阻止它们与光锥另一边的宇宙互动。

但是，还存在着一个问题。宇宙的起点大约是 137 亿年前，当时宇宙在一场大爆炸中诞生。在那个创世的时刻，空间和时间的结构诞生了，而自此以后，宇宙结构一直在拉伸、膨胀，星系之间彼此远离。如果你能够穿越时空回到过去，你就能看到一个逆向运行的膨胀过程，即宇宙的结构不断收缩，越来越紧，直到……

直到什么呢？这是霍金穷尽毕生试图回答的问题之一。他的博士论文得出的结论是，在大爆炸发生的那一刻，广义相对论崩溃了，当时的时空结构并不是符合相对论要求的平滑的流形。然而，在他生命的最后二三十年里，霍金与哈特尔一起想出了一个巧妙的构造，使得时空结构在大爆炸的那一刻也能保持其平滑性。霍金对这一想法极为自豪，该理论后来也被称为霍金–哈特尔"无边界"假设。

无边界假设是一个强大的但是颇具争议的想法。自 20 世纪 80 年代以来，霍金坚定地认为，它解释了宇宙之初的时空发生了什么，同时也为否定宇宙有创世者打下了科学基础。

* * *

"残疾阻止不了我，我也不允许这种情况发生，"霍金在一次获奖演说中这样说道，"我的座右铭是'没有边界'。"[18]

尽管霍金的病情越来越严重，但是他仍然在继续工作。由于对肌肉系统的控制力有限，加上需要经常护理气管和胃管，他是医院的常客。他总是因为呼吸道感染入院，其中很多次病情相当严重。2013 年，他是躺在病床上抵制以色列会议的。而就在 2009 年"时间旅行者欢迎会"召开之前的几周，他退出了原定在美国亚利桑那州举行的会议，并因"非常严重"的胸部感染被紧急送往英国剑桥市的阿登布鲁克医院，这也登上了全球媒体的新闻头条。[19]

2012 年 1 月 8 日，在他 70 岁生日的时候，霍金又一次住进了医院，无法参加庆祝活动。"在这场盛宴前举行了为期一周的学术研讨会，大家一直希望他能出现。也许是今天？也许是明天？"出席会议的霍金的老朋友、传记作家凯蒂·弗格森写道。她回忆说，在活动进行的过程中，一个阿卡贝拉无伴奏合唱团突然唱起歌来，那时她非常震惊。"'轻轻摇晃，甜蜜的战车，远道而来，载我归家'。在场的宾客都愣住了。这是要宣布史蒂芬的死讯吗？我对面的客人们眼里都是泪水。"所幸只是一场虚惊，但它提醒人们，霍金是如何用他的一生去试探深渊的边界，并拒绝被边界制约的。[20]

第 5 章

被操纵的真相

（2004—2007）

史蒂芬·霍金的电子声音不带有任何情感，每一句话都是同样平淡的语调，没有喜悦，没有悲伤，没有痛苦，没有快乐，也没有恐惧。他不能轻声细语或者嘟嘟囔囔，也不能咆哮或者尖叫，他只能打字。

"我无法单独和她待在一起，"据报道，当霍金的第二任妻子伊莱恩大发雷霆时，他曾经向一位助理乞求说，"请不要走，找个人来代班吧。"[1]

几年来，总有一些阴暗的小道消息表示，这位物理学家遭受了虐待或受人操纵。这些消息主要登载在一些小报上，而且总是说不清楚到底是谁（如果有的话）在背后操纵着他。霍金本人对此也极力否认。

伊莱恩·梅森从 20 世纪 80 年代中期开始担任霍金的护士。在那之后不久，《时间简史》的出版让霍金从一名物理学家变成了国际巨星。1990 年，霍金离开了当时的妻子简，搬到了伊莱恩那里。这并不像电影剧本里写的那样，两个人的分手并不体面。5 年后，离婚程序终于走完，史蒂芬与伊莱恩也正式结婚。但是霍金的家庭关系仍然紧张，不论是与前妻、三个孩子，还是与伊莱恩的关系都充满了紧张的气氛。

在很多方面，伊莱恩都与简截然相反。简矜持、知性、稳重，非常注重社会准则，而伊莱恩则火暴、易怒、感情外露、充满激情。从各方面来看，史蒂芬与伊莱恩的关系都很激烈。"他们会互相恐吓，"霍金以前的一位熟人说，"外人知道他们的争吵，因为和他一起在办公室里的护士会听到这些争吵。"[2] 他的护士和助理私下里曾对史蒂芬的人身安全表示担忧。[3]

2000 年年底至 2001 年年初，这些担忧变为现实并开始被公众发觉，史蒂芬的身体莫名受到伤害，手腕骨折，嘴唇开裂，但是据报道，这位物理学家未对此做出解释。剑桥郡警方展开了调查，简和她的孩子们与当局讨论了此事，然而史蒂芬拒绝配合调查，也不回应警方的电话和信件，甚至威胁要以"骚扰"为由起诉当局。于是，调查被撤销了。[4]

但事情远没有结束。陆续又有一些关于霍金受到伤害的报道，表明可能真的存在虐待，比如他在 2002 年摔断了臀部的骨头，但他将其归咎于一次轮椅"撞车"。正如一家报纸所写："霍金教授对这件事一笑置之，说他'与一堵墙发生了争执'，然后'墙赢了'。"他的一个助理当时说，霍金一次下山走得过快，不幸受伤，他整个人从轮椅上飞了出去。[5] 第二年，他的女儿露西又接到一通电话，"称这位科学家在花园里被烈日晒伤。一名护士通知了警方，警方随后展开调查"。很快，小报就爆出了关于霍金受到虐待的骇人细节，并且明确暗示（有时也是明示）他的新婚妻子伊莱恩要对此负责。据《每日电讯报》报道，一名护士说，伊莱恩曾将史蒂芬的轮椅推下楼梯，辱骂他，并以粗暴的方式对待他。"她称他为瘸子和残疾人，这让他很郁闷。这种辱骂简直令人难以置信。"这位护士讲道，"她会告诉他没有人关心他。她是一个很强壮的女人，一个人就可以把他扛起来。她经常这样做，举止非常粗暴。这完全就是羞辱、辱骂和暴力。她会把他举起来，然后重重地摔在椅子上。"同一位护士还告诉《泰晤士报》，伊莱恩"让（史蒂芬）在自己的母亲面前尿裤子，还拒绝让任何人拿尿瓶"。据报道，霍金的几名护士向警方做了陈述，详细解释了这些说法和其他情况。[6]

史蒂芬·霍金的密友和家人可能不一定知道到底发生了什么。有些人显然认为没有发生任何不愉快的事情[7]；而另一些人则坚信，史蒂芬和许多遭受虐待的配偶一样，在替施暴者掩饰。"根据我以前所了解的情况，我认为这些指控都是真的，"史蒂芬最小的孩子、时年24岁的蒂姆说道，"这让我感到很恶心……而且非常无助。我被夹在中间。每次我跟他说起这件事，他都表示否认……但我希望他能尊重我，告诉我真相。"简也表达了她的不安。"这些被揭露出来的事情让我感到不适，"她在一份声明中说，"他是一个特别的人，也是一个脆弱的人。但是，当他的孩子们看到这些事情的后果时，他们只能告诉他，他必须做点儿什么。"[8]

史蒂芬可能是脆弱的，因为他无法控制周围的环境，但是他仍然能够按照自己的意志行事，而他的意志就是支持伊莱恩。"我坚决且明确否认关于我被攻击的指控，"这位物理学家告诉公众说，"媒体上的报道完全是错误的，我对这种私密的不准确信息的流传深感失望。我和我的妻子非常相爱，正是因为她，我才能活到今天。"[9]

警方又一次撤销了调查。警察局的负责人称："随着调查的深入，我们获得了很多信息。根据我们所知，没有证据显示有人对霍金教授实施了犯罪行为。"[10] 随后，史蒂芬解雇了向当局投诉的几个护士。"我们被辞掉了，听说是他不再需要护士了，"一名护士回忆说，"他可以雇用一些'护工'来照顾他。"护工不像护士那样受过严格的训练，不过自此以后，再也没有人提出指控了。[11]

"当他们放弃调查时，这对我们所有人来说都是一个巨大的打击，"史蒂芬的第二个孩子露西告诉一家澳大利亚报纸说，"我真的为母亲感到难过，这对她来说是一段艰难的日子。"而由于史蒂芬坚定地与伊莱恩站在同一边，露西说："这让我们也很难见到他，维持我们之间的关系也变得十分艰难。"[12]

* * *

这是霍金一生中最大的讽刺之一：他被誉为世界上最伟大的科学布道者之一，然而在他与外界的交流中，人们很难察觉到这层层掩盖之下的真实人性。工作人员、护士、家人和学生并不总是他的思想和意志的忠实执行者，即使是他的电脑和语音合成器，也可能偶尔会被其他人操纵，比如被他人利用来表达自己的想法，而且这类事件确实曾经发生过。有时，影响还不算太坏，他也会像其他名人一样，通过阅读广告文案或者为产品代言来获得收入或者其他酬劳。而有时这样做会损害霍金的品牌形象，比如，他有时会允许出版商用他的名字来为劣质书籍背书。

21 世纪初的虐待指控就被认为是一个最明显的例子。它说明在试图了解这位世界上最著名的物理学家头脑中所发生的事情时会遇到什么样的困难。但是，霍金会一次又一次地证明，他不完全是被动的，这会使那些最了解他的人都感到惊讶。

* * *

他的前妻和孩子们全都疏远了他，警察忙于调查他在家中受到虐待的案件，而他的健康状况也在不断恶化，经常得去医院看病。即使是在个人生活陷入混乱的时候，霍金也从工作中找到了慰藉。他在剑桥大学应用数学和理论物理系拥有一间办公室，墙上挂着他的奖状和玛丽莲·梦露的大幅海报，他几乎每天都要去那里，躲避现实的混乱。就像他喜欢说的那样："虽然我不能动，只能通过电脑说话，但在我的脑海里，我是自由的。"[13]

霍金不喜欢被当作一个弱者，虽然他无法控制自己的肌肉，但是仍能够通过纯粹的意志力塑造周遭的世界。这种意志力是强大的，但有时会令旁人难以忍受。"如果你是一个残疾人，还想用自己的生命去做一些事情，那么必然要在一定程度上以自我为中心。如果你一直依赖别人，你就得有那种自我中心的力量，这样才能说服别人为你做事。"他的女儿露西回忆说，"但是，如果换成我，在这种情况下，我可能不会有父亲那样的决心去做这么多事，并且一直坚持下去。他是一个非常顽强的人，也是一个非常固执的人。一旦下定决心做某件事，就会像一艘远洋巨轮那样，不会改变自己的航向。"[14]

但他可以改变自己前进的路线，而且他确实也是这样做的，甚至是在最根本的问题上。在霍金的大部分职业生涯中，他一直努力去证明20世纪两大物理理论之一的量子理论存在根本性问题。但最后他不得不承认，他错了。

量子理论与相对论一样，诞生于世纪之交。它也起源于那些不受控制的方程，而这些方程又一次与光有关。

19世纪以来的物理学家坚信，光是一种波。也就是说，光的行为方式就像池塘表面平滑、起伏的水波纹，而不是由微小的离散物体

（例如团块或粒子）组成。而描述光的运动的方程与描述海洋中波浪运动的方程具有完全相同的形式。

然而，到了世纪之交，物理学家开始意识到，并不是任何时候都能把光当作波来处理。例如，1900 年，英国著名物理学家瑞利爵士试图用波动方程来计算给定温度下，光被困在内壁反光的空腔中时的表现。但是他懊恼地发现，无论温度高低，无论盒子大小，波动方程都会推导出空腔内的光具有无限的能量。这根本不可能，一定有什么地方出了问题。

当时的人们还不知道，这标志着"经典"物理学时代的终结，一个崭新且奇特的理论框架在德国已呼之欲出。

这个理论框架就是量子物理学。1900 年 12 月，42 岁的德国物理学家马克斯·普朗克攻克了瑞利的问题，但解决方式略有不同。普朗克没有研究一个空腔，而是从一团物质出发，计算它能吸收和发射什么样的光。普朗克由此得到了一组方程，但这一答案起初令他感到困惑，它们似乎表示，这团物质吸收或发射的光是一小块一小块的离散的光，并且拥有最小尺寸，而不是像人们之前认为的那种平滑、连续的波。光没有表现出一个平滑、连续的波，这令普朗克马上意识到，有了这个关于光的假设，即所谓的"量子假说"，他在给定温度下物体发射光的问题上的计算结果就能够与科学家在实验室里得到的测量结果相吻合了。在这一问题上，光的量子化获得了成功，而连续的光波却败下阵来。[15]

后来，普朗克把他的量子假说描述为一种"绝望之举"，通过拼凑数学方法，使得具有物理意义的方程重新起作用。他当时并没有意识到，自己偶然发现了宇宙在极小尺度上的一个基本属性，即自然界不是连续的，而是离散的。1905 年，当时的专利局小职员阿尔伯特·爱因斯坦意识到，他可以利用量子假说来解释金属的一个奇特属性，即在某些波段的光的照射下，金属会发射出电子，而其他波段的光照则不会产生类似的结果。但与普朗克不同的是，爱因斯坦认为量子假说适用于宇宙各处的各种不同波段的光，而不仅是在给定温度下从物体中发射出来的光。随后，在1913年，尼尔斯·玻尔计算出量子假说不仅适用于光，也适用于物质。他假设氢原子中的电子只能接收一定量的能量，比这更多或者更少的能量都不能被接收。有了这一假设，玻尔似乎能够非常精确地解释氢吸收和发出的光的颜色（波长——译者注）。量子假说迅速成为理解物体在小尺度下的行为模式的关键步骤，电子、原子、光本质上都具有一些不连续性。普朗克、玻尔和爱因斯坦因为他们对量子理论的见解而获得了诺贝尔物理学奖①。[16]

　　然而，直到20世纪20年代中期，物理学家才发现，一个量子化的宇宙到底有多奇怪。普朗克当初并没有意识到这一点，但他的“绝望之举”给世界带来了一个完全不同的关于宇宙真实结构的概念。

　　量子理论建立的基础前提是我们无法准确预测某一物体的行为。这种无能为力和不确定性在这一理论的数学结构中交织往复。在极短的时间跨度和极小的空间尺度中，这种数学框架描绘了一幅不可预测又混乱的自然图景。一些问题（比如一个物体在哪里、它的运动速度有多快、它拥有多大的能量）在经典物理学中的答案会很简单，但是在量子领域，答案有可能相当模糊，甚至根本无法获得。从另一个角度来看，在量子理论中，自然界限定了它可以或者不可以向观察者透露的信息。

　　这是一个非常奇怪的特性，不同于之前任何的科学理论。量子理论的数学基础决定了自然界的一些信息不可能为人所知，同时它还有

---

① 爱因斯坦不是因为他的相对论而获得诺贝尔奖的，他之所以获得1921年诺贝尔物理学奖是因为他在量子理论方面的工作，具体来说，就是光击中金属时所发生的事情，即我们后来所说的“光电效应”。

另外一面，即这些信息也是不容破坏的。也就是说，这些信息可以从一个地方转移到另一个地方，可以被分割、分散，也可以被转化，但是它永远不会真正消失。以中子为例，一个中子即使被拆分或者被转化，例如变成一个质子、一个电子和一个反中微子（这是经常发生的事情），也永远不会失去它的"中子性"。如果科学家将所有碎片（所有的质子、电子、反中微子和能量）都收集起来，那么理论上，他就能利用中子衰变后的碎片重建这个中子。

这不仅与哲学思想的差异或数学方法的区别有关，也表现了在描述自然界的运作方式时，量子理论和相对论从根本上的不兼容。在相对论中，时空是平滑而和缓的曲面；而在量子理论中，小尺度上的时空形貌更粗糙，像泡沫一样。在量子理论中，信息永远不会真正消失，但相对论不是这样的。事实上，所谓的"无毛"定理似乎暗示着另一种情况，也就是黑洞信息悖论的核心问题。

"黑洞无毛"指的是黑洞几乎完全没有任何特征；除了坍缩恒星的质量、电荷以及自转速率之外，外界的观察者无法看到更多的东西。我们不可能测量黑洞，也不可能弄清楚它是由什么构成的。它有多少质量是来自被吞噬的中子？有多少来自被吞噬的质子和电子？这些中子、质子或者电子在落入黑洞之前是如何运动的？关于这类事情的相关信息都丢失了，一旦物质越过事件视界，它和它携带的信息就消失了，并没有像量子力学所说的那样被保存下来，而是被完全摧毁了。对于以霍金为首的广义相对论研究者们来说，黑洞就是宇宙中的一块橡皮，会彻底抹去一些信息。

这是一个霍金坚持了 30 年的信念，它直击量子理论的核心。然而，就在他的家庭生活惹人议论的时候，霍金这艘远洋巨轮突然掉头转向了。

* * *

"你们能听到我说话吗？"

这位物理学家的轮椅被放置在讲台右侧的暗处，与旁边巨大屏幕上发着白光的幻灯片相比，显得微不足道。幻灯片上简单地写着"黑洞的信息悖论"，下面用小字写着他的名字——"史蒂芬·霍金"。在广义相对论会议上，晦涩难懂的技术讲座一般不会引来太多观众，但是这一次却座无虚席，迟来的观众只能沿着墙壁挤进来，他们大多是记者和研究生。然而，在场的大多数人都不知道他准备讲些什么，就连会议的组织者也不知道他到底想说什么。"他发来一条消息，说'我已经解决了黑洞信息悖论，我想谈谈这个问题'，"会议学术委员会主席告诉《新科学家》杂志说，"说实话，我就是冲着霍金的名声去的。"但谣言很快就传开了，来自世界各地的人们都聚集在都柏林的这次相对论会议上，想听听霍金怎么说。[17]

"我想告诉大家，我认为我解决了理论物理学中的一个重大问题，这个问题 30 年前就已经存在了。" 30 年来，霍金一直是相对论方程的主要倡导者，他认为一定会推导出黑洞信息消失的结论。在他看来，那些穿过事件视界落入黑洞的粒子，它们的身份信息都不可挽回地丢失了。[18]

这种观点并没有受到广泛的支持。一部分物理学家从粒子物理或者量子力学的角度来看待这个问题，认为量子理论的数学框架不可能使信息丢失，而是将信息保存下来。比如美国加州理工学院的列纳德·萨斯坎德就持有这种观点，他认为，"如果量子力学的标准定律是正确的，对于黑洞之外的观察者来说，任何信息都必然会被发送回来。"[19]

20 世纪 90 年代末之前，科学界普遍对霍金的观点持反对态度，但是在 1997 年，霍金和他的朋友基普·索恩与加州理工学院的物理学家约翰·普瑞斯基尔打起了赌：

史蒂芬·霍金和基普·索恩坚信，被黑洞吞噬的信息将永远消失不见，再也无法被黑洞之外的宇宙看见……

而约翰·普瑞斯基尔则坚信，那些信息的释放机制……必然会在正确的量子引力理论中找到。

于是，普瑞斯基尔提出不如打一个赌，霍金和索恩欣然接受了挑战……

输家将送给赢家一本收录了所有信息的百科全书，门类由赢家自行选择。[20]

让我们回到 2004 年 7 月的都柏林。霍金在会议上演示的幻灯片很难懂，即使是与会的专家也难以理解；他只进行了简略的论证，还使用了一些数学技巧，听众们并不太买账，而且这种处理让结果变得很难解释。但是很明显，霍金颠覆了自己从前的观点，他做出了让步，认为黑洞其实并没有起到擦除信息的作用。尽管黑洞可能"无毛"，但它以某种方式储存了落入视界的物体的信息，并最终将其再次发送回宇宙之中。这些信息可能会被扰乱，但并不会被破坏。"如果你跳进黑洞，你所携带的大量能量将被送回到我们的宇宙之中。"霍金说道，他还补充说，被送回的信息将"以一种残缺不全的形式存在，其中包含着你的过往，但这些信息都不容易识别"。[21]

霍金已经说服了自己。在他的研究生克里斯托弗·加尔法德的协助下，他工作了一年多，最终坚定地站在了信息可以留存的阵营中①。但他没有说服任何人，甚至连加尔法德也没有被说服，加尔法德认为霍金的论点并非密不透风。"我认为史蒂芬搞错了，"加尔法德说，"在

---

① 实际上，加尔法德认为霍金并没有推翻自己过去的观点。"我真心地认为，史蒂芬从来没有相信过信息会丢失，他只是想找出它去了哪里。"

此前一天，我们进行了一次有趣的闲聊，因为我真的不想上台演讲。那是我第一次在公开场合发言，你可以想象我当时有多紧张，人山人海，还有好多摄像机等。而且，重要的是，我并不同意史蒂芬的研究结果。"于是，加尔法德带着担忧去找霍金。"而（霍金）说，'完全没问题，你可以上台发表不同的见解，但是你需要随后给出证明，'"加尔法德回忆道，"是的，最后我还是支持了他的观点，我没法马上证明他是错的。"

但是，从与会科学家的反应来看，他并没有成功说服其他人。与会的粒子物理学家都认为黑洞会保存信息，而那些本来持有反对观点的人们，也没有被这次简短的口头报告以及其中深奥难懂的计算所动摇。值得注意的是，基普·索恩并没有被这个新论点说服，与霍金不同，他不认输。但当普瑞斯基尔有些害羞地上台，向霍金索要一本棒球百科全书时，台下的闪光灯亮成一片。

安迪·斯特罗明格曾经和霍金合作过，他描述了在这之后不久与普瑞斯基尔的谈话。"我说，'约翰，为什么你认为问题已经解决了？你为什么要接受百科全书？你知道这并不是最终的结果，'"斯特罗明格回忆道，"而他说，'我知道，但这 15 分钟是我的高光时刻！不管我之后的职业生涯要做什么……'"斯特罗明格大笑起来，"史蒂芬愿意输给他，那他要怎么说？不接受吗？别开玩笑了。"[22]

更糟糕的是，即使人们接受了霍金在演讲中的观点，认为信息可以被保存下来，其中所用到的奇怪的数学框架也掩盖了许多细节，比如这些信息是如何被黑洞吞噬并保存下来的，或者它们最终是如何呈现的。这场演讲让相关领域的科学家们多少有些摸不着头脑。

如果霍金真的要解决这个长期存在的悖论，他就必须将他和加尔法德所提出的观点细节化、具体化。他必须写出一份深入细致的数学证明，追踪信息被黑洞吞噬和呈现过程中的种种变化。在都柏林会议结束后一年多，即2005年年底，这篇论文终于完成了。但它令人大失所望。

这篇论文仅有三页，它没有详细的论证，没有人们期望的定量论证，而是用密密麻麻的文字进行了半定性的论述。整篇文章只有三个方程式。尽管霍金愿赌服输的事件闹得沸沸扬扬，但他对黑洞信息悖论的这篇"解答"完全称不上是他的重要成果，甚至排不进前25。对于这样一位在物理学领域曾经发表过众多开创性论文的人来说，这是一个令人失望的结果。[23]

＊　＊　＊

也许更令人失望的是他的新书的销售情况。2005年年末出版的《时间简史（普及版）》本来应该是1988年的《时间简史》的一个更易读的新版本。而且与原先不同的是，这一次霍金与他的合著者正式签订了合同。这位合著者是美国加州理工学院的物理学家列纳德·蒙洛迪诺，但他并没有获得合著权，他的名字出现在封面上霍金的名字下面，字体要小一些，从属于霍金的署名。然而，这件事对两人来说都不成功，此书的评价不太高，可以说远远没有达到一流的水准。

"长话短说，也许只有找帕丽斯·希尔顿作为合著者才能降低阅读门槛，但这会使他失去一定的学术声誉，"加拿大的《麦克林》杂志打趣道，"但是话说回来，这会使大爆炸那一章更加引人入胜。"《自然》杂志上的一篇评论则更加深思熟虑，也表达了不同的看法："随着新版本的进一步精简，我觉得婴儿和洗澡水一起被倒掉了。"这位评论家还写道，从这本书中无法窥见这位世界顶尖物理学家的内心，那种"迷人的不可知性"不见了，"只是一本流于形式的现代物理学科普书"，书中的许多主题已经被其他作者更巧妙地讲过了。[24]

最尖刻的评论可能来自《泰晤士报》。"有趣的是，出版《时间简史（普及版）》的出发点，有一部分是为了让它更容易理解，所以作者去掉了原版中的数学推导。这本来无可厚非，但是霍金并不擅长文字叙述，他的语言不够清楚，也缺乏解释能力，尚未达到像布赖恩·格林或者保罗·戴维斯等大师的水准。"[25]

《时间简史（普及版）》没能进入畅销书排行榜。如果卖不出去，那么他正在创作的其他作品也就没有什么出版机会了。

在与合作多次的纽约班唐图书公司合作出版了《时间简史（普及版）》之后不久，霍金又与费城的奔跑出版社合作出版了《上帝创造整数》。这本书旨在向读者介绍历史上的一些重要数学著作，比如欧几里得的《几何原本》、阿基米德的《数沙者》以及笛卡儿的《笛卡儿几何》等。霍金整理和编辑了这些著作，并写下了简短的导言，介绍其中的数学思想及其作者。这可能不是那种在行情最好的时候会十分畅销的书，但有了霍金名声的加持，还是可能会产生一些销量，从而为他和他的出版商带来一些收益的。

然而，如果说《时间简史（普及版）》不是霍金最好的作品，那么《上帝创造整数》就可以算是霍金最差的作品了。

这本书写得很不用心，核心内容存在很多小问题，而导言部分的错误更加明显，有的似乎是"拼图式写作"的结果。

拼图式写作是一种剽窃手段，作者保留原文的意思，只对词语进行一些改动，它不算是一般意义上的"抄袭"，但仍然是对他人作品的不当引用和重复。它通常不太容易被发现，而且也存在一定程度的解释余地，但是拼图式写作还是会留下一些明显的迹象，比如，由于对原文的轻微误解而产生的一些奇怪错误，由于对原文的遗漏或者歪曲而造成的逻辑上或者叙事重点上的奇怪跳跃，一大段没有任何解释、与原材料极其相似的语句，又或者是一些明明与原文语境不符却被重点关注的奇怪细节。而在《上帝创造整数》一书中，引言和上下文都表明，其中的大段内容是由多个来源的不同文本拼凑而成的。

例如，在笛卡儿的部分，霍金讲述了这位哲学家的死亡：

> 与（瑞典女王）克里斯蒂娜的医生开出的处方相比，笛卡儿还是更喜欢自己的治疗方法，他试图用一种带有酒味的烟草混合物使自己吐出痰液，从而治愈疾病。但他的病情很快恶化，神志不清，并于两天后，也就是 1650 年 2 月 11 日去世。[26]

而在前些年出版的一本笛卡儿传记中，一位澳大利亚历史学家这样写道：

> （笛卡儿）坚持使用自己的治疗方法，就是用烟草调味的酒来使自己吐出痰液。在发烧的第 7 天，他从神志不清的状态中恢复过来，病情似乎略有好转，但在第 9 天又发生了恶化，并于隔天，也就是 2 月 11 日凌晨 4 时去世。[27]

从这里就能看出来，对原文的误解使事实被歪曲。比如原文是用烟草调味的酒，而不是带有酒味的烟草；原文中笛卡儿在去世前两天从神志不清的状态中恢复，而不是陷入神志不清的状态。

另外，《上帝创造整数》一书用了长达 7 页的篇幅来介绍乔治·布尔的工作，但是对这位逻辑学家的生活安排给予了过多的关注：

> 婚后的头两年，他们住在一幢名为"校景"的房子里，步行大约 10 分钟即可到达学院。这很方便，但很快，这里对于布尔一家来说就变得太拥挤了……他们在黑石村租了一幢房子，并

且搬了过去，那里离学院有4英里远，但离火车站只有0.5英里。布尔一家很喜欢这个房子，因为从那里可以看到科克港壮丽美妙的景色。[28]

然而，这样详尽的介绍更适合布尔的个人传记，比如一位爱尔兰数学教授在一本布尔传记中这样写道：

> 在婚后的头两年，他们住在一幢名为"校景"的房子里，这幢房子大概是他们租的……从这里，布尔步行不到10分钟即可到达学院，这也是这个城市的富商阶层非常喜欢的住宅区……1857年年初，布尔夫妇认为，他们不断壮大的家庭需要更多的空间，于是他们搬到了位于城堡路的一幢简陋的出租房内，这里离黑石村很近，离女王学院大约有4英里。房子紧邻大海，从房中可以俯瞰科克港的壮丽景象……黑石车站离这幢房子大约0.5英里。[29]

书中还有许多这样的例子或者其他一些类似的段落，比如参考了《科学传记词典》中的多处内容，这里就不一一列举了。单独来看，每一个例子似乎都不足以遭到谴责，甚至可以说，总体上也并不为过，但是毫无疑问，这样的写作方式和质量远远低于人们对一个重要作家的期望。错漏百出，措辞上的粗心大意，对一部分资料来源的依赖，所有这些因素都导致这本书不仅没有让霍金赚到什么钱，反而有可能影响他作为一名科学布道者的声誉。

然而，几乎可以肯定的是，这些段落并非霍金本人所写。在写作《上帝创造整数》这本书的时候，就算是对着一本书来抄，也远远超出了这位物理学家的能力范围；那时候霍金每分钟只能输出三个单词，很难想象他要如何拼凑这些文字，同时还让助理帮他翻阅资料。

让他的一位助理来做这些工作明显是更有效率的做法。在助理完成之后，霍金只需在上面加上自己的名字，以期增加销量就可以了。霍金当时的经纪人艾尔·祖克曼说："嗯，奔跑出版社的那些书，他没有写过那些书。"奔跑出版社不只在《上帝创造整数》一书上获得了霍金的署名，还在它几年前出版的另一本类似的书《站在巨人的肩上》使用了同样的手段，那本书汇编了物理学相关领域的人物传记和原始资料，不过写得相当好。"那些书都是将一些材料汇编而成的，他只是写了导言。事实上，这些导言甚至都不是他自己写的……这些书加上霍金的署名只是为了赚钱。"

　　《站在巨人的肩上》一书中有 5 篇传记类短文是由吉尔伯特·金代笔的①，他当时的印象是，霍金只为这本书写了导言，其他部分几乎没有参与。"我以为史蒂芬·霍金写了一篇原创的介绍性文章，但他们说，'你知道，他不可能真的去写一篇伽利略的介绍，或者牛顿的介绍。'"金回忆说，"他们只需要一个最基本的介绍，告诉读者这些物理学家都是谁。他们让我和一个真正的物理学家一起工作……而我基本上独自完成了所有介绍内容的写作。其实我完全没必要和霍金互动，我甚至不知道他想在多大程度上参与这个项目。所以我想，这大概是一种量产化的方式。这就是我所做的。"在整个过程中，金与霍金的团队只交流了一两次。"这算是一种雇佣关系，我很快就完成了，而且中间并没有真正的互动。我想，我顶多只是收到霍金助理发来的邮件，讨论一些基本的问题，比如截稿日期、字数，或者其他问题。"在写完这 5 篇短文后，金将自己的作品交给出版商，然后上面写上了霍金的名字。[30]

---

① 后来，他为美国最高法院第一位非裔大法官瑟古德·马歇尔写了一本传记《林中之恶》，并因此获得了普利策奖。

在这一点上，霍金与安迪·沃霍尔或者杰夫·昆斯等许多现代艺术家没有什么不同，他们都让别人帮助自己创造作品。昆斯告诉《当代艺术杂志》说："我只负责提出想法，并不参与实际的制作过程。"但是，回到《上帝创造整数》中的拼图式写作，这次似乎很可能是霍金的一位代笔者让他失望了。[31]

霍金独占了《上帝创造整数》的功劳，只有他的名字出现在封面和作者介绍中。比如，书中写道："史蒂芬·霍金被认为是自爱因斯坦以来最杰出的理论物理学家……"不过，在全书的致谢部分，他也确实特别感谢了一些人，其中一些就是他的代笔者①。但是，不管是谁应对这本书的主要问题负责，霍金本人在同意写上自己名字的时候，就已经迈出了危险的一步。[32]

霍金的名字成为一种有价值的商品。这位物理学家不仅仅是一个人，他已经成为一个品牌，一个符号，一个可以被货币化的东西。而史蒂芬·霍金本人只得到了自己品牌价值的一小部分。

在霍金与班唐图书公司合作出版《时间简史（普及版）》之前不久，另一家出版商——新千年出版社——出版了一本令人尴尬的小册子，名为《万有理论：宇宙的起源与归宿》。和他的所有书一样，史蒂芬·霍金的名字被写在最前面，字体巨大。有一类罕见的作家，他们的名字总是比书名更有卖点，而一直以来，霍金都是其中之一。也和他的大多数书一样，出版商总试图通过重新拼凑和包装来榨取最大价值。不到一年的时间，一个更加厚实的"插图本"就被摆上了货架，不过仍然不到 200 页。"虽然这本书篇幅很短，但它内容丰富，"一位评论家写道，"尽管霍金努力保持简单，但有时仍会呈现得相当

---

① 在他致谢的这些人中，就有列纳德·蒙洛迪诺，他并没有协助霍金完成那些有拼图式写作问题的介绍文字，而是完成了本书的总序，总序部分没有出现前面提到的拼图式写作的问题。

密集。"[33]

　　但霍金并没有写过这本书，至少在常规意义上没有。尽管封面上印着巨大的"史蒂芬·W. 霍金"，但他并没有为新千年出版社写过任何东西，也不想让新千年出版社以他的名义出版这本书。然而，在霍金的反对之下，他们还是出版了[①]。

　　《万有理论：宇宙的起源与归宿》一书汇集了霍金的一些陈旧资料，具体来说就是 15 年前或者更早以前，他在剑桥大学的一些演讲稿。新千年出版社的主营业务是音频出版，他们显然已经获得了这些演讲录音带的出版权。遗憾的是，1988 年签署的原始合同包含了这样一个条款，允许出版商以"书面形式制作上述录音的文本"。此书出版的时候，艾尔·祖克曼对记者说："也许是我有点儿疏忽了，不应该让（这家音频出版商）把这句话加进去。"但他补充道，他认为自己只是不想承诺将文字稿与音频一起打包，在未得到霍金同意的情况下最好不要单独出一本这样的书。[34]

　　但是，事情就这样发生了，霍金自己也无法阻止。他曾尝试向美国联邦贸易委员会投诉。"霍金教授担心的是，如果他在剑桥的演讲稿印刷成书出版，他庞大的粉丝群肯定会冲着他的名字购买新书，"他的律师写道，"但结果可能是买来以后，他们将发现这部作品并没有得到霍金教授的授权，写作质量也完全达不到他们的期望，而且内容也没有新意，只是对《时间简史》一书内容进行了重新包装。"[35]

　　美国联邦贸易委员会没有追究此事，霍金也没有提起诉讼。"我只是没有财力和精力与他们对簿公堂。"霍金的律师回忆起这位物理学家时这样说。新千年出版社还是以霍金的名义出版了此书，并且获得了收益。[36]

---

① 　需要说明的是，他也曾因知识产权问题与新千年出版社发生过不愉快的争执。

与此同时，这位物理学家只能在自己的网站上愤怒地发表了一篇声明：

> 我们注意到，《万有理论：宇宙的起源与归宿》一书已经出版……我们呼吁大家，不要以为霍金教授参与了这本书的创作就去购买。[37]

霍金的名字就像其他任何商品一样，可以被交易，可以被使用，甚至是以霍金自己都从来没有想过的方式使用。不过大多数时候，他都很谨慎，会用自己的名字换取一些好处。

* * *

经过几年的共同生活和反省，霍金将他与伊莱恩的关系形容为"充满激情和试探""跌宕起伏"。2006 年，这段感情最终破裂，伊莱恩和史蒂芬在 11 月申请了离婚。法院的一位雇员记得，史蒂芬的律师先提出申请，然后大约不到一个小时，伊莱恩的律师就带着女方的文件出现了。这对夫妻对于分手的原因闭口不谈，但有传言说，是因为出现了婚外情。直到 2018 年霍金去世几周之后，伊莱恩才公开发表声明，她告诉众人："史蒂芬是我的一生至爱，我也是他的一生至爱。在我们相遇之前，我们从没有感到这么幸福，这么快乐。"从伊莱恩的角度来看，是她做出的这个艰难的决定，她之所以与霍金分开，是因为她"不够坚韧，无法应对我们婚姻中某一方面的不断伤害"。[38]

根据霍金的代理人所言，离婚条件非常苛刻，至少在财务方面是这样。"当他的第二任妻子离开他时，她提出了一大笔赔偿金，"祖克曼说，"他当时正在写一本书，出版商预付了 50 万美元，合同也签好了，他们开始为此工作，也许是在（时间）过半的时候才会交付钱款。但后来我收到一封电子邮件，他想把预付款改成100万美元。"①祖克曼感到难以置信，不过还是转达了这一要求。"我以为出版商会叫他下地狱，但他们居然同意了。霍金应该是把这笔钱支付给了伊莱恩作为赔偿。" [39]

与伊莱恩的分手，不仅意味着失去妻子，更意味着与一个负责他身体健康的重要人物分手。从 20 世纪 80 年代中期开始，身为护士的伊莱恩就开始照顾史蒂芬，并且很快成为护士团队中不可或缺的一员，为史蒂芬提供全天候的照顾。这次离婚使史蒂芬失去了一个照顾他的人，据他自己说，这个女人"多次救了我的命"。 [40]

霍金永远不会再婚了。但离婚后不久，他就有了新的同居伴侣——戴安娜·布里斯科，霍金称她为"管家"。尽管过程混乱不堪，但对霍金来说，与伊莱恩的分手确实带来了一个重大利好，削弱并随后消除了一大障碍。这一障碍曾经损害了他与孩子们的关系，并且使他一直无法与简和解。

在这段婚姻存续期间，露西似乎对父亲选择站在伊莱恩一边感到特别受伤，她认为自己并没有与父亲疏远，但她承认双方的关系很紧张。她也明确表示过她认为问题的根本在于："有一个人总是比其他所有人都更重要，现在情况仍是如此。在更广阔的世界里，对我父亲的同事和其他家人来说，他总是一个特别的存在，"她在 2004 年告诉一家报纸，"是的，当然，他很重要，可是我们也很重要。" [41]

然而，随着史蒂芬与伊莱恩的婚姻的恶化，他与露西的关系进入了一个新阶段。在伊莱恩提出离婚申请前的 3 个月，史蒂芬的女儿、

---

① 祖克曼无法准确地回忆起这是哪部作品，但从时间和预付款数额来看，应该是《大设计》。

小说家露西陪同他出访中国。在访问期间的一场新闻发布会上，史蒂芬和露西出人意料地宣布了一个消息：他们将合作一本儿童读物。露西说："这就像《哈利·波特》遇上《时间简史》一样。"史蒂芬同意与《哈利·波特》的比较，但是他补充说，这本书将"关于科学，而不是魔法"。[42]

2007 年 9 月，露西出版了《乔治的宇宙 1：秘密钥匙》。和往常一样，"霍金"两个字被印在封面最显著的位置上。但是，这是他生平第一次让出第一作者的位置。在"霍金"两个大字的上方，用较小的字体写着"露西和史蒂芬"。不过，如果翻开封面，你会发现扉页上的合著者露西·霍金和史蒂芬·霍金的下方写着这本书是"与克里斯托弗·加尔法德"一起撰写的，他是霍金刚毕业的博士生，自己也出版了几本科普书。

就像《哈利·波特》系列图书一样，《乔治的宇宙 1：秘密钥匙》的开头描写了一个小男孩悲惨的家庭生活。但造成这种悲苦的不是刻薄的养父母，而是他的亲生父母：

> 他们想要过一种更纯粹、更简单的生活，于是他们手洗所有的衣物，家里没有汽车，同时因为不想用电，他们用蜡烛点亮房间。
>
> 这一切都是为了给乔治营造一个自然而优越的成长环境，没有毒素，没有添加剂，没有辐射，也没有其他坏东西。唯一的问题是，在摆脱一切可能有害物质的同时，他的父母也拒绝了很多他感兴趣的事情。乔治的父母可能喜欢参加关于环保的抗议游行，或者自己磨面粉做面包，但乔治并不喜欢这些。[43]

乔治的一个邻居名叫埃里克，也是一位科学家，他的脾气异常急躁。他在埃里克及其女儿安妮的帮助下，用那台神奇的电脑逃离了糊涂父母的魔掌。

同年，史蒂芬的前妻简·霍金出版了记录她与史蒂芬生活的回忆录，名为《飞向无限：和霍金在一起的日子》。这本书基本上就是对之前的回忆录《音乐移动群星：霍金传》的少许修改，对一些措辞比较严厉（也比较坦率）的段落做了处理或者删除，但还是描绘了与这位物理学家共同生活时的不太愉快的画面。7 年后，这本书被拍成了电影《万物理论》，并获得了奥斯卡金像奖。

* * *

在这 20 年时间里，霍金已成为科学智慧的化身。他在谈到涉及科学的问题时，总是具有独特的说服力，无论是空间、时间、物理学问题，还是一般性的科学问题，没有人比霍金更具有权威性。如此强大的声音自然会吸引权力，还有金钱。

让理论物理学家开心并不需要很多钱。与实验科学家不同，研究理论的科学家不需要数量庞大的实验人员和设备昂贵的实验室，只需要一块黑板和一两个研究生就可以了。对于那些想要拉拢科学巨星的千万富翁来说，他们无疑是理想又廉价的人选。而多年来，一些富人（大多是男性）正是这样做的，他们出于各种原因，积极与顶尖的理论科学家建立联系。

这其中有些人很聪明，但是没有受过正规教育，他们乐于被全世界最聪明的科学家们簇拥着。比如沃纳·爱海德，他投资了一个名为"est"的自我激励培训计划，但实际上这个项目备受争议。20 世纪七八十年代，他不仅与美国各地的顶尖科学家建立了联系，还为他们举办了私人聚会，让这些科学家聚在一起讨论感兴趣的话题。（事实上，霍金确实参加过一次爱海德的聚会，详情见第 12 章。)21 世纪初，亿万富翁杰弗里·爱泼斯坦成为新的召集人。

爱泼斯坦后来因为恋童癖和性交易而臭名昭著。当时，多位社会名流，比如英国的安德鲁王子、艾伦·德肖维茨律师和计算机理论学家马文·明斯基等，都因为参与爱泼斯坦组织的未成年性交易而遭受指控。安德鲁王子和德肖维茨都极力否认这些指控，而明斯基已于 2016 年去世。2006 年 3 月，在爱泼斯坦的诉讼登上新闻头条的几个月以前，他在维京群岛主办了一个关于引力的小型会议，他的私人岛屿就在附近。基普·索恩、诺贝尔奖得主戴维·格罗斯、哈佛大学理论物理学家丽莎·兰道尔都出席了会议，霍金也在，还拍摄了一张从潜艇窗口向外张望的照片。据说，为了方便霍金进入，爱泼斯坦专门对潜艇进行了改装。考虑到事发时间，霍金很可能不知道爱泼斯坦即将面临的指控。没有证据表明霍金做了不正当的事情，也没有证据表明在指控公开后，霍金与爱泼斯坦有过任何形式的接触，因为爱泼斯坦并没有像其他亿万富翁那样资助霍金。[44]

2002 年，霍金结交了石油大亨乔治·米切尔，并与其维持了一段长达 10 多年的关系，直到这位大亨在 2013 年去世。"大体上可以这么说，是他发明了水力压裂开采技术，"霍金的合作者安迪·斯特罗明格说，"所以，作为史蒂芬的忠实粉丝，他组织了一个退修会，每次两到三个星期，为史蒂芬创造了一个良好的工作环境。"随后，米切尔又以霍金的名字命名了自己的母校（得克萨斯农机大学）的一间新礼堂。"乔治·P. 米切尔是一个了不起的人，有远见，有智慧，又坚持不懈，"霍金在这位亿万富翁去世后这样说道，"凭借绝对的努力和奉献，他留下了非凡的遗产。可以这么说，能够改变世界的人凤毛麟角……但乔治·米切尔绝对是其中之一。"[45]

另一位被霍金公开称赞的亿万富翁是尤里·米尔纳，他是俄罗斯寡头和互联网大亨，曾经帮助俄罗斯政府向美国公司投资数亿美元。"尤里·米尔纳是一个有远见的人，"霍金曾于2016年盛赞道，"虽然志向远大并有很多迫切问题需要解决，但是他看到，人类蓬勃发展最终还是取决于珍贵的知识火焰，它需要我们不断地添柴助燃。"[46]

1987年，米尔纳在莫斯科的一次会议上认识了霍金。米尔纳也具有理论物理学背景，并在二三十年后帮助照顾和资助霍金。2013年，米尔纳向霍金颁发了他新设立的"科学突破奖"特别奖，并资助了300万美元的高额奖金。而事实上，米尔纳正是在2016年资助霍金前往哈佛、与安迪·斯特罗明格合作研究黑洞软毛的那位"富有的朋友"。"你知道，他飞到那里花了50万美元。"霍金的学生玛丽卡·泰勒回忆说，"尤里·米尔纳给了他50万，所以他肯定是相信此行将会产生一个科学突破……但实际上并没有什么科学突破，对吧？"[47]

随着时间的推移，这位亿万富翁和这位物理学家之间的关系越来越密切，而霍金也将自己的名字加进了米尔纳的两个科学项目中，这两个项目耗资巨大但有些愚蠢，它们分别是：搜寻外星人无线电传输信号，以及将超小型航天器发送到离我们最近的恒星上。如果没有霍金这样的大人物为他们背书，可能两个项目都不会得到什么关注。

"（霍金）非常清楚，如果他想继续引起公众的关注，就需要别人的赞助；你知道，他需要支持，"泰勒说。而这种支持以及霍金的公众形象，在很大程度上都要依靠新闻头条。"他经常被要求评论一些话题，他本该说：'你知道，其实我不想谈论这个问题，这不是我的专业领域。'"泰勒说，"私下里，他会承认这一点，但是他还是在公开场合谈论了那些问题，那是因为……可能会涉及赞助，或者说，他之所以这样做，是因为引起公众的关注有助于拿到赞助。"

虽然米尔纳的项目有点儿荒诞，但它们可能真的在某些方面吸引了霍金。要知道，如果霍金不愿意为那些偏离自己专业领域的事情发声，他可以直接拒绝，不需要做自己不喜欢的事。"这些事情，很多都是他不想去谈论的，"泰勒说，"但他觉得应该说一说。"[48]

例如，霍金之所以支持米尔纳的航天器项目，正是因为他本人就是航天旅行的倡导者。他在很多场合都提出，我们最终能否离开地球，决定了人类能否长期生存下去。在他那些牛头不对马嘴的观点中，只有这个观点为霍金带来了最大的利益。包括霍金本人最具代表性的时刻，同样是由一个工业巨头慷慨赞助的。

2006 年 10 月，霍金遇到了千万富翁彼得·迪亚曼迪斯，他是美国加利福尼亚州的一名商人，对太空和空间技术非常感兴趣。6 个月前，迪亚曼迪斯与美国国家航空航天局签订了使用肯尼迪航天中心的航天飞机起落坪的合同。[49]

迪亚曼迪斯的新公司"零重力公司"想利用这个起落坪，使他们的波音 727 飞机完成零重力飞行。具体来说就是，喷气式客机起飞并爬升至 7 000 多米的高空，通过一系列的操作，飞机会突然上升，并爬至一万多米，然后转向并再次下降。这样做是为了让飞机表现得像自由落体一样，如果飞行员操作得恰到好处，飞机上的乘客会在大约 30 秒的时间里完全感觉不到重力的作用。多年以来，美国国家航空航天局一直使用类似的方法来训练他们的宇航员，而由于一些显而易见的原因，这种飞机又被称为"呕吐彗星"。

迪亚曼迪斯邀请霍金体验一次零重力飞行，他在后来告诉一名观众："他当场就说，'当然好啊'。"2007 年 4 月，在专业医疗人员的严阵以待中，霍金完成了自由落体。当两名助手帮助他飘浮在空中时，闪光灯亮成一片。对于他的许多粉丝来说，这是他们唯一一次看见这位物理学家离开轮椅。他面容憔悴，双手不自然地卷曲着，看起来像一个幽灵，但是是一个脸上带着喜悦表情的幽灵。[50]

全世界的媒体都在头条报道了霍金的这次零重力飞行，这对零重力公司的发展前景显然有益无害。恰好在霍金飞行的时候，该公司正在竞标一份合同，为美国国家航空航天局提供零重力飞行服务，并在随后的 2008 年 1 月赢得了这份合约。后来，美国国家航空航天局对此追悔莫及①。这家公司的表现很糟糕，公司的飞行员总是操作错误，这意味着大多数飞行毫无意义。公众对于该公司的了解也仅限于霍金的那次飞行。从霍金的角度来看，用一场免费的零重力飞行来维持公关关系，简直是易如反掌的事。着陆后，霍金对这次经历赞不绝口。"我本来应该再体验一会儿的，"他说，随即"欢呼"道，"太空，我来了！"[51]

霍金看中了一个比免费零重力飞行更野心勃勃的目标：免费外太空之旅。而他已经获得了入场券。

2006 年，维珍公司的拥有者、亿万富翁理查德·布兰森打算创立这项服务。这个想法非常有名，就是将游客送入大气层，然后（但愿可以）将他们完好地带回地球。当时，这项名为"维珍银河"的项目计划于 2009 年开始提供服务。然而 2006 年 11 月，当霍金出现在 BBC 的一档广播节目中时，他提出了一个明确的请求，这也许是因为与迪亚曼迪斯的相遇给了他勇气。"我的下一个目标是进入太空，"他告诉主持人，"也许理查德·布兰森会帮助我。"

布兰森非常乐于效劳，立即答应霍金送他去外太空。霍金后来说："我欣喜地发现自己拿到了唯一一张维珍银河太空飞行的免费机票，据我所知是理查德送出的唯一一张。"[52]

一言既出，驷马难追，霍金急切地等待着兑现这张免费机票。布兰森没有要求任何回报。而与此同时，这位亿万富翁的工程师们多年

---

① 即使没有霍金的噱头，零重力公司也肯定会中标；因为在参选的 4 家公司中，只有零重力公司拥有自己的飞机。

来致力于解决设计缺陷，克服工程延误，并打造飞船的雏形。看上去，维珍银河已经走上了一条通向商业飞行的光明大道。不幸的是，2014年10月，该公司的一艘飞船在进行太空飞行测试时，在莫哈韦沙漠上空爆炸，两名试飞员一人遇难、一人重伤。布兰森多年来的努力遭遇了重创，如今更是岌岌可危。

经过一年的调查、重新设计和人员整合，布兰森打算揭开新飞船的面纱。2015年12月，维珍团队来到英国剑桥大学，与霍金教授进行了一次鼓舞人心的谈话。霍金深情地回忆起自己在BBC节目中的说的话，当时他表达了想进入外太空的愿望。"（主持人）问我是否担心死亡。我回答说，根据医学界的看法，我早在几十年前就被判了死刑，所以我并不是太担心，但我死前还有几件事没有完成。"他说，"不过，最重要的一件事就是体验太空。"意外总会发生，人也总会死亡，但是太空旅行不是给胆小鬼准备的。为国捐躯是甜蜜而光荣的。[53]

2016年2月，布兰森终于揭开了新的原型飞船的面纱，霍金由于无法亲自前往活动现场，只能用一段录像向人们致意。他宣布："我们正在进入一个新的太空时代，我希望这将有助于创造一种新的团结。"他将新飞船命名为"团结号"。熠熠生辉的团结号在侧面打出了一条横幅，上面画着霍金的眼睛。

虽然霍金本人从来没有机会乘坐，但是那架"飞船"将永远刻着这位物理学家的名字。

* * *

霍金被誉为一流的科学家，也是我们这个时代最著名的科普工作者之一。然而，在他生命的最后10年里，他几乎没有做出什么引人注目的科学工作，没有什么特别重要的贡献，也很少进行科学交流。他既不是科学家，也不是布道者，而是一个品牌。

　　真实的霍金把一生都奉献给了物理学，他热切地希望被同行和公众理解。但是，现在他已经成为一种商品，商业形象背后那个真实的他模糊不清。这是一个令人恼火，甚至可以说是自相矛盾的荒谬处境，霍金的名人光环几乎完全掩盖了他赖以成名的那些特质。要想找到它们，就必须进一步让时光倒流。

撞击

第二部分

"我几乎不怎么动，但我似乎已经走了很远。"

"看，我的孩子，在这里，时间变成了空间。"

——理查德·瓦格纳，歌剧《帕西法尔》

"在这个世界上，你将拥有绝对的完美。没有人的财富可以与你的媲美，如果你能对这个问题给予应有的重视的话。"

他说："我没有问过这个问题。"

"唉，我的眼睛看到了你，"悲痛的少女说，"因为你被吓得不敢问问题！可是你在那里看到了如此伟大的奇迹，你却忍住不问！你站在了圣杯面前。"

——沃尔夫拉姆·冯·埃申巴赫，歌剧《帕西法尔》

第 6 章

宇宙的边界

（1998—2003）

记者们不安地走来走去，等待重要时刻的到来。

对于一般情况来说，这个房间已经足够大了。通常，美国物理学会（APS）会议的新闻发布会只有少数几个记者出席，最多包括一两个当地广播电台的工作人员。但是，这次年会很特别，这次是物理学会的 100 周年特别会议，成千上万名物理学家从世界各地来到亚特兰大，共襄盛举。这其中最引人注目的当数史蒂芬·霍金，而他也承诺可以回答媒体几个问题。现在，几十名热情的记者挤进了这间小小的会议室里，希望能够听到这位伟人的演讲。[1]

当天早些时候，记者们将他们的问题写在小纸条上提交了上去，霍金的研究生助手们整理之后，选择了几个问题让这位物理学家回答。新闻发布会的组织者们紧张地环顾四周，迟到的记者们则努力找个位置站好。

随着一阵兴奋的窃窃私语，坐在轮椅上的霍金行动迅速，径直到达房间前面，似乎没有理会沿路那些慌忙躲避的记者。要解读他脸上的表情并不容易，但这位物理学家看起来肯定不太高兴。

这场新闻发布会和霍金之前的新闻发布会没什么不同：问的问题同样浅薄、在意料之中且已经被回答了几十次，满怀期待的人群恭敬地听着，答案仍是由演讲片段改编而来，赞赏这位物理学家的智慧的话语也没有变。在场的人们似乎完全没有意识到，除了在一群惊呆的记者们面前扮演智者之外，霍金的思绪肯定已经飘到了其他地方。

只在一个时刻，霍金给出了不一样的回答，即新的天文观测结果迫使他放弃了几十年以来一直坚定信仰的信念。"我现在认为，存在一个宇宙学常数是非常合理的，"他告诉记者们。这是一句科学术语，但这一新立场的后果相当震撼。"宇宙可能会飞散开来。"[2]

* * *

那是一个变革的年代。在 20 世纪 90 年代末和 21 世纪初，一系列天文学观测，尤其是对遥远的超新星和宇宙背景辐射的观测，使宇宙学家和研究引力的专家重新审视关于宇宙运行的基本假设。这些观测结果显示，时空正在以一种意料之外的方式发挥作用，好像有某种神秘的物质，姑且称之为暗能量，正在缓慢而势不可当地拉伸着宇宙结构。一旦宇宙学家理解了这些观测结果的含义，就能够准确地确定宇宙是何时开始的，而且还能预知它将如何结束。

史蒂芬·霍金并未投身于这场变革。早在 20 世纪七八十年代，他在黑洞、奇点和极早期宇宙方面的工作就使他处于宇宙学和广义相对论研究的中心。而到了 20 世纪 90 年代末，他却发现自己已经落至旁观者的位置，他试图跟上主流的步伐，不仅仅是在科学领域。那时候，《时间简史》已经出版了 10 多年，而他之后再也没有发表任何重要的科普作品。霍金的宇宙故事可能已经落伍了，更糟糕的是，他可能会失去他的听众。

在他50岁的时候，霍金的奋斗发生了彻底的变化：他不再是物理学乃至科普界的中心，他反而要努力避免被边缘化。

＊　＊　＊

宇宙学主要研究宇宙如何开始，以及它将如何（或者是否）结束。从本质上说，这两个问题都与几何学，即宇宙的形状相关。通过爱因斯坦的理论可知，宇宙的形状不仅能告诉我们它在空间中延伸的样子，还能告诉我们它在时间中延伸的样子。时空结构中包含着我们这个宇宙中的一切信息，只要曾经发生过，无论是在空间上还是时间上与你相距多远，无论是在宇宙的开端还是尽头，都会在时空结构中留下痕迹。像在希腊神话中，命运女神可以通过检查她们编织的生命之线来预测一切，宇宙学家也可以通过研究宇宙最大尺度的形貌来找出宇宙的起源和最终命运。

与其他几何体一样，时空曲线在不同的尺度上也看起来千差万别，尽管它们的本质是一回事。我们这个地球的表面就是一个很好的例子。要怎么描述它的形状呢？以我们脚下的地面为例，在最小的尺度上，它是非常平坦的。把镜头稍微拉远一点儿，即使你站在一个小山包上或者浅坑里，在一定范围内，地表还是近似为一个平面。在这样一个平面上，你可以用一个二维坐标来描述任意一点的位置。你可以给它们命名为x或y，N或E，一般来说，两个数字就足以描述地面上任一物体的位置。而且，在这个小范围的平面上，你可以用第4章中所描述的欧氏几何度量，即毕达哥拉斯公式，来精确计算平面上任意两点之间的距离。从某种意义上说，世界是平的，它是一个欧几里得平面。

　　随着镜头逐渐拉远，事情变得复杂起来。整个世界看起来差不多还是一个平面，用一张二维的纸质地图就可以准确地描述两座建筑之间的距离。但在广大的乡村郊野，地面并不是完美的平面，地下的力量使地表变形，形成了丘陵和山谷。美国旧金山市是典型的丘陵地带，地形高低起伏，一张二维的旧金山地图可能无法让你准确地知道从一栋楼走到另一栋楼需要多长时间，没有显示在平面地图中的上坡和下坡都必须纳入考量，这也需要你花费更多的时间。而在十分平坦的堪萨斯城就没有这样的烦恼。在中间的某个尺度上，平坦表面的假设开始被打破，一些局部地形，比如山丘和山谷，会使你根据二维地图计算出的距离与实际情况产生较大偏差。

　　镜头进一步拉远，你会发现世界其实根本不是平的，而是圆的。在日常生活中，你根本不会注意到这一点，一般人都会认为自己生活在一个平坦的世界里，偶尔出现丘陵和山谷。你可能一辈子都不会知道我们其实生活在一个球体上，而不是一个平坦的比萨饼上。生活在地球上的你，如果想证明自己生活在一个球体而不是一个平面（或者一个甜甜圈、一个马鞍、一个碗状结构）上，你就需要使用一些相对复杂的测量方法，比如观察远处高大物体的扭曲，或者在两座相距甚远的城市里观察太阳高度的差异。尽管在最小的尺度上，我们的世界符合欧几里得几何学，但整个世界的拓扑结构却是一个球体[1]。

　　根据相对论，同样的分析方法也适用于我们的宇宙，只是这时我们要处理的是四维时空，而不是二维或三维空间。在最小的尺度上，我们的宇宙不是用平面空间的欧几里得度量来描述，而是用第 4 章中

---

[1] 这其实就是"流形"的本质：它是一个可能具有（也可能没有）复杂拓扑结构的物体，但在最小的尺度上，它的几何结构是规则且平滑的。

所描述的洛伦兹时空度量。这就是我们每天都身处其中的时空结构的基本形状，地球上的某个小角落可以被视作简单、平滑、平坦的欧几里得空间，而我们时空里的某个小角落也可以被视作平滑（但不那么简单）的洛伦兹时空。在某种程度上，尽管这个平坦的空间包含了时间和空间的四个维度，但它并没有被折痕或者凹陷所扭曲，至少在我们所处的尺度上是这样。这就是不受引力或其他扭曲干扰的时空，即狭义相对论的时空。

镜头再拉远一点儿，在中等尺度上，也就是太阳系或者星系的尺度，我们可以发现时空并不完全是"平坦的"。正如第 2 章的广义相对论方程所预测的那样，时空中的质量和能量，比如行星、恒星、太阳系或者星系，会使时空发生弯曲。近一个世纪以来，科学家们通过观察恒星的光线在日食期间经过太阳附近时的弯曲，或者遥远星系的形状在它们的光线经过巨大的物质团时发生的扭曲，发现了这种时空弯曲。而通过 LIGO，科学家们开始探测到引力波的涟漪，它扰乱了我们周边的这一小块平坦时空。这就是广义相对论的时空，它是动态的，虽然光滑，但不是很平坦，因为它被质量、能量以及引力波扭曲了。

接下来是第三级。我们把镜头一直拉远，以便看见整个宇宙，这时我们能看见什么样的拓扑结构？是像一张（高维的）比萨饼一样平坦吗？还是像一个圆形的球？抑或是一个甜甜圈？一个马鞍？或者一个碗？这些都是宇宙学的问题，是宇宙学家有可能回答的最宏大的问题。

因为宇宙的形状既包含了时间信息，也包含了空间信息，所以了解了我们所处的这个流形的拓扑结构，就能了解未来的宇宙[1]。球体是

---

① 当然，也能够了解过去的宇宙，不过那就比较复杂了，我们稍后再谈。

一个紧凑的形状，而且一定存在边界，不会向各个方向无限延伸。这就意味着，如果我们的宇宙是一个"球体"，那么它就会有一个明确的终点。宇宙会膨胀一段时间，所有的星系、质量和能量都会随之飞散开来。随后，膨胀的速度会放慢，直到引力迫使一切又开始收缩，恒星和星系重新被拉到一起，一切都以"大坍缩"收场。而如果我们的宇宙像比萨饼一样平坦或者像马鞍一样扭曲，那么它在空间上和时间上都会无限膨胀和扩张，宇宙中的物质和能量就会不断飞散，无休无止①。

广义相对论方程并不能告诉我们宇宙的拓扑结构，我们必须收集数据来弄清楚这一点。就像古人通过聪明的测量和复杂的推理才了解到世界是圆的一样，天文学家也进行了大量的观测和计算，才掌握了宇宙可能的整体形貌。经过多年的努力，在 20 世纪 90 年代末，他们终于取得了一些成果。

由恒星爆炸而产生的超新星爆发是宇宙中最闪亮的景象之一，即使在宇宙的另外一边也能看到。有两组天文学家正在研究遥远的超新星，而他们各自注意到了一些非常奇怪的事情：越是遥远的超新星，就越比预期的暗淡。这似乎意味着宇宙的膨胀速度并没有慢到足以导致宇宙大坍缩。宇宙不可能停止膨胀，又开始重新收缩，而是会一直无限膨胀下去。这是一个惊人的发现。宇宙学家第一次对宇宙的拓扑结构表达了一些看法，即它不会像球形宇宙那样坍塌。仅仅是这一点，就足以获得诺贝尔奖，索尔·珀尔马特、布赖恩·施密特和亚当·里斯也确实于 2011 年获得了诺贝尔奖，但他们的发现还不止于此。

---

① 严格说来，一旦引入了宇宙学常数或者一些更为奇特的拓扑结构，那么拓扑学、宇宙命运，以及宇宙在空间和时间上是否无限，它们之间的关系就会比我们这里讲述的更加复杂一些。这里的描述尽管从原理上说是成立的，但有点儿过于简化了。

宇宙膨胀的速度不仅没有迅速减慢，反而似乎还在加速，这与广义相对论的场方程不符，除非我们引入数学中的"宇宙学常数"。从某种意义上说，宇宙学常数是一种能量，是时空结构本身的一部分，这种能量和其他物质或能量一样，都能使时空弯曲[①]。但它与引力的作用恰恰相反，它将事物相互推开，而不是像引力那样将事物拉拢在一起。这种神秘的类似反引力的"暗能量"使宇宙形成了现在的形貌。宇宙并不像圆球一样扭曲，也不会重新坍缩。科学家们越来越确信，这种形貌的范围是无限的，它可能是平坦的或者是马鞍形的，而且会随着星系之间的相互远离而一直膨胀下去。

1998 年，这两个超新星追踪小组公布了他们的成果，在科学界引发了一场激动人心的风暴。宇宙加速膨胀、宇宙学常数、暗能量等想法超出了人们的预期，彻底打破了大多数宇宙学家笃信的理论，这其中也包括霍金。霍金多年来一直推崇一个理论，即"无边界假设"，这个霍金钟爱的理论在《时间简史》中占据了重要地位。不幸的是，"无边界假设"似乎意味着宇宙将以大坍缩结束，而最新的超新星观测结果则否定了这个结论。这次的观测结果相当引人注目，以至于霍金不得不承认大坍缩是错误的。因此，在1999 年的亚特兰大记者招待会上，霍金宣布，宇宙学常数的存在"非常合理"，它使宇宙"飞散开来"。这似乎表明，他最终放弃了"无边界假设"这一理论，而这一理论曾是他的研究事业的一块基石。

和霍金身上的很多事情一样，真相其实相当复杂。

---

① 因为本书的主要内容是霍金，而非宇宙学，所以这里只是简单地描述了这一发现有多么怪异，以及多么具有革命性。如果读者对超新星观测、宇宙学常数、宇宙微波背景以及宇宙学的影响感兴趣，可以在《阿尔法与奥米伽：寻找宇宙的始与终》一书的第 4 章和第 5 章中找到更多的细节。

* * *

此前一年，即 1998 年 3 月，霍金在白宫发表了一次隆重的演讲。时任总统比尔·克林顿、第一夫人希拉里·克林顿以及各路政界和科学界名人悉数出席。演讲结束后，听众们向霍金提出了许多问题。"在过去的一个月内，我们看到有证据表明，宇宙中存在着一股强大的排斥性力量，这是一种反引力，可导致宇宙加速膨胀，这真令人吃惊，"副总统戈尔问道，"你对这个发现惊讶吗？它最重要的意义又在哪里？"³

霍金明确表示了他的怀疑态度。"副总统所指的是一些观测证据，这些证据表明可能存在一种反引力，会导致宇宙以越来越快的速度膨胀，"霍金说，"这种反引力的存在是非常有争议的。最早，爱因斯坦提出过它存在的可能性，但他后来后悔了，说这是他犯过的最大的错误。如果这种反引力真的存在，那它一定非常小。"他还是认为大坍缩一定会到来："不过不用担心，大坍缩至少要在 200 亿年后才会到来。"

尽管霍金以科学家的身份向观众们致辞，但他最受关注的身份还是作为一个名人。希拉里·克林顿宣读了一个网友提出的问题："你被与爱因斯坦和牛顿相提并论，你对此的感受如何？"

"我认为把我与牛顿、爱因斯坦相提并论，是一种媒体的炒作。"霍金称。

"不得不说，你打牌时的状态确实不错。"克林顿回应道。

这里指的是霍金在当晚早些时候的演讲。在演讲一开始，霍金播放了电影《星际迷航》中的一个片段，讲述了他被召唤到 24 世纪，与牛顿和爱因斯坦进行一场智慧较量的故事，即打扑克牌。"世上所有的量子波动都不会改变你手中的牌，"爱因斯坦说，"我跟。你这是在虚张声势，你就要输了。"[4]

"你又错了，阿尔伯特。"霍金幸灾乐祸，咧开嘴大笑，一只电动手臂展示了他手中的牌：4 张同点。

霍金可能认为，把他与伽利略、爱因斯坦和牛顿比较是"媒体的炒作"，但这一形象正是他的核心公众身份。1999 年 5 月，"世界上最聪明的人——史蒂芬·霍金"出现在了黄金档卡通片《辛普森一家》中。这位物理学家坐着一个装备了小工具的飞行轮椅，凭借高达 280 的智商，戏弄了春田市的居民。但他与其中一个角色结下了不解之缘：滑稽、爱吃酥饼的霍默·辛普森。（在片中，霍金在本地的一间小酒馆说："你认为宇宙是甜甜圈的形状，这个想法很吸引人，霍默，我想把它据为己有。"①）在电视广告中，霍金的话也会有意识地呼应牛顿。比如 1999 年，他在为 Specsavers 眼镜店打广告（据说他因此赚了 10 万英镑）时说道："对我来说，物理学就是要看得更远、更好、更深入。"此时，屏幕上出现了一艘 CGI（电脑生成动画）飞船和一副新眼镜，这让他的超凡视野完全不需要巨人肩膀的支撑。[5]

霍金著作的封面文案也没能摆脱掉媒体的炒作。在 2001 年出版的《果壳中的宇宙》中，作者的介绍部分这样写道："史蒂芬·霍金是剑桥大学卢卡斯教授，被认为是自爱因斯坦以来最杰出的理论物理学家之一。"剑桥大学的卢卡斯教席因为曾由艾萨克·牛顿爵士担任，可以说是世界上最有声望的学术职位。霍金在很多方面都是牛顿遗产的继承人。

有时候，这对物理学家来说是一个沉重的衣钵。在他拒绝与牛顿和爱因斯坦比较之后，霍金也提出了他被认为是世界上最聪明的人

---

① 后来，霍金又多次出现在《辛普森一家》中。若干年后，他还在极客情景喜剧《生活大爆炸》中客串了一个角色。

的另一个原因。"我符合大众对于一个疯狂科学家或者一个残疾天才的刻板印象，或者用政治正确的说法，叫作一个有身体障碍的天才，"他说，"我显然是有身体障碍的，但我认为自己的天才不能与牛顿或者爱因斯坦相比较。"[6]

他的同事也没有把他归入这一类人。1999 年，《物理世界》杂志采访了全世界约 250 名物理学家，请他们说出对物理学做出最重要贡献的 5 位物理学家，在世和已故的物理学家都包括在内。爱因斯坦以 119 票高居榜首，紧随其后的是牛顿，詹姆斯·克拉克·麦克斯韦获得了 67 票，伽利略第六，费曼第七，狄拉克第八。揭秘弱相互作用的杰拉德·胡夫特和史蒂文·温伯格，以及激光的发明者查理·汤斯各得两票。霍金和马丁·里斯、约翰·惠勒等几十个人都只获得了一票，排在名单的最后。虽然只是被列入名单就已经是一种莫大的荣誉，但是投票结果毫无疑问地表明，物理学家通常并不认为霍金的工作与牛顿、爱因斯坦甚至狄拉克是同一级别的，这与大众媒体的印象相去甚远。[7]

霍金知道，他的残疾深深影响了公众对他的看法，使他从一个单纯的人变成了一个鲜活的象征符号。一个身体瘫痪的人，其智力却能飞到时空的尽头；一个不能说话、每分钟只能敲出几个词的人，却成为世界上最知名的科学布道者之一。这位物理学家的故事既充满力量，也颇具讽刺意味。霍金也敏锐地意识到了这种讽刺意味。

"他喜欢哈姆雷特的那句台词，"导演埃罗尔·莫里斯说，"就是那句'坚果'的台词。他有什么理由不喜欢呢？"[8]

在《哈姆雷特》的第二幕中，一个朝臣告诉哈姆雷特，丹麦对他来说太小了，限制了他的思想。这位王子回应道："上帝啊，我若不是做那一场噩梦，即使把我关在一个果壳里，我也会把自己当成一个拥有无限空间的君王。"莫里斯说："在剧中，这有很强的讽刺意味，但显然，霍金就是在利用这一点。"超然的想法，用心灵力量摧毁一切限制的美好形象，都被随之而来的噩梦夺走了。霍金对所有把他拉回现实的噩梦都抱持隐忍的态度，而且绝口不提。

*　*　*

《果壳中的宇宙》是继 10 多年前出版的《时间简史》之后，霍金的又一本重要著作，也是他占据普及物理学的统治者地位之后的第一次严肃的写作尝试。但在这段时间里，又出现了一些新的王位争夺者，最引人注目的就是美国哥伦比亚大学理论物理家布赖恩·格林，他研究了一种被称为"超弦"的假想中的亚原子粒子。格林的《宇宙的琴弦》一书自 1999 年出版后好评如潮，销量稳定，并连续数月位列次年的平装畅销书排行榜前列。非虚构类科学图书的市场还是存在的，问题是霍金能否再次占领它。

霍金曾感叹，他的许多读者在《时间简史》的前几章就"卡壳"了，他们永远也读不完这本书。[9] 与《时间简史》不同的是，《果壳中的宇宙》内含丰富的插图，方便了读者的理解和接受。要让霍金为这本书添加新的素材是一件很困难的事，但这一次，他从一开始就得到了帮助，分别来自他的研究生托马斯·赫托格和为霍金写过传记的科普作家凯蒂·弗格森。弗格森回忆道：

> 我第一次看到或者听到《果壳中的宇宙》的时候，它还是一捆打印纸……上面印着公开发表的科学讲稿和论文，大部分是近期的，有些比较容易理解，有些则充满了方程和物理学语言，其中有些地方相互重复，偶尔还夹杂着霍金以前的书的内容，总之根本不像是一本连贯的书……（编辑）安·哈里斯不免发出疑问，这能成为一本书吗？[10]

　　虽然手稿一团糟，但对于哈里斯和班唐图书公司来说，拒绝霍金的提议简直"不可想象"。弗格森尽了最大的努力来平衡一切，但最后，就连书的核心部分，也就是那些插图，都显得有些草率。霍金的一位助理尼尔·希勒为这本书画了一张插图，他构思了一个喜剧式的画面，即上帝射出一道闪电并在太空中制造了爆炸，然后把它交了上去。"当时，我还没有意识到这幅图要直接被放在书里，"他说，"我以为出版商那边的插画师会做适当修改的。"当希勒看到成书时，发现自己的原版插画也在其中，这让他感到非常惊讶。[11]

　　2001 年 11 月，《果壳中的宇宙》问世，随后立即冲上了畅销书排行榜，并迅速登上了《纽约时报》排行榜的第 4 位。评论褒贬不一，有读者称赞了其中的精美插图，但正如一位评论家所抱怨的那样："你花了 20 英镑，却只买到和《时间简史》重复的内容……，插图使这本书成为一个漂亮的物件，但也掩盖了文字的贫乏，这本书只有短短的 100 页，很多内容都未得到详细的解释。"[12]

　　虽然与《时间简史》有不少重合之处，但这本书还是有新的内容的，比如对全息原理的解释，这是宇宙学和黑洞物理学中一个越来越重要的研究领域。一些评论家也称赞了他的解释，比如同为物理学家的乔·西尔克就认为这本书"读起来很令人愉快"，体现了"霍金的尖刻嘲讽和无可挑剔的乐观主义"。但还有很多评论既冷淡又苛刻，例如，曾为霍金写了一本传记的物理学家兼科普作家约翰·格里宾评论说：[13]

　　　　以前，官方说法是《时间简史》都是他自己创作的（所有看过初稿的人都知道这是不可能的）①，而这次，霍金表达了对

---

① 事实上，格里宾看过早期的草稿。这件事我们稍后再说。

安·哈里斯和凯蒂·弗格森的感谢，"她们编辑了手稿"。我不太了解安·哈里斯的工作，但本书中有一些技术含量不高的部分，读起来很像是凯蒂·弗格森的风格……

> 班唐图书公司的人应该告诉霍金，他的笑话并不好笑，而霍金假设没有对自己过分自信的话，应该毫不含糊地告诉他们，要保持低调。不要经常使用"伟大"这样的形容词，在科学领域，这个词应该留给爱因斯坦和理查德·费曼这样的人。[14]

也许更令人震惊的是：在某些方面，霍金似乎跟不上宇宙学的最新发展了。近代科学的一个重要胜利是非常精确地确定了宇宙的年龄，当《果壳中的宇宙》问世的时候，宇宙学家都已经知道大爆炸发生在大约 140 亿年前，误差大约几亿年。在随后的一年左右时间里，这一数字被定为 137 亿年，误差减小到大约几千万年。然而，在《果壳中的宇宙》一书中，宇宙年龄还是被说成 100 亿至 150 亿年这个已经被宇宙学家使用了几十年的数字。事实上，20 世纪 90 年代末和 21 世纪初的大量观测结果已经使它变得精确多了。[15]

尽管有人抱怨，但《果壳中的宇宙》在很多方面都取得了成功。它在《泰晤士报》的畅销书排行榜上保持了 20 周，并获得了著名的科普奖——安万特奖。它只是没有取得像《时间简史》那样的成功。

另外，这个项目从诞生想法到完成作品大约花了一年时间，它似乎重新激发了霍金对出版的热爱。当年 10 月，在上架前不到一个月，霍金的出版商就宣布，这位物理学家将在列纳德·蒙洛迪诺的协助下重写《时间简史》，使其更容易被理解。新书原本打算叫作《儿童时间简史》或者《青少年时间简史》，但霍金最终还是决定命名为《时间简史（普及版）》。虽然新书也计划在一年或者稍长的时间内完成，但实际上花费了快 4 年，这比他讨价还价的时间还要长。就算霍金真的可以成为无限空间的君王，他也从来没有想过会有如此多的时间。[16]

* * *

史蒂芬不是唯一一个忙于写作的人。简在1990年与史蒂芬的婚姻破裂之后不久，就决定开始一个"新的项目，一个我自己的项目，即使无法用这个项目向别人证明什么，我也可以向我自己证明，我有一个既聪明又有创造力的大脑"。她想写一本关于自己的回忆录，不是关于她和史蒂芬的生活，而是关于她自己作为一个英国女人在法国建立第二个家庭的经历。"它将包括一些有趣的逸闻和有用的信息，目标读者是移居法国的英国人。"[17]

然而，由于某些原因，她当时的文学经纪人没能引起人们的兴趣。有一家出版社提出，如果简答应写一本回忆录的话，就可以顺便出这本书。简感觉受到了侮辱，她拒绝了，在与自己的文学经纪人争吵一番之后，她决心"不管花多少钱，我都要自己出版我的书，他休想得到我的其他书的佣金"。1994年，与经纪人的合同一到期，简就自费出版了《在法国的家》一书；1995年，在她与史蒂芬的离婚手续办妥后不久，她就接受了麦克米伦的邀请，撰写自己的回忆录，讲述她与史蒂芬结婚后"在黑洞边缘生活了四分之一个世纪"的故事。[18]

《音乐移动群星：霍金传》于1999年上架，引起了媒体的热烈关注。有评论家认为"这本小书讲述了一个小小的生命，被另一个人的全部需求所束缚，偶尔甚至带有殉道的色彩和令人担忧的空梦"。但霍金本人已不再是他生命故事的唯一讲述者，他曾经爱过、对他倾心照顾的那个女人，把他描绘成了一个无情和自私的暴君："一个桀骜不驯、苛求且态度强硬的孩子，他需要我的保护，一方面是因为他身体上的无能为力，另一方面是由于他的超高智商所带来的特殊的天真，这种天真会使其成名后对于一些不择手段的微妙个性和动机视而不见。"[19]

对于简来说，她对婚姻的核心叙事以及对这段婚姻解体的大部分指责，都建立在一个具有讽刺意味的重要事实上："她的基督教信仰给了她支持丈夫的力量，而她的丈夫是最深刻的无神论者。"简从她母亲那里继承了对上帝的坚定信仰，"这种信仰支撑着她熬过了战争，熬过了深爱的父亲患绝症的日子，也扛过了父亲患抑郁症的黑暗日子"。而史蒂芬的无神论只提供了一种"凄凉的消极影响，不能为我们提供任何解释、任何慰藉、任何安抚和任何希望"，而且他毫不顾及她的信仰，还让她远离了上帝。史蒂芬离开她之后，简写道："我现在才确信，上帝确实是作为善的终极力量而存在的。"对于简来说，这场离婚几乎就是由她的精神之父①设计的，而当"他"意识到她的婚姻是错误的之后，她只有找到合适的伴侣，才会得到真正的幸福②。[20]

简对事件的描述触动了人们的神经，这是一个经典的叙事套路。2000 年年末，它登上了巴斯皇家剧院的舞台中心。戏剧《上帝与霍金》上演，它一点儿也不像《浮士德博士》，剧作家罗宾·霍顿也不像马洛。霍顿是一位资深的剧作家，曾经写过一部大获成功的喜剧《交配游戏》。霍顿试图说服霍金参与这个项目，遭到了霍金的拒绝，但

---

① 精神之父是一个宗教概念，指在宗教修行过程中，传递信仰与指导人灵的人，兼具父亲与导师两种角色，也被称为神师、属灵父亲等。

② 虽然这显然是他们关系紧张的根源之一，但在史蒂芬讲述关于他与简的婚姻故事或者其失败的原因时，宗教因素并不突出。他含蓄地指出，分手完全是由于另一个原因："我对简和乔纳森·赫利尔·琼斯之间日益亲密的关系越来越不满意。"乔纳森·赫利尔·琼斯是当地的一个唱诗班指挥，他和霍金夫妇住在一起。"最后，我再也无法忍受这种情况……"见史蒂芬·霍金的《我的简史》，由伦敦班唐图书公司在 2018 年出版。

简却提出了一些"相当有用的建议"。而这正是引发文人们谈论霍金的原因。[21]

《上帝与霍金》让两位主角展开了一场智慧的较量：万能的上帝是真实存在的还是人类想象的。简像是一件神器，是上帝用来赢得这场斗争的"伟大武器"，而史蒂芬甚至不知道自己正在参与这场战斗。

> 上帝：让我问你一个问题。你愿意选择哪种生活？是适合你成长的传统生活，没有痛苦，给你支持的丈夫，正常的家庭生活，以及一个平静的结局？还是一种更加冒险的生活呢？
>
> 简：冒险？
>
> 上帝：（指了指天空）痛苦，疲惫，危险，但是也有机会获得荣耀。
>
> 简：自然是这种。
>
> 上帝：那一点儿也不自然。

简和史蒂芬都受到了其他感情的诱惑，但只有史蒂芬没有扛住诱惑，和他的护士伊莱恩跑了。在念完最后一句台词"不管你想不想要他，上帝都与你同在"之后，简离开了，再也没有人听到她的声音，舞台上只剩下史蒂芬和他的造物主对峙。[22]

"对宗教问题的反复争吵写得不够充分，无疾而终，"一位评论家抱怨说。另一位评论家认为，这个"构思欠妥"的剧本"把霍金卷入了一场被操控的虚假而拙劣的辩论中，这是一种羞辱"。史蒂芬认为这出戏"极具冒犯性，侵犯了我的隐私，"他告诉《物理世界》杂志，"我应该申请法庭指令来禁止它，但我从来没有授权哪个公众人物采取法律行动，这只会为这出愚蠢且毫无价值的戏剧吸引更多的注意力。"宇宙学家马丁·伯金肖协助完成了剧中有关科学的内容，但他并不这么认为："我倒是觉得，该由剧作家来决定写谁。史蒂芬已经进入公众视野这么久了，又常常出现在各种电视节目和书籍中，这出戏又能起到什么作用呢？"[23]

霍金通常不会抱怨自己的形象。比如，2000 年，一个网站上的一名叫作MC霍金的说唱歌手引起了关注，这位歌手的歌曲由嘻哈节拍的合成语音组成，还带点儿黑帮"科学"的风格。歌词是这样的：

> 然后上前，冷冷地在街上寒暄。
> 六个麻省理工学院的混蛋……
> 我等着，直到我确定他们能看到我的脸，
> 然后我随着贝斯的节拍，破口大骂。
> 满月的月光下勾勒出街道的轮廓，
> 麻省理工学院的小混蛋们左冲右突。
> 你们无处可逃，想都别想，
> 因为我所有的枪击案都是飞车射击。[24]

霍金的助理给作者发了一封邮件，称这位物理学家"受宠若惊"。但是，即使MC霍金很粗鲁，把霍金描绘成一名为科学而战的黑帮坏蛋，这种诙谐的描述与霍金在流行文化中的形象也并不冲突。但如果将他描绘为缺乏自信、傲慢、善于操控摆布，或者脆弱的样子，这就完全是另一回事了。这不是他会选择的叙事方式，也不是他所能控制的。[25]

2000 年，一些反面评论甚嚣尘上，彼时开始出现一些声音，称史蒂芬受到了神秘的伤害，而且警方已开始调查。史蒂芬和伊莱恩对此保持了沉默。但在 2002 年，他 60 岁生日之前，史蒂芬摔断了臀骨，使得阴暗的传言进一步散布。霍金坚称是因为自己撞到了一堵墙，他

的助理也确认了这次事故是不小心所致："他那时开会要迟到了，我们赶时间。"但对于虐待的质疑在平静的表面之下暗流涌动，伴随着他和伊莱恩，出现在各种科学会议和公开演讲中。这不仅将霍金在身体上对他人的依赖暴露了出来，也曝光了他的性行为。[26]

性是他的第一段婚姻结束的原因，简的回忆录令人震惊地将史蒂芬的欲望带入了公共的视野。这样一来，再也没有办法维持这位物理学家作为终极理性力量的形象了。正如社会学家海伦·米亚雷特所说，"他除了'坐在那里思考宇宙的奥秘'之外，什么也做不了，这种超群的智力将他从身体中解放出来，似乎也从繁杂的俗世中解放出来……"霍金不是一个完美的人，他自负，有欲望，被别人偷偷议论。就在这个时候，媒体开始对霍金去色情酒吧的习惯产生了兴趣，这可能是他在美国养成的习惯。[27]

"加州理工学院的一些人有去脱衣舞俱乐部的传统，我相信不少人都这样。"物理学家尼尔·图洛克说，他在去加拿大滑铁卢出任圆周理论物理研究所主任之前，曾与霍金多次合作。"史蒂芬在这里的时候，有一天他的助理问我：'尼尔，你知道这里哪儿有绅士俱乐部吗？'"[28]

"我说，'你说的绅士俱乐部是什么意思？我不知道你在说什么。'她又重复了一遍，'绅士俱乐部。'我说，'你的意思是，像伦敦的一些豪华俱乐部吗？就是面向梅菲尔区的上流人士开放的那种？'我是真的不知道她在说什么。最后，她只好说，'就是脱衣舞俱乐部！'"图洛克放低了声调，他咬着牙小声说，"我接着说：'如果你敢带史蒂芬去滑铁卢的脱衣舞俱乐部，我会崩溃的！这会毁了这位科学家的名声，我们不能这样做。不要带他去那里。就算有，也不要带他去。'"

由于霍金的所有行动都非常依赖他人，这种对脱衣舞俱乐部的热衷（甚至是一些冒险的娱乐活动）肯定会让招待他的主人、他身边的护士和学生陷入尴尬的境地。

2003 年，媒体第一次注意到了霍金对于裸体酒吧的偏爱，当时霍金被发现与演员科林·法瑞尔一起出现在伦敦的一家脱衣舞俱乐部中。据该俱乐部的老板彼得·斯特林费洛说，他和一位名叫老虎的脱衣舞女郎共度了 5 个多小时，但他没有透露这两个人做了什么或说了什么。从那以后，八卦小报经常报道史蒂芬去这种绅士俱乐部乃至性俱乐部，以及有关他的两性关系的琐碎细节。这些八卦小报似乎热衷于把一个坐在轮椅上、几乎不能动弹的物理学家塑造成性欲旺盛的形象。[29]

尽管这些八卦小报尽了自己最大的努力，但是这些充满挑逗的故事从来没有传到绝大多数霍金崇拜者的耳朵里。他几乎完全置身事外，仍然是那个向往星际旅行的受人尊敬的科学家，是智慧、理性的象征，坚韧不拔的英雄，他无怨无悔，克服了最艰难的逆境，以其他人无法理解的方式来理解宇宙的运作。

* * *

那时，宇宙的运作模式日渐明朗。2000 年，观测超新星还是一件新奇的事，宇宙学家也刚刚开始研究暗能量的可能性，这种物质拉伸和弯曲了时空结构。而另一类观测也即将到来，这种观测有可能掀起一场革命，颠覆宇宙学家对于宇宙形状、起源和命运的理解。现在回想起来才明白，难怪霍金后来会说，当时的发现是他职业生涯中最激动人心的物理学进展。[30]

时间回到 35 年前的 1965 年。当时，美国新泽西州贝尔实验室的两位工程师——阿诺·彭齐亚斯和罗伯特·威尔逊，在设计用于接收卫星通信的微波天线时遇到了麻烦。无论他们把天线指向天空中的何处，都会发出嘶嘶的噪声。天线似乎出现了故障，无论他们如何修理调整，或者小心翼翼地控制天线的指向，似乎都无法消除这些恼人的噪声。

与此同时，在几英里之外的普林斯顿校园，物理学家鲍勃·迪克和吉姆·皮布尔斯正在进行一些与宇宙起源有关的计算。如果宇宙真的诞生于一次大爆炸，且这次大爆炸创造了我们所处的整个时空，那么早期的微小宇宙一定非常热，并且发出了高能量的光。但随着宇宙的膨胀，它逐渐冷却，宇宙中无处不在的光线也被拉伸，其能量越来越低，从伽马射线变为X射线、紫外线、可见光，再到红外线，最后到微波。所以，普林斯顿的科学家们推断，在宇宙大爆炸的几十亿年之后，残余的光应该处于微波波段，而且可以在天空中的各个方向接收到[1]。一台指向天空的微波天线应该就能够探测到这种光，它会表现为嘶嘶的背景噪声，无论天线指向哪里都不会消失。他们准备建造这样一台微波天线，看看是否能发现这种噪声。就在此时，他们接到了来自贝尔实验室工程师的电话，请求帮助解决他们遇到奇怪噪声的问题。

这就是宇宙背景辐射的发现过程。这种全方位、几乎均匀的微波背景很难解释，除非你假设时空的流形曾经非常小且非常热，并膨胀成了我们今天的宇宙。彭齐亚斯和威尔逊因为他们的发现获得了诺贝尔奖，而理论物理学家迪克和皮布尔斯则获得了真诚的致谢。

其实，这里还有另一层发现，只是 20 世纪 70 年代的技术还不足以发现它。尽管微波背景在各个方向上看都是一致的，但理论告诉我们，它不可能是完全均匀的，就像科学家们喜欢说的那样，它是"各

---

[1] 这个过程并没有这么简单。这些残余的光线实际上来自大爆炸之后大约 38 万年的时候，当时宇宙中充满着由电子和质子组成的云，它们对光不透明，但在那时刚刚冷却到足以形成氢气的温度。

向异性"的。也就是说，如果你仔细观察，应该能看到不同尺度上微波辐射的差异，热的区域发出的光能量更高，而冷的区域的光能量更低。早期宇宙的时空结构在能量的作用下泛起阵阵涟漪，一直不停地挤压或拉伸其中的物质团；反过来，这又使得早期宇宙的时空在各种不同的尺度上呈现出各种弯曲。如果大爆炸模型是正确的，那么早期宇宙中的那些涟漪和弯曲应该会引起宇宙微波背景、热斑和冷区域等不同规模的能量波动。彭齐亚斯和威尔逊的天线还不够精确，无法看到这些变化，如果有更好的仪器，就能看到了。

这个仪器就是COBE，即宇宙背景探测器卫星。它于1989年发射，比发现CMB晚了24年。COBE小组很快就证明，就像理论预测的那样，宇宙微波背景确实分为不同的冷热区域，这一成果也获得了诺贝尔奖。然而，COBE的仪器还是不够精确，无法详细地分辨这些斑点。这就像一个近视的人不戴眼镜看视力表一样，他很容易看出表上写了一些东西，甚至可能看清最上面最大的几个字母，但整个视力表还是模糊的，看不清楚底下的小字母。COBE在观测宇宙背景辐射的时候也是这样，视线模糊，无法看清，也无法从较小的斑块中提取出什么信息。而正是这些较小的斑点中包含了关于宇宙年龄和形貌的信息。

根据相关理论，早期的宇宙被能量的涟漪影响，不停地拉伸或挤压物质云，进而形成了宇宙微波背景中的热斑和冷斑。但该理论也表明，会有一个特征性的斑块尺寸，即在早期宇宙轰隆隆的声波振荡中形成的热斑或冷斑的最大尺寸[①]。据推测，这些最大的斑点在天空中的张角大约为1度，这就给宇宙学家提供了一种测量宇宙曲率的方法。

---

① 宇宙微波背景大约是在宇宙大爆炸后38万年的时候释放的，这些冷斑或热斑都是由早期宇宙中所谓的"声波振荡"产生的，它们的尺寸受限于最初那一团能量和物质在38万年的时间内能被拉伸或者收缩到什么程度，而这又受限于光速。

如果我们生活在一个球形的宇宙中，远处的物体在天空中会看起来很大，就像凹面化妆镜中的物体一样，会被放大。如果我们生活在一个马鞍形的宇宙中，情况则正好相反。只有当宇宙是平坦的时候，那些遥远的天体才不会变形，它们在天空中所呈现的大小既不会因为时空曲率放大，也不会因此缩小。

为了确定宇宙的曲率，科学家需要测量宇宙微波背景中较大的热斑或冷斑的尺寸。如果它们比预期的大，那就说明我们处在一个球形的封闭宇宙中。如果比预期的小，则意味着宇宙的拓扑结构是马鞍形的。而如果它们的大小正好符合理论物理学家的预期，那将非常有力地证明我们的宇宙是平坦的。这是几十年来宇宙学家一直心心念念的观测，但当时的微波天线还不够精密，无法达到一度以下的分辨率，也就无法做这样的比较。

让我们再次回到2000年。经过多年的努力，科学家们终于改进了他们的微波探测器，能够分辨出直径约 0.25 度的冷斑或热斑。宇宙学家们将数据收集、整合，终于可以说，这些冷斑或热斑的大小正如理论所预测的那样。

看起来，宇宙终究还是平坦的。

它将一直膨胀下去，永远不会有大坍缩。

* * *

作为一名理论物理学家，霍金在大部分职业生涯中都没有对自己的理论进行任何实验验证。这也是宇宙学和广义相对论领域半个多世纪以来的常态。20 世纪 60 年代和 70 年代初，霍金完成了自己在黑洞领域最重要的工作，但当时人们连一个黑洞都还没观测到。（霍金最著名的一次赌约发生在 1974 年，是关于一个新发现的天体是否有可能是黑洞的。）要取得推动宇宙起源和命运研究进展的实验和观测结果是非常难的。除了几张模糊的宇宙微波背景图片之外，科学家们还需要对星系的属性和分布进行一些难免出错且难以解释的测量，试图以此来了解宇宙的形状和年龄。到了 20 世纪 90 年代末，关于宇宙年龄最精确的估算是 120 亿到 150 亿年之间，但对宇宙的整体形状还没有找到任何有用的线索。21 世纪前几年，由于新的观测结果的出现，天文学家才弄清宇宙的准确年龄是 138 亿年，误差大约几千万年，并且宇宙是绝对平坦的，或者说非常接近平坦。获得这样的精度有些令人难以置信，这就意味着，理论物理学家终于可以用实验证据挑战那些已经提出了几十年但尚未验证的想法。这其中就包括霍金的观点，也是他最看重的观点之一：无边界假设。

无边界假设的提出是为了弄清宇宙之初的时间和空间从何而来，这个问题是爱因斯坦的理论无法回答的。广义相对论描述了一个平滑的时空流形，但根本没有说明这样一个流形是如何形成的。如果依据我们现在这个膨胀并逐渐冷却的宇宙倒推，尝试推导相关方程，就会得到一个收缩并逐渐致密、变热的宇宙，但相对论的数学框架必然会在某个时刻崩溃。（事实上，霍金对物理学的第一个重大贡献正是证明了这个问题，这也是他的博士论文的基础。）量子引力理论能够解释引力的行为，即使是最小、最混乱、最粗糙的空间和时间区域内的引力，也可以解释。但即使是一个功能完备的量子引力理论，在描述宇宙中所有物质和能量被压缩到一个无限小的奇点时，以及在解释这个奇点是如何从它之前（假定）的虚空中产生时，还是十分勉强的。

不过在 20 世纪 80 年代初，霍金和美国加州大学圣塔芭芭拉分校物理学家詹姆斯·哈特尔一起使用了一个巧妙的小伎俩，他们认为这在一定程度上让他们避免了时间产生之初的引起混乱的奇点。他们的想法是，不在时间上回溯，而是在"虚数时间"上回溯。我们将在第

10 章中更全面地解释这一概念，但就目前而言，我们只需要了解，将常规时间转变为虚数时间，使得我们习惯的普通宇宙时空变成了宇宙虚时空，并且改变了拓扑结构。在虚数时间下，拓扑结构看起来就像一个漂亮、光滑、紧凑、独立的球体，既没有开始，也没有结束。从我们这种生活在常规时间的生物的角度看，时间和空间是在一次大爆炸中突然产生的。但是从虚数时间的角度看，没有任何东西诞生，也没有任何东西死亡。宇宙没有边界，在球形的宇宙中，没有任何地方是"宇宙的起点"或"宇宙的终点"。这是一个完全平稳的宇宙，没有边界。霍金本人在《时间简史》中对他的无边界假设是这样描述的：

> 不存在令科学定律崩溃的奇点，也不存在必须依赖上帝或某种新定律来设定边界条件的时空边缘。人们可以说："宇宙的边界条件就是它没有边界。"宇宙是完全独立的，不受任何外界事物的影响。它既不会被创造，也不会被毁灭，它只是存在。[31]

如果你觉得这很难理解，很正常。霍金-哈特尔的无边界假设从一开始就备受争议，从常规时间到虚数时间的转变让人很难理解，而且人们也不清楚，霍金和哈特尔所做的数学计算是否有效。正如霍金曾经的学生、物理学家唐·佩奇所写的那样："乍一看，如果忽略细节，这个假设在概念上看起来很清晰，至少对理解这些概念的人来说是这样。但当我们探究细节时，就会发现这个假设在数学上还不精确。"这使得许多物理学家很难认真地研究这一概念。"这个想法从来没有被接受过，"在 20 世纪 90 年代帮助霍金研究了这一假设的物理学家尼尔·图洛克说，"我想说，90% 的宇宙学家或者理论物理学家甚至不知道该如何看待这一假设。而在那些有自己想法的人中，90% 的人会说不同意，或者认为这其中存在一些问题。"在霍金首次抛出无边界假设将近 40 年后，物理学家仍在为其正确性争论不休。[32]

虽然这个想法在某些人看来可能极为复杂，但在另一些人看来，霍金回避了宇宙起源的内在问题，这种解决方式带着一丝优雅和美感。而霍金和许多理论物理学家一样，相信真正的宇宙规律拥有某种额外的美感，因此他非常重视无边界假设。图洛克说："对他来说，这就是真实的。不管是出于文化、宗教还是其他什么原因，我说不上来，但我觉得他认为这是真的，因为它很简单。"

无边界假设在《时间简史》中占据显著地位，但是当他在 20 世纪 80 年代末写这本书的时候，无边界假设的前提是虚数时间宇宙是对称的，球体一极的大爆炸必须对应于另一极的相等且相反的大坍缩。因为我们的宇宙以大坍缩结束，所以它不可能是平坦的。此外，出于技术上的原因，无边界假设似乎意味着不存在宇宙学常数：它"不一定是零，但零是迄今为止最有可能的值"。[33]

直到得到 1998 年的超新星观测数据、2000 年的高精度宇宙微波背景数据，以及 2003 年的 WMAP 卫星（COBE 的继任者，威尔金森微波各向异性探测器）数据之后，我们才终于有了一个明确的答案。宇宙是平坦的，或者说几乎是平坦的，而且它将永远膨胀，大坍缩是不可能发生的。宇宙是开放的，而不是封闭的，而且重要的宇宙学常数确实存在。

像受到实验数据挑战的所有理论那样，无边界假设开始摇摆和转变。1998 年，剑桥大学教授尼尔·图洛克向霍金提出，在他的球形、有限的虚数时间宇宙中，可能隐藏着一个开放、无限的实数时间宇宙，这个宇宙不是封闭的，且不会在大坍缩中崩溃。"这真是一件令人惊讶的事情。从一个有限的宇宙开始，你可以从中创造出一个无限的宇宙，这是非常矛盾的。"图洛克解释道，"你可以在其中一个部分里面形成这个无限空间的宇宙，它将永远持续下去。"大坍缩不再是无边界假设的必然预测结果，但这里还存在一个问题。[34]

图洛克说："事实是，他的假设并没有真正发挥作用。它预测了一个空空如也的宇宙；你可以想象宇宙的诞生是一个从无到有的过程，但无边界假设预测的是一个空的宇宙。"即使在调整了模型、至少产生一个星系之后，情况也没有好多少，现在的预测结果是一个只有一个星系的宇宙。这与我们的宇宙没有任何相似之处。"我们预测了一个空的宇宙，或者只有一个星系的宇宙，这不太好。史蒂芬说：'你知道，不要太担心这个问题。这已经有了一点儿进步……'所以他对此毫无顾虑，而我其实感到很惊讶。"

即使某些预测失败了，而且数学工具也解释不了边界的问题，霍金还是坚持他的假设。细节问题无法解决，但细节也不是最重要的问题。在 20 世纪 80 年代，霍金提出了一个美好的想法，似乎可以避免许多乱七八糟的问题，却依然可以解释宇宙是如何出现的。对霍金来说，虽然他和他的合作者不能解决数学上的那些谬误，但是无边界假设已经找到了通往真理的道路，这就足够了。他完全是出于本能相信这一假设是正确的。重要的是这个美好的思路，而不是细枝末节。

渐渐地，霍金已经无法解决这些细节问题了。正如霍金自己所承认的那样，自从 20 世纪 70 年代初双手不能活动后，他就不能像其他人那样处理数学问题了。他无法写出复杂的公式，无法画出图表，甚至无法有效地记录一个突然出现的想法。这使得他很难将想法变为数学公式，也很难将具体的细节注入一个美好、新颖但尚未成熟的想法中。"我的脑子很难处理复杂的方程。"1999 年，霍金在白宫千禧年晚会上告诉观众，"因此，我会回避那些需要复杂方程才能解决的问题，或者把它们转化为几何学问题。然后，我就可以在脑海中将它们具象化。"

"他逐渐训练自己与其他物理学家都不同的思维方式。他用一种全新的直观方式来思考，在心里画图，在心里演算方程。对他来说，这些已经取代了用纸笔画图和演算，"基普·索恩这样描述他的老朋友，"霍金在心里画图和演算，对于某些种类的问题来说，比原来用纸笔的时候更加有效果，但对于其他一些问题来说，则不然……"安迪·斯特罗明格认为，霍金的残疾绝对限制了霍金在物理学领域的发展。"当然，他确实发展出了惊人的能力，能够在脑子里做一些别人需要纸笔才能做的事情。但即便如此，他能做的也不多，远远少于其他人能用纸笔做的事情。"斯特罗明格说，"而且，你知道，随着岁月的流逝，情况变得越来越糟。每当要进行详细的演算时，他都只能在脑海中计算，然后剩下的工作就得靠他的合作者了。"[35]

"与史蒂芬一起工作并不等于要解方程式，而是要处理文字和概念，他就是这样指导我的研究的。"霍金的研究生克里斯托弗·加尔法德在 21 世纪初告诉 BBC 的一个摄制组，彼时他们正在拍摄一部关于霍金的纪录片。加尔法德并没有帮助霍金研究无边界假设，而是研究黑洞信息悖论，这个问题让霍金输掉了 2004 年与约翰·普瑞斯基尔的赌约。[36]

量子理论学家和弦理论学家与广义相对论专家不同，也与史蒂芬·霍金不同，他们一直相当自信，认为信息不会在黑洞中永久流失。20 世纪 90 年代中期，霍金输掉了这场争论。然后，在 1996 年和 1997 年，胡安·马尔达西那、爱德华·威滕、安迪·斯特罗明格、库姆兰·瓦法等物理学家发表了一系列论文，似乎相当干脆地解决了这个对霍金不利的问题，或者说量子理论学家认为对霍金不利的问题。"毫无疑问……信息从来不会在黑洞视界后面丢失，"美国斯坦福大学物理学家列纳德·萨斯坎德在一本关于他与霍金争论信息悖论的书中这样写道，"弦理论学家可以马上理解这一点，但相对论研究者则需要花费一段时间……虽然关于黑洞的争论本应在 1998 年年初结束，但是霍金就像那些在丛林中游荡多年的不幸的士兵，并不知道战争其实已经结束了。"这场关于黑洞的争论还在持续造成影响。[37]

"安德鲁·法利是我教过的最好的两个研究生之一。"霍金早年的博士生彼得·达斯写道，他在此后不久就进入了剑桥大学物理系。在达斯的指导下，法利准备研究黑洞坍缩之后的一些量子力学效应，这些效应强烈地预示着，信息在落入事件视界时不会丢失。[38]

物理系的规定是，研究生要到第四学期才能正式进入博士课程学习阶段，此前还需要两位评委来审查学生的研究工作和计划，通过审查后才可以注册。除非学生的表现很差，否则这种评估大多是走个过场而已。当然，这种流程的一个好处就是可以让专家们指出学生的一些潜在的弱点，并指明进一步研究探索的方向。达斯很自然地选择了霍金作为法利的一位评委，但是他后来特别指出："当然，现在回想起来，这造成了很严重的麻烦。"结果出乎他的意料，达斯与自己的前导师霍金现在成为同事，也经常邀请霍金和伊莱恩来家里吃饭。然而，在霍金开始关注法利的研究工作之后，他似乎再也不愿意去拜访达斯夫妇了。"这还是第一次史蒂芬拒绝或者说无限期地推迟了我的邀请。"

对法利工作的评审被推迟了几个月，而且评审规则也发生了一些非常奇怪的改变。比如，最终有三名评委，而不是原本的两名，而且达斯本人在 1999 年 5 月也对法利的工作进行了"审查"。对此，达斯写道："事实上，我从来没有听说过一个导师会被要求参加自己学生的评审。"而当评审最终发生时，很明显，霍金对法利的研究项目非常不满，他大发雷霆，并向校方建议将法利踢出研究生项目。

虽然当时这一建议被系主任否决了，法利被允许继续在剑桥大学物理系学习，但事情还没有结束。达斯后来发现，"史蒂芬一直想注

销安德鲁·法利的学籍，先是通过数学系的学位委员会，然后是研究
生委员会，再然后是校长本人……每一次，史蒂芬都越权行事，并且
他的每一次申请都被拒绝了。"

法利本人并没有详细解释导师的这种说法，他写道："史蒂芬此
后的无理行为打击了我的信心，除此之外，我没有什么可说的。史蒂
芬是我小时候非常崇拜的人，直到我认识了他。人们说，永远不要遇
到你心目中的英雄，这句话特别贴切。"

在学术界，一个如此强大的教授调动自己所能掌握的全部力量去
摧毁一个单纯的研究生是极不寻常的。更不寻常的是，学生反而取得
了胜利。虽然法利完成了自己的博士学业，但这只是短暂的胜利，之
后他一直没能获得博士后的职位，这意味着他的学术生涯没有任何希
望了。法利目前在一家金融公司担任合规官。"然而，从剑桥大学毕
业以后，我从未放弃过理论物理学研究，"他写道，"我目前正在做引
力透镜方面的研究……但本来我应该全职从事理论物理学研究的，因
为我热衷于此。"[39]

同样破裂的还有霍金与达斯持续了二三十年的友谊。1999 年 5 月，
关于法利研究工作的那次充满争议的"审查"是霍金和达斯的最后一
次交谈。

具有讽刺意味的是，霍金也开始怀疑自己曾经认定的信息丢失的
观点了。那时的弦理论研究成果很有说服力，尽管霍金已经无力从事
相关研究了，但它们还是动摇了他的信心。

2002 年，霍金给他的学生克里斯托弗·加尔法德布置了一项任
务，去读马尔达西那的一篇重要论文，最好可以反驳它。"史蒂芬让
我看一下那篇论文，所以我花了一点儿时间仔细读了读。这里我说的
一点儿时间是大约一年半。"加尔法德这样告诉 BBC 的摄制组。尽管
他们尽了自己最大的努力，由霍金口述大致思路和方向，由加尔法德

丰富细节，然而还是没能推翻这篇论文。纪录片制作人这样告诉社会学家海伦·米亚雷特，在拍摄过程中，"其实早就非常明显了，事实上，你知道，他的研究生做了所有的实际工作……比如反复推敲数据、研究方程以及所有类似的工作，然后他们把结果交给霍金，由他来评估这些研究成果，并从不同的方向给出指导……"加尔法德和霍金以这种方式全面剖析了马尔达西那的论文。"他认为能发现一些新的不同的东西。"加尔法德说，"我认为可能这和他一直以来的观点十分契合，而这种契合又给他提供了一种数学框架，去证明信息悖论到底是不是一种悖论。"他们的共同研究为霍金在都柏林的演讲内容奠定了基础。[40]

然而，还没等两人完成这项工作，霍金就被严重的肺炎击倒了，情况非常危急，甚至需要使用生命维持系统。加尔法德说："我们不知道能否再见到他。我们非常非常担心。"三个月后，他终于出院了。[41]

＊　＊　＊

霍金从来就没期望能活很久，也没想到能活到自己的理论被证伪的那一天。虽然他的寿命已经令人难以置信地远远超出了医生的预测，但是，正如他的学生和合作者所意识到的，霍金的大部分时间都徘徊在一个严酷的边界两边。他那脆弱的身躯不足以容纳一个生命。然而，尽管遭遇了这些，他却始终对此保持缄默，甚至从中找到了某些乐趣。BBC 的记者帕拉布·高希描写了他在 2004 年与这位物理学家的一次相遇：

> 摄像师想最后调整一下灯光，于是他问霍金教授的工作人员，能否拔掉办公室里的一个插头，这样他就可以将设备接上电

源了。

工作人员还没有回答，摄像师就拔掉了插头，顿时，房间里响起了震耳欲聋的警报声。

霍金教授随即向前倾倒，我的同事竟然在无意中拔掉了一个维持生命的重要设备的插头。

幸运的是，这次警报只是拉响了他办公室电脑的不间断电源的警报器，他懒懒地向前斜躺着，为我们无所适从的表现而感到好笑。[42]

他从来不会表现出一丝丝自怜，也很少有脆弱的时候，这使得他的每一次脆弱表现都非常引人注目。尼尔·图洛克描述了他对霍金的一次探访，那时这位物理学家刚刚进行了一次严重的气管修复手术。"他的喉咙已经不行了，那是我和他之间最令人动容的一个时刻。我去伦敦的医院看他，"图洛克回忆道，"他对我说的第一句话是，'我差点儿死掉'。而我只能坐在那里，不知道该对这样一个告诉你他差点儿死掉的人说些什么。所以我们坐了一会儿，想了想以后。然后他说，'让我们来讨论一下物理学吧'。"[43]

第 7 章

信息的归宿

（1995—1997）

在一张 1995 年初秋霍金的婚礼照片上，这位物理学家和他的新婚妻子互相靠着额头，霍金穿着一身帅气的灰色西装坐在轮椅上，对着由护士变成妻子的伊莱恩微微一笑，伊莱恩也对着他笑。霍金的右手放在腿上，抱着控制电脑的鼠标，他的手腕极细，西装袖子看起来几乎是空的。他的左手放在轮椅扶手上，以一个看起来就很不舒服的角度翘起，似乎是想碰触新娘，但他无法控制自己的手臂，这种爱的碰触似乎只是做个样子。萎缩的下颌和颈部肌肉让人很难看出他是在微笑还是在咧嘴，而唯一确定的表现来自他的眼睛，他注视着伊莱恩，可能表示爱，也可能表示期待，或者是别的什么。

霍金小心翼翼地守护着自己内心深处的想法，很少将自己的私生活曝光在渴望猎奇的公众面前。只有了解他和爱他的人，才能解读他的情绪，关心他的安危。当然，简似乎认为，霍金已经被伊莱恩操纵了，她抱怨道："他被他无法控制的力量所控制，而这些力量破坏了我们的家。"然而，简在 5 年前就不再是霍金的知己了，而且由于他们痛苦的离婚过程，她也不再是史蒂芬心目中那个可靠的倾诉者了。[1]

1989 年年底，史蒂芬宣布将和伊莱恩一起搬出去住，但他需要一些时间来处理好自己的事情并找到住处。对于住在同一屋檐下的这对长期不和的夫妻（实际上是两对夫妻）来说，情况变得很糟糕。简写道，有一次，她把史蒂芬的行李箱放在门外，并锁上了门，希望他能搬走，结果一块砖头从窗外扔了进来。最终在 1990 年 2 月，史蒂芬和伊莱恩搬了出去，但麻烦并没有就此结束。税务人员就《时间简史》的利润问题追问简和史蒂芬，简写道，他"先是抗议说他缴的税都够建一个小医院了"，不过之后，他还是被迫缴纳一笔"巨额罚款"。霍金曾经的学生拉弗兰姆回忆说："我记得，他为了躲避缴税，跑去日本做演讲。我不知道这件事的真实性如何，但我记得学生中间有一些传言。"[2]

更糟糕的是，据简所写，史蒂芬"一直都没有提起离婚诉讼"，拖了 5 年后才在 1995 年 5 月最终完成了离婚手续①。由于"英国法律的不公正和滑稽的奇怪规定"，简接下来的生活进一步受到阻碍，一旦再婚，她将失去向史蒂芬索取经济赔偿的权利②。[3]

然而，如果简同意离婚，史蒂芬在与简分居两年后就可以提出离婚；而如果她不同意，则要等到分居后第 5 年才能提出离婚③。5 年之

---

① 严格来说，离婚判决书上的离婚申请人是简，而不是史蒂芬。

② 史蒂芬显然拥有所有的知识产权，这占据了他们夫妻共同财产中的大部分，使他可以自由地与他的护士结婚。而简则必须等到正式拥有她那部分资产的权利之后，才能与她的新伴侣结婚。据简说，她用了 18 个月才达成和解，她和乔纳森·赫利尔·琼斯在 1997 年终于结婚了。

③ 其实还有其他的离婚理由，但史蒂芬不可能利用那些理由，他不可能说遭受了遗弃或虐待。即使他完全清楚简与乔纳森的婚外情关系，法律也规定，这一理由只有在史蒂芬发现后的 6 个月内才有效。而显然，史蒂芬从 20 世纪 70 年代末就知道了。

期一到，史蒂芬就迅速地提出了离婚，考虑到他后来再婚的速度，显然他和简一样，都渴望开启新的生活。[4]

简一直被排除在史蒂芬的生活之外，对这位物理学家的内心世界几乎一无所知。事实上，她是在 1995 年 7 月媒体报道之后，才知道霍金要再婚了。"我认为他的所作所为非常不明智，如果他不是故意的话，"当媒体询问她的看法时她说，"他现在的婚姻关系与我无关。"正如她后来所写的那样，"随着史蒂芬的再婚，他切断了我们之间仅存的沟通渠道……我别无选择，只能接受这个时代的结束……"简和霍金的三个孩子都没有参加霍金的第二次婚礼。[5]

真正能为史蒂芬说话的人只有他自己。然而，尽管不少朋友和以前的学生都在担心他的幸福，甚至担心他婚后的安全问题，他自己却一言不发。所有信息都被牢牢地封锁在这位物理学家的脑中。[6]

* * *

史蒂芬·霍金研究的是物理学的核心问题，他给人们带来了希望，让人们认为"万有理论"即将产生。万有理论搭建的数学框架可以调和量子理论和相对论这两个看似对立的领域。对于黑洞的研究需要同时考虑这两个领域的元素，而霍金通过研究这两个相互冲突的领域发现了一个具有深远意义的事实：黑洞会发出辐射。

霍金的黑洞信息悖论以一种优雅的表达方式展现了量子理论和相对论的冲突。按照霍金的解释，黑洞的衰变直接指向量子理论现有框架中的一个缺陷，这正是我们需要修补的地方，也是一个有可能诞生万有理论的领域。

然而，到了 20 世纪 90 年代中期，物理学家们已经掌握了新的、更强大的数学工具，可以处理霍金的黑洞信息悖论，并提供了越来越令人信服的证据，证明霍金的解释是错的。量子理论的框架经受住了霍金的攻击，而信息悖论的答案却比他预期的要更微妙。若干年后，霍金才会承认这一点以及他那次著名的赌约，但在 20 世纪 90 年代中期，这件事标志着霍金不再是他的理论的主流专家。年青一代的物理学家获得了更多关于黑洞的信息，而这些信息是霍金的强大直觉没有关注到的。

* * *

20 世纪物理学的一些重大问题都是围绕着信息的概念展开的。事实上，量子理论和相对论都可以被认为是关于信息的法则，它们决定了信息如何被收集、交换、传输以及丢失。在量子力学中，根据不确定性原理，我们不可能同时知道物体的准确位置和动量，或者知道它有多少能量以及何时拥有这种能量。而在相对论中，几何规则决定了信息是否能从时空中的某一部分流向另一部分。尽管"信息"这一概念看起来很抽象，但对物理学家来说，他们关注的是信息段在各种情况下会发生什么，而这种争论是非常有意义的，这是一场关于宇宙在最小尺度和最大尺度上的基本运行规则的争论。[7]

"信息"是一个抽象的概念，但在具体的日常语境中，它并不难理解。比如，我们可以用信息来描述一个放在鞋盒里的弹珠。想象这样一个场景，由于某种原因，有人给你打电话，想知道弹珠在盒子里的准确位置，你要怎样回答这个问题呢？

你可能会看一眼这颗弹珠，然后说："它在盒子的左边。"或者你可以说得更详细一点儿："在盒子的左上角。"又或者"距离盒子左侧 1/8 的地方，距离顶端差不多 1/2 的地方"。还可以更详细："距离顶端

3.831 英寸[①]，距离左侧 2.632 英寸。"

这 4 个回答，每一个都是对问题的有效回答，但它们并不一样。随着答案越来越具体，提问者能越来越准确地知道弹珠的位置，不确定性也越来越小。而本质上，信息也是如此，是用来衡量一个回答能够在多大程度上减少一个问题的不确定性的。关于弹珠位置的模糊回答包含不了多少信息，但详细回答中的信息就很多了。

信息内容都是可以被测量的，就像弹珠的重量、位置或者速度一样。在我们这个符合经典力学的普通世界里，信息的基本单位是"字节（bit）"，它可以是 1 或者 0，可以是开或者关，可以是上或者下。"它在盒子的左边"就相当于一个信息字节，其中 0 表示盒子左边，而 1 表示右边。"在盒子的左上角"需要增加一个字节，第一个 0 或 1 告诉你它在盒子的左边还是右边，而第二个 0 或 1 则告诉你它在盒子的上半部分还是下半部分。两个字节的信息，比如 00，就足以表示弹珠在左上角。但是像"距离顶端 3.831 英寸，距离左侧 2.632 英寸"这样的信息，大概就需要 40 个字节来传达。你越是想减少提问者对弹珠位置的不确定性，就越需要更多的信息，也就是更多的字节。

这个原则不仅适用于描述弹珠在盒子里的位置，也适用于描述它的颜色、重量、速度，以及其他任何关于这颗弹珠的信息。你可以用一连串的字节来描述关于这颗弹珠的一切，只要你愿意，多精确都可以。反过来说，你可以用盒子里的弹珠来表示你想存储的任何字节序列，即如果你想在一定的精度下准确定位这颗弹珠，你就会"存储"由 0 和 1 组成的序列，后面你就可以通过测量弹珠的位置来得到这个序列。

你也可以以任意精度来确定弹珠的性质，从理论上说，在这样的弹珠–盒子系统中可以存储的信息量是没有限制的，任何由 0 和 1 组成

[①] 1 英寸≈2.54 厘米。——编者注

的信息，无论有多长，都可以被弹珠编码。它可以用约 120 个字节储存《白鲸》的开场白（"叫我以实玛利"），可以用 3 500 万个字节储存一部英王钦定版的《圣经》，也可以用几十亿个字节储存《大不列颠百科全书》。理论上，我们可以把人类所掌握的所有知识，人类写下、拍摄、记录或者以其他方式产生的所有东西都储存在一颗弹珠上，并将其定位。这个弹珠–盒子系统理论上可以有无限的存储容量……我们甚至无须在盒子里增加另一颗弹珠，因为这会使容量增加差不多一倍。

然而，在量子世界里，并不存在"任意精度"这样的事情。即使我们能够以某种方式将一个电子准确地放置在盒子中的一个特定位置，不确定性原理也意味着我们不可能知道它的动量或者运动速度，它不会停在我们放置的位置上，这就导致了它无法作为一个信息存储设备来使用，即使是几分之一秒也不行。事实上，宇宙在最小尺度上的粗糙度和不确定性意味着，电子这样的量子粒子能储存的信息量是有限的。这意味着，如果你能获得这些有限的信息，并将其传递出去，你就可以制作一个完美的副本。它不像前面提到的弹珠那样，可以在理论上储存无限的信息，有限的量子"字节"就可以获得盒子里的量子粒子所携带的所有有意义的信息。系统的量子信息就是关于系统的一切可知信息。也就是说，如果我们把宇宙中的任何一团物质和能量放在一个盒子里或者任何有限的容器里，它都可以用有限的量子信息完美地描述。①

---

① 在很多方面，量子信息都要比传统信息更复杂一些。因为与弹珠不同，量子粒子可以同时在两个或者更多的地方出现，所以量子字节不像传统字节那样只是一个 1 或 0，而是可以同时既是 1 又是 0。另外，如果不破坏原件，量子字节是无法复制的，因此，虽然我们确实可以完美复制上面所说的盒子–电子系统，但只有在原始的系统被破坏的情况下才有可能做到。所以这并不是真正的"复制"，更准确的说法应该是量子信息的"转移"。

　　这是一个严格而又有些怪异的定律：在任何一个特定的盒子里，信息量都是有限的，盒子里的东西的复杂性也存在一个上限。如果你想打破这个定律，会发生什么？你在盒子里放入更多的东西来增加盒子的复杂性，比如扔进更多的粒子、不同种类的原子、以不同方式振动和旋转的小分子，还有彩虹的所有颜色。或者你也可以向盒子里注入更多的能量、物质的热波、跳动的光子以及周围旋转的电流。是的，盒子里面的东西复杂多样，你需要更多的信息来描述它。尽管如此，它所需要的信息仍然是有限的。我们继续往盒子里放入越来越多的粒子、越来越多的物质、越来越多的能量，复杂性就会越来越高，直到……

　　接下来会发生一件惊人的事。

　　广义相对论决定了接下来会发生什么。当你在一个足够小的空间里塞入了太多物质和能量时，时空的弯曲就会越来越剧烈。盒中物质的引力会越来越大，直到光再也无法逃脱。如果把所有物质和能量都塞进盒子里，我们就能在它们坍缩后创造一个奇点，这是一个拥有非凡曲率的区域，物理定律在这里似乎不再适用。简而言之，我们创造了一个黑洞。

　　突然之间，那一盒由数量庞大的物质和能量组成的大杂烩，变成了一个黑洞，并附带有事件视界。而黑洞远不是一锅大杂烩，它不是物质、能量与信息的单纯混合，而是宇宙中最简单的物体之一。由广义相对论可知，只需要三个参数就可以描述一个黑洞：质量、电荷以及自转速度。其他的系统信息，关于盒子里每一个粒子的信息，则统统消失了。

　　黑洞似乎是一块终极橡皮擦，所有成为黑洞或者落入黑洞的东西，它们的量子信息都会被外部观察者遗忘。我们无法看到黑洞，也无法知道它是由什么构成，或者落入视界的粒子和能量的构造分别是多少。然而，由量子力学可知，关于物质和能量的信息不可能就这样消失得无影无踪，就像物质和能量本身不可能随便消失一样。

那么，这些信息会怎么样呢？有两种可能。第一种，信息丢失了，但这似乎违反了量子力学。第二种，黑洞以某种方式存储了信息，这看上去似乎有些道理，但你要知道，黑洞是不可能无限制地存储信息的。霍金最重要的科学贡献之一就是证明了黑洞可以产生辐射，它们不断释放能量，导致黑洞逐渐缩小，并最终消失①。"将信息藏在保险库里似乎很稳妥，"物理学家列纳德·萨斯坎德写道，"但如果关上门，保险库就在你眼前蒸发不见了呢？"黑洞不可能永远保存这些信息。更糟糕的是，它们所释放的能量，即所谓的"霍金辐射"无法携带信息，它就和其他辐射一样没有特征，也无法将信息带走。所以，黑洞只是一个临时的存储点，在辐射完成之后，黑洞本身也就消失了。8

这就是霍金长期以来思考的黑洞信息悖论的核心。当物质落入黑洞时，信息会永远消失（量子理论学家对此表示反对）或者以某种方式存储在黑洞中（包括霍金在内的广义相对论和黑洞专家对此表示反对）。这两组不同的定律给出了两个不同的答案，而这种矛盾正是一个信号，表明物理学中还有一些重要的新东西没有被发现。在20世纪90年代中期，这也是霍金非常在意的一个课题。

* * *

历史上，曾经有两位物理学家在英国伦敦皇家阿尔伯特音乐厅的演讲门票售罄。第一次是在1933年，当时阿尔伯特·爱因斯坦受到

---

① 事实上，最后它们是在极其剧烈的喷发中爆炸的。

了热烈的欢迎①；第二次就是史蒂芬·霍金在 1995 年 11 月的演讲。在 5 000 名粉丝的簇拥下，霍金敲击着鼠标完成了自己的演讲，题目是"上帝向黑洞里扔骰子吗？"。虽然在场的听众中可能只有很小一部分真正理解讲座的内容，但那可是霍金对于黑洞信息悖论的思考。通常，人们不会买站票去皇家阿尔伯特音乐厅里听这些东西，但这是霍金的公开讲座，人们买票并不是为了学习物理，可能只是为了目睹一位伟人。9

对于那些了解科学的人来说，霍金在皇家阿尔伯特音乐厅的演讲为他们打开了一扇窗，让他们得以了解为什么这位物理学家长久以来一直被这个悖论所困扰。它所涉及的远不止落入黑洞中的粒子会发生什么。"这个讲座是关于我们是否可以预测未来的，以及未来是不是任意且随机的。"讲座开始了。10

霍金解释道，经典物理学假定宇宙是具有确定性的，如果你知道宇宙的"状态"，也就是宇宙中所有物体的全部信息，你就可以利用物理学定律，完全准确地预测宇宙未来的状态，不发生任何意外，甚至可能没有自由发挥的空间。但是，在一个由量子信息支配的宇宙中，情况就完全不一样了，尤其是当这些信息，这些能够预测未来的东西，被黑洞吞噬后。

"这一切都意味着，当黑洞形成并且蒸发之后，我们这个宇宙区域的信息就会丢失。从量子理论出发，这种信息的损失将意味着，我们能够预测的信息甚至比我们想象的还要少。"霍金告诉观众们，"因此，宇宙的未来并不是完全由科学规律决定的，至于它的现状……上帝还是有一些小手段的。"

---

① 爱因斯坦是一位名人，他甚至不用亲自露面就能吸引成千上万的观众。三年前，4 500 名热心观众试图观看一部关于爱因斯坦和相对论的电影，他们冲进了纽约的美国自然历史博物馆。一些搞怪人士将其称为第一次"科学暴动"。

霍金一次又一次地提及上帝。一次，霍金一边演示一个笑容满面的大胡子神灵投掷一对骰子且其中一个掉进黑洞洞口的粗糙图像，一边宣布："看来爱因斯坦说'上帝不玩骰子'是大错特错。上帝不仅会玩骰子，而且有时会把骰子扔到看不见的地方，以此来迷惑我们。"在沉寂了 62 年之后，一位新的预言家出现了。

霍金当时风头正盛。然而，即使他再逞能，这位物理学家一开始也不愿意去皇家阿尔伯特音乐厅，因为他担心会场会坐不满①。他也十分肯定，在关于落入黑洞的信息会发生什么这个问题上，自己可能错了。观众中可能没有人能猜到，霍金正变得孤立无援，他的观点越来越不被科学界所承认。[11]

* * *

爱因斯坦永远无法实现自己的梦想，他无法找到一个万有理论，一组决定一切的方程，来解释所有物质和能量在所有尺度上的相互作用。爱因斯坦在 1955 年去世，他甚至都没有机会一窥这片应许之地。霍金则接过了预言家的衣钵，在 1980 年提出，科学家们将在世纪之交建立这样一个"万有理论"。[12]

粒子物理学的标准模型完美地解释了物质的行为和影响物质行为的力，但有一点例外，它没能准确地解释引力。科学家期望产生一个能解释所有自然力的理论，包括引力在内。这个关于万事万物的理论应该与标准模型类似，但会更复杂，有更多微妙的规则和完全不同的数学结构，它是对标准模型的扩展，也应该将所有关于引力的定律包括进去。早在 20 世纪 80 年代，大约在霍金开始写作《时间简史》之

———————————

① 霍金最终同意做讲座，并把所有收益都捐给了一家 ALS 慈善机构。

前，他就已经注意到了一个被称为"N=8 超引力理论"的数学框架，并认为它是唯一可能的万有理论。与其他数学框架一样，这一理论看上去相当复杂，很难发现其内在的简洁性①。[13]

首先，N = 8 超引力理论是一个"超对称"理论，这意味着对于我们所知的每一种粒子，必然会有一个（或多个）伴粒子尚未被发现。这并不是一个难题，只是需要解释，如果这样的粒子真的存在，为什么我们还没有看到它们呢？在这些尚未被发现的粒子中，有一种携带引力的引力子，有 8 个传递与引力有关的尚未被发现的力的"引力微子"（gravitino），还有许多其他粒子。除此之外，还有一些纠结难缠的数学问题需要解决，在理论尚未触及的黑暗角落里可能潜藏着一些矛盾。尽管存在这些问题，但在 20 世纪 70 年代末和 80 年代初，很多人都认为 N=8 超引力理论能够建立起万有理论的数学结构。"它很快就被物理学界中的很多人所接受，"在 70 年代中期参与开发了该理论的斯坦福大学物理学家丹尼尔·Z. 弗里德曼说，"而史蒂芬也爱上了它，一连几年都是如此。"[14]

20 世纪 80 年代中期出现了一套相反的理论，即所谓的"弦理论"。和 N=8 超引力理论一样，弦理论的数学框架也相当复杂，但也蕴含着相对简单的对称性。但是，弦理论假设一切事物实际上是由以不同方式振动的弦组成的，而不是我们已经熟知的电子、夸克以及其他基本粒子。这看起来是一个奇怪的假设，但它提供了一个似乎很符合要求的数学结构。同样，像超引力理论一样，弦理论也有一些"思维包袱"，它的预测与我们对现实世界的了解并不完全一致。例如，

---

① 这些框架描述了空间中的抽象物体的对称性。越大的物体看起来越"复杂"，因为它可能包含（通常也需要）更多的粒子和相互作用方式。但它又更"简单"，因为你只需要一个对象就能完全解释一切，而不需要把几个不同的对象或理论结合在一起研究同一现象。

根据弦理论可以推导出我们的宇宙是十维的，而不是我们所习惯的四维。尽管这听起来很不可思议，但它在数学方面却有着非常不错的进展。理论物理学家约翰·施瓦茨和迈克尔·格林已经证明了其基础框架可以正常运作，既没有被摧毁，也没有产生某些毫无意义的无限性[①]。有了这一发现，弦理论看起来就像是一个为万有理论量身定做的框架，物理学界，尤其是美国的物理学界，都兴奋得不得了。"一夜之间，它就成为一个重要的研究方向，至少当时在普林斯顿是这样，并且很快就影响了世界其他地方，"施瓦茨后来告诉一位历史学家说，"这有点儿奇怪，因为这么多年来，我们一直在发表相关成果，但是没有人关心。然后突然间，每个人都对此感兴趣了。"这一时期被称为第一次超弦革命。[15]

第一次超弦革命就发生在霍金撰写《时间简史》的时候。霍金在一份初稿中写道："我认为，这些具有多个时空维度的理论可能并不正确，但我也可能是错的。"在这本书正式出版时，霍金还没有完全投入弦理论的研究中，但他正朝着这个方向发展。正式出版的《时间简史》中不仅有好几页的篇幅专门讨论弦理论，霍金似乎也承认它比他青睐的 N = 8 超引力理论更有优势。他大胆地做了一个预测："很有可能，在 20 世纪末，我们就将知道弦理论是否真的是我们一直追求的那个物理学大统一理论。"[16]

之后，弦理论开始以漫画形式出现在大众媒体上。它已经发展成一门相当艰深的理论，只有少数人才能够理解它。在新千年即将到来之时，弦理论的地位就相当于相对论在 20 世纪 20 年代时的地位。虽然霍金在《时间简史》中将弦理论介绍给了公众，但是他自己并没有

---

① 具体来说，1984 年，物理学家约翰·施瓦茨和迈克尔·格林发现，在 SO(32) 和 $E_8 \times E_8$ 这两种特殊的对称性下，弦理论中所有可能引起丑陋破绽的部分都会奇迹般地消失。这给了理论学家一个提示，促使他们尝试把弦理论作为万有理论的基础。

站在这场革命的中心。与其说这时的他已落后于科学前沿，倒不如说他在职业生涯中第一次没有成为时代的引领者。

"（霍金）将宝押在了 N=8 超引力理论上，所以他一直对弦理论持怀疑态度，"霍金曾经的学生玛丽卡·泰勒说，"人们总是在想，有一部分原因是不是因为他没有真正理解它或者没有关注它。但他的一些朋友肯定是在弦理论的阵营中……所以他一直对此有一些认识，但是肯定没有关注细节。"[17]

"在弦理论出现的早期，（著名弦理论学家）爱德华·威滕来剑桥做了一次学术报告，我记得报告结束后，他来到了史蒂芬的办公室。我们坐在地上，听爱德华和史蒂芬争论。"雷·拉弗兰姆回忆道，"剑桥的物理圈当时有一点儿反对弦理论，我们认为这是一种新的时尚，但不会扰乱旧世界的秩序。这一点非常有趣。"[18]

霍金有充分的理由去怀疑弦理论。它还存在很多问题，比如它有 5 个不同的版本，但是由于其数学上的一致性，它仍然具有 N=8 超引力理论所不具备的持久力。不管是不是短暂的时尚，弦理论的重要性都随着时间的推移在逐渐增加，而非日渐平淡。弦理论不会只是一种暂时的风尚。

1995 年，当时在普林斯顿高等研究院工作的威滕认为，弦理论的 5 个不同版本实际上归属于一个独特的数学结构，他将这种结构称为"M 理论"①。这与柏拉图的洞穴寓言类似：弦理论的不同版本就像 M 理论投射在不同墙壁上的阴影，每一个阴影都提示出一种隐藏的现实，但这些影子结合起来，就能让数学家充分理解真正的统一理论是什么样的。

---

① "M"代表什么从来没有一个明确的说法，可能是基质（matrix）、膜（membrane）或者其他含义。

这种情况很奇怪，5 种不同的理论属于同一个数学母体结构，即 M 理论的不同方面。（实际上是 6 种，因为还有一个十一维的超引力理论。）但是，知道 M 理论的存在并不等于知道 M 理论是什么，直到今天，还没有任何一个数学家或物理学家能够给出一个具有 M 理论性质的数学框架。但是，即使我们还没有掌握 M 理论，威滕的发现也表明，所有的弦理论在功能上都是相等的；用数学术语来说，它们是"对偶"的。这足以引发第二次超弦革命。

当两个数学结构相互对偶的时候，理论学家就可以把这两个结构结合起来，组成一个更强大的东西。尽管 M 理论本身还没有被理解（现在也是如此），但物理学家们突然了解到，他们对弦理论的每一个版本的研究都会促进其他版本的进展。不过对于霍金来说，对偶性的最大意义在于，整个领域对他来说突然变得更加容易理解了。"我认为史蒂芬抓住了关键一点，他把超引力理论作为等价模型的一部分，"泰勒说，"我想，史蒂芬认为这是一个切入点，因为他可以去研究十一维的超引力。现在就是在告诉他，这就等于在研究弦理论了。"

对偶性将一堆有趣且小众的理论结合在一起，变成了更强大、更深刻的东西。也许这提供了一种思维方式，使之有可能成为万有理论的框架。尽管物理学家无法证明弦理论模型和我们这个宇宙的物理现实之间有任何真实的联系，但是弦理论学家都发自内心地认为，他们的数学演算反映了一些真实的东西。

这种感觉在 1996 年变得更加强烈，当时物理学家安迪·斯特罗明格和库姆兰·瓦法利用弦理论的数学工具箱建立了一个黑洞的简化模型，并且分析了它的特性[①]。通过大量的计算（同为物理学家的萨斯坎德后来称其为"数学绝技"），两人计算出了黑洞内部的弦的可能结

---

① 这里"简化"的意思是"五维的，携带大量电荷"。这使计算大大简化了。

构，进而计算出了黑洞的温度。他们的计算结果与霍金在 20 世纪 70 年代得出的黑洞温度公式完全吻合，这个公式也被刻在威斯敏斯特教堂霍金的墓上①。[19]

霍金的公式就像一座灯塔，藏在黑洞周围的无尽黑暗中。当斯特罗明格和瓦法通过弦理论计算出这一公式的时候，他们知道自己已经走上了正轨，他们的黑洞模型与现实宇宙中的黑洞基本一致。斯特罗明格说："这有点儿难以理解，我们能如此准确地得到这个东西，所有的细节、所有的东西都符合，这太惊人了。"几乎在同一时间，普林斯顿的一位冉冉升起的年轻物理学家——胡安·马尔达西那，也进行了一系列类似的计算。他和柯蒂斯·卡伦一起，利用弦理论研究了某些不存在于现实世界的黑洞，也奇迹般地得到了霍金的公式。弦理论的模型是有效的，理论学家推导出了黑洞的一些基本属性，但用的是与霍金完全不同的数学假设，而这些不同的数学假设又导致了一些截然不同的后果。[20]

诚然，这两个模型研究的都是假想中的黑洞，而不是现实的黑洞，但是研究这种"玩具"黑洞对于天体物理学领域来说意义重大。这两个模型都是基于弦理论的基本原理而建立的，因此，它们都受到弦理论数学框架的基础规则的约束。其中有一条规则是：它们的黑洞模型不能破坏信息。如果这些玩具黑洞也具有真实黑洞的基本属性，那么信息不丢失这一基本假设也是合理的。换句话说，这些模型的成功使得信息丢失的可能性大大降低。斯特罗明格说："很明显，从这一点来说，（霍金）最初的论文，即信息会被摧毁的结论，不可能是正确的。"

---

① 严格说来，他们计算出了黑洞的"熵"，这个概念与温度和信息的概念密切相关，在第 13 章中会有更明确的说明。

这是一个强有力的数学证明，反驳了霍金提出的黑洞可以擦除信息的想法。"弦理论可能是，也可能不是一种正确的自然理论，但它已经表明史蒂芬的观点不可能是正确的，"萨斯坎德写道，"他们大势已去。但令人惊讶的是，史蒂芬和广义相对论界的许多人仍然不肯认输。"[21]

霍金当然不相信这些结果，但他也不能忽视它们。不幸的是，他没有足够的武器来发起致命一击。霍金和他的剑桥同事们一样，多年以来一直与弦理论保持着距离，况且他还有大量的工作要做。即使对于一位可以花几个小时在黑板上或者在笔记本上写写算算的物理学家或数学家，想要完全理解弦理论的这些论点，也将是一项艰巨的任务，更不用说与它们正面交锋了。幸运的是，霍金有研究生。

霍金每年都会从新生中挑选出自己的学生。"选拔方式是，如果你想在史蒂芬·霍金的指导下读博士，你就必须完成数学荣誉学位考试，也就是'第三部分'考试，"玛丽卡·泰勒说，她指的是剑桥大学为数学物理专业的进阶学生准备的考试，难度突破天际，"史蒂芬尤其需要能力特别强的学生，因为他们必须能够独立研究。"[22]

泰勒在剑桥大学读本科时，经常看到霍金坐着轮椅在校园里转悠。"当时我还是二年级学生，史蒂芬住在公寓楼里，他的楼就在我的大学宿舍后面，"她回忆道，"从我的窗户向外望正好能看见他的公寓楼，人们也会来到我的房间观察史蒂芬进进出出。有时我会爬出窗口，坐在屋顶上，从那里看他。"但真正激励泰勒投身于理论物理学研究的是在1994年，霍金和数学家罗杰·彭罗斯所做的一系列关于空间和时间本质的联合讲座。"我是在看了这些辩论后决定，'好吧，这才是真正的理论物理学。这是理论物理学的前沿'，"泰勒说，"这激发了我去完成第三部分的考试，因为只有通过这个考试，才能进入物理学的研究领域。"

当泰勒通过荣誉学位考试后，她被通知与霍金会面。"我当然很紧张。"这不仅因为她面对的是一位极其杰出的物理学家，也因为对话进行得很缓慢。尽管如此，谈话却非常轻松。"他只是谈了一些他感兴趣的东西，科学上的。"而现在，霍金感兴趣的领域也包括 M 理论，他让泰勒去和他的一些更资深的研究生谈一谈，并且去找一些论文来读。"但他在谈话快结束的时候开了一个玩笑：'你要是成为我的学生，就不能再坐在屋顶上了，这会让护士们感到很有压力。'"

此时，泰勒还不知道摆在她面前的任务将有多艰难。她的论文将与 M 理论有关，但霍金自己并不是这方面的专家。很大程度上，泰勒要自行奔赴理论物理学中一个难度极高的前沿分支，自行消化过去几年的所有重要工作，然后把自己所学到的知识教给霍金，再自己提出论文思路。此外，霍金对 M 理论中的弦理论部分并不是特别热衷，他只关心超引力理论的部分。"当我开始进入这些领域时，我不能说他对此持怀疑态度，"泰勒说，"他只是不感兴趣……其实，我认为真相是，他不想在自己不熟悉的领域与人交流。"

当然，在霍金的指导下研究 M 理论，还有一个最根本的问题：根据 M 理论，信息不可能在黑洞中丢失，但霍金坚决反对这一点。泰勒说："和史蒂芬打交道时，你必须要固执一点儿。我们之间的玩笑由来已久，因为从读博士开始，我就不相信信息会丢失。"在起草自己的论文时，泰勒写了一句："某些评论认为，'现在弦理论已经证明黑洞中的信息不会丢失……'史蒂芬读到这一部分时只是笑了笑，然后打字说：'好吧，你可以把这句话放进论文，但你可能无法通过博士答辩。'"泰勒保留了这句话，并且顺利获得了博士学位。

即便如此，泰勒和霍金的其他学生还是把这位大师带入了 M 理论的领域。这非常及时，因为他所钟爱的信息丢失论即将遭受更具毁灭性的打击。

＊　＊　＊

"就像《时间简史》一样吗？"作家达娃·索贝尔在 1997 年年初对伦敦《泰晤士报》的记者说，"多年来，出版界的每个人都在问，谁会是下一个霍金？而我永远不会忘记，有一天早上我醒来后发现：这个人竟是我！"[23]

索贝尔不是教授，甚至不是一名科学工作者。她所著的《经度》一书讲述了如何解决一个关键的导航问题。在出版这本畅销书之前，她曾是一名《纽约时报》的记者。《经度》的成功给科普图书市场打了一针强心剂。

史蒂芬·霍金自己就能超越自己。然而，在《时间简史》出版之后的近 10 年时间里，他都没有再写一本书，他的经纪人祖克曼也没有向他施加压力。虽然祖克曼签下霍金新书的合约会赚很多钱，但是他在其他地方也赚得盆满钵满。他同时还是惊悚小说作家肯·福莱特的经纪人，福莱特的产出像钟表一样稳定，每隔两三年就会写出一本畅销书。

但对霍金来说，撰写《时间简史》已经令人筋疲力尽了，即使有研究生帮忙，也花了 5 年时间。如果再写一本，不仅将占用自己和学生的宝贵时间，而且再次取得同样的成功的可能性极其渺茫，霍金想必也知道这一点。《时间简史》曾与詹姆斯·乔伊斯、乔治·奥威尔以及弗兰兹·卡夫卡的作品一起，被英国读者评为 20 世纪百大名著之一。相比之下，霍金的下一本书很难达到这样的高度。[24]

1996 年《时间简史：插图本》出版。当时，原书已经出版了 8 年，销量开始下滑。一年前，班唐图书公司出版了便宜的平装本，以此取代利润丰厚的精装本。这也印证了这本书的销量，因为大多数平装本都是在精装本出版一年后就推出了。1995 年，他和一位记者开玩笑说："现在世界上每 750 个人就拥有一本，所以还有 749 本的空间。"[25]

据霍金的经纪人艾尔·祖克曼说，《时间简史：插图本》的创意原本不是霍金的，而是来自一位名叫菲利普·邓恩的图书包装商。图书包装商是出版行业的一种中间人，他们负责整合图书的每个部分，打包卖给出版商。"他出了一个主意，把霍金的想法以视觉方式呈现出来，"祖克曼说，"它是一本以视觉方式呈现《时间简史》的书，这个家伙还为这本书配备了插画师。"[26]

班唐图书公司将《时间简史》与大量美丽的插图结合，包装成精装版，又以霍金的名头大赚了一笔。但它并没有为这位科学传播者增加多少声誉，毕竟霍金已经 10 多年没有写过任何实质性的作品了。

然而，印刷品并不是唯一的方式。一个星期内，即便是像《德鲁·凯里秀》这样平庸的情景喜剧，它在美国一周的覆盖率也超过了《时间简史》这样的巨著在 10 年内的覆盖率。想帮助霍金开拓这个市场的也不乏其人。

戴维·菲尔金是BBC的资深科普人，他找到霍金，想与他合作一部针对高端电视市场的迷你剧，一共 6 集，每集一个小时。这就是纪录片《史蒂芬·霍金的宇宙》，它于 1997 年 10 月在美国公共电视台播出。这是一个相当不错的科普节目，但霍金既不是作者，也不是该系列的核心人物，反而更像是一个营销噱头。其中的几期节目，比如关于物质是如何产生的，或者关于暗物质的节目，是与霍金的研究方向和兴趣相契合的。其他地方也能看出霍金的痕迹：他严厉地批评无边界假设，并在关于早期宇宙快速膨胀的章节中，完全忽略了保罗·斯坦哈特（霍金对其不屑一顾）的贡献。霍金对弦理论的矛盾态度也表现得淋漓尽致，即使旁白将弦理论描述为"狂热分子搞出的近似神秘主义的东西"，霍金仍认为自己处于理论学家的先锋队伍中，他宣称：

"到了 20 世纪 80 年代末，我和其他物理学家开始怀疑弦理论是否真的是宇宙的终极理论。"霍金也无法掩藏自己的神圣呼吁，他表示回答关于宇宙的终极问题"将会帮助我们了解上帝的思想"。霍金在这个纪录片上打上了自己的烙印。[27]

霍金的品牌价值很高，广告商也发现了这一点。1997 年，制造调制解调器的 U.S. Robotics 公司利用这位物理学家推销他们的最新机型。"我的身体可能被困在这把椅子上，但有了互联网，我的思想可以到达宇宙的尽头。"霍金刚刚收到由芯片制造商英特尔公司提供的、与他的轮椅配备的一台时髦的新电脑。"这台电脑让我成为这个世界上开机率最高的人，"这位物理学家开玩笑说，"它有点儿慢，但我思考得也很慢。"[①] 几年时间内，这台电脑经过了几次升级，霍金的黑色显示器背面出现了一个醒目的白色英特尔标志。霍金与英特尔的合作关系持续了多年，于 2001 年达到顶峰，彼时英特尔创始人戈登·摩尔向剑桥大学捐赠了 750 万英镑。[28]

霍金是剑桥大学的募捐明星。曾有一笔 600 万英镑的赠款想以他的名义设立一个教授职位，却差点儿被拒绝，理由是条件"太慷慨"了。然而，与在美国的情况不同，霍金从来没有从剑桥大学拿到高昂的薪水。曾于 20 世纪 90 年代中期在剑桥大学任教的尼尔·图洛克说："史蒂芬非常愿意花时间为大学筹款，慷慨得令人难以置信。他们从来没有给予他适当的荣誉，也没有给予他适当的尊重，还总是利用他。"[29]

---

① 在英特尔的新闻稿中，霍金教授（的电脑）念出了许多广告文案，内容为："'英特尔最新的奔腾处理器技术让我与世界紧密相连，'剑桥大学卢卡斯教授史蒂芬·霍金说，'无论我在哪里，都可以立即访问互联网和电子邮件。我一定是与世界联络得最密切的人之一，我确实可以说，我的内心是属于英特尔的。'借助英特尔的最新科技，史蒂芬·霍金教授与世界紧密相连。"出自 1997 年 3 月 20 日的新闻稿，网址：www.intel.com/pressroom/archive/releases/1997/CN032097.htm。

霍金的名字具有无可争议的魅力。1996 年，伦敦一所小学的董事会询问是否可以用这位物理学家的名字来命名学校，这是一所为有学习障碍的学生开办的小学。他同意了，于是史蒂芬·霍金学校诞生了。霍金本人从来没有访问过这所学校，但是众所周知，考虑到霍金对残疾人特别是儿童的支持，这一点就有些奇怪了。"（霍金的）助手说，每次他外出旅行，都会要求招待方安排与当地的残疾儿童见面。"一位在 1993 年见过霍金的记者写道，"这些访问没有公开，但很幸运，我跟着去了，这位伟大的物理学家在一个小时里回答了六七个孩子的问题，他们在轮椅周围围成一个半圆形。这时我才确信，即使霍金也许不是世界上最伟大的物理学家，他也确实是一个相当不了起的人。"[30]

1997 年上演了两部关于他和他的工作的戏剧作品。一部是在英国巡回演出的名叫《时间简史：舞台秀》的戏剧，它试图将霍金的作品转化成"由动作、文字和隐喻组成的戏剧语言"，制作人告诉记者："我们用六顶帽子，以时装表演的形式将宇宙的历史呈现出来。"第二部是美国音乐剧《落入空中的洞》，主要讲述这位物理学家战胜 ALS的故事。扮演霍金的男高音演员唱道："我是幸运的。"

> 我的忧伤陷入爱人的怀抱中
> 扬起一阵欢声笑语
> 当我闭上眼睛，我的灵魂可以游走，
> 虽然我的身体被束缚，但我的灵魂可以自由地游走。
> 我像雄鹰一样奋起飞翔。[31]

霍金这个象征符号是一种超然的存在，在宇宙中的地位岿然不动。作为物理学家的霍金正在进行一场思想斗争，而这场斗争也将直接影响他的科学成就。

* * *

霍金的研究生们努力掌握弦理论和 M 理论的最新进展。如果霍金想要反击弦论关于信息保存在黑洞中的论点，他的学生们就必须在十维和十一维数学的密林中蹚出一条路来。霍金无法在黑板上指导他们演算，也无法在数学细节上帮助他们，这些学生们被直接扔进了深渊。克里斯托弗·加尔法德向社会学家海伦·米亚雷特讲述了与霍金合作的感受：

> 他让我做的第一件事是考虑黑洞（时空）衰减为零的关联函数……就是这样。那时我都不知道黑洞时空是什么。我在大学里上过一些课，但是概念模糊，没有学到什么真正实用的东西，而关联函数，我真的不知道如何找到它。所以我必须一个一个找出这些词的含义，而且是从一个比之前的片面方式更深层的角度。[32]

就算霍金全身心地支持弦理论，他的交流速度也严重限制了他对学生的指导。随着霍金逐渐失去对手部肌肉的最后一丝控制，即使点击鼠标操控电脑也变得越来越困难。到 20 世纪 90 年代末和 21 世纪初，即使有电脑的辅助，他也慢慢失去了说话的能力。加尔法德竭尽所能，看着霍金的电脑屏幕，试图帮他完成每句话，并通过霍金脸上的表情来判断自己是否猜对了。[33]

然而，霍金却自信地认为，他和他的学生可以找出黑洞的弦理论模型的缺陷。他们一定在某个地方犯了什么错误，要么是计算错误，要么是假设错误。黑洞中的信息无法保存，一定会丢失。霍金甚至押上了自己的名誉，并且公开地表示了自己的态度。

霍金的赌约相当出名。1997 年年初，当霍金在美国加州帕萨迪纳市的加州理工学院做常规访问时，定下了一个赌约。实际上是两个。

第一个赌约其实根本不涉及信息，但它涉及黑洞，或者更准确地说，涉及奇点，即位于每个黑洞中心的奇点。

广义相对论的方程组假设我们都生活在一个相当平滑的时空流形中，其中有弯曲，也有涟漪，但是是连续和平滑的，也从来不会有不和谐的现象。然而，奇点是时空中的一个特殊区域，在这个区域中，前面的假设不再成立，广义相对论方程也不再成立。在黑洞的广义相对论图景中，黑洞的中心是一个奇点，由巨大引力造成了无穷大的曲率，在时空的平滑表面上打了一个洞。但有趣的是，我们永远看不到相对论定律的崩溃，因为黑洞周围有一个事件视界，任何信息都无法越过这个界面，即使以光速飞行也不行，所以关于奇点的任何信息都不会泄露出来。事件视界就像一个完全独立于我们的宇宙的边界，视界内的任何东西都无法进入我们的宇宙。

但是，所有奇点都会被屏蔽吗？所有令广义相对论方程崩溃的因素都隐藏在事件视界中吗？20世纪60年代末，罗杰·彭罗斯提出，答案是肯定的，奇点永远不可能是"裸露"或者直接可见的。

霍金和彭罗斯一样，认为存在某种形式的"宇宙监督"使我们无法直接观测到奇点。但其他人就不那么肯定了，比如美国加州理工学院的基普·索恩和约翰·普瑞斯基尔。于是在 1991 年，在霍金的一次访问中，三人打起了赌：

> 霍金坚信，裸奇点不符合经典物理学定律，且是一种令人厌恶的东西。
>
> 而普瑞斯基尔和索恩则认为，裸奇点是一种量子引力天体，可以在不被视界覆盖的情况下存在，可以被全宇宙看见。
>
> 因此，霍金提出打一个赌，赌是否存在裸奇点，而普瑞斯基

尔和索恩接受了这个挑战。

> 输家要送给赢家一件衣服，用来遮掩赢家的裸体，而衣服上要绣上令人满意的认输的语句。[34]

赌约最后签署着两位物理学家的签名和一个指印。

然而，在这段时间里，研究引力波的理论学家们提出了一个怪异的方案，这个方案不会发生在真实宇宙中，即一束完全对称的引力波在时空的某一点上发生碰撞，碰撞点处会发生非常剧烈的时空扰动，如果能量恰到好处，就会在不产生黑洞的情况下产生一个奇点。霍金被迫认输了，但他觉得自己输在了一个技术问题上，这并不能真正反驳宇宙监督假设。的确，这里的能量必须恰到好处，并且以恰到好处的方式出现，才能创造出哪怕只是一个无限小的奇点。这让霍金比以往任何时候都更加坚信，他在根本上是正确的。但名誉使他不得不让步，所以他只好认输。

在一次公开演讲中，霍金承认了自己的失败，但这里有一个小插曲。当时是普瑞斯基尔在演讲，霍金也在场，普瑞斯基尔还向观众介绍了霍金。"霍金说我是一个典型的美国男孩，因为我喜欢喝健怡可乐，也喜欢棒球，"普瑞斯基尔回忆说，"但最后，他说，他向基普和我认输，还准备了T恤衫让我们穿上。"[35]

而索恩后来写道：

> 能证明史蒂芬是错的，这可不是天天都有的事情！认输后，史蒂芬为我们每人准备了一件衣服：一件印有他认输话语的T恤衫。不幸的是，我必须告诉你，史蒂芬的话语……并不怎么有礼貌！他在T恤衫上印了一个衣衫不整的女人，我的妻子和史蒂芬的妻子对此都感到震惊，但史蒂芬从来都不管政治正确那一套。

那个女人的毛巾上写着"大自然厌恶裸奇点"。史蒂芬认输了，但他又断言，自然界会厌恶一件他承认自然界会做的事。[36]

"这不是认输的人会说的话，"普瑞斯基尔说，"但他坚持要我穿上这件T恤衫，并且在讲课的时候穿上它，我穿了。我当时穿的是西装，所以我穿上T恤衫，然后套上西装外套。"虽然他努力想表现得正常一点儿，但普瑞斯基尔还是很不习惯在公开演讲时穿上这么一件不雅的T恤衫。"史蒂芬觉得那很滑稽。你知道，在他看来，我就是在小题大做，过分政治正确了，不过我还是觉得我不应该穿着那件T恤衫招摇过市。他很开心，我却非常尴尬。"[37]

虽然严格来说，他输掉了这场赌约，但霍金却把自己的失败变成了一种嘲讽。他只能再赌一次了。所以普瑞斯基尔、索恩和霍金又打了一个赌，内容几乎完全一样，但没有在技术上留下任何回旋的余地，如果普瑞斯基尔和索恩赢了，那只能是因为宇宙监督假设是错的。

不过，赌局还没有结束。裸奇点并不是霍金当时最关心的问题，黑洞信息悖论才是。而索恩像霍金一样，仍然认为量子理论学家是错的，一旦某样事物落入事件视界，它的信息就会永远消失在宇宙中，也许跑到另一个宇宙中去了（霍金认为这个想法很有吸引力），但它永远不可能重新出现在我们的宇宙中。普瑞斯基尔同大多数量子理论学家和弦理论学家一样，对此表示反对：信息不可能被彻底摧毁，即使是黑洞也不行。于是，在设立了裸奇点的赌约后的第二天，三人拟定了以下对赌内容（这次是索恩和霍金对阵普瑞斯基尔）：

> 史蒂芬·霍金和基普·索恩坚信，被黑洞吞噬的信息会一直存在于宇宙之外，即使黑洞蒸发并完全消失，也永远无法显现。

而约翰·普瑞斯基尔却坚信，在正确的量子引力理论中，必然会找到黑洞蒸发时释放信息的机制。

因此，普瑞斯基尔提出一个赌约，而霍金和索恩接受了挑战……

输家将送给赢家一本包罗万象的百科全书，具体内容由赢家选择。[38]

这次同样签署了两个签名和一个指印，赌局生效。很显然，这次霍金认为自己一定会赢。他的一部分学生正忙着学习M理论，打算反击弦理论。然而不幸的是，他们将面对失败的苦果。

第二次超弦革命还没有结束，爱德华·威滕、安迪·斯特罗明格和胡安·马尔达西那等铁杆弦理论学家满怀热情，接连取得重要的成果。就在霍金签署赌约几个月后，当时只有29岁的马尔达西那又发现了一个对偶性，即两个看似不同的数学模型实际上是等价的，这给了黑洞摧毁信息的观点以致命一击。

所谓对偶性，指的是两个独立的数学对象在某种程度上是等价的。在马尔达西那的研究中，其中一个数学对象是一种已经被充分研究的时空形式，叫作反德西特空间或AdS。AdS是一种奇特的时空结构，看起来不太像我们的宇宙时空，但也遵守广义相对论的所有物理规则。物理学家将这个假设的流形视为一个数学工具，用它以一些新奇的方式来研究广义相对论或者弦理论的方程。比如，人们可以在AdS空间中构造黑洞，由于流形形貌的特殊性，一个大黑洞永远不会像在现实宇宙中那样蒸发，而一个小黑洞却会蒸发。

马尔达西那对偶的另一个数学对象是共形场论，即CFT。CFT是一个描述无质量粒子行为的数学框架。事实证明，我们之前遇到了一个与CFT相似的东西，这就是标准模型。标准模型并不完全符合CFT

的定义，因为其中的许多粒子都有质量，但它们的基本数学结构有很多共同之处。我们可以把CFT看作一个增强版的标准模型，它描述了一个没有质量的宇宙中的每一个粒子的相互作用。同时，没有质量也就意味着没有引力。

马尔达西那在他1997年的论文中提出，这两种看似截然不同的数学结构其实是相互对等的。在存在时空曲率、黑洞以及其他引力效应的AdS宇宙中研究弦，本质上相当于在不存在引力的CFT中研究粒子。因此，根据马尔达西那的说法，人们可以在AdS空间中建立一个黑洞，然后转到CFT，使用相应的CFT工具进行分析。

这是一个非常抽象的概念，违反直觉。通过研究粒子在没有引力的宇宙中的运动行为，人们可以理解黑洞在引力主导的宇宙中的行为。也就是说，AdS和CFT的对偶性使人们可以理解黑洞，同时也不必处理奇点这个麻烦的数学问题。在马尔达西那的论文发表后的几个月内，爱德华·威滕发表了一篇后续论文，他就是这样做的。[1]

如果观察CFT空间中的粒子群等同于观察AdS空间中的黑洞，那么正如粒子在CFT空间中没有抹去信息的能力一样，黑洞也不应该能够消灭AdS空间中的信息。你可以在AdS空间中建立一个微小的黑洞，把信息注入其中，让它蒸发，但CFT中的信息并没有消失，AdS的信息一定也还在。

AdS和CFT的对偶关系并不能直接说明我们这个宇宙中的真实的黑洞，这甚至不是一个能被证明的事实，而只是一个猜想。然而马尔达西那和威滕的论文还是惊动了整个物理学界。对于那些为信息是否

---

[1] 威滕的论文甚至更进了一步。他强调，CFT空间位于AdS空间边缘，也就是说，我们也可以把CFT看成一个盒子，而AdS空间位于盒子内部。AdS与CFT的对偶性表明，所有位于盒子内部的信息与刻在盒子表面的信息完全相同。这是一个非常深刻的概念，被称为全息。

在黑洞中丢失而争论不休的人们来说，证明的焦点已经转移了，已经有令人信服的证据表明，黑洞在各种假设的环境中都无法抹去信息，也没有理由相信真实的黑洞会有任何不同的表现。如果出于某种原因，我们的宇宙表现得与其他假想的宇宙不同，那反而需要解释。

而对另一些人来说，这场争论已经结束了。"看到威滕论文的那一刻，我就知道黑洞争论结束了……"物理学家列纳德·萨斯坎德写道，"不管威滕和马尔达西那还做了什么，毫无疑问，他们已经证明了信息永远不会在黑洞视界后面丢失。"就连霍金也动摇了，不过他还是坚持认为黑洞会摧毁信息。他继续催促学生们去完善M理论，学习 AdS/CFT 的最新进展，并找出令人信服的反驳理由，希望可以挽救信息丢失论。然而，学生们却无法帮助他们的导师解围。[39]

斯特罗明格说："我想他很清楚他错了，但他不想在一个如此重要的问题上栽跟头。"终于在 2004 年，霍金说服了自己，认为信息不可能在黑洞中丢失。但他坚持使用自己的数学结构，没有借助于弦理论和 AdS/CFT 的方法。他确实错了，但是这才是真正的霍金，他根据自己的方法得到了这个结论。[40]

这也意味着，他必须兑现与普瑞斯基尔的赌注。普瑞斯基尔向他要了一本《棒球总动员：终极棒球百科全书》，但在不玩棒球的英国，满足这个要求很有难度。"这本书很难买到，"霍金的一位助理对一家报纸说，"他试图说服约翰·普瑞斯基尔换一本在英国更容易找到的板球百科全书，但约翰·普瑞斯基尔是一个美国人，又是一个棒球迷，所以没有同意。"[41]

霍金在都柏林的讲台上接受了处罚，承认输了这次赌局。普瑞斯基尔确实下了明智的赌注；对于这个 20 世纪末最令人困扰的物理学问题，他的答案（很可能）是正确的，而霍金在研究了 30 年之后（很可能）发现自己错了。霍金在都柏林提出了关于信息悖论的最新"解决方案"，但是几乎没有人相信他，可能只有霍金自己还想着要回答这个问题。

"我认为必须考虑到一个物理学家想要处于游戏顶端、保持宣传热度的前提，"泰勒说，"对史蒂芬来说，在科学领域得到良好的评价很重要，不仅是为了他所从事的科学研究，也是为了他的健康，给他继续活下去的动力，当然也是出于让他的赞助商获得利益的考虑。"[42]

在黑洞信息悖论的问题上犯了错误，不应该是一件让他耻辱的事。毕竟，霍金当初提出了这样一个深刻而重要的问题，仅这一点就足以保住他的名声。

* * *

到了人生的这个阶段，霍金已经习惯了输掉赌约，但这次的赌约又有些不同。在黑洞信息悖论的赌约中让步，使得人们感到困惑和无奈，而这比以往任何时候都更清楚地表明，霍金已经不再占据物理学研究的中心。即便是他自己提出了这个悖论，他对这个问题的思考也并没有体现出超前的水平。

在都柏林发生的事情告诉了一个我们无法逃避的现实，那就是霍金已不再位于一流科学家的行列，他傲视群雄的日子已经过去了。但我们想看的不仅是他那些曾经伟大的科学思想遗产，下面让我们把时间再往前倒退一些。

第 8 章

宇宙在我心中

（1990—1995）

　　纸藏不住火了。英国《每日邮报》大肆报道："轮椅上的物理学家深陷与护士的三角关系"。虽然史蒂芬在 2 月就搬出了原先的家，但直到 7 月，小报才得到了两人分居的消息，这要归功于一场意外事故：史蒂芬的轮椅被一辆汽车撞倒，肩膀骨折。这位物理学家驾驶轮椅时向来无所畏惧，且众所周知，所以人们对于这种情况早已习以为常。然而，当媒体调查这起事故时，他们很快就发现，史蒂芬已经更换了住址。记者们的八卦嗅觉异常灵敏，他们发现了史蒂芬和简分居的秘密。[1]

　　一些报纸媒体开始寻找原因。"一部分原因来自宗教分歧，"史蒂芬以前的一名学生匿名告诉报社，"她是一个坚定的基督徒，但是随着他对科学的兴趣日渐浓厚，对宗教却不感兴趣，他们之间的相处变得越来越困难。他们仍然是最好的朋友，但考虑到一些因素，他们不可能拥有正常的婚姻生活。"其他人则在为这场变故寻找一个受害者。

《每日邮报》把戴维·梅森描述为受害者，他是伊莱恩·梅森当时的丈夫，也是她两个孩子的父亲。戴维是一名工程师，是他改造了史蒂芬的电脑语音系统，并将其安装在他的轮椅上。他对《每日邮报》说："整个事件令人啼笑皆非，无比离奇。"[①,2]

没有人喜欢受到这种关注，这不仅仅是尴尬的问题。剑桥大学也很快得到消息，了解到史蒂芬已经搬出了他们夫妇共同居住的房子。"当分居的事进入公众视野后，学院马上派财务主管来询问我们什么时候搬家，"简写道，"他说得很明白，如果与学院签订协议的史蒂芬已经不住在那里了，学院就没有义务再为这个家庭提供住所了。"最终，校方同意给简和她 11 岁的儿子蒂姆、17 岁的女儿露西，以及她的伴侣乔纳森一年的时间去寻找其他住处。[3]

史蒂芬和简都没有想到他们会扛到结婚25周年纪念日这一天，史蒂芬能活到他们的 5 周年纪念日已经是个奇迹了。当他们之间的纽带最终断裂时，痛苦却没有减少。简仍然抱有希望，认为能保住这段婚姻；这是史蒂芬燃起的希望，他告诉媒体还有"和解的机会"。[4]

即便如此，简仍然要离开了。

* * *

1990 年，史蒂芬·霍金正在努力适应他刚刚得到的名望。几十年来，他在学术界一直很有名，但这种突然走红的情况完全不同，他

---

① 报社没能联系上简，也没能知道她和乔纳森·赫利尔·琼斯的关系。当记者登门拜访时，"……乔纳森从后门溜走了，记者们并不知道他的存在。"这个小计策很成功，据《邮报》报道，"48 岁的简只能独自应对记者。"引自简·霍金所著的《音乐移动群星：霍金传》（London: Pan, 2000），575 页；1990 年 8 月 1 日《每日邮报》的报道《轮椅上的物理学家深陷与护士的三角关系》，作者艾玛·维尔金斯。

现在已经成为世界上最知名的科学家。此外，他已经成为一个公众人物，在他日益枯萎的躯体中蕴藏着超凡的思想。不管霍金本人有多想树立超凡的思想领袖的形象，他的公众形象中总是摆脱不了残疾的印象。作为一位名人，霍金需要培养和维护这个人设，即使这里面忽略了人性中隐藏着的复杂性。

幸运的是，在树立自己的名望方面，霍金自带天赋。他调皮又风趣，喜欢自嘲，再加上对于自己成就的超乎寻常的肯定，这些特质都把他塑造成了一个完美的科学天才形象。他也确实实至名归，但一开始，他的对手们都想公开打击他。

* * *

1990 年，也就是史蒂芬与伊莱恩开始同居的那年，《时间简史》已经在畅销书排行榜上占据了近两年的时间，而且销售势头依然强劲。这本书不仅使这位物理学家成为出版界的明星，为他赚取了巨额版税，还使他成为国际名人。对于这种新的名声，镁光灯下的他并没有感到不适。

"人们可能沉迷其中，也可能不会，"《时间简史》的编辑彼得·古扎尔迪说，"是什么驱使你走到聚光灯下做一件事？这种无形的冲动来自何处？我想史蒂芬绝对有这种冲动。他喜欢得到媒体的关注，这令他精神振奋。他是那种一旦成为关注焦点就会特别有精神的人。但这也无妨，你知道，仅仅是成为史蒂芬就很艰难了。"[5]

霍金的名气，或者更准确地说，伴随着名气而来的财富，缓解了这位物理学家的困境，让他有能力承担护理的费用。自从 1985 年做了气管造口术后，史蒂芬需要全天候的 24 小时护理，而据简说，"英国国家医疗服务体系只承担其中的一小部分费用"。通常情况下，ALS

患者只在一段相对较短的时间内需要家庭护理、机构护理或者临终关怀，而霍金的苦恼显然是独一无二的，英国国家医疗服务体系根本没有准备好应对这种情况。他的长寿使所有人都感到惊讶，包括他自己，这也使得本来短暂的状况变成了一种需要长期面对的问题。[6]

20 世纪 80 年代末，霍金夫妇得到了美国麦克阿瑟基金会和其他慈善基金的帮助，由剑桥大学代为管理，用来支付护士的费用。据简估计，每年 36 000 英镑（大约等于现在的 17 万美元）"刚好够支付账单"。随着史蒂芬病情的恶化，费用还在逐步攀升。然而，现在霍金的书大获成功（并且和他的护士长结婚了），他和家人所承受的经济压力会大大减轻，而他也开始将注意力转向比自己更困难的人了。[7]

霍金特别同情身体有残疾的儿童。与他们不同的是，这位物理学家的青年时期相对正常和健全，只是在成年后才开始遭受折磨。"我们应该帮助残疾儿童融入同龄人的生活，这非常重要。"他在 1990 年对一名听众说，"如果一个人从很小的时候就不与外界接触，他怎么能感觉自己是整个人类的一员呢？这是一种种族隔离。"霍金十分懊恼因为自己的残疾被区别看待，而不是因为自己超凡的智慧；他认为与疾病斗争的自己没有什么英雄气概。"我觉得有点儿尴尬，人们总是认为我勇敢无畏，"霍金在 20 世纪 90 年代中期对记者说，"但这又不是我的选择，我不是主动去选择这样一条艰难的道路的。"[8]

霍金总是对自己的残疾轻描淡写，并且否认残疾妨碍了他的工作。"我很幸运地选择了理论物理学的研究，因为那是少数几个不会被我的病情严重阻碍的领域之一。"他在 1987 年的一次 ALS 会议上说。他要告诉他的听众，残疾不仅没有阻碍他，反而还帮助了他。"事实上，从某些方面来说，我认为我从中得到了一些好处，比如我不用授课或者教本科生了，也不用参加各种烦琐耗时的专家委员会，"他写道，"这样我就可以完全投入研究中去了。"同时，可能是出于对无法写作的补偿，霍金的视觉感受比原来更强了①。2005年，宇宙学家艾伦·古斯告诉社会学家海伦·米亚雷特说："当你写不出来时，你就会更善于在大脑中生成一个画面。"这是霍金身上的神秘主义的一部分，他已经超脱出自己的身体。这种对凡人而言的沉重打击不仅没有击垮霍金，反而给予了他力量，使他更加强大。9

在公开场合，霍金的这种坚忍沉稳几乎从未动摇。几乎。1988年，一位记者问这位科学家，他是否会"以智力平庸为代价，来换取自由行走和独立生活的能力"。霍金的回答令人惊讶，他说："我会。"但他随即就反悔了。"我不想成为别人。每个人都应该成为他们自己。"10

* * *

在霍金的双手无法控制后，他只能在脑海中进行计算。而他拥有一种几何思维。

在数学和物理学领域，同一个问题往往有多种解决方法。事实上，"解决"这个词并不恰当。数学家们追求的是比解决方法更深入的东西，一种更加深刻的理解，将答案与自己的直觉交织，将问题的本质直接融入自己的大脑，使之成为自己的一部分。你会经常听到数学家用"格洛克"来描述这种超凡的感觉，这个词的意思是"心领神会"，它源于罗伯特·A.海因莱因的科幻小说《异乡异客》。

因此，纯粹的数学家或者物理学家并不是在寻求一个解决方案，而是在进行一种超越自身限制的"心领神会"，从而将自己的大脑延伸到一个新的领域。这个新领域将成为一个全新的精神游乐场，成为

---

① 然而，这种增强的范围是有限的。霍金曾写道："完全无法想象一个四维空间的样子。我个人觉得三维空间就已经很难想象了！"引自史蒂芬·霍金所著的《时间简史》，纽约班唐图书公司1998年出版，第24页。

探索事物的新源泉。

每个数学家都有自己领会问题的方法。有些人可能会从模型、符号、它们之间的关系以及运算规则中寻求答案，这是一种"代数"的角度，一个由公式、数字、函数和运算构成的世界。还有一些人可能会试图通过抽象的图画来理解问题，比如空间中的形状、它们的运动规律、它们之间的相互作用和相互关联等，这是一种"几何"的角度。例如，一个拥有代数思维的人可能会把一个平方数表示为 $n \times n$，即一个整数乘以自身；而拥有几何思维的人则可能会把平方数想象为完美排列成正方形图案的点，如此排列的数就叫作平方数，这也是它的名称的由来[1]。

这两种看待问题的角度并不会相互排斥，它们相互渗透、相互加强。即使一个数学家在探索新领域时倾向于其中的某一种方式，他也可以使用代数方法来探寻全貌，之后建立起深度的几何直觉，反之亦然。这就是数学的美妙之处：一个人可以用许多不同的方法来处理同一个问题，而每一种方法都可以呈现不同的视角和理解。

在理解一个物体是如何在广义相对论时空中运动这个问题时，代数思维是去研究广义相对论方程，并通过操作方程中的那些符号，也就是那些包含时空结构信息、叫作"张力"的数学对象，来计算出物体的运动路径。而在经过适当的训练之后，拥有几何思维的人也许就能够直接"看到"这个物体的运动，并总结出它是如何在抽象的四维表面上滚动的。这些都是理解广义相对论的有效方法。有时候，几何思维更直观，而代数推演更精确（并不总是这样），但这两种方法都是试图理解宇宙的有效且自然的方法。

尤其对于时空法则，更是天然适合运用几何思维。毕竟，广义

---

[1]　平方数的英文为 square number，而 square 同时也有正方形的意思。——译者注

相对论的代数形式，也就是那个描述引力如何运作的方程，本质上是一个描述曲率（一个几何概念）的方程。它可能是一个有趣的四维曲率，甚至更高维度的曲率，但它仍然是一种基本的几何学概念，是一种可以通过绘制抽象图画来理解的东西。如果思考方式正确的话，你就可以"看到"爱因斯坦的时空法则。时空图就是一个很好的例子。如果你把自己在时空中的路径想象成一个在图中移动的小点，在时间轴上向上移动，在空间轴上向右移动，那么不能超光速运动的规则就相当于说，你在图上的运动轨迹与纵轴的夹角不能超过45度。从几何学的角度去思考，你马上就会发现，在光速的限制下，你永远无法到达时空中的有些区域，而你可以把宇宙分成两部分：你能到达的部分和你不能到达的部分。如果你掌握了这类几何规则，就可以运用自己的思维去探索爱因斯坦的理论，至少在某种程度上是这样。你甚至可能会有所发现。

在ALS发作之前，霍金就已经被几何思维模式吸引了，这可能是他对广义相对论感兴趣并将其放在首位的一部分原因。随着他的身体情况变得更加严重，他只能完全靠几何思维来思考，尽可能避免任何代数符号的运算。正如他在1998年所说的那样，他通常会尽量"避免涉及大量方程的问题，或者将它们转化为几何问题，这样就可以在脑海中想象它们的样子了"。由于没有能力在纸上写下任何东西，也没有简单的方法来追踪复杂的推演运算，霍金基本上不可能通过繁重的代数运算得到什么新发现。他最多只能向学生展示计算工具，让他们代替自己去进行推演。但是，当涉及几何推演时，他就能够独当一面了。随着他的"天眼"不断长进，他已能够处理广义相对论中复杂的几何问题，他的直觉也得到了足够的磨炼，起到引导他思考的作用。正如他的朋友基普·索恩所写："霍金是一个大胆的思想家。如果有一个看起来靠谱的新方向，那他会比大多数物理学家都更愿意在这个全新的方向上探索。"或者，正如索恩所知道的那样，如果一个想法看起来不对，他也会直接给它泼冷水。[11]

　　1985 年夏天，天文学家卡尔·萨根给索恩寄去了他的科幻小说《接触》的草稿。在这部小说中，地球旅行者必须使用外星飞船瞬间穿越到银河系中心，然后再返回。所以萨根请索恩帮忙想一个办法，因为光速的限制会阻止这样的旅行，旅行者不可能在不到 6 万年的时间里（按地球上的时钟计算）往返于距离我们约 3 万光年的银河系中心，这相当于要求我们找到一条进入时空"禁区"的路径。如果没有一条路径与纵轴的夹角大于 45 度，就完全没有办法做到这一点。然而，这一结论的前提是，时空是一个完全平滑且完整的薄膜。如果这张薄膜上有个洞呢？比如一个有奇点的黑洞？[12]

　　"我要让我的宇航员穿过一个黑洞，我知道你肯定不喜欢这个想法，"萨根告诉索恩，"但你能帮我重新设计一下吗？"受到萨根问题的启发，索恩和他的研究生开始了计算①。他们很快就得出一个结论，即黑洞不能成为运输工具。但也存在另一种可能：如果不是通过一个曲率无限的奇点，而是一个平滑、非奇点式的隧道呢？比如，一个"虫洞"？[13]

　　如果说黑洞是时空中一个无序紊乱的缺口，那么虫洞就是它温和的表亲，像一条隧道一样连接时空中距离遥远的两个点。如果隧道内的时空很平滑，且入口和出口也是如此，那么这样的隧道就没有被广义相对论明确禁止。事实上，虫洞的存在是一个拓扑学问题。就像相对论并不能告诉我们宇宙是平坦的还是弯曲成球状表面，抑或是马鞍状表面一样，它也不能告诉我们宇宙中是否存在一个可能长得像甜甜

---

① 在 1985 年秋季学期的广义相对论入门课程的期末考试中，索恩设计了一道关于虫洞的考题。

圈、椒盐卷饼或者漏勺的洞。因此，如果有某种方法可以创造出这样的隧道，它就可能是一条进入时空"禁区"的捷径。虽然旅行者在时空薄膜表面移动的速度永远不会超过光速，但有了这种隧道，它就可以进行"超光速"旅行。

他们惊讶地发现，在某些特定条件下，可供太空飞船穿梭的虫洞是存在的。不过，这些条件相当离奇：科学家们必须找到某种形式的特殊物质或者可以拉伸时空的场，以防止虫洞坍塌。因此，索恩在1988年得出结论，虫洞是"由先进文明建造的一种无与伦比的实体"。或者说，它们非常适合写进卡尔·萨根的科幻小说。[14]

然而，霍金的直觉却把他带向了另一个完全不同的方向。与索恩不同的是，霍金很快得出结论，小说《接触》中所描述的虫洞不可能是真的。他在1992年还写道，虫洞"对空间或时间旅行都没有用处"。他无法确凿地证明这一点，但是提出了一个有力的论点，至今仍充满争议。[15]

霍金（和索恩一样）意识到，一旦时空弯曲到足以形成虫洞的程度，奇怪的事情就会发生：你不仅能够不受光速限制，瞬间穿越到很远的距离，还能顺着时间倒退。"这就意味着，在虫洞历史的某个时刻，你可以从某个入口进去，然后从另一个出口出来，发现自己回到了过去。"这就形成了一个类似于《土拨鼠之日》[①]的悖论：你在中午12点进入虫洞，在11:59出来，然后等到12:00再次进入虫洞，11:59再出来，等到12:00第三次进入虫洞，11:59第三次出现，以此类推。你可以重复成百上千次，成千上万次，在同一个时空轨道上循环往复。用广义相对论的术语来说，你在沿着一条所谓的"封闭式时间型

---

① 《土拨鼠之日》是一部于1993年上映的美国电影，片中的男主角始终停留在2月2日的土拨鼠节，不断重复人生，无法前进一步。——译者注

曲线"前进，表现在时空图上，就像一个小小的闭环。

被困在一条封闭的时间型曲线上的人，在时间轴上一次又一次地循环，几百次、几千次、几百万次。但在外部观察者看来，这些成百上千、数以百万计的循环全部都发生在一分钟的时间里，也就是从 11:59 到 12:00 之间的这一分钟。在这一分钟里，几百个、几千个、几百万个你同时在虫洞中出现，随后又重新进入虫洞，然后消失。霍金意识到，这将打破时空规则。这些数以百万计的"你"的出现，会给这个小小的时空区域中增加质量和能量，随着"你"的数量的无限增加，会带来巨大的质量和能量。而在亚原子尺度上，这样的事情一直在发生，粒子在虫洞中循环往复地进进出出，随之而来的是不可估量的巨大质量和能量挤进这样一个小小的空间，从而改变空间的曲率。霍金推导得出，这种改变足以摧毁任何一个建造起来的虫洞，如果你试图通过这样弯曲时空来生成虫洞，那么你就会得到一些看上去很像闭合类时曲线的路径，它们积累了大量能量，这时"时空会开始抵抗这种产生闭合类时曲线的弯曲，或者直接生成一个奇点，来阻碍人们到达闭合类时曲线的区域"。因此霍金得出结论，闭合类时曲线是不可能存在的。[16]

换句话说，穿越到过去或者像索恩希望的那样建立一个虫洞，这种事情都是不可能发生的。霍金将此称为"时序保护假说"。似乎某种基本的自然原理可以阻止任何事物在时间轴上循环往复。

这并不是一个无懈可击的论点，但非常有说服力。对于那些抱持怀疑态度的人，霍金在文章的结尾半认真地开了一个玩笑："我们没有被来自未来的大批旅客入侵，这一事实也有力地支持了我的假说。"[17]

索恩的计算似乎表明，这些亚原子粒子循环所造成的混乱很快就会稳定下来，并不会破坏虫洞。但索恩更愿意相信霍金的直觉，而不是自己的。他在若干年后这样写道：

霍金对时间机器有坚定的看法。他认为自然界厌恶这些机器，还把这种厌恶用一个假说来表现了出来，即时序保护假说，他说物理定律不允许有时间机器的存在。（霍金以他标志性的跳脱的幽默，把这个猜想描述为一个"防止历史学家们搞事情"的假说。）

……霍金似乎准备在这个结论上下重注。

我不愿意在这样的赌局中站在他的对立面。我的确喜欢和霍金打赌，但我只喜欢参加赢面大的赌局。我有一种强烈的预感，这次我会输。[18]

不管有没有《接触》这本小说，霍金对于时空行为方式的抽象描述都打消了索恩关于太空飞船穿梭虫洞的想法。

* * *

"我非常依赖直觉，"霍金对BBC电台的主持人说，"我会做出一个猜测，但随后我一定会去证明它。而在这个阶段，我经常会发现，我的猜想并不是正确的，或者可能存在其他一些我从未想过的情况。"[19]

20世纪90年代初，《时间简史》还在不断创造销售纪录，但媒体对这位科学新星还了解得不多。每个人都恨不能钻进霍金的脑袋，弄清楚他的大脑是如何工作的。自爱因斯坦以来，公众还没有接触过这样一种人，他代表了一种纯粹的智慧，一种超凡的思想，与普通人所处的普通世界有着若即若离的联系。在他自己的学术领域中，霍金多年来饱受赞誉，但随着《时间简史》的出版，他变得家喻户晓，成了一位名人，或者从某种意义上来说，成了一位英雄。他的时间不断地被占用，行程表被各种讲座、采访、邀请和荣誉挤得满满的。

其他学校，包括他心爱的美国加州理工学院，都想劝他离开剑桥。约翰·普瑞斯基尔说："把他从卢卡斯教席的位置上挖走当然很难，但我和基普在 1991 年偷偷做了一件事。"他们为他新设立了一个教授席位，即理查德·P. 费曼教席，但最终霍金还是决定留在英国。"我们商讨的结果是，他每年都要来访问。访问要消耗的费用相当高，因为他要带着整个随行团队，包括医疗团队，还有他的学生们。但我们得到了谢尔曼·费尔柴尔德基金会的资助，帮我们支付所有这些费用，并且他们愿意一直支持我们。"霍金的魅力如此之大，以至于人们不惜花重金也要从他身上得到一点什么。[20]

史蒂芬喜欢受到这种关注，伊莱恩也一样，每当她未来的丈夫出现，她都兴奋异常。（据报道，她会在一些公共场合翻筋斗，比如在史蒂芬获得哈佛大学荣誉学位的招待会上，或者在为一部电影接受采访的摄影棚里。）但这位教授并不认为名利场的世俗安逸改变了他，即使有改变，这种突如其来的名望也是一种不便，令他分心。[21]

"它并没有造成什么改变，"霍金在 1990 年对《花花公子》杂志的一名采访者说，"即使是在出书之前，也有一些人，主要是美国人，会在大街上向我走来，但（《时间简史》的出版）使这种情况变得更加多见。而其他一些事情，比如采访和公开演讲，也挤占了我有限的研究时间。不过，我现在减少了参与这些活动的次数，重新投入研究工作中。"[22]

即使在 20 世纪 90 年代初，霍金刚刚享誉国际之时，他的采访就已经为迎合公众和媒体的关注而做了精心的设计。其中部分原因是，那些记者根本无法从采访对话中挖掘出这位物理学家内心真正的想法。情况最好时，采访者也只能当场理解一两个问题，霍金不得不花费一些时间和精力来精心设计自己的回答。即便如此，相比于采访其他名人时的即兴状态，他们采访霍金时还是会更加焦虑和谨慎。很多时候，他们也并不想这样，因为这位物理学家的交流速度太慢了，采访者不得不提前告知问题，好让霍金和他的助理们有足够的时间来精心设计每个问题的完美答案，而这些答案无疑摧毁了由他一手塑造的物理学家形象。

要创造或者维持一个深受大众喜爱的公众形象并不是一件容易的事。霍金不得不在成为牛顿、伽利略、爱因斯坦的智慧传承人的同时保持谦逊。他不能被自己的残疾框定，即使他受到关注的一个原因是他慷慨地给予了ALS群体帮助。他必须成功，成为一名富有的名流，同时还要扮演物理苦行僧的角色，摈弃一切世俗安逸去追求宇宙真理。

在1990年4月的《花花公子》采访中，霍金似乎无法确定是应该强调他是如何应对自己的残疾的（"我选择这个领域是因为我知道自己患有ALS，宇宙学与其他学科不同，它不需要讲课"），还是选择不讲（"从12岁起，我就想成为一名科学家，而宇宙学似乎是最本质的科学"①）。他对《花花公子》说，《时间简史》的出版对他的生活几乎没有任何影响，但事实并不是这样。毕竟那时候，他刚刚离开陪伴了自己二三十年的前妻，而媒体尚未发现此事。[23]

从简的角度来说，她的叙述与史蒂芬完全相反。简也在试图描绘她眼中的丈夫的形象。这个傲慢、自私、精神残缺的史蒂芬令她十

---

① 后者更加接近事实。霍金投身宇宙学的决定并没有受到疾病的影响，因为他在选择研究领域的时候并不知道自己的疾病。1962年10月，霍金考入剑桥大学并开始学习宇宙学，随后在1963年1月被诊断患有ALS。用霍金自己的话说："医生让我回到剑桥，去继续我刚刚开始的广义相对论和宇宙学的研究。"诊断结果说霍金可能只剩两到三年的生命了，所以他当时可能觉得自己活不了太久，也就不太可能考虑授课的事。引自霍金的《我的简史》，英文版第47页。

分反感；他的世界观过于强调逻辑，这使他眼光单一，并且丧失了一些人性。简强调了他的才华，毕竟，他的名声以及她自己的名声都是建立在史蒂芬的超凡的智慧上的。同时，简暗示，史蒂芬恰恰与"超凡脱俗"完全相反。来自恒星、世界或者太空的微粒在史蒂芬的大脑中盘旋，然而他的逻辑却把他禁锢在尘土里，还加入了他无法理解的东西。

可能史蒂芬自己都没意识到，但简察觉了这一点。在他们分开前不久，她向一位同情她的记者描述了这样的画面："一开始，我觉得史蒂芬是一位科学家，他不应该被牵扯进那些与自己无关的领域。但现在，他却提出如此惊人的理论……会对人们产生非常不安的影响……他是不够格的。"这段话是 1988 年讲的，那时《时间简史》刚问世不久，她继续说："但我说出了我的观点，有很多不同的方法可以得到终极真理，而他的数学方法只是其中一种。他对此只是一笑置之。"在 1995 年签署离婚协议之后，她又表达了自己的想法。她在自己的第一版回忆录中写道："一个精神家园和一个可靠的家庭一样，对于这个世界上的每个人来说都是必不可少的。如果我们忽视这些发自内心的需求，一味追求物质主义、利己主义、科学或者极端的理性，那将是极其危险的。"[24]

这场争论可谓老生常谈。史蒂芬的观点往往占据上风，因为它们更有说服力。而且史蒂芬擅长塑造自己的形象，也巧妙地利用别人塑造他的形象。

1992 年，霍金担任 BBC 广播节目《荒岛唱片》的嘉宾。这是一档冗长的节目，主持人苏·罗莉会和这些名人嘉宾聊天，问他们如果被困在荒岛上，会听什么音乐。"当然，从很多方面来说，史蒂芬，你已经很熟悉荒岛带来的孤独感，那种与正常生活相隔绝的感觉，没有任何自然的交流方式。"罗莉开门见山地问道，"你有多寂寞？"[25]

"我认为自己没有与正常生活相隔绝，我想周围的人也是这么认为的，"他回应道，"我没觉得自己是个残疾人，只是运动神经元出现了某些故障，跟色盲差不多。"

至于霍金对音乐的选择，他无法抗拒歌剧《女武神》[①]中的歌曲，因为瓦格纳的音乐"与他被诊断出患有ALS时的灰暗心情和世界末日将临的感受正好契合"。他也会选择普契尼的咏叹调、勃拉姆斯的作品、作曲家普朗克的作品，以及甲壳虫乐队的轻快歌曲。而他喜欢的三首歌曲和瓦格纳的音乐一样，信息量很大：一首是贝多芬的弦乐四重奏，某本小说中一个知道自己即将死去的角色演奏过此曲；一首是莫扎特的《安魂曲》的开头，这是这位作曲家35岁去世前最后一部未完成的作品；最后一首是法国女歌手伊迪丝·琵雅芙的《我无怨无悔》。霍金说："这几乎是我一生的总结。"显然这些音乐传达了强烈的信息。

这使得商业广告中的霍金也会让人感觉到悲伤。1993年，霍金出演了英国电信公司的一个长达1.5分钟的电视广告。霍金用他的电子嗓音说道："数百万年以来，人类像动物一样生活。然后发生了一件事，它释放了我们的想象力，那就是我们学会了说话。"霍金的轮椅缓缓行驶在玛雅人的穹顶之下，在希腊的露天剧场里，这位物理学家边走边赞美着沟通交流的重要性。最后，当一个巨大的BT牌射电望远镜占满屏幕时，霍金以标志性的手法做了总结："利用我们所掌握的技术，将有无限的可能性，我们所要做的就是一直交谈。"[26]

"我在英国的电视上看到了一个电话公司的广告，（霍金的）声音就出现在这个广告里。我差点儿哭出来。"一年后，平克·弗洛伊德乐

---

① 《女武神》为德国作曲家威廉·理查德·瓦格纳的系列歌剧《尼伯龙根的指环》中的第二部。——译者注

队的吉他手兼主唱戴维·吉尔莫告诉电台采访者，"我以前看电视广告或者任何商业广告从来没有过这种感觉……我觉得它太感人了，我必须去做点儿什么。"于是，吉尔莫从BT广告中提取出霍金的配音音轨，编入了最新专辑《藩篱之钟》的一首歌曲中。[27]

吉尔莫清楚地看到，能让人对着广告泪流满面是一件不寻常的事。那是艺术。

* * *

有时，科学与艺术之间的界限很模糊。理论物理学家就像艺术家一样，常常被一种美学意识所引导，渴望抓住一些遥不可及的美好事物。一项发现、一篇论文、一项成果往往会揭示出真理的冰山一角，那种物理学家感受到，但还不能完全表达出来的更深层次的真理。当然，艺术与科学之间还存在一个不同，那就是自然。自然不仅是真，也是美的最终审判者。最具美感的模型如果与实验相悖，就会枯萎消失。相反，如果一个丑陋甚至令人厌恶的想法能解释自然界的运作方式，那它就是美的。量子力学、相对论甚至原子理论都曾经被一些著名的科学家否定过，只因为他们觉得这些理论使人不快。随着时间的推移，新的实验改变了科学家们对于宇宙运行方式的认知，使他们的审美与自然法则趋于一致，然后把那些曾经不可思议的想法变得美丽而优雅，虽然当时的这份美丽与优雅已经落满灰尘。

20 世纪 80 年代末 90 年代初，普通宇宙学和相对论陷入了某种困境之中。自 20 世纪 60 年代末 70 年代初以来，科学家已经在一段时间里没有做出任何真正有突破性的实验或得到重要的观测结果了。因此，这两个领域的实验发现似乎已经到头了，而宇宙学家和引力物理学家都渴望得到一些新的观测结果，从而检验他们的直觉。至少希望在宇宙学中发现一些新东西。1990 年，哈勃太空望远镜发射升空，这是世界上有史以来能力最强的轨道望远镜，它将使天文学家们观测到宇宙深处，看到遥远而模糊的天体，并且更准确地确定宇宙膨胀速度的范围，获知早期宇宙的状况。1989 年，随着宇宙背景探测器卫星的启动，物理学家终于有机会看到理论家所预测的宇宙微波背景中或热或冷的区域了，虽然彼时它们还没有被发现。

当时，广义相对论的处境更加艰难。然而，很快就出现了转机，1991 年美国国家航空航天局发射了一台探测伽马射线的望远镜，这种射线比 X 射线的能量更高。虽然对伽马射线的天文学观测并不能直接检测引力理论，但伽马射线和 X 射线一样，都可能会让人们发现异常剧烈的事件，而这些剧烈事件只能是黑洞的杰作。事实上，20 世纪 70 年代发现的某种神秘的伽马射线源似乎正是霍金早期的一项预言的关键所在，这也是霍金离诺贝尔奖最近的一次。

伽马射线之谜最早出现在 20 世纪 70 年代初，这要归功于美国空军发射的一组秘密卫星①。这些卫星的设计思路是，如果有人在大气层或者外太空引爆了一枚核弹，那卫星上安装的一对形状怪异的黑色二十面体探测器就能够探测到从核爆火球中发出的伽马射线。出乎意料的是，尽管太空中没有发生核爆炸，卫星却发现了来自太空深处的伽马射线的短暂爆发。这种爆发一定来自一个极其剧烈的事件，比如一颗恒星坍缩成中子星或者黑洞的超新星爆发过程。但人们没能搜寻到可能发射这种神秘的伽马射线源的超新星。如果伽马射线暴不是由恒星坍缩引起的，那么还有什么事件会造成这种情况呢？

---

① 准确地说，是美国在 20 世纪 60 年代发射的 Vela 卫星，上面安装有监测伽马射线的仪器，用于监测全球的核爆炸试验。Vela 卫星在 1967 年发现了来自宇宙的伽马射线暴，但是由于保密的原因，数据直到 1973 年才发布，并很快得到了苏联卫星的证实。

　　史蒂芬·霍金认为自己找到了答案。1976 年，他和当时的学生唐·佩奇一起指出，谜团的答案可能不是超新星，也与黑洞的诞生无关，而是与它们的死亡相关。那几年，霍金一直认为，宇宙中存在着微型黑洞，它们诞生于大爆炸之后，比寻常的恒星小得多，只相当于一座山或一颗小行星那么大。如果这些原生黑洞真的存在，那它们应该在大规模的爆炸中失去了生命。在我们周围应该有微型黑洞正在爆炸，并随之辐射出伽马射线。

　　佩奇和霍金假设这些伽马射线暴来自原生的微型黑洞，他们以此为前提计算出了它们应该具有的大致特性，但当时的设备还不足以进行相关观测。两人写道："明确地观测到来自原生黑洞的伽马射线，将是对广义相对论和量子理论的有力平反，并将为我们提供关于早期宇宙和高能下强相互作用的重要信息，而这些信息很可能是无法通过其他方式获得的。"然而，物理学家认识到，只有当工程师建造出一个高分辨率的伽马射线望远镜并将其发射到能吸收伽马射线的大气层之上时，才能进行这种观测。[28]

　　1991 年，美国国家航空航天局发射了康普顿伽马射线天文台，这是一个巨大且极其昂贵的伽马射线轨道卫星，可以绘制出这些神秘的伽马射线暴会来自哪里以及它们的特性是什么。如果发现了具有微型黑洞特征的伽马射线暴，那霍金很可能会被授予诺贝尔奖。"人们一直在寻找小质量的微型黑洞，但到目前为止，还没有任何发现，"多年后，霍金告诉他的观众们，"很遗憾，因为如果他们找到了，我就能获得诺贝尔奖了。"[29]

　　对霍金来说很不幸的是，他们没有找到，他也没有获奖。康普顿卫星及后续的设备，再加上 LIGO 的数据都显示，短伽马射线暴来自中子星相互撞击所产生的黑洞，而长伽马射线暴似乎来自遥远的活动剧烈的超新星。原生黑洞并不是这个问题的答案。

霍金开始对原生黑洞的问题产生反感。1993 年，霍金与剑桥大学的同事约翰·斯图尔特共同建立了一个二维宇宙中的黑洞玩具模型，以此来研究黑洞蒸发后会发生什么。在这个模型中，有两种可能的结局，但都不是好结局。第一种可能是，黑洞蒸发后会产生一个裸露的奇点，即时空结构中一个开放的裂口，但霍金认为这是绝对不可能的。另一种可能是造成"霹雳"的后果，也就是由剧烈爆发的高能粒子所导致的方程的崩溃。此外，霍金和斯图尔特推断，同样的高能爆炸也会发生在我们的四维宇宙中。但是，他们（可能有些悲哀地）也承认，喷发的高能粒子并不能解释神秘的伽马射线的爆发。他们写道："将这些事与伽马射线暴联系起来的想法颇令人心动，但涉及的能量出现了问题。"这样的事件"必须是极其温和的，因此无法解释观测到的伽马射线暴。如果宇宙中确实有黑洞活到了蒸发的终点，那么看起来它们也是在默默地做这些事情"。[30]

没用几年，霍金就放弃了原生微型黑洞的想法。他和他的一个研究生——拉斐尔·布索，一起计算了大爆炸后会直接产生多少个这样的微型黑洞。

"实际上，他想用之前与罗杰·彭罗斯争论的一些问题做出解释，"布索解释说，"他想让我做一些研究来证明宇宙不一定像彭罗斯所说的那样开始……他想让我计算在宇宙非常早期的阶段，也就是所谓的暴胀阶段——空间指数级膨胀的时候，由某种量子过程产生黑洞的概率。"[31]

"一个新入学的学生刚开始跟史蒂芬一起做研究。史蒂芬建议他去研究一些问题，来证明我做的某个研究是错误的。所以那个学生不得不这样做……"1998 年，彭罗斯告诉社会学家海伦·米亚雷特，"然后我就去跟史蒂芬谈了谈。当我从他的房间里出来时，发现那个学生正在门口等着，相当紧张。他走到我面前，问我：'我应该做些什么？'因为他……这太有趣了。"彭罗斯后来写道："成为（霍金的）学生并不是一件容易的事……霍金可能会莫名其妙地要求学生研究一些晦涩难懂的问题。学生得不到解释，只会收到像是神谕的指示，其真实性不容置疑，但只有正确解释和发展，才会得到一个深刻的真理。"[32]

很快，布索就克服了最初的困惑，解决了这个问题，并开始计算概率，而这反过来又可以估算出当时会生成多少个原生黑洞。答案简单明了：零。两人在梳理了详细的计算过程之后意识到，虽然有可能会生成很多亚原子大小的黑洞，但要想得到比这更大的黑洞却异常困难。亚原子黑洞几乎会瞬间蒸发掉，无法一直存活到现在。因此，极早期宇宙根本遗留不下"大量"的原生微型黑洞。[33]

这个论证并不完美，布索和霍金做了一些假设，特别是关于宇宙大爆炸后的最初那段时间里，宇宙是如何演化的。即使没有这些假设，布索的工作也不会完全扼杀原生黑洞的想法。"这里有几个不同的问题可以研究，比如宇宙中是否只产生某些类型的黑洞，或者哪种黑洞会在现在完成蒸发，"布索说，"如果你只是研究某种特定的黑洞，研究空间会大很多。"时至今日，科学家们仍在寻找原生黑洞的迹象（诚然，大家没有真正指望能找到它们）。[34]

原生微型黑洞的想法在1988年出版的《时间简史》中占据了重要的地位，然而却没有出现在他后来的作品中，比如《果壳中的宇宙》或者《大设计》。虽然这是霍金自己提出的一个理论，多年来花费了他大量精力，他自己对这一想法也深信不疑，但在更有力的证据面前，他还是决定放弃自己的直觉。不过，他也没有完全放弃。

即使宇宙大爆炸之初没有产生原生微型黑洞，那也不意味着地球上就不能产生微型黑洞。虽然听起来很可笑，但这也不是没有可能。如果工程师们能将足够多的物质和能量倾注到一个较小的空间里，他们也许就能创造出一个小小的黑洞，这个黑洞在之后的能量爆发中会突然蒸发掉。而将大量的物质和能量倾注到一个微小的空间中，正是欧洲核子研究中心大型强子对撞机等仪器的设计目的。"其中的某些碰撞可能会产生微型黑洞，"霍金说，"它们会以一种明显的方式辐射出粒子。所以，我可能终究会获得诺贝尔奖。"[35]

* * *

如果某一次计算中出现了一个预示着裸奇点的结果，霍金心里自然很清楚这是不可能的；而另一种黑洞蒸发的结局，无论多么令人厌恶，都必须是真的。（所谓的"霹雳"确实令人厌恶，因为它们表明方程失效了。）这种直觉可以追溯到他的学生时代，他受到了一位数学家的启发。这位数学家对年轻的霍金影响很大，他就是罗杰·彭罗斯。

彭罗斯比霍金大 10 岁，霍金在剑桥读书时，他已经成了伦敦大学的一名年轻教授。他本来学的是数学，却在剑桥大学物理学家丹尼斯·夏默的影响下对宇宙学产生了浓厚的兴趣，他将新颖的数学手段运用到宇宙学和广义相对论的问题中，包括奇点问题，并很快引起了轰动。彭罗斯和夏默的学生布兰登·卡特一起想出了一种巧妙的方法，将黑洞中心出现的看似不可见的无限性呈现了出来。

彭罗斯图（或者叫彭罗斯–卡特图）[①]从一个普通的时空图出发，就像第 4 章中展示的时空图那样。这种时空图蕴含着无限性。你可以想象有一条路沿着时间轴不停地移动，进入无限的未来，但实际上

①　从严格意义上来说，以物理学家布兰登·卡特的名字命名的卡特图只是彭罗斯图的其中一种，用于描述旋转对称的时空。但是，即使是该领域内的专家，一般也不会严格区分二者。

你不可能在图上画出这样一条路径，除非你有一张无限大的纸。但是，彭罗斯意识到可以使用一种数学技巧，就像画家在描绘无限远处时，会在画布中间选取一个小点作为消失点，以此代表一个无限远的地方，所有平行线都延伸到此处，然后在消失点的位置汇合。这样，我们的大脑就会自动地将这个有限的平面图像理解为一个无限远的场景。同样，彭罗斯图也将所有沿着时间轴延伸出去的平行路径汇聚到一个点上，而这个点就代表着无限遥远的未来。

　　彭罗斯图比一般的透视图更复杂，因为它的消失点不止一个，既有路径延伸到无限的未来，也有来自无限的过去的路径，这都需要用消失点来表示。同时，时空图不仅在时间上有无限性，在空间上也有无限性，你可以向右或者向左无限地前进，因此这两个无限性也需要两个消失点。所以从本质上来说，彭罗斯图就是上、下、左、右各有一个消失点的时空图，它呈现为一个菱形。菱形的 4 个角代表无限，而连接 4 个角的线也是如此；如果你只能向着一个方向无限地行进，你就能够到达。

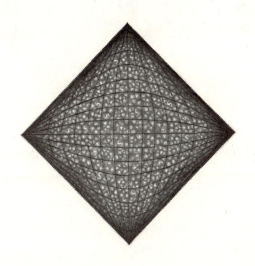

和传统的时空图一样，光速的限制也适用于彭罗斯图。一束光的路径呈 45 度，如果不突破光障，是不可能以比这更小的角度行进的。但与传统的时空图不同的是，彭罗斯图囊括了整个爱因斯坦宇宙中所有的无穷性。每一个无穷性在图上都有一个相应的位置，一个明确的表示，即使是黑洞中心的奇点的无限性也被包括其中。

这就是彭罗斯图的真正优势：它能够将黑洞或者其他的宇宙学奇点直观地表现出来。例如，如果要为一个最简单的既不旋转也不带电的黑洞构建一个理想化的彭罗斯图，首先你需要画一个菱形的彭罗斯图，来表示我们宇宙中的整个时空，然后在菱形的一边加上一个倒立的三角形，这就是黑洞。要想弄清这张图的含义，我们需要一步一步地解读，但它确实包含了一些深刻的认知。

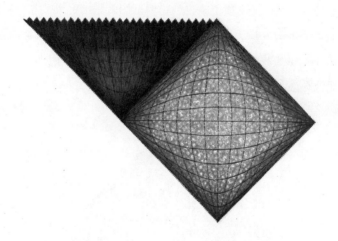

如果你的路径开始于菱形，你可以毫无阻碍地穿过它进入三角形。但是，如果你从三角形开始运动，那么假如你的速度不超过光速，你就不可能进入菱形。无论你做什么，只要你的路径角度不超过 45 度，最终都会撞上三角形的顶边（之字形边）。图中那条之字形的线就是黑洞的奇点，而三角形和菱形之间的边界就是事件视界。这就像一个单向屏障，你可以从我们的宇宙穿越事件视界进入黑洞，但你回不来，而且肯定会撞上黑洞的奇点。这就意味着，如果你想去给奇点拍一张快照，而你已经穿过了那个单向屏障，那么你的照片将永远无法回到黑洞之外的宇宙中。事件视界完全屏蔽了奇点，将它和我们这些外部观察者以及我们的宇宙完全隔绝开来。而这只是隐藏在彭罗斯图中的细节之一，如果你用合适的方式观察这幅图，还可以找出黑洞具有的其他一些令人着迷且意料之外的特性。①

彭罗斯图迅速成为研究引力和宇宙学的重要工具。物理学家列纳德·萨斯坎德在若干年后的一次演讲中说："（彭罗斯）图非常有价值。没有它们，我就无法思考。"所有研究引力的物理学家都需要这样的工具来实现可视化，这个图的共同发明者布兰登·卡特向社会学家海伦·米亚雷特解释说："与他人交流，与自己交流，琢磨自己的想法，我们都需要一个直观的媒介……不过史蒂芬可能更特殊，他更加依赖这个。"[36]

彭罗斯图是霍金思考广义相对论的其中一种方式，也是他试图理解宇宙运作机制时不可或缺的一个工具。"像这种用一张小图来表示整个时空是霍金一直在使用的方法，"霍金的学生克里斯托弗·加尔法德告诉社会学家米亚雷特，"只要跟他说起某个宇宙、某个空间或者爱因斯坦方程的某个解，他就会用到彭罗斯图，因为这是一种直观的表达。"这些图给霍金带来了几何洞察力，使他得以摆脱复杂的代数方程。加尔法德解释说："你不需要进行 4 万次的计算，只要看到它就可以了。"而且，他还补充说，其他人也认为，即使是一些代数问题，

---

① 举个简单的例子，我们注意到事件视界呈 45 度角，与光的路径一致。这就意味着，从某种意义上说，事件视界是以光速移动的，虽然当你从外部观察黑洞时，它并没有变大，但从试图逃离黑洞的人的角度来看，视界基本上是以光速远离自己的，没有人能够超越它并逃离黑洞的束缚。

也必须先转化为视觉表达。[37]

彭罗斯的视觉化辅助不仅适用于黑洞，也适用于几乎所有类型的时空路径问题。无论你能想到多么怪异的广义相对论结构，比如不同类型的奇点或者虫洞，你都可能在彭罗斯图上捕捉到它的本质，就像你能在引力场方程的代数运算中确定它的性质一样。

当彭罗斯利用他的图和方程来推演各种情景时，他注意到如果没有事件视界以某种方式阻挡住外界与奇点的接触，他无论如何也无法得出一个适合奇点诞生的条件。换句话说，你、我或者我们宇宙中的任何人都不可能直接看到一个奇点，所有奇点似乎都被事件视界笼罩着，阻挡我们一窥究竟。20 世纪 60 年代末，在对无事件视界的裸奇点进行了多年尝试并始终没有成功之后，彭罗斯开始怀疑这件事到底可不可能实现。但这只是一种预感。于是，宇宙监督假说诞生了，即所有的奇点一定隐藏在事件视界之后，没有裸奇点，也无法从我们的宇宙中观察到奇点[①]。彭罗斯在一次会议上提出了这个想法，并把它写成了一篇论文，虽然他自己也是半信半疑[②]。"即使它有可能是错的，我也想提出来，"彭罗斯说，"它有可能推翻宇宙监督假设。"[38]

但是，霍金并没有表现出任何不确定的态度。"史蒂芬从一种奇特的角度接受了这一观点，"彭罗斯说，"因为我没能推翻它，所以他认为这恰恰证明了宇宙监督假设是对的。"霍金坚定地站在宇宙监督假说这一边，一部分原因是，如果它不对，那他将不得不大幅重构他对于时空运行方式的直觉。正是在此基础上，霍金与约翰·普瑞斯基尔以及基普·索恩打了一个赌，他认为自然厌恶裸奇点。

30 年后，这个问题仍没有答案。

---

① 一个明显的例外就是大爆炸。

② 严格来说，彭罗斯提出了关于质量和时空的一组不等式。如果有人找到了这组不等式的一个反例，那就相当于证明了宇宙监督假说是错误的。

* * *

1992 年，霍金已经 50 岁了。对于一个理论物理学家或者数学家来说，这是一个成熟老练的年纪，也有可能过于成熟了。

"任何数学家都不应该忘记，数学是年轻人的游戏，比任何艺术或科学更甚。"数学家 G. H. 哈代在 1940 年写道，"伽罗瓦 21 岁去世，阿贝尔 27 岁去世，拉马努扬 33 岁去世，黎曼 40 岁去世。也有一些人很晚才获得伟大的成就，比如高斯关于微分几何的伟大回忆录是在 50 岁的时候才出版的，虽然他在 10 年前就有了大致的想法。但我从未听说过，有谁能在 50 岁之后在数学上有所突破。如果一个人在成熟之后对数学失去了兴趣，或放弃了数学，那么无论是对数学还是对他自己来讲，都算不上多么严重的损失。"[39]

当然，这个观点也有大量的反例。比如近年来，数学上的最大进展就是张益唐在 2013 年证明的一个关于质数的重要定理，当时他已经58 岁了[①]。然而，哈代只是阐述了几十年来在数学界和理论物理学界的一种潜在想法：你最晚在 40 岁就会被学界淘汰出局。之后，你就只能去培养下一代科学家了。可以确定的是，并不是每个人都有这种偏见，但这种想法是真实存在的，而且相当普遍。"有一些人在这个年纪之后做出了非常出色的工作，"宇宙学家安德烈亚斯·阿尔布雷克特说，"我从来不相信这种说法。但是有的人真的因为这句话，就把自己困在一个框框里，而且有点儿认命的感觉。"[40]

虽然霍金不会为自己设定什么框框，但当他步入四五十岁的年

[①] 还有很多这样的例子，哈代自己肯定也知道，比如魏尔斯特拉斯、傅立叶、欧拉、拉普拉斯等，这还是在他所限定的性别范围之内。德国女数学家埃米·诺特在四五十岁的时候还在不断地取得重大进展，如果她没有在 53 岁时死于癌症，无疑会取得更多的成就。

纪时，也不得不面对这个问题。当 1995 年霍金 53 岁时，有记者问他，物理学是不是一门适合年轻人的学科，他说得很清楚："是的，我肯定已经过气了。"不过，他又说，他衰老的心智仍然足以与任何人一较高下。"我仍然觉得自己做得很好，至少和我的年轻同事们一样好，但方向完全不同。我一直都是朝着一个稍微不同的方向前进的。"[41]

霍金是剑桥大学的卢卡斯教授，这无疑使他对时间的流逝特别敏感。按照大学的规定，他必须在 67 岁时放弃这个职位，这一规定首次执行时是针对他的前任——物理学家保罗·狄拉克。

狄拉克的工作是 20 世纪科学界最重要的突破之一。1928 年，26 岁的狄拉克将狭义相对论的一些理论基础与量子力学的法则相结合，得出了一个震撼理论物理学界的方程，随后被称为"狄拉克方程"。它不仅是数学物理学的杰作，还承载了一个重要的发现，那就是反物质。当狄拉克用他的方程来描述电子的行为时，他得出了一个结论：存在另一种与电子电荷量相等但符号相反的粒子，这不仅在数学上有意义，而且现实中一定存在一种不同于电子的粒子。4 年后，实验学家们发现了这种粒子，也就是正电子。同年，狄拉克就任剑桥大学卢卡斯教授。1933 年，31 岁的狄拉克获得了诺贝尔奖，这也标志着他对物理学贡献的结束。1937 年，在他结婚后不久，他向《自然》杂志提交了一篇关于宇宙学的短论文。据说，量子理论的奠基人之一尼尔斯·玻尔在读了这篇论文后，不屑地说："看看人们结婚后会变成什么样。"狄拉克在之后的几十年毫无建树，在 67 岁时不情愿地从剑桥的教席上退了下来，他被迫退休，而他的前任约瑟夫·拉莫尔 75 岁时才从这个职位上退下来。[42]

像狄拉克一样，在霍金 50 岁的时候，他那些重要的物理学研究成果已经是 20 年前的事了。虽然他作为一名物理学家的工作还远未完成，但霍金感觉自己的智力已经大不如前了。"一个人年轻的时候会更机敏，思维更加开阔，"他告诉记者，"再往后，就要保护智力资本了。现在，我有很多这方面的资本。"[43]

1988 年，《时间简史》问世几周之后，霍金对记者说："我没有敌人。我认为残疾也没有什么不好，起码人们不会嫉妒我。"而 20 世纪 90 年代初，他的书大获成功，霍金也因此成为一位名流和富有的作家，他可能就不会这么说了。他确实有很多资本要捍卫，而且这是他第一次要在公众面前捍卫它。[44]

* * *

《时间简史》触怒了不少评论家。尽管全书最著名的一句话，也就是最后一句是关于了解上帝的旨意的，但在一些有鉴别能力的读者看来，霍金坚定的无神论贯穿全书始终，他的宇宙不需要神明，他甚至在梵蒂冈的大门口也大肆鼓吹这一点。在《时间简史》中，他讲述了他和同事与教皇见面的故事，那是在参加一场由天主教会组织的宇宙学会议之后：

> 他告诉我们，研究宇宙大爆炸后的演变也无妨，但我们不应该去探究大爆炸本身，因为那是创世的时刻，是上帝的工作。我当时很高兴，他并不知道我刚才在会议上演讲的主题，我讲的是时空有界无边的可能性，这意味着时空没有开始，也不存在创世的时刻。我不想与伽利略遭遇同样的命运，我对他有强烈的认同感，其中一个原因是我恰好在他去世 300 年之后出生！[45]

如果这还不足以激怒神学家和哲学家的话，霍金还表现出了对

20 世纪哲学家的蔑视，他认为，"……他们没能跟上科学理论的发展。在 18 世纪，哲学家们认为，包括科学在内的整个人类知识体系都是他们的研究领域，他们讨论的问题也包括宇宙是否有开端。然而，到了 19 世纪和 20 世纪，对于哲学家和其他外行人士来说，科学已经变得过于技术化和数学化……从亚里士多德到康德的伟大哲学传统，现在看起来显得有些滑稽！"[46]

对霍金的反击也如期而至，他们不仅针对霍金的"宗教"和他的"科学主义"（将科学探索提升到高于所有其他知识手段的地位），还试图摧毁他的科学成就。哲学家和基督教神学家威廉·莱恩·克雷格把霍金的许多观点，比如虚数时间（见第 10 章），都说成是"荒谬的形而上"：

> 对于虚数时间，我们可以赋予它什么样的物理意义呢？虚数时间与普通的"实数"时间的符号相反，那么虚数时间会不会是一种负时间呢？比如说，一个物体存在了负两个小时，或者一个事件在负若干年前发生了，或者将在负两年后发生，这又有什么意义呢？还有什么比虚数时间更虚幻的呢？[47]

霍金的回应是双倍下注。在 1992 年的一次演讲中，他重申了他的观点，即哲学家们不太擅长数学，因此也无法对现代物理学给出明智的评论。而比普通哲学家更糟糕的是"科学哲学家"，他抱怨道："……他们中有很多人都是失败的物理学家，对于他们来说，发现新的理论实在是太难了，只好转而研究物理中的哲学……也许我对哲学家们有点儿苛刻，但他们对我也并不友好。"霍金的立场从来就不温和；如果说有什么变化的话，那就是随着时间的推移，他变得越来越苛刻。比如，他在 20 年后出版的《大设计》一书中宣称："哲学已死。"[48]

　　刚与史蒂芬离婚的简也是他的一名反对者。她后来写道："事实是，每当谈到宗教信仰和科学研究的话题时，史蒂芬脸上那目空一切的神秘微笑都让我不知所措。"在这本书出版之后，她对一些听众表达了她的不满，这其中就包括伦敦《泰晤士报》的记者布赖恩·阿普利亚德。简后来形容阿普利亚德是"仅剩的两位专业记者之一，我很赞赏他们写的关于我的处境的文章"。[49]

　　1993 年，趁着霍金的热度，班唐图书公司将这位物理学家的演讲结集成书，取名为《霍金讲演录》。阿普利亚德利用这个机会对霍金进行了抨击，认为这是"炒作的产物，而不是现实的产物"，傲慢、轻蔑，还有很多错误：

　　　　这本新书中列举了几十个混淆不清、自相矛盾又不符合哲学的例子，我没有空一一列举和拆解。我只想说，突兀又粗心的急躁情绪与这种自我宣传的惊人信念相结合产生了一些骇人听闻的废话……综观霍金的一生，他是一个极具勇气和英雄主义的人物。然而可悲的是，他的书却傲慢且狭隘。这种自相矛盾的真实原因可能是营销所造成的一种假象。这位伟大的宇宙观察者与那个不耐烦、爱拍马屁的黑客哲学家之间毫无关联。[50]

　　"他真的很不好惹。"当被问及阿普利亚德的批评时，霍金告诉记者说，"我应该是没有见过他对任何人表示过赞许。我觉得他是一个失败的知识分子，所以总是谴责其他人。"[51]

　　霍金可以很轻易地拒绝来自外行的攻击，毕竟他们没有受过专业的科学训练，无法完全理解他的工作。然而，霍金在科学界内部也不乏反对者。同为丹尼斯·夏默的博士生，霍金的同门约翰·巴罗在《旁观者》杂志上对霍金进行了残忍的抨击，声音极为刺耳。其中一段话是这样说的：

> 霍金现在已经50多岁了，一般来说，大多数理论物理学家在30多岁时就会发表自己最具代表性的工作。爱因斯坦26岁就发表了关于相对论的重要论文，在34岁发表第一篇广义相对论的论文后，他的研究事业实际上已经结束了。巴罗说："把霍金与牛顿或者爱因斯坦相提并论，这简直是胡说八道。在世的物理学家没有一个人可以和爱因斯坦或者玻尔相媲美。但《时间简史》中对伽利略和牛顿的不堪入目的介绍，确实颇有一种请你把霍金和他们放在一起比较的意味。如果要评选20世纪最出色的12位理论物理学家，史蒂芬还差得远。"[52]

这还远远没有结束。巴罗还暗示，霍金的工作，即使是其中"有趣"的部分，最终也不会有什么长远价值。

对于一个通过追寻永恒知识来努力超越自己的濒死之人来说，没有比这更残忍的侮辱了。

第 9 章

成为畅销书作家

（1987—1990）

雷·拉弗兰姆回忆道："于是，他让我找一张天鹅座 X–1 的照片。"拉弗兰姆是一名法裔加拿大人，当时正处于博士论文写作的最后阶段，但他导师的书显然更加重要。还有不到一个月的时间就要下厂印刷了，但插图还没有完成。拉弗兰姆的任务是找到一张天鹅座 X–1 的图片，这是有史以来第一个被发现的黑洞，也是霍金那场著名赌局的打赌对象。"好吧，我毕竟是一名量子引力专业的学生，所以天鹅座 X–1 的照片算是……"拉弗兰姆耸了耸肩说。[1]

本质上来说，即使人们可以直接对黑洞进行成像，它本身也不容易上镜，而且科学家至今都还无法做到这一点。早在 1987 年，人们只能拍摄一片星域的照片，黑色背景中散布着看似随意的小点，然后有一个箭头指向我们已知的黑洞潜伏的地方。作为一名理论学家，拉弗兰姆在观测天文学方面的经验恰好可以告诉他，应该把望远镜指向太空中的什么方向。但即便是在这种情况下，从整个天鹅座的区域中选择出正确的那一小片星域，也超出了他的能力范围。"所以我去找了几个天体物理学家，我给他们打电话说，'我想拍一张天鹅座 X–1 的照片'，他们告诉我可以去格林尼治天文台，"拉弗兰姆回忆道，"他们告诉我，'我们挺忙的，你自己在这堆照片里找找吧，或者你可以去剑桥大学天文学研究所'。"随后拉弗兰姆去了天文研究所，他们给他找到了一张显示正确星域的照片。在那张照片的某处潜伏着一个黑洞，但是具体在哪里呢？

照片上完全看不见天鹅座 X–1，因为它无法捕捉到任何 X 射线。只有能够接收 X 射线的卫星才能显示黑洞的正确位置，拉弗兰姆也能在相应的位置上放一个箭头。然而，他从天文研究所拿到的照片并没有坐标，没有标明照片拍摄时望远镜准确地指向天空中的什么位置，甚至没有标明拍摄了多大范围的天空。于是，拉弗兰姆又回到研究所求助。"他们问我，'比例尺是多少？'我说，'我不知道。有人给了我这张没有标箭头的照片，我想知道这上面拍的是哪里'，"他回忆道，"然后他们说，'我们得查一下观测记录，这可能要花上几个月'。"

这可不行。"我回去后，史蒂芬说，'两周之内给我，他们在等着印书了。赶紧行动起来，告诉我（天鹅座 X–1）在哪里。'"拉弗兰姆四处打电话，但是没有人能够帮助他，甚至连英国一些最受尊敬的天文学家也无能为力。"于是，就像我前面说过的，我去了格林尼治天文台，但是他们根本不知道这张照片上哪里是天鹅座 X–1。我去找了马丁·里斯，他那时候还不是皇家天文学家，他也不知道在哪里。我还去找了当时的顶级天文学家之一——唐纳德·林登贝尔，他也不知道它在哪里。街上随便找一个人更不可能知道，所以我拿起一个箭头：'它会在……'"随着拉弗兰姆的手指随意地画着圆圈，他突然对着一个假想的点指了一下，"'那里'。"他咧嘴一笑，"'史蒂芬'，我说，'这就是天鹅座 X–1 的位置'。"

* * *

1987—1990 年，霍金经历了人生中最大的一次转变。刚开始时，他只是一位备受尊敬的物理学家，但不是特别著名；他尝试过几次科普工作，但都不太成功。而这段时期结束时，他已成为世界上最知名的人之一，是自爱因斯坦以来从未出现过的巨星级科学家。

1988 年出版的《时间简史》是他成名的导火线，尽管这与公众对他的关注没有什么关系。当时还有一些写得更好、更畅销的科普书籍，很多都出自一流科学家之手。但《时间简史》一上架，就震撼了出版界。霍金本人也很惊讶。他在剑桥与简和孩子们的舒适生活，以及他作为一名理论物理学家的几乎默默无闻的职业生涯，被突然到来的名声、财富和关注搅得不得安宁。

但对史蒂芬来说，这种认可来得还不够快。他为了完成自己出版物理学畅销书的梦想，已经努力了五六年，还差点儿被疾病夺去生命。现在，没有什么能阻挡他实现自己的愿望了。

* * *

一切都刻不容缓。距离霍金第一次完成 100 页的手稿已经过去了 5 年，这份手稿组成了《时间简史》的核心内容。霍金与班唐图书公司签订了合同，并在 1984 年年中，开始与他的编辑彼得·古扎尔迪讨论方案。一年后，霍金陷入昏迷，住进了日内瓦的一家医院里。他必须重新学习如何与人交流，最开始没有电脑，后来才在轮椅上安装了一台。1986 年，霍金重新开始了这本书的写作，这是他顽强意志力的证明。因为要把那本密密麻麻的手稿变成一本书，要让人们有兴趣去读或者去购买，还是有很多工作要做的。

"手稿的内容本身并不算理想，但霍金自己的故事却很有（吸引读者的）潜质。"古扎尔迪承认，"这份手稿写得干巴巴的，十分生涩，有的内容需要读者掌握很多物理学和天体物理学的知识，但是有的内容又有点儿像给中学生写的。行文参差不齐。"[2]

这种参差不齐也许是因为其中的部分内容来自霍金之前的演讲，而这些演讲大多是面向物理学家，或者至少是科学家。他曾经试图将文本变得更加通俗易懂，让普通听众更容易理解，但并不是每一次都能成功。例如，在这份手稿中，霍金写道：

> 扩展型超引力理论的数量是有限的。尤其是N=8理论，它所能包含的粒子数量最多，如表11-a所示。尽管数量很大，但这还不足以包含所有可能出现在电磁力、弱力和强力理论中的粒子。[3]

1980年，当霍金被任命为卢卡斯教授时，他，或者更准确地说是他的学生，在剑桥大学向一群学者发表了一次演说：

> 这样的理论似乎只有几个。其中最大的一个，即所谓的N = 8扩展型超引力理论，它包含了1个引力子、8个自旋为3/2的粒子（超引力子）、28个自旋为1的粒子、56个自旋为1/2的粒子和70个自旋为0的粒子。种类虽然很多，但还不足以解释我们在强相互作用和弱相互作用中观察到的全部粒子。[4]

两份稿子对比看，前者除了删除一些细节，并把另外一些细节画成图表之外，行文基本相同，并不能吸引普通的非专业读者。草稿中也没有体现出宇宙学领域的丰富多彩的思想史，没有历史细节，也没有人文信息。而这些内容不仅可以作为霍金的研究工作的思想背景，

还可以减轻行文的负担，在关于天体物理学和量子力学的晦涩难懂的
段落之间，给读者留出一些喘息的空间①。

　　沮丧的祖克曼曾经建议聘用一个代笔人，但被古扎尔迪拒绝了。
不过他确实聘请了天文学家兼科学记者约翰·格里宾对手稿进行了重
新编排。格里宾与霍金相识多年，后来还合写了一本霍金的传记。"我
和彼得一起进行了重新编排，让这些文字在逻辑上更合理，彼得当时
并没有告诉其他人，"格里宾说，"我不想说'失望'，但我希望能做
得更多。你知道，如果彼得觉得自己能胜任，如果彼得真的问过他，
史蒂芬就一定会让我去做的，因为我们关系很好。但是彼得说，他不
会这么做，只有他才能改。"5

　　最糟糕的是（至少从销售的角度来看是这样），书稿中没有任何
涉及他个人生活的内容，包括他的日常生活、他与 ALS 的斗争、他
的妻子或孩子、他的青春，完全没有。霍金希望这本书是关于物理学
的，而不是关于他自己的。"书稿多少有一些令人失望。但你需要深
入挖掘它的潜力，"古扎尔迪说，"我的意思是，每个人都能看到霍金
的潜力。"但霍金自己并不想写自己，这一点是不会改变的。即便如
此，古扎尔迪也为这种可能性而倍感兴奋。6

　　首先要明确书的受众。"问题在于，你知道的，读者在哪里？我
们要如何针对某个层次的读者把这份书稿捋顺？这个层次在哪里？读
者又是谁？"古扎尔迪问道，"必须先明确这一点，然后朝着这个方
向修改书稿，用一些事例和插图来充实它，或者其他任何可以使它变
得通俗易懂、便于接受的东西。"这份 100 页的手稿也需要进行一定的
扩展，使其达到书的规模。虽然格里宾拆分并重组了一些章节、将材
料重组使叙事更加连贯，但仍然需要大量的工作。"反反复复，反反

---

① 这是在描述霍金的研究工作时不可避免要承受的伤害。

复复，"他解释说，"你拿到了一份草稿，你得去通读它，写下各种评论和笔记。你会说，'这样怎么样？'或者'这里我没有读懂'，以及'我真的很喜欢这部分'。然后，作者会解决这些问题，之后交给你第二稿。然后你又要重新过一遍。通常会经历大概三稿，才会达到你心中的目标，'好吧，这已经很接近了，我可以一句一句地修改了'。"

这是最耗费人力的部分，你得一行一行地检查，确保每一个想法都能被理解，每一句话都讲清楚了。"为了解释得清楚明白，你必须不停地推敲，不停地推敲。直到我基本理解了，或者大部分理解了，"古扎尔迪说，"当描述到粒子自旋、胶子或者夸克的时候，我就得缩短篇幅。我只是想让读者大致有个概念，明白它们是如何作用的，而如果你想了解更多，那你可以去翻阅其他的书，我们只是简述。"

尽管霍金的固执是出了名的，但这位物理学家并没有拒绝他的编辑提出的修改意见。"你要知道，他非常渴望完成这项工作，"古扎尔迪说，"他非常、非常积极……如果一定要做某件事，好吧，上帝，他一定会全力以赴。"霍金和他的学生们都参与了这项工作。

在霍金的学生之中，布赖恩·威特是对写书贡献最多的人，而不是雷·拉弗兰姆。"是的，是布赖恩，"拉弗兰姆说，"可能史蒂芬认为，我作为法裔加拿大人的写作方式不容易被读者接受，比如，如果你说第 92 页到 96 页是由一个法裔加拿大人写的，会让人失望。"

"史蒂芬需要他的学生们的帮助，因为仅凭他自己是无法做到的。"早几年毕业的另一个学生达克士·洛希亚告诉记者，"布赖恩·威特参与了，布鲁斯·艾伦①做了一点点，我也做了一点点，大家都做出了一些贡献。"[7]

霍金、威特和学生们在古扎尔迪提出一轮又一轮的编辑意见后在

---

① 布鲁斯·艾伦现任马克斯·普朗克引力物理研究所所长，该所位于德国汉诺威。

结构和遣词造句上反复修改。这本书慢慢地开始成形，而且每一次都有明显的改进。霍金的第一版草稿的开头就像一篇中学生作文的开头：

> 从文明诞生伊始，人类一直在问这样的问题："宇宙是从什么时候开始的？""在开始之前发生了什么？""它会有终结吗？""空间是有限的还是无限的？""时间的本质是什么？""未来和过去有什么区别？"本书的写作目的是从现代物理学和宇宙学的角度针对这些一直以来的问题给出一些答案。[8]

而到了 1986 年年末，书中的开场白变得更加吸引人了：

> 有这样一个故事：一位著名的科学家正在做一个关于天文学的公开演讲。他描述了地球是如何围绕太阳运行的，太阳又是如何围绕一个巨大的恒星群的中心运行的，这个恒星群就是我们的银河系。讲座结束时，坐在后面的一个老太太站起来说："你说的都是错的。这个世界其实是一块平板，被一只巨龟的背支撑着。"科学家认为自己可以很轻松地应付老太太，于是问道："那乌龟站在什么上面？""哦，不，你不要这样捉弄我，"老太太说，"乌龟是站在另一只乌龟的背上，如果你要问我第二只乌龟站在什么上面，我告诉你，它站在第三只乌龟的背上，以此类推。"
>
> 你可能会觉得无限只乌龟叠罗汉的画面相当可笑，但是，为什么我们会有不同的想法呢？宇宙到底有没有开端呢？如果有，在那之前发生了什么？时间的本质是什么？它是否会终结？物理学的最新发展为这些一直以来的问题提供了答案。[9]

到了 1988 年年初，《时间简史》最终版本的开篇变得短小精悍：

　　一位著名的科学家（一说伯特兰·罗素）曾经做过一次关于天文学的公开演讲。他描述了地球是如何围绕太阳运行的，太阳又是如何围绕着银河系这个庞大的恒星群的中心运行的。讲座结束时，讲堂后面的一个老太太站起来说："你跟我们说的都是废话，世界其实就是一块平板，被一只巨龟的背支撑着。"科学家微微一笑，回应道："那乌龟站在什么上面？""你很聪明，年轻人，非常聪明，"老太太说，"可是从上到下，全都是乌龟啊！"

　　大多数人都会觉得"我们的宇宙是一个由无限只乌龟叠起来的高塔"这个画面相当可笑，但是，我们凭什么认为自己更加了解宇宙呢？关于宇宙，我们知道什么，我们又是如何知道的？宇宙从哪里来，又要往哪里去？宇宙是否有一个开端？如果有，在那之前发生了什么？时间的本质是什么？它是否会有尽头？我们能回到过去吗？近期一些物理学上的突破揭示了一些一直以来就存在的问题的答案，其中有一部分突破是由一些奇妙的新技术推进的。[10]

这样写才好读[①]。

　　进步更大的是结尾部分，它与霍金的原稿相差甚远。初稿是这样写的：

---

① 这则关于乌龟的趣事有很多个版本。在霍金的讲述中，老太太说的是"非常聪明"以及"从上到下，全都是乌龟"，与 1975 年出版的《读者文摘》中的一个版本最为相似。《读者文摘》的版本取材于 1974 年出版的《自然历史》杂志上一篇关于乌龟的文章，而这篇文章显然又是从 1967 年的一篇博士论文中截取的。有趣的是，在其他版本中，这名科学家是美国心理学家和哲学家威廉·詹姆斯，而霍金似乎用伯特兰·罗素替代了他。引自伯纳德·尼奇曼（Bernard Nietschmann）所写的《乌龟倒下的那天，就是世界灭亡的日子》（*When the Turtle Collapses, the World Ends*），出自 1974 年 6 月出版的《自然历史》杂志第 83 卷第 34 页；引自约翰·罗伯特·罗丝（John Robert Ross）所著的《句法中变量的约束》（*Constraints on Variables in Syntax*），美国麻省理工学院 1967 年博士毕业论文。

当我们把量子力学和广义相对论相结合时，一种以前从未有过的可能性似乎出现了，即空间和时间可能共同形成一个有限的四维空间，这里没有奇点，也没有边界，就像地球表面一样，只是多了两个维度。这似乎可以解释我们所观察到的宇宙特征，比如宇宙在大尺度上的均匀性，也可以解释小尺度上的均匀性偏离，比如星系、恒星甚至人类的形成。这也可以解释我们所观察到的时间流向。[11]

当然，最终版本是以霍金最令人难忘的一句话结束的：

然而，如果我们真的发现了一个完备的理论，那么到时候，不仅仅是少数科学家，而是每个人都能理解它的基本原则。所有人，包括哲学家、科学家和普通人，都将能够参与为什么我们和宇宙存在的讨论中去。如果我们找到了这个问题的答案，那将是人类理性的最终胜利，因为那时我们将了解上帝的思想。[12]

所有这些辛勤的付出改变了这本书。古扎尔迪把霍金的优势发挥到了极致，就连书名也有了明显的进步。原本，霍金提出的书名是《从大爆炸到黑洞：一段时间的短史》，而古扎尔迪反驳说，《时间简史：从大爆炸到黑洞》要更好。最初，霍金并不接受这个意见。"我凭着直觉，想出了一种说服他的方式。我知道史蒂芬更喜欢幽默的方式，我就对他说：'你知道，在我看来，《时间简史》让我很开心，但《时间短史》却不会。'这次争论持续了一天。"[①]古扎尔迪甚至要阻止

---

① 根据古扎尔迪的说法，这次对话发生时，书名已经被改成了"简史"，而霍金想将其改为"短史"。然而，存档的草稿表明，在霍金最后一次提交草稿之前，使用的书名一直是"短史"。这表明，这段对话更有可能是在第一次改为"简史"时发生的。

霍金删除最知名的最后一句话。霍金后来也写道："如果我这样做了，销量可能会减半。"[13]

1988 年年初，这份书稿，包括书名和"上帝的思想"这句话，都已经确定，所有的插图都已经完成，封面也已经选定，一起寄给了印刷厂。据洛希亚说，在等待书籍印刷的那段时间里，霍金对威特和其他学生说，这本书可能真的能赢利。"'我应该和你们分享一些利润，'他说，'那么，你们是想按比例分成，还是获得一笔一次性的奖励？'"在经过一些谦让之后，威特获得了 500 英镑的一次性奖金。"500 英镑是一笔巨款，因为那时候我们的奖学金也才每个月 125 英镑，"洛希亚回忆说，"秘书朱迪·费拉给我们开了支票。我们把支票兑现后就去了酒吧，心里觉得那个可怜的人吃亏了。"[①,14]

没有人知道接下来会发生什么。"你努力做好每件事。你拼命工作，校对手稿，设计封面，部署营销计划，把它呈现出来，"古扎尔迪说，"然后就像被一道闪电照亮一样。你可以拥有一切，但如果没有这道闪电，那它只会让你失望。然而这道闪电并不经常出现。"[15]

* * *

1988 年 4 月，《时间简史》出版，那时彼得·古扎尔迪刚刚离开班唐图书公司，转投另一家出版商哈莫尼图书公司。于是，他们不得不再找人来组织召回和销毁印刷好的 4 万册《时间简史》，更不用说去安抚一个愤怒的作者了。

在一本书上市前的几个星期到几个月内，出版商会把排好版的书

---

① 洛希亚告诉记者，出版后，律师找到威特，希望说服他向霍金索要一部分版税，但威特拒绝了。

稿发给一些正式刊物和有影响力的人，希望能得到知名媒体对这本书的评价。业界权威的同行评议杂志《自然》曾发表过霍金最重要的论文之一，以及他父亲的一些论文，他们也收到了一份书稿，并将审稿任务交给了唐·佩奇。佩奇曾经是霍金的一名学生，当时是美国宾夕法尼亚州立大学的物理学教授；他也是一名福音派基督教徒，对霍金的无神论持有异议，对书中的一些争议内容也有质疑，但他告诉《自然》的读者们，《时间简史》"适合所有想了解宇宙学最新观点和猜想的人，也适合想了解霍金非凡头脑中的见解的人"。然而在私下里，佩奇还是发现了这本书中的小错误。这些错误对于那些具有基本物理知识的人来说是显而易见的，例如，一幅描绘亚原子粒子运动轨迹的插图与一片星域的图片的标注搞混了。佩奇打电话给班唐图书公司，报告了这个问题①。16

正如霍金所说："班唐的改动导致了这样的混乱，第一次印刷版本中包含了大量的错误，比如照片和图表的位置错误，或者也可以看作标注错误。因此，他们不得不把所有书召回来（未开始售卖），重新印刷。"然而，霍金对这件事的记忆显然出了问题，在美国发售的版本显然已经开始售卖了，上架日期是 4 月 1 日。而召回通知是在 4 月 3 日的报纸上刊登的，内容是告诉读者修正后的版本会有一个蓝色的封面，而不是原来的银色封面。英国版原计划在几周后上架，这也

---

① 霍金在《我的简史》（班唐图书公司 2018 年出版）一书的 96~97 页中给出了详细说明。有趣的是，这段话的措辞与凯蒂·弗格森所著的《霍金传》（纽约，圣马丁出版社，2017，第 142 页）几乎完全相同。弗格森的传记写于数年之前，目前还不清楚是霍金借用了弗格森的文字，还是弗格森采用了霍金未发表的手稿或演讲稿，甚至也可能是两者的结合。正如社会学家米亚雷特所说，当人们试图追溯霍金的一段文字的"起源"时，就会发现这样的"镜厅"。引自海伦·米亚雷特所著的《合成的霍金：霍金与有识主体的人类学》（*Hawking Incorporated: Stephen Hawking and the Anthropology of the Knowing Subject*），第 154 页，芝加哥大学出版社 2018 年出版。

许是由于霍金的错误。当班唐图书公司的销售员开始给各家书店打电话，试图把书召回时，约翰·格里宾和迈克尔·怀特表示说："令人大吃一惊的是，书店里的书已经销售一空了。班唐的高管们认为，这似乎表示这本书要大卖了。"那道闪电已经出现了。[17]

* * *

史蒂芬并不是唯一一个记错了召回细节的人。简写道："第一版不得不在最后一刻被收回，因为书中对几位美国科学家诚信问题的批评可能会引起法律纠纷。"同时，她也从这次召回中发现了一个好消息，因为"这一不幸事件也弥补了一个小小的遗漏。史蒂芬在献词页写到了我，这种公开承认非常值得赞赏，但是美国版的献词却被遗漏了"。简关于献词的说法是正确的，但对几位科学家诚信问题的批评并不是召回的原因。事实上，这几段冒犯的文字几个月后才被改动，这让那些被侮辱的同事非常恼火。[18]

霍金对这些人的攻击完全是个意外。加州大学戴维斯分校的宇宙学家安德烈亚斯·阿尔布雷克特说："我记得是保罗·斯坦哈特找到我，他说：'你一定得知道《时间简史》中的这件事。'"书中有一段话是对阿尔布雷克特和斯坦哈特的严厉指责，威胁着他们的职业生涯。事实上，它已经对斯坦哈特造成了重大伤害。"他真的在努力保护我，"阿尔布雷克特回忆道，"我记得他说，'我希望你不要为这件事担心，你还很年轻，应该去追求自己的事业，而不是担心这个。我会处理好这件事的。'"[19]

霍金指责的是他们在 20 世纪 80 年代初的一些工作，当时阿尔布雷克特还是美国宾夕法尼亚大学的博士生，而斯坦哈特是他的论文导师。那是一个宇宙学飞速发展的时代，阿尔布雷克特和斯坦哈特提出了一个重要的全新理论，名为"慢滚暴胀"（详细解释请见第 11 章），但他们并不是唯一发展了这一理论的人。霍金知道，当时就职于莫斯科列别捷夫物理研究所的物理学家安德烈·林德在几个月前就提出了类似的想法，事实上，在 1981 年的莫斯科会议上，霍金和林德还讨论了这个想法，并因此结下了梁子。

在物理学研究中，两个研究组同时提出同一个想法是很常见的。最出名的例子可能就是霍金的知名前任艾萨克·牛顿，他与德国数学家戈特弗里德·莱布尼茨同时发明了微积分。这些事件会导致当事人遭受抄袭的指责，也经常引起科学界的分裂。牛顿与莱布尼茨之争就导致了这种情况，导致英国科学家与欧陆科学家在一代人的时间里一直分裂。当同样的情况发生在慢滚暴胀理论上时，霍金变成了这场争论的催化剂。

1982 年，在斯坦哈特和阿尔布雷克特发表了关于慢滚暴胀的论文后，霍金开始向他的同事小声嘀咕，说他们两人窃取了林德的想法，他们在 1981 年年底的费城研讨会上听霍金提到过这一想法，并迅速写了一篇论文来抢功。当斯坦哈特知道了霍金的说法后，他大发雷霆，因为这种指控足以毁掉他的名誉。尽管霍金的学术地位远远超过了斯坦哈特这个新晋的助理教授，而且在学术界最负盛名的机构工作之一，但后者还是要给予反击。

斯坦哈特给霍金写了一封信，表示他清楚地记得霍金在费城会议上并没有讲述任何有关慢滚暴胀的内容，而且在这次会议之前，他们的研究工作就已经开始了。他甚至寄来了一些信件的复印件来证明这一点。霍金回复了一些和解的话语，看起来问题已经解决了，他似乎接受了斯坦哈特和阿尔布雷克特独立提出想法的事实。直到《时间简史》一书出版。[20]

早在霍金还在为他的 100 页初稿丰富内容的时候，他就插入了如下的一段话：

　　我在研讨会上的大部分时间都在谈论暴胀模型的问题，就像在莫斯科一样，但在最后，我提到了林德的缓慢对称性破缺的想法以及我对它的修正。听众中有一位是来自宾夕法尼亚大学的年轻助理教授——保罗·斯坦哈特。会后他和我谈起了暴胀问题。第二年2月，他给我寄来了他和他的学生安德烈亚斯·阿尔布雷克特的一篇论文，他们在论文中提出的观点与林德的缓慢对称性破缺非常相似。他后来告诉我，他不记得我讲述过林德的想法，他是在快完成自己的论文时才看到了林德的论文。他和阿尔布雷克特与林德共同分享了发现"新暴胀模型"的这份功劳，而这一模型是以缓慢对称性破缺的思想为基础的。[21]

　　这段话的意思很明显，而且并不算善意。霍金提出了一个严厉的指控，并且搞得满城风雨。这一指控给当事人造成了伤害，据说斯坦哈特之所以察觉了霍金说过这段话，是因为他因此失去了国家科学基金会的资助。他必须要想出对策，而且要快。这不仅是为了保护他自己的名誉，也是为了保护他的学生阿尔布雷克特的名誉。[22]

　　对斯坦哈特来说，幸运的是，他的学生清楚地记得1981年在费城德雷塞尔大学举行的那场重要的研讨会。"那是我第一次见到霍金，"阿尔布雷克特说，"而在霍金发表演讲时，德雷塞尔大学的一些学生录了视频。我记得我当时印象很深，他们应该是来听科学报告的，但却在现场摆弄一些小机器。"没想到阿尔布雷克特在1981年对德雷塞尔的学生们的恼怒，在1988年霍金的指控出现后，却变成了一种感激之情。"保罗快气疯了，他说《时间简史》里写了这件事'，我告诉他说：'好吧，但是你知道，这件事是有录像的'。"斯坦哈特设法找到了录像带的副本，其中根本没有提到林德的慢滚暴胀理论。他又给霍金和班唐图书公司寄去了一份副本，并且把这件事告诉了《新闻周刊》。当时《新闻周刊》正准备对霍金和他的新书做封面报道，当记者要求班唐图书公司做出回应时，出版商宣布这段惹起争议的文字将"从今后的版本中删除"。[23]

但是，霍金本人并没有道歉。后来，他为了安抚一位与斯坦哈特关系密切的宇宙学领域的朋友，才主动给一家物理学期刊的编辑写了一封信，表示公开道歉。[24] 这封信出现在 1989 年 2 月刊的《今日物理学》杂志上，内容摘录如下：

> 有些人在解读这段话的时候，认为我在暗示保罗·斯坦哈特和安德烈亚斯·阿尔布雷克特剽窃了林德的想法。事情完全不是这样。我一直认为，斯坦哈特和阿尔布雷克特完全是独立提出慢滚暴胀的想法的。而且我现在看到了研讨会的录像带，虽然不是很完整，但它显示我并没有提到林德的想法……如果有些人从我写的东西中得到了错误的印象，我非常抱歉。[25]

也就是说，大家所认为的谴责都是因为误解了霍金写的内容。"这是一种非常巧妙的引导。他提到了德雷塞尔的录像带中的一处空白，"阿尔布雷克特说，"这可能和露丝玛丽·伍兹不小心擦掉磁带一样……这只是整个过程中的一个很小的空隙①。"他摇了摇头接着说，"面子，他只是想挽回面子。"[26]

之后的许多年里，霍金偶尔会狡猾地提到这件事，以表明他的明确立场。"我只想说，1981 年 10 月我在莫斯科拜访安德烈·林德时，第一次听到了这个想法……"他在 2008 年的生日宴，也是一次物理

---

① 露丝玛丽·伍兹是美国前总统理查德·尼克松的秘书，据说，水门事件录音带中 18 分钟半的神秘空白就是她造成的。

学会议上对一群宇宙学家这样说道，"我再次强调，我不想争夺这件事的功劳，也不想挑起争端。我把这个问题留给诺贝尔奖委员会去解决。"在某些小圈子里，斯坦哈特的名声一直没有恢复，比如在霍金所钟爱的美国加州理工学院（柏林墙倒塌之后，林德也在这里落脚）。加州理工学院的超引力理论学家丹尼尔·Z. 弗里德曼与霍金、林德以及林德的妻子雷娜塔·卡罗希（卡罗希也是加州理工学院的一名顶级物理学家）关系密切，他说："我认为，作为一名科学家，斯坦哈特做得并不好。"不过，他很快又补充道："但是，他在其他领域做了一些非常非常好的工作。"[27]

"我一直觉得（霍金）很凶，这让我在他身边的时候会变得有点儿小心翼翼。谁知道他接下来要做什么。所以，确实会有影响，但是我会试图尽量避免受到这种影响，"阿尔布雷克特说，"我的态度是，人就是会做这种事情。"

阿尔布雷克特可能不知道，他的话与他的导师在 30 多年前，即 1988 年，对《新闻周刊》的陈述如出一辙。"霍金是一位杰出的物理学家，"斯坦哈特曾经这样说，"但是他不是神，他只是一个人。"[28]

* * *

随着时间的流逝，《时间简史》一直畅销不断。自从爱因斯坦以来，还没有出现过这样的理论物理学家，他的作品被《时代》杂志介绍，他的故事登上了《新闻周刊》（当年，那些杂志还极富影响力）的封面。出版界没有人见过这样横空出世的闪电，他们越来越把霍金看作一尊神，或者至少是个摇滚明星，但霍金显然不是神。

在芝加哥，霍金的两位超级粉丝——苏珊·安德森和比尔·艾伦，印制了 500 件印有"史蒂芬·霍金粉丝俱乐部"字样的 T 恤衫，瞬间售罄。于是两人又加印了一些。两个月内，大街上的 T 恤衫数量猛增到 8 000 件，并出现在城市的各个角落。安德森和艾伦开始收到来自世界各地的购买申请，甚至还包括剑桥大学的某位物理学家，他想要中号和大号的。[29]

在这股狂热浪潮的高峰时期，一名芝加哥的中学生承认，他的 T 恤衫引起了同学们的困惑。"我的一些朋友看到这件 T 恤衫时，会问：'这个霍金是哪个摇滚乐队的？'"他告诉《人物》杂志说，"更糟糕的是，我有朋友声称他们有霍金的最新专辑。"[30]

起初，霍金并不完全了解他的书让他变得多么出名，或者说他的出名意味着什么。据拉弗兰姆介绍，《时间简史》刚出版之后的那个冬天，史蒂芬决定以这本书为基础，给剑桥大学的本科生做一系列讲座，一共 8 场，每场讲一章。

第一次讲座之前，拉弗兰姆到霍金家里接他，但他的心情很糟糕。"史蒂芬很不高兴，他的脾气很暴躁。我做的每件事都是错的，所以我停下来对史蒂芬说：'是我没有用正确的方式把你放在椅子上吗？还是厕所上得太晚了？或者茶水太热或太冷了？到底怎么了？'"拉弗兰姆回忆说，"他皮笑肉不笑地看着我说：'我在担心我的讲座。'他说，'我担心没人来。'"[31]

很快，出发的时间到了。这两位物理学家穿过校园，来到了报告厅。"我们从后门进入大楼里，那边楼梯不多；随后我们进入了大厅，里面被挤得满满的，到处都是人。人们坐在楼梯上，这可能不符合消防安全规则，"拉弗兰姆说，"突然间，史蒂芬露出了一个大大的笑脸。这个笑容告诉我，即使是他也没有想到场面会这样火爆。"

不管怎样，霍金都成了一个名人。在剑桥当地，霍金经常坐着他的轮椅在街上横冲直撞，那些经常差点儿撞到他的本地人现在也认可了他的名望。而且，突然间，他也变得十分抢手，各种庆典、讲座、节日活动纷纷向他发出邀请。白天，他被香槟酒和三文鱼招待着，护士小心翼翼地喂他吃东西；而晚上，他就坐在轮椅上，在舞池中疯狂地转圈。他以前的学生拉斐尔·布索说："他很鲁莽，驾驶着轮椅到处跑，还在派对上坐着它跳舞。"更加广为人知的是，他把他的轮椅当作武器，据说如果在他前面走得太慢，就可能被撞到，如果汽车挡住他的路线，也可能被撞；他还碾压过查尔斯王子的脚趾，以及其他一些他不怎么喜欢的人的脚趾。"这是一个充满恶意的谣言，"2000 年，霍金告诉记者，"谁再这么说，我就要去撞他。"[32]

现在，在《时间简史》出版后，他有机会接触到世界上最富有和最有名的那群人的脚趾。拉弗兰姆还记得一位电影明星的一次极其丢脸的访问。"有人走进我的办公室，说'雪莉·麦克莱恩要来了，史蒂芬很担心'，"他说，"'他不想和她单独在一起。你能过来和我们一起吃午饭吗？'作为一个学生，有免费的午餐真的很棒。我不知道这名演员是谁，不过这可能是一件好事。"拉弗兰姆召集了几个学生到学院附近的一家小餐馆里，和霍金一起等待麦克莱恩女士的到来。"她终于来了，她一直在述说她是多么荣幸见到这个伟大的人，还去摸他的手，但是我看得出史蒂芬比较抗拒这一切。"他继续说道，"然后，她在那里说着思想、能量，还有一些别的，我们所有人都在翻白眼。"其中一个学生灵机一动，拿起一把勺子，在桌子底下掰弯了，再递给旁边的同学。"于是，我们都突然掰起了勺子。我记得她当时表现得张牙舞爪。"而简最大的抱怨，就是麦克莱恩很没礼貌："她只和史蒂芬说话，根本不理会我们其他人。"[33]

名气会带来粉丝，也带来了反对者。一些评论家称赞霍金的书行文清晰，也有人表示完全读不下去。就连该书的英国出版商马克·巴蒂-金当时也承认，这本书"由于主题的原因，我个人觉得相当难读，但我认为它具有巨大的吸引力"。在写作圈，霍金的这本巨著很快被称为"史上最难读的畅销书"。[34]

霍金很清楚，有些人购买了《时间简史》，但是"不会去读它"。"他们只是把它放在书架或茶几上，以这种方式拥有它，却没有花精力去理解它。我确信这种情况会发生，但我不知道这是不是比其他大多数严肃书籍的情况更甚，比如《圣经》和莎士比亚的书。"他写道，"但另一方面，我知道，至少一些人一定读过它，因为每天我都会收到一大堆关于我的书的信件，很多人都问了问题或给出了详细的评论，这都表明他们读过这本书了，即使他们并不能完全理解。也会有陌生人在街上拦住我，告诉我他们有多喜欢这本书。"这种批评其实一点儿也不刺耳，但另一次评论却非常伤人了。[35]

1998 年 10 月，《纽约》杂志刊登了一篇关于出版业的长篇报道，结果变成了对班唐的恶意攻击：

> 像《时间简史》这样晦涩难懂的书，为什么可能成为今年最畅销的非虚构类图书？我相信答案很简单，班唐图书公司也许是美国出版界中最擅长做畅销书的。而且它知道，在这种情况下，保证图书畅销的唯一办法就是利用霍金的病情来宣传他的书。这种方法说得好听一点儿是无关紧要，说得难听一点儿就是可耻的……
>
> 封面近 1/3 被一张霍金坐在轮椅上的照片占据。"在被肌萎缩侧索硬化困住的这 20 年里，占据着轮椅这个制高点，"班唐图书公司的宣传语这样写道，"霍金教授改变了我们对于宇宙的看法。"
>
> 对一名非小说类作者来说，这样的利用比较少见。我敢说，除了自传或者传记之外的任何非小说类书籍，班唐图书公司都不会在封面印上作者的照片。即使是出版了几本关于宇宙学和宇宙的书籍的卡尔·萨根，也从未在书的封面上印上自己的照片。[36]

　　这也是霍金形象的核心，即他作为一名物理学家、一名科学传播者、一个人与命运和疾病的抗争。它一击中的，但霍金否认了所有利用他的疾病的行为。"毫无疑问，关于我如何在残疾之后仍能成为理论物理学家的故事充满了人情味，也确实（对这本书的销售）有帮助。"霍金写道，"但是，因为这些故事而购买本书的人可能会感到失望，因为书中只有几处提到了我的病情。这本书的目的是讲述宇宙的历史，而不是我自己的历史。班唐图书公司被指责利用了我的病情，而我也配合了他们，把我的照片放在了封面上。事实上，根据我的合同，我无权参与封面设计。"[37]

　　"天哪！利用？那不是意味着有人要吃亏吗？"古扎尔迪撇撇嘴，"史蒂芬是一个了不起的代言人，他身患重疾，身体残疾。但他并没有吃亏。事实上，他喜欢聚光灯，喜欢登上封面……但我可能只是在某种程度上不太敏感。"事实上，古扎尔迪对霍金的困境感到非常同情。"我小时候得过小儿麻痹症，"他说，"所以，我觉得我已经习惯了有人以某种方式对我进行诋毁或者利用我。"[38]

　　西蒙·米顿是霍金的一个朋友，他也想购买《时间简史》的版权，但出价低于班唐图书公司。他对这件事的看法略有不同。米顿认为，班唐从一开始就试图利用霍金的残疾来提高销量，但霍金对这次交易完全知情。"他接受了班唐图书公司的做法，"米顿说，"他需要钱，而他也接受了出版商为赚回本钱而采取的做法。"[39]

*　*　*

　　在《时间简史》问世之前的几年，媒体就已经开始关注霍金了，并且以他为主题做了几篇重要报道，比如《名利场》《纽约时报》等主流杂志的报道，甚至还出现了一本名为《霍金的宇宙》的短篇传记。《时间简史》让他更上一层楼，媒体已经无法满足他的需求了。正如大家所发现的那样，霍金很擅长采访，而且越做越好。

霍金具有成为媒体明星的完美特质，他的机敏和低调的幽默使他无时无刻不受到记者们的欢迎，哪怕是站在对立面的记者们。最重要的是，他的残疾让他获得了只有一线名人才会有的待遇：一张提前准备好的问题清单。不过，一段时间后，大家发现即使是这种优待也没有多大意义，因为大多数记者的提问都是意料之中的，这点非常令人沮丧。霍金会从他的电脑图书馆中选择以前的回答，或者从他的演讲中选取一部分，只做稍加修饰。他每次都能给出一个听起来完全即兴的妙语，就像 1990 年接受《花花公子》的采访的场景：

记者：……你能给我们讲讲，在对宇宙的奥秘产生兴趣之前，你的早期生活是什么样的？

霍金：好的。我出生于 1942 年 1 月，距离伽利略去世整整 300 年。我出生在牛津，但是我父母的家在伦敦，战争期间，牛津是个暂居的好地方。

记者：伽利略因为他的宇宙理论，被天主教会以异端邪说的罪名审判和监禁。你和他有什么共同之处吗？

霍金：是的。不过，据我估计，还有大约 20 万婴儿也是在同一天出生的。（微笑。）我不知道他们中是否有人后来也对天文学感兴趣。[40]

虽然这看起来像是一次急中生智的随意交谈，但事实并非如此。他其实在通过这种极其巧妙的方式来塑造自己的形象。

将自己的生日与伽利略扯上关系，这看上去有点儿蠢，也没有逻辑，霍金自己也这样认为。然而，牛顿传记的作者很快就指出，牛顿这位万有引力的发现者正是在伽利略去世的那一年出生的。你甚至都不必相信转世轮回，也能理解其中的象征意义。牛顿是伽利略的思想传承人，霍金以一种巧妙的手法，挖掘了这种意象，也嘲笑了认为这种巧合没有任何意义的人。在意识层面，读者被霍金的幽默和谦逊所打动；而在潜意识里，他们会自动把他与伽利略相提并论。

这并非偶然为之。在1987年的一次演讲中，霍金也使用了同样的措辞，只是顺序略有调整：

> 我出生在1942年1月8日，正好距伽利略去世整整300年。不过，据我估计，同一天还有大约20万婴儿也出生了。我不知道他们中是否有人后来也对天文学感兴趣。我是在牛津出生的，但我的父母住在伦敦。这是因为在第二次世界大战期间，牛津是一个适合出生的好地方。[41]

多年来，他在各种演讲和采访中以及在关于他的电影中，多次讲述了这个故事。它几乎一字不差地出现在他2013年的自传中，甚至在2018年年底出版的书中。这个小故事相当于公共关系中的鲨鱼，异常高效地达成了自己的目标，不再需要任何演化。[42]

霍金一直坚持认为《时间简史》是一本关于物理学的书，而不是关于物理学家的。但他意识到，媒体或者公众其实更喜欢去了解关于人的故事。因此，当一个制片人提出要将他的书拍成电影的时候，不仅对于霍金而言，而且对于电影制作人而言，出现了两难的局面。

"任何一名制片人都会认为，如果你有一项知识产权，那就应该把它变成作品。我认为，不是所有人都知道如何做这件事。"导演埃罗尔·莫里斯说，"一开始，我也不知道要做什么。不久之后，我才决定，我可以尝试拍一部电影，我知道我应该怎么做。"[43]

　　史蒂芬·斯皮尔伯格担任该片的执行制片人，也就是掌管钱包的人，并很快确定了导演人选。埃罗尔·莫里斯曾执导过几部广受好评的纪录片，其中包括《细细的蓝线》，该片使一名被误判有谋杀罪并被关进死囚牢房的人最终成功获释。但他们选择莫里斯的原因是，莫里斯曾有志成为一名历史学家和科学哲学家，并接受过相关的系统教育。他不仅希望去探索人类获取知识和寻求真理的道路，而且像霍金一样，他也排斥现代科学哲学的某些内容。（在美国普林斯顿大学，莫里斯惹怒了著名科学哲学家托马斯·库恩，库恩甚至把一个烟灰缸扔向了莫里斯。）然而莫里斯很清楚，关于霍金的真正故事不可能仅仅是关于物理学的。他在 2019 年这样说过：

　　　　天才的标志之一就是他做的事情总是出人意料，全然不同，独一无二。关于霍金的情况，我想说的是，争论的焦点从来就不是他的研究与个人经历，我认为不应该以这样的方式来看待他。他创造了一种人设，一种综合了这一切的人设。我不是要贬低他的科学研究，你知道，霍金辐射的发现或他的任何一项发现，在数学物理学领域都堪称伟大。但是，是什么给他带来了超越其成就的名望呢？正是这种学术研究与个人经历的奇怪综合使得他与众不同，独一无二。[44]

　　这不是霍金的本意。"我的意思是，霍金有时对我很恼火，因为他一直说，要聚焦于科学。"莫里斯说，"但是我说，这是从那本书改编来的。好在最后他很喜欢这部电影。"[45]

　　简比较难以说服。"我非常努力地想说服简·霍金出演电影，但是她没有答应。"莫里斯回忆说，他来到霍金家吃晚饭，提到自己会拉大提琴①，主人立刻拿出一把大提琴和福雷的《悲歌》的乐谱递给了这位惊讶的导演。"福雷的《悲歌》并不难，虽然不容易，但也没有难到不能完成的程度。如果我一直在练习的话，倒也没问题，但我很久没有练习了。"他说，"有一次我跟史蒂芬说，如果那天我演奏得好一点儿，她也许就会同意出演这部电影了。"②,46

没有简，电影依然可以完成，因为霍金的许多朋友和家人都决定参演，包括史蒂芬的母亲伊索贝尔。但如果没有史蒂芬·斯皮尔伯格，这部戏就无法继续下去了。斯皮尔伯格对莫里斯的做法也极为不满。按照莫里斯的说法，斯皮尔伯格的设想显然更接近于雷·伊姆斯和查尔斯·伊姆斯的作品《十的次方》，其目的是向观众表达一种从亚原子尺度到超星系等各种尺度的对自然的敬畏。要不是斯皮尔伯格的搭档凯西·肯尼迪从中调解，斯皮尔伯格早就炒掉莫里斯了。最后，斯皮尔伯格还是将他的名字从电影片尾撤了下来。

这部电影花费了300万美元，这在当时算是一部相当昂贵的电影，尤其是对于一部纪录片来说。莫里斯在英国的埃尔斯特里工作室完成了对大部分采访音频的处理，以便捕捉到更高质量的音频。但这意味着要在片场复制一个霍金办公室。莫里斯的制作设计师——泰德·巴法鲁科斯，完美地复制了他的办公室，每一个微小的细节都不放过，包括挂在墙上的玛丽莲·梦露的海报。

在拍摄过程中，莫里斯拍摄了一系列不同角度的霍金，就像一本字典一样全面，以便后续可以对它们进行剪辑或者加上配音。而这

---

① 莫里斯曾跟随枫丹白露学派学习，师从法国作曲家纳迪亚·布朗热，并认识了作曲家菲利普·格拉斯，后者为他的许多电影配乐，包括《时间简史》。

② 对莫里斯来说，《时间简史》开拍的时机十分糟糕。1989年年底至1990年年初，正逢霍金夫妇婚姻破裂的阶段。简拒绝出演影片，正是对史蒂芬搬出家门的第一个反抗行为。

都要归功于霍金的语音合成器，导演得到了霍金的许可，可以直接使用合成器的副本。莫里斯的镜头中包含对霍金眼睛的特写，他捏着电脑鼠标的手的特写，还有他的面容倒映在闪烁着字句的电脑屏幕上的特写，导演从一个基本动不了的人身上挖掘出了最大的活力。霍金对最终的成片感到很激动（他感谢导演让他的母亲成为一个电影明星），莫里斯也是如此。"如果你以某种方式抓住了采访对象的复杂性，并且在某种程度上，不用全方位地，只是在某种程度上，创造了一个复杂的人物形象，那么这就是一个很好的采访。"他说，"而我确实认为《时间简史》成功刻画了一个复杂的人物肖像，并且抓住了我认为这本书真正有趣的地方。"即使在 30 年后，莫里斯还在深情地回味着这部电影。"我并不会一直很满意自己的作品，通常我都不怎么喜欢它们。但我确实喜欢《时间简史》。"莫里斯说，"而且我很崇拜霍金。我讨厌很多人，但他是一个例外。"[47]

* * *

超新星爆发指恒星被点燃并爆发出耀眼光芒的时刻，它的光芒照耀了整个星系。而霍金那本受到狂热追捧的畅销书将这位科学家变成了一个公众人物，他的背景故事也使他被全球数十亿人所喜爱。在此之前，他只是一名研究神秘难题的极其聪明的科学家；而此后，他成为第一位可以与爱因斯坦相提并论的科学名人。在此之前，人们需要通过霍金对物理学的研究来了解他；而此后，他的名人光环几乎完全掩盖了他在物理学上的成就。

这是一种怎样的名望啊！1988 年秋天，霍金成了一名超级巨星，不仅在英语世界，在国际上也享有盛名。无论走到哪里，人群都围绕着他。同年 10 月，当他飞往西班牙参加《时间简史》西班牙语版发布会时，会场内人山人海，座无虚席；而当他的轮椅经过时，人群中自发地爆发出掌声。"他很善于聚焦全场的目光。"若干年后，他的学生拉斐尔·布索说，"他说的每一句话都被记录下来，成为报纸的头条。你知道，他很喜欢这样，他非常享受这种事情。"[48]

陪同史蒂芬一起去西班牙的，还有简和他们的小儿子蒂姆。简比较不善于应对这种场面。"如此多的突如其来的关注既让人欣喜，又让人不安。"她后来写道，"在公众的视线中，我会感到不自在，也会不自觉地注意到自己的走路方式，是不是抬头挺胸了，甚至还会注意微笑的方式。然而，围观的人群和摄像师对蒂姆和我并不十分感兴趣，常常因为着急拍摄史蒂芬而把我们推开。所以对于我们来说，混入人群中不被发现，这件事并不困难。"即使在家里，简也觉得自己无处可逃。自从霍金做了气管造口术之后，一支至少包括 6 人的护士团队就 24 小时不间断地照顾史蒂芬，光是这一点就使家里没办法安静。而现在，媒体和史蒂芬都想要采访霍金，这也成了家庭关系紧张的根源。"家里一直有护士，这已经够糟糕的了。现在还要有电视摄像机和记者，这个家再也不会有隐私了。"简写道，"我的意见无关紧要，毫无意义。恰恰相反，这反而成了我对这位天才不忠诚的又一证据。"11 月中旬，简在法国挑选了一处房产，在那里，她和史蒂芬以及孩子们，还有乔纳森，可以"重新团聚并和谐相处，暂时是这样"，远离媒体刺眼的聚光灯。[49]

这不是一种正常的妥协。20 世纪 70 年代末，简与一位唱诗班指挥乔纳森·赫利尔·琼斯（其妻子因为白血病刚刚去世）成为朋友。这种关系迅速发展，琼斯起初只是给年幼的露西上钢琴课，后来发展到晚饭后他也会留下来帮忙，再到帮助做更多的事情。

史蒂芬同意了这一切："我本来是反对的，但我觉得自己活不长，我走后需要有人来养育孩子。"但简的说法略有不同："他似乎很高兴，终于有一个人可以缓解我的不安情绪了，这样他就有时间去从事更重要的物理学研究了。"但无论如何，乔纳森都成为对简来说一个重要的人。实际上，他已经是这个家庭的一名固定成员了，而且几乎可以肯定的是，当史蒂芬最终离世的时候，乔纳森将会取代史蒂芬的角色。这是一个微妙而敏感的安排，需要非常谨慎，才能不让史蒂芬难堪。即便如此，不少了解当时情况的人都回忆说，不仅史蒂芬和简在一起吃饭，简的情人也在饭桌上，这是多么尴尬的事情啊①。[50]

1985 年，当史蒂芬进行气管造口术的时候，他们已经这样"妥协"了 7 年，而且几乎可以肯定的是，没有人想到会这么久。但是，插入史蒂芬喉咙里的管子意味着他需要 24 小时的护理，护士团队打破了这个家庭脆弱的平衡。对于简来说，他们"窥探的眼睛、伸长的耳朵和八卦的舌头"让她觉得，她和她的孩子们成为"二等公民，好像我们位于这个家庭的最底层，位于梯子的最底端。而在梯子的顶端是他们这些南丁格尔——上帝派来的天使"。她写道："中间还有几个阶层，比如学生、科学家、计算机工程师，他们的地位显然都比我们重要。"这之后不久，简经常做噩梦，梦见自己被他们活埋了。[51]

在她的梦里，挥动着最大号铁锹的护士是伊莱恩·梅森。伊莱恩当时的丈夫戴维·梅森曾参与设计了史蒂芬轮椅上的计算机系统和语音合成器，她也通过丈夫的关系认识了霍金夫妇。作为一名专业护士，她加入了霍金的护理团队。很快，史蒂芬就喜欢上了她的陪伴。

---

① 简没有明确透露，她与乔纳森的关系是何时转变的。从她回忆录的字里行间可以看出，她主要在意的并不是对丈夫的忠诚，而是保持谨慎。这样做一部分原因是出于对史蒂芬的善意，但同时也是担心造成尴尬的情况或者被人说成是伪善。尽管她很谨慎，但是霍金的许多来访者都认为乔纳森是简的情人。

伊莱恩也同样对史蒂芬产生了这种感情。"伊莱恩一有机会就主动和史蒂芬一起旅行……"简写道，她惊奇地发现，当伊莱恩把自己的丈夫和孩子长期丢在家里时，她并没有感受到"巨大的痛苦"。伊莱恩与简的性格截然相反，前者张扬多变，后者却稳重矜持。也许正是因为如此，史蒂芬与这位护士燃起了爱情的火花。简后来写道，她不介意两人之间的肉体关系，尤其是考虑到她自己和乔纳森的情况，她只要求两人谨慎处理他们之间的关系，且不能对自己与史蒂芬的关系构成威胁。但是，随着时间的推移，简开始相信，伊莱恩正试图破坏这段婚姻。"无论是在公开场合，还是在家里，她似乎一有机会就想取代我的位置。有时候模仿我，有时候暗中破坏我的威信，还经常炫耀她对史蒂芬的影响力。"简写道，"护理轮值表由她全权安排，并且完全有利于她自己，所有的反驳都是无效的，任何意见都会汇报给史蒂芬，而我也会因此受到责难。"她还说，她向英国皇家护理学院提出的申诉完全无济于事。[52]

在这种突如其来的成名到来之前，简和史蒂芬的关系就已经开始破裂，甚至影响到了剑桥大学的教职工。不过在 1988 年 4 月《时间简史》出版之后，巨大的裂痕开始呈现在公众面前。

在 1989 年 BBC 的纪录片《宇宙主宰》中，这种裂痕表现得更加明显。表面上，这部纪录片内容欢快，呈现了史蒂芬所有深受公众喜爱的特质，他的天才、他的毅力和他的谦逊。但影片最后，当他和简给躺在床上的蒂姆盖好被子时，他的语音合成器输出了一段旁白。"我得到了许多帮助，这表示我的残疾并没有影响我的发展。"他说，"我有一个美满的家庭，我的研究事业很成功，我还写了一本畅销书。我别无所求。"

在剧本之外，镜头捕捉到了这段即将结束的婚姻。有些细节很微妙，比如早上离家前，简并没有俯身给史蒂芬一个吻，只是摸了摸他的头，还在他头上拍了两下，像是对待一只爱尔兰长毛猎犬，而不是丈夫。有些事情显而易见。简说，她觉得自己与史蒂芬所获得的那些奖项和荣誉格格不入，它们在史蒂芬和家人之间形成了一道墙。"我不是史蒂芬的附属品。但是，当我们一起参加一些官方聚会时，我强烈觉得自己就是。"她似乎强忍着泪水解释道，"我的意思是，有时候我甚至得不到介绍，只是跟在霍金的身后。"露西当时还是一个活泼的女孩，即将中学毕业，她的讲话也许是全片中最精彩的时刻。"我不像他那样固执，我也不想成为那种固执的人。"她说，"而且我没有他那样的坚定意志，他会不计代价地去做他想做的事。我想，处在他的位置上，你必须具有这样坚定的意志，真的。"

史蒂芬最荣耀的时刻，正是他的家庭承受最大压力的时刻。1989年仲夏，《时间简史》上市一年多以后，各种荣誉接踵而至，由此引发的一系列事件却最终导致了他的婚姻的结束。

6 月 15 日，史蒂芬获得剑桥大学荣誉学位。剑桥大学很少会以这样的方式来表彰自己的一名雇员，因此也算是一件大事了。王夫菲利普亲王以剑桥大学名誉校长的身份出席了典礼。正如简在自己的回忆录中所写的那样，亲王在路过霍金身边时问道："自带动力驱动的，是吗？""是的，"简回答道，"小心你的脚趾！"[53]

第二天，更高的荣誉到来了。每年 6 月，女王都会公布一份名单，列出即将被授予爵位和其他公民荣誉的人。6 月 16 日，全世界知道了史蒂芬·霍金成为"荣誉勋爵"的消息，他成为大英帝国在艺术、科学或政治方面做出独特贡献的 60 多位杰出人物中的一员。几周后，简和史蒂芬在白金汉宫觐见了王室。当这对夫妇呈上一本印有霍金指纹的《时间简史》时，女王问了一个让人摸不着头脑的问题："这是对他的研究工作的大众化描述吗？即使是一名律师，是

不是也可以理解？"①、54

第三项荣誉是 6 月 17 日为史蒂芬举办的慈善音乐会。乔纳森是剑桥巴洛克音乐团的指挥，该乐团近期失去了赞助。早在 5 月，简就意识到，如果乔纳森举办一场音乐会，既可以向史蒂芬致敬，又可以为运动神经元疾病协会等慈善机构筹款，同时还能提升乐团的形象，并为其找到新的赞助商。史蒂芬同意了，但在当天，这场由他妻子的亲密伴侣所指挥的音乐会还是让他耿耿于怀。简写道，史蒂芬"很紧张，也很不满。乔纳森和乐团抢了他的风头，而他对这件事的怨恨之情似乎也影响了他对音乐会的看法"。据简说，在随后的争论中，史蒂芬尖锐地提醒她，由于"荣誉勋爵"并不是一个世袭头衔，所以她"完全没有份儿"。55

简以最快的速度与蒂姆逃离了这个家，搬到了位于法国的新家，在那里她可以"躲避外界的暴政"。几周后，她希望能化解这种局面，于是邀请大家前来做客。她不仅邀请了乔纳森和史蒂芬，还邀请了梅森一家，包括戴维和伊莱恩以及他们的孩子。正如简所说：

> 虽然我无意干涉伊莱恩和史蒂芬之间可能已经形成的美好的感情，但我想她也要知道，我们之间的关系是建立在这种微妙的团队合作的基础之上的……我还天真地以为，如果她意识到我和乔纳森并没有睡在同一个房间里，也没有肆意放纵，她就会学会

---

① 女王伊丽莎白二世也不怎么爱读书。作家瓦莱丽·格罗夫写道："她通常只是翻翻书，但不怎么去深入理解。在所有关于她的书中，没有一本表明，阅读在她的生活中扮演了什么重要的角色。"（20 世纪 80 年代末，格罗夫参加了一个小组，为王室成员推荐书籍。）但事情不是绝对的。1988 年夏天，查尔斯王子将《时间简史》列入他的书单前列。引自瓦莱丽·格罗夫的《皇室今年夏天读什么》（*What the Royal Family Will Be Reading This Summer*），刊载于 1988 年 8 月 28 日的《星期日泰晤士报》。

尊重我们的这种妥协，使我们能够一直照顾史蒂芬和孩子们，无论以哪种方式。[56]

但是，这种妥协被打破了。史蒂芬和伊莱恩对简和乔纳森的敌意越来越强烈。大家达成的唯一一点共识是他们都无视戴维·梅森，而戴维发现自己在婚姻中只是一个备胎。从某种程度上说，戴维仍然处于霍金的束缚之中。"他只要抬一抬眉毛，你就要为他东奔西跑。"后来戴维告诉《人物》杂志说，"他总是利用别人。"即使在伊莱恩为了史蒂芬离他而去之后，他还是继续为史蒂芬提供技术服务。[57]

史蒂芬很清楚地表明，他并不喜欢法国的乡村生活，气氛也随之越来越紧张。几天之内，一场关于史蒂芬如何对待一名护理人员的争论升级，引爆了多年积累的怨恨。简写道："辱骂、仇恨、渴望复仇的火焰从四面八方向我扑来。"史蒂芬和梅森一家回到了英国，将受到重创的简留在了法国，等待这个"迷路的孩子"恢复理智。然而，当简最终在 9 月回到英国时，史蒂芬宣布他要搬去和伊莱恩同居。[58]

一直以来，简和史蒂芬一直保持着他们的婚姻关系。即使当夫妻感情慢慢转变为亲情时，他们的婚姻关系也依然存在。甚至在霍金的替代者静候一旁，并开始承担一些作为丈夫和父亲的职责时，他们的关系都没有变。

宗教问题上的分歧也没有使这段关系完全破裂。尽管简和史蒂芬在哲学和神学问题上存在着严重的分歧，但这种情况由始至终都没有什么变化。也许唯一的例外是，公众突然关注他关于上帝的想法了。简似乎认为史蒂芬的无神论是导致她婚姻破裂的一个主要原因，她也总是想这样表明。记者布赖恩·阿普利亚德后来写道，在 1989 年的一次采访中，他对简主动说出她的不满而感到震惊，当时她"在我打开录音机之前，就开始激烈地批评她的丈夫。她有宗教信仰，而他没有。事实上，他是激进的宗教反对者，他对她的信仰充满愤怒，并且无法容忍。他不愿与她那些虔诚的朋友共处一室。"即便如此，试图解除这段婚姻关系的人是史蒂芬，而不是简；而且对于史蒂芬来说，简的宗教信仰仅算是一种娱乐手段而已，给了她一点儿优越感，根本无关紧要。简对两人在宗教态度上的分歧感受更深，却希望保持婚姻的完整。而且，史蒂芬要娶的女人伊莱恩比简更加虔诚，甚至表现得更加明显①。[59]

扼杀他们这段婚姻的不是宗教，而是霍金全家开始逐渐以史蒂芬为中心这件事。先是护理团队为这位病人的福祉而献身，然后是记者、社会名流和忠实的粉丝围绕在这位横空出世的畅销书之神的面前。史蒂芬和简之间的感情破裂并非巧合，正发生在史蒂芬取得最大胜利的时刻。

"胜利（triumph）"一词原指古罗马元老院授予得胜归来的将军的一种特殊荣誉。他们会在城市的街道上举行一次盛大的游行，得胜的将军会坐在一辆由4匹马拉着的特殊战车上，走在队伍的最前面。在同一辆车上，将军身后不远站着一名奴隶，扶着将军头上的金冠。那名奴隶还有一项任务，即当凯旋的队伍在欢呼的人群中穿行时，他会

---

① 简的信仰比较保守，而伊莱恩比简更喜欢传播福音。事实上，伊莱恩确信，在她处于绝望的时候，在英国的一个"寒冷、与世隔绝"的海滩上，上帝曾给她提供了指示。当时从她的内心深处传来了一个响亮的声音，这个声音高声喊道："我在这里，我为了你被钉死在十字架上，因为我想用我的爱包围你。"史蒂芬似乎不介意伊莱恩的宗教信仰，"实际上，我会和史蒂芬分享我的信仰，他经常会笑着说，他不介意排在上帝的后面。"引自伊莱恩·霍金的《伊莱恩·霍金的洗礼见证》（*Baptism Testimony of Elaine Hawking*），2018年4月发表于网络，网址为：https://archive.org/details/chipping-campden-baptist-church-513231/2018-04-01-Baptism-Testimony-Elaine-Hawking-Elaine-Hawking-46453311.mp3。

在将军耳边低声说："看看你的身后，你只是一个凡人。"[60]

正如简在1989年告诉阿普利亚德的那样，她的角色不再是史蒂芬的看护，而是"要时刻告诉他，他不是上帝"。在这个世界上，最关注史蒂芬的生死的人还是史蒂芬·霍金。[61]

第 10 章

时间之箭

（1981—1988）

　　圣彼得大教堂后面不允许游客进入，在那里，鹦鹉的鸣叫取代了人群的嘈杂。梵蒂冈的地面是绿色的，这种绿让人无法抗拒，花园和喷泉都一尘不染，各种各样的树木林立。一座小楼盘踞在小山顶部，里面是古地中海地区众神之母西布莉的雕像，它看起来更像一座异教徒的庙宇。楼内的墙壁上是塞涅卡和西塞罗的名言，墙壁和天花板上布满了色彩明亮的壁画，没有壁画的地方也几乎全部铺满了各种颜色的大理石块，整个地方雍容华丽。

　　每隔一年，来自世界各地的知名人士都会聚集在这座小楼里，就科学问题向教皇提出建议。与其他国家一样，梵蒂冈这个城邦也拥有一个科学咨询委员会，也就是宗座科学院。霍金曾是该委员会的嘉宾，并在几年后被任命为委员会委员①。

　　这次会议的主题是宇宙学，而霍金的演讲主题也让人印象深刻："……时空有界无边的可能性意味着它没有开始，也就不存在创世的那一刻。"这位物理学家在《时间简史》一书中也提及了这次会议。"我不想和伽利略遭遇一样的命运。我对他有着强烈的认同感，部分原因是我恰好是在他去世整整 300 年后出生的！"[1]

　　霍金当然是在开玩笑，但在这次梵蒂冈会议上，这位物理学家所提出的一些大胆、激进、极富争议的观点，可能让教皇感到相当不舒服。霍金所提倡的无边界假设，让造物主的地位受到了动摇，宇宙的运动规律似乎也无须一种预置的原动力。就像我们不需要一个钟表匠来上紧宇宙的发条一样，我们也不需要上帝。

　　霍金认为，无边界假设是他对物理学的最大贡献之一。但其他科学家并不完全赞同这一说法。即使经过数十年的努力，霍金和他的合作者都没能说服学术界的其他同行对这一假设重视起来。但是，无边界假设具有某种优雅的美感，这种美对于那些相信自然界的基本规律必须是优美且激烈的人来说还是相当令人信服的。

＊　＊　＊

　　20 世纪 80 年代初，霍金对宇宙学领域充满了乐观，产生了一堆

---

① 霍金的无神论立场并没有防碍他被任命为委员会委员，成为委员的唯一要求是具有"公认的道德水准"。当激光的共同发明者查理·汤尼斯即将当选委员的时候，教会的一位官员就曾告诉他，委员需要具有良好的道德水准。汤尼斯问道："你怎么知道我没有？"而那位官员的回答是："我们自有办法。"引自查尔斯·塞费所著的《宗座科学院的科学与宗教齐头并进》，刊载于 2001 年 2 月 23 日出版的《科学》杂志，第 291 卷，文章号 5508，页码 1 472–1 474，网址为 https://doi.org/10.1126/science.291.5508.1472。

关于极早期宇宙以及大爆炸后最初几秒发生了什么的全新想法，霍金也在推动它们的过程中起到了重要作用。最令他振奋的还是他自己的无边界假设，尽管大多数同行并不认可这个理论，也无法对普通听众解释清楚，然而霍金还是决定试一试。霍金决定写一本关于物理学的书。他为自己在宇宙学领域和黑洞方面所做的工作欢欣雀跃，也希望自己的热情能转化为一本畅销书。

霍金盯上了一个更大的受众群体，远比剑桥大学的规模要大。他想让自己的作品被更多人阅读，甚至是被理解。这是一种强烈的驱动力，与他想要被理解的意愿一样强烈。

然而，霍金太清楚了，时间是一项不利于他的因素。仅仅是在纸上写一句话，对于他来说已经非常痛苦了。1985 年，他陷入了昏迷，似乎永远失去了获得更多人关注的机会。

* * *

在霍金的所有研究工作中，无边界假设也许是最难被普通人理解的，即使是简单概括也很艰深，这使得它的地位更加突出，并占据了《时间简史》的核心内容。它裹挟着令人费解的虚数时间概念以及物理学家理查德·费曼用来理解量子力学中物体行为的反直觉的数学形式，并触及了在以往的量子理论研究中避而不谈的哲学问题。即使是无边界假设中的"边界"概念，也不是非物理学人士能轻易理解的。

对于一个试图深入了解宇宙的宇宙学家来说，仅仅知道物理定律是不够的。虽然这些物理定律可能很重要，但抽象的规则并不一定能揭示我们所生活的宇宙的情况。就比如，即使我们知道了国际象棋的规则，也无法预测某一局会是什么样子，或者执黑还是执白的人会赢。游戏规则只是宇宙完整数学模型的其中一部分。

另外一部分是物理学家所说的"边界条件"，指某一特定时间点上的物理系统。自然法则决定了边界条件，并会随着时间的推移进行转换，系统则会按照物理学的规则演化成新的东西。正是物理定律和边界条件相结合，才给物理学家提供了一个关于我们这个特定宇宙的数学模型，而不仅仅是一套抽象的、可能有或者没有特殊意义的方程。

例如，万有引力定律适用于太阳系中具有不同结构的物质。不管这个系统是有一颗大行星，还是有 7 000 颗小行星，或者什么都没有，仅由尘埃组成，它们都遵循同样的物理定律。而如果你想问一个关于我们太阳系的问题，例如"我现在在哪里"这样简单的问题，但是却不知道边界条件，那么任何数学模型都无法得出答案，我们也无从得知地球或者其他太阳系天体在特定时间的位置。边界条件可能指这些天体几秒钟前的位置，这样的话这个问题就很容易回答了；边界条件也可能指这些天体 100 万年前的位置，要计算出 100 万年以来所有这些天体的运动需要花费一定的精力，但只要有足够精确的资料，对这些由自然规律所决定的运动进行仔细的计算，物理学家就可以很准确地推算出太阳系中各个天体的位置。边界条件甚至可以决定这些天体在 10 亿年后的位置，计算方法与回溯过去的方法一样，所以物理学家可以根据 10 亿年后的边界条件计算出我们现在所处的位置。一旦你有了一个完整的数学模型，也就是物理规律加上边界条件，你就可以随心所欲地在时间轴上向前或者向后移动，也可以随心所欲地回答关于这个模型的任何问题。对于一个数学模型来说，边界条件与基础物理定律一样重要。

这就给那些试图建立极早期宇宙模型的宇宙学家带来了一个特殊的问题。他们对宇宙大爆炸后不久，在非常致密和炎热的条件下的基本物理规律一无所知，这是一个尚未被研究明白的量子引力领域。即使我们掌握了一个大统一理论（霍金相当确信，物理学家会在21世纪初建立一个大统一理论），也不足以建立一个宇宙数学模型，从而达到霍金所说的解释整个宇宙的目标：

> 现在看来，我们有可能在不远的将来找到一个完全统一的场论。然而，在我们对边界条件有充分了解之前，我们是无法找到一个完整的宇宙模型的。这些边界条件不仅限于我们现在所能观察到的这些东西。[2]

宇宙学家把宇宙作为一个整体来看待，而边界条件是对整个宇宙在某一时刻的状态的描述，这是存在一些问题的。更糟糕的是，如果想达到那个终极的目标，即建立宇宙诞生的模型，我们必须让模型在时间上倒退，退到宇宙大爆炸的时候。但正如霍金在自己职业生涯早期所证明的那样，大爆炸必须存在一个奇点，一个让所有数学定律崩溃的点，因此根本无法用这种方式将模型倒着推演。要理解宇宙大爆炸，我们需要宇宙之初的边界条件；而同时，我们又希望宇宙诞生的模型可以告知我们这些边界条件！我们陷入了一个逻辑循环，这是一个先有鸡还是先有蛋的问题，难以跳出循环之外。除非……

这个"除非"就可以解释为什么霍金的无边界假设需要这么多高难度的数学运算。这种高昂的成本也会带来高回报。如果有人能打破僵局，以某种方式得知宇宙最初的边界条件，就可以得到一个完整的宇宙数学模型。而霍金则试图通过无边界假设来解决这一问题的核心。"如果宇宙是永恒持续的，就一定会有先有鸡还是先有蛋的问题，"尼尔·图洛克说，"他的无边界假设可能会解决这个问题，而且是彻底解决。所以这个理论非常有吸引力。"但是退一步说，这个假设的诞生过程并不顺利，甚至在其诞生之后还产生了一些负面影响。[3]

*　*　*

要讲述无边界假设的诞生，也许最好从 20 世纪 40 年代末开始讲起。那时史蒂芬·霍金只有 7 岁，而理查德·费曼已经成为一名年轻的物理学家，刚刚结束了在美国洛斯阿拉莫斯国家实验室对原子弹的研究，想要去追寻更广阔的学术领域，比如量子力学中的根本问题。

根据量子理论，亚原子粒子的行为方式违反了我们所习惯的运动规律，甚至也违反了常识。在我们的常识里，一块砖或者一只猫不可能同时出现在两个、三个或者四个地方，但是质子、中子和电子一直都处于这样的状态。事实上，用物理学术语来说，这种粒子处于"叠加"状态，也就是一个粒子可以同时做几件相互矛盾的事情，而且在物理中，这是理所当然的。如果你把一个乒乓球扔向一面有两个洞的屏幕，球要么穿过左边的洞，要么穿过右边的洞，或者干脆不穿过任何一个洞，但是绝对不可能同时从两个洞中穿过。而对于电子来说，当一个电子穿过开有两个孔的屏障时，如果没有严严实实地堵住其中一个孔，那它一定会同时从左右两个孔中穿过[①]。

尽管这看上去很怪异，基于量子力学的数学运算却是完全合理的。要想知道一个电子被射向双缝屏之后会发生什么，你需要建立以量子理论为基础的方程组，然后答案就会自己跳出来，在物理学的术语中，这个答案被称为"波函数"。这是一个数学命题，之所以称其为波函数，是因为量子理论的方程组基本上把一切研究对象都当作波来处理。而在这里，这个波函数包含了我们可能想知道的关于这个

---

① 这就是著名的双缝干涉实验，最早由托马斯·杨于 19 世纪初提出，并因此证明了光的波动说。但在 20 世纪初，实验发现，即使每次只发射一个光子，它仍然可以同时通过两条狭缝并与自己发生干涉。1961 年，克劳斯·约恩松首次用双缝实验来研究电子的物理行为，并发现电子也会发生干涉现象。——译者注

电子的一切信息。（事实上，它所包含的信息比任何人了解的都要多；但由于量子力学的不确定性原理，观察者只能从波函数中获得一部分信息。）

对于一个需要进行模拟计算的物理学家来说，这堪称完美，因为计算得到的答案总是正确的。但是对于费曼来说，仅仅得到正确答案还远远不够，他想更深入地了解究竟发生了什么。同时，费曼还认为，如果不能将一个理论具象化，他就无法真正理解它。而此时，他无法将波函数具象化，不管那个波状物体是什么，也不管它是要通过两个狭缝还是要做一些更复杂的事情。所以，他必须想出一种方法，一种可以将抽象事物呈现在脑海中的方法，来描述这些量子物体。他对记者这样说：

> 我想把事情搞清楚，但这真的只是一个半视觉化的东西。我会看到一道路径抖啊抖，或者扭曲蠕动……这些视觉上的体验很难解释……我认为，这是一种需要借助灵感来构图的方法。[4]

1948 年，费曼创造了一种新方法，用于描述量子粒子在力场中的运动。用这种方法得出的答案与量子理论标准方程所得到的答案相同，但它所使用的是遵从经典运动方式的实际物体，而不是那些神秘、不可视的波函数。

以电子的双缝实验为例，如果使用费曼的方法来计算一个电子穿过双缝的行为，首先要考虑电子可能经过的所有路径。它可能会穿过左边的狭缝，也可能穿过右边的狭缝，还可能会撞上中间的屏幕，但这些都是显而易见的路径，费曼的方法需要考虑"所有"路径。比如，电子有可能从右边的狭缝进去，转个弯，再从左边出来；或者从右边进去，从左边出来，绕一圈，然后再一次从左边的狭缝中穿出来。每一条可能的路径都需要考虑到，无论它有多么荒唐。正如物理学家常说的那样，"一切不被禁止的东西都是必然的"。每一条这样的路径都会对最终的答案做出贡献，贡献大小视路径发生的可能性而定。总之，最终的答案和把电子当作一个波函数来处理所得到的结果是一样的。正如费曼所说：

> 电子可以做任何事情，只要它喜欢。它可以往任何方向跑，以任意的速度，在时间上前进或者后退，只要它喜欢。然后，当你把所有这些可能性加起来时，就会得到一个波函数。[5]

但与求解量子方程的标准方式不同，在费曼这种所谓的"路径积分"的方法中，我们无须把电子想象成一半是粒子一半是波。相反，电子的行为就像一个经典粒子的样子。想象一大群这样的电子在自己的路径上运动，比想象某种半波半粒子的东西穿过屏障要容易得多，后者太违反直觉了。除了这种路径积分法，费曼还创造了与之密切相关的费曼图，用来将粒子之间的相互作用可视化。路径积分法和费曼图迅速成为研究亚原子粒子和场的重要工具。30 年后，它们的影响还在继续。

"费曼路径积分激发了史蒂芬的直觉，"图洛克说，"你知道，费曼是他发自内心非常尊重的一位物理学家。他是史蒂芬的英雄，他也是我们许多人的英雄，但（不同的是）他们之间产生了共鸣，特别是在加州理工学院的时候……所以，史蒂芬热爱费曼路径积分，他认为这是研究引力的正确方法。"[6]

霍金非常喜欢费曼路径积分的方式，不仅将它用在常规的亚原子粒子和场的研究中，还用在了自己最感兴趣的宇宙学问题上。这种做法不仅不保守，相反可以称得上是雄心勃勃。通常，费曼路径积分是用来计算粒子的波函数的，比如前面提到的电子；但现在，霍金提出，要用它来计算整个宇宙的波函数！而且，这并不是像将一个粒子的每一个可能路径加起来那样简单，将路径积分法应用于宇宙意味着我们需要考虑宇宙的每一种可能的演化方式，并以某种方式将所有这些可能出现的宇宙一次性全部加在一起。但是霍金认为，这项工作一旦完成，他就可以对早期宇宙的状况有新的认识，甚至有可能突破先有鸡还是先有蛋的问题，弄清早期宇宙的边界条件。

另外，还有一些更充分的理由支持这样的观点，即如果将早期宇宙当作一个包含波函数的量子力学概念，那么我们也许可以得到一些有趣的启示。波函数是一个复杂的概念，包含很多成分，我们可以把这些成分拆解出来分别研究，以此来更好地了解整体，这并不是一件难事。在波函数中，最简单的成分被称为"基态"，而了解宇宙波函数的基态，就有可能更深刻地了解宇宙。20 世纪 80 年代初，帮助霍金提出了无边界假设的美国加州大学圣塔芭芭拉分校物理学家詹姆斯·哈特尔说："我当时是这样想的，观测结果表明，早期的宇宙比现在更加简单。它更均匀，有更多的同位素，更接近热力学平衡。而且从某种意义上说，它是完全平滑的。这些都是典型的量子力学系统在处于基态时所表现出来的特性，也就是量子力学中可能存在的最低状态。"换句话说，如果把宇宙当作一个波函数，并计算出它的基态，那我们就有可能理解早期宇宙的本质。而早期宇宙，至少是我们所理解的早期宇宙，看起来与波函数基态极其相似，这可能不是一个巧合。这个结果令霍金兴奋异常，但还存在着一个严重的问题。[7]

费曼路径积分在研究粒子和场的问题时效果很好，但如果遇到时空问题，就不太灵了。

爱因斯坦时空，或者说洛伦兹时空的几何特性与我们所熟悉的普通欧几里得空间之间存在着巨大的差异。衡量时空距离的公式如下：

$$s = \sqrt{(x^2 + y^2 + z^2) - t^2}$$

表示时间的坐标 t 前面是一个减号，这意味着，时空流形的几何性质有悖于我们所熟悉的欧几里得几何学。也就是说，时空不是一个满足欧几里得几何的流形，而是一个洛伦兹时空。

只有在满足欧几里得几何的流形中，费曼路径积分才是有效的，而在洛伦兹时空的流形中就失效了。"这是一个技术问题，我们不能这样做，"哈特尔说，"但是为了使用这一方法，我们可以构建一个欧几里得空间。"也就是说，我们可以通过一个数学上的小技巧，来使相对论的洛伦兹时空流形看上去像一个普通的欧几里得几何物体，从而使得费曼路径积分也能得到应用。[8]

这里所说的数学小技巧，就是引入虚数时间的概念。对于一个外行来说，这个概念非常怪诞，完全无法理解。无数人把《时间简史》扔在一边可能也是因为这个原因。"虚数时间是一个很难把握的概念，"霍金写道，"它可能给我的读者造成了最大的难题。"不过，对于一名物理学家来说，这个概念并没有什么特别之处，至少在数学上是这样。[9]

你可能还记得，在中学的数学课程中，有一个数字叫作"i"，它是一个虚数，意思是 -1 的平方根。相对论中有一个有趣的小技巧，它将普通的时间变量 t 替换为另一个与之密切相关的变量：$i \times \tau$，即时间变量 τ 乘以虚数单位 i。如果你将这个新的变量带入原先的等式，就会得到一个新的距离公式，如下所示：

$$s' = \sqrt{(x^2 + y^2 + z^2) - i^2\tau^2}$$

而由于 i 是 -1 的平方根，所以 $i^2 = -1$，这就与 τ^2 前的减号抵消了。也就是说，距离公式变成了如下所示的样子：

$$s' = \sqrt{x^2 + y^2 + z^2 + \tau^2}$$

减号带来的麻烦消失了，给普通时空带来困扰的奇怪的洛伦兹几何也消失了。只要我们摒弃时间这一概念，在方程中使用虚数时间，它看起来就是满足欧氏几何定理的。

在数学上，这都轻而易举。从某种意义上来说，从时间到虚数时间的转变，大致相当于在一个复杂的高维空间中侧一下头，把我们的视野偏转 90 度。这种做法最早由意大利物理学家吉安-卡洛·威克提出，并因此被命名为"威克转动"。事实上，这种替换兼转动确实使数学运算变得更简单了。但从哲学角度出发，这种变换意味着方程不再以常规的方式描述宇宙中的物体的运动。一个物体在虚数时间中的进程，并不像它在普通时间中的运动那样容易解释。"所以，现在我们认为时间不是实数，如果我们假设时间是虚数，这样一切都说通了。"图洛克说，"问题在于，在威克转动中，你永远无法对实数时间中的任何东西进行计算，你很难做到这一点。"对于物理学家来说，如果能够更加深入地理解某项事物的本质，他们就不会太在乎相关的理论是不是便于解释。但是，对于那些想了解研究进展的外行来说，这无疑是一个巨大的理解障碍。[10]

时空的洛伦兹流形具有奇怪的几何特性，还有更为奇特的相对论效应，而威克转动把这些都转化成了一个满足欧式几何的空间-虚数时间流形，这大大简化了问题，使其更容易处理。这一创举虽然有一些缺点，但优点更为突出。对霍金来说，这种空间和虚数时间的组合最关键的优势在于，在洛伦兹时空中失效的费曼路径积分又可以用了。只要他能想出一种方法，将宇宙所有的可能性用统一的方式描述出来，再引入费曼路径积分，就可以计算出宇宙的波函数。

1981 年，霍金访问了梵蒂冈。那时，计算宇宙的波函数仍然是一个相当新颖的想法，而霍金主要是靠直觉和愿景来推动这一想法的。但当他开始寻找描述宇宙的统一方式时，直觉给他带来了一些灵感，如果得到证实，将产生非常深远的影响。霍金对宇宙进行了可视化操作，发现宇宙的所有可能性都是平滑、封闭、有限以及"紧致"的。这些宇宙内部不存在奇点，也没有在任何方向上都永恒延伸①。并且，人们还可以从数学上证明这样的宇宙没有边界，无论是空间上的边界，还是时间或者虚数时间上的边界。它没有开始，也不会有结束。

从物理学家的角度来看，这使得大爆炸时的边界条件问题不复存在。现在宇宙不可能有边界条件，因为宇宙连边界都没有！大爆炸并不是我们宇宙的真正边界，或者说尽头，它更像是南极作为地球的一个尽头。在霍金的无边界模型中，物理学规律足以决定宇宙的一切问题。正如霍金所说的那样："如果宇宙处于无边界状态，理论上，在达到不确定性原理的极限之前，我们都可以完全确定宇宙的行为方式。"[11]

霍金喜欢给自己的这种无边界宇宙的想法赋予某些神学上的意义，对他来说，宇宙无始无终，完全不需要一个创世者。如果宇宙有边界，需要一定的边界条件来使其开始或结束，那么从某种意义上来说，上帝的存在就是必要的。但是现在，出现了一个没有开始也没有结束的宇宙，不需要被创造，也谈不上摧毁。可以肯定的是，霍金的诠释并不是很受神学家们的欢迎。

无边界假设并不是为了驱逐上帝而诞生的。它的诞生过程相当复杂，本质上是将一项已有30年历史、用于研究量子体系的技术应用在

---

① 宇宙必须始于一个奇点，这个观点已经被广泛接受，霍金自己也给出了证明。但这里的结论就与之产生了直接的矛盾。不过，一个无边界的宇宙仍然可能是没有奇点的。对于生活在这一时空中的人来说，一个看似奇点的东西，在套用了空间–虚数时间的数学框架之后，可能就不再是奇点了。

了整个宇宙中。而且，正如人们所设想的那样，鉴于这项理论试图对宇宙的所有可能性进行总结，它必然是建立在一系列假设和直觉之上的。20世纪80年代初，霍金与哈特尔合作解决了该理论中的一些难点，并在此后的几十年中不断研究这一主题，但即便如此，无边界假设也并没有得到科学界的广泛认同。"这个想法从来没有被真正接受过，"图洛克说，"可以说，在研究理论物理的宇宙学家中，有90%的人对此有一些看法，但是其他大多数人甚至还不知道该如何看待这个问题。而在那些有看法的人中，90%的人会说他们可能并不同意，或者他们认为还存在一些疑问。"[12]

然而，对于霍金来说，这是他学术成就的核心支柱之一，也是一个深刻的隐喻。所以，在他的最后一本书，也就是他的自传中，他将最后一章命名为"没有边界"。[13]

* * *

20世纪80年代初，虽然史蒂芬·霍金还能发出典型的男中音，但是已经很难听懂了。他的喉部、舌头和嘴唇仍有一定的肌肉控制力，可以发出一些包含常规语言节奏和结构的声音，但是听起来完全不像是一种语言。他发出吱吱的哀鸣之声，从喉咙里持续传出低沉的声响，听上去就像一只非常耐心的猫在试图用英语向一个困惑的听众解释着什么。所以，每隔几秒钟，他就得停顿一下，等待他的研究生助理或者其他听得懂的人来翻译他说的话。

即便如此，他的演讲和对谈也充满了欢声笑语。尽管霍金必须通过翻译或者后期的语音合成器来完成演讲，而这些手段几乎抹杀了所有抖包袱的机会，但在某种程度上，霍金也可以在演讲中表现他的幽默感，就像他在写作时一样。"不知道怎么回事，这是行得通的，"约翰·普瑞斯基尔解释说，"通常，他会做出某种回应。虽然不会是立即回应，但你知道它即将到来……不知道为什么，对于他来说，这种延迟的回应增加了趣味性。有时候，他会直接说'垃圾'，这表示他不同意你说的话。这种方法很有英国特色。你说了一些话，然后他回应说'垃圾'。"尽管人们往往对霍金毕恭毕敬，但据他自己说，普瑞斯基尔对他有点儿冷嘲热讽。"我会取笑他，他也喜欢这样，"普瑞斯基尔回忆说，"每次我们在一起的时候，我都会对他不那么恭敬。当他发表意见的时候，我会说：'你凭什么这么肯定，大人物？'而他真的很喜欢这样。"

而到了 20 世纪 80 年代初，霍金确实成了一个大人物，影响力越来越大，影响范围也越来越广，已经突破了他所在的物理学界。连新闻界也开始注意到这位年仅 40 岁的年轻科学家，他不仅受到同行们的高度评价，还有一段独一无二且令人心痛的经历。

即使在 20 世纪 80 年代初，霍金对于媒体来说也不陌生，在此之前的许多年里，科学记者多次在报刊上引用过他的话，作为黑洞领域的专业见解。但从那时起，记者们对霍金的兴趣开始发生转变，从他的专业领域转移到个人故事，他不再去评论某一篇报道，而是自己变成了被报道的对象。

1981 年，《纽约时报》刊登了记者马尔科姆·布朗的一篇文章《疾病有好处吗？》，其中明确阐述了一个重要主题，在今后的各种报道中也被反复提及：

> 即使是最严重的身体疾病，有时似乎也与科学创造力的变化趋势高度一致。自 20 世纪 60 年代初以来，英国物理学家史蒂芬·霍金就因肌萎缩侧索硬化而逐渐瘫痪，也丧失了其他方面的能力。但在同一时期，霍金对黑洞附近时空的数学分析却赢得了

同行们的赞誉，被认为是一项重要的成果。

事实上，在科学创造的巅峰时期，患上这样或那样的疾病似乎是一件相当普遍的事情。艺术界的情况也是如此，陀思妥耶夫斯基、普鲁斯特、凡·高和柏辽兹等艺术名家都有过类似的经历。[14]

1983 年年初，当霍金露着"温和的鲸鱼式微笑"登上《纽约时报》封面时，读者们看到了一位身残志坚的天才的精彩故事：

从事理论物理学研究需要一种特殊的能力，它可以使你集中精力，记忆事物，并将各种想法联系起来。这样看来，改变我们对于宇宙看法的物理学家史蒂芬·霍金想必也是因为身体的衰竭和萎缩，而获得了这种特殊的能力，并且达到了自己的智力巅峰，他因此被塑造成一个理智的形象。[15]

霍金在看到文章草稿后提出了反对，反对记者"过于强调他的身体状况"。尽管霍金希望记者更多地关注自己的科学研究，而不是他的疾病，但对于任何一名想要写出引人入胜的故事的记者来说，霍金的疾病总是会成为故事的焦点。1983 年，BBC 的科学节目《地平线》播放了一个时长为 45 分钟的人物简介片，题为《霍金教授的宇宙》，它从霍金的死亡宣判开始讲起（"20 年前，剑桥大学年轻的研究生史蒂芬·霍金开始出现一种不治之症的征兆，他被告知可能只剩几年的生命"），以一个死亡的意象结束（剑桥大学留出一处地方来悬挂霍金的肖像，霍金凝视着这片空地说道："这就像看到了自己的墓碑一样"）。[16]

霍金被视为一种超越人性的存在，他绝非一个普通人，但他却喜欢受到媒体的关注。霍金的价值越来越高，不仅是在物理学家的小圈子里，在大众领域也是如此。是时候变现他的价值了。

* * *

露西·霍金即将年满 12 岁，马上要从当地的纽纳姆·克罗夫特小学毕业了。她考上了珀斯女子学校，这是一所备受赞誉的学校，但霍金一家也要为此支付高昂的学费。于是，出版《时间简史》的想法就这样诞生了。"……1982 年，我第一次有了写一本关于宇宙的大众读物的想法，"史蒂芬后来写道，"有一部分原因是我需要支付我女儿的学费。"[17]

虽然这可能是霍金写一本通俗读物的主要动力，但并不是他的全部意图。因为他希望自己在小圈子以外同样广为人知。霍金并不是那种回避（或者主动蔑视）通俗读物的科学家，完全不是。多年来，他曾在《科学美国人》和《新科学家》等杂志上发表了多篇面向大众的文章。现在时机似乎已经成熟，可以进行一次更加雄心勃勃的尝试了。卡尔·萨根出版了《宇宙》一书，并且已经证明了市场就在那里，而霍金也许可以利用他日益高涨的知名度，接触到比以前更广泛的读者群体。霍金后来写道，写书的冲动来自他想要传达的信息："主要原因是，我想解释一下，我们对于宇宙的理解已经到了哪一步，我们差不多就快找到可以描述宇宙万物的完美理论了。"[18]

1982 年，霍金对宇宙学的热情达到了一个高峰。当年，一个全新的理论诞生了，即暴胀理论，它似乎可以解释在大爆炸后的最初几分钟内发生了什么。而此前一年，霍金正在试图解决这些难题（更多介绍请见下一章）。在多年的研究之后，他公布了他的无边界假设；在1982 年，霍金和詹姆斯·哈特尔一起完善了细节。霍金对这项研究抱有无限的热情，并且作为对福音书的回应，他告诉他的观众们，在场的一些人很可能亲眼见证万有理论的诞生[①]。霍金写一本书的时机已成熟，他想向更广泛的受众传播他的激动之情以及关于宇宙的想法。[19]

霍金以前与剑桥大学出版社合作出版过几本书，都是一些面向专业读者的学术著作。学术出版社出版的大多数书籍，从来没有人指望它们能为出版商赚多少钱，更不指望能为作者赚多少钱。然而，一切总有例外。20世纪70年代中期，霍金和他的朋友乔治·埃利斯写了一本专业性很强的论著，他们从基本原理出发，解释了相对论的一些最新研究进展，受到了社会各界的好评。"这种令人难以置信的好成绩，"时任剑桥大学出版社科学出版总监西蒙·米顿说，"使得我在剑桥和纽约出版界的同行们都非常着急。他们说，'西蒙，你能让史蒂芬为我们也写点儿什么吗？'"[20]

米顿是一位天文学家。当霍金在剑桥理论天文学研究所半工半读的时候，他正好担任该所的部门秘书（见第13章）。照顾霍金并满足其需求是米顿的一项职责，所以他们很熟悉。当米顿接受剑桥大学出版社的新职位时，两人仍然保持着联系。"当我在天文研究所负责照顾他时，我们相处得很好。而当他向我咨询出版事宜时，我们也谈得很好。"米顿说，"史蒂芬的秘书朱迪·费拉联系了我。她说，'史蒂芬想和你谈谈文稿的事情。我刚刚完成打印，这是一本关于宇

---

① 《马可福音》第13章第30节："我实实在在地告诉你们，这世代必不过去，直到这一切的事都成就了（KJV）。"与耶稣不同的是，随着时间的流逝，霍金不得不稍稍收敛一下自己的乐观情绪。1998年时，他说："我们能不能在下一个千年发现这个完备的理论呢？我会说前景非常乐观，我当时是个乐观主义者。1980年时我也说过，我们有50%的可能会在未来20年内发现一个完备的统一理论……不过，我还是很有信心我们会在21世纪末发现它，也可能会更早。我愿意打个赌，赔率五五开，就从现在开始的20年内。"引自《霍金的讲话》，白宫千禧年委员会，2000年，网址为https://clintonwhitehouse3.archives.gov/Initiatives/Millennium/shawking.html。

宙的通俗读物。'"

那是 1983 年的秋天，霍金已经准备了好几个月，稿子的一部分来自以前的演讲，还有一部分是新内容，他很想让米顿看一看。"在我开始阅读之前，我对他说：'史蒂芬，你写这个的动机是什么？'"米顿说，"他的回答很令人动容，但也很老套。他说，他写这本书的动机是出于对家庭的保障，尤其是对三个孩子的教育的保障。"对于一本即将在大学出版社出版的书来说，这个目标并不是很现实，通常这类书的预付款不多，销量也不会很多。即使是在商业出版社出版，一个初出茅庐的作者也很少能赚到足够的钱来为自己的家庭提供什么保障。当米顿解释说这一目标可能难以达成，至少剑桥大学出版社不可能做到这一点时，"（史蒂芬）说，'好吧，那么请帮我一个忙，读一读，给我一些反馈，我们可以一起决定下一步该怎么做。'"[21]

米顿很想为霍金出版一本书。在深入钻研了书稿之后，他认为这本书的总体思路是好的，但遗憾的是，书稿的专业性太强，并不适合普通读者阅读。就在不久之前，米顿刚说服了另一位著名宇宙学家保罗·戴维斯为普通读者写一本宇宙学的书籍。尽管米顿对这本书的前景感到非常乐观且兴奋，并想出了一个吸引眼球的标题——《意外的宇宙》，但出版社的市场总监还是给这个项目泼了一盆冷水。"他说：'西蒙，这本书是卖不出去的。我希望你不要印得太多。'"米顿回忆道，"我说，'你是什么意思？保罗·戴维斯可是世界闻名的科学家！这些书肯定会销售一空的。'但是他说：'不，我们做不到。这里有几十个方程式，每一个方程式都会赶走一部分读者。'"市场总监是对的，当 1982 年这本书问世时，销量很差。这一次米顿不想重蹈覆辙。[22]

所以，米顿的反馈相当令人失望。霍金后来告诉《时代》杂志：

"有人告诉我，我在书中加入的每一个方程式都会赶走一部分读者。"在米顿的回忆中，霍金非常不愿意降低这本书的专业性，至少一开始是这样的。"他最初的反应是，'好吧西蒙，虽然你这样说，但是我只用了非常基础的数学知识，相当于十七八岁的孩子上预科和大学要求的水平。"[23]

尽管米顿对此颇有微词，但他坚信自己能把这本书打造成一本畅销书，于是他找到大学的领导，希望可以与霍金签订一份合同。"他们同意付一笔预付款，是我所支付过的金额最高的一笔……他们同意支付 1 万英镑，签字时支付一半，交稿时支付另一半。"米顿说，"我知道这让他不是很满意，但他是我的朋友，我想向他证明我对这本书的热情，我尽了最大的努力。"对米顿来说不幸的是，霍金肯定知道他可以从商业出版社那里得到更好的条件。因为早在一年多前，也就是 1982 年年底，霍金就找到了一位文学经纪人。或者更准确地说，是一位文学经纪人找到了他。

丹尼尔·Z. 弗里德曼是一位受人尊敬的物理学家，也是超引力研究领域的先驱之一。当时，霍金认为超引力理论非常有可能成为万有理论，而弗里德曼则得知霍金正在考虑写一本科普读物。弗里德曼的妹妹嫁给了一位资深的文学经纪人，也就是艾尔·祖克曼。"丹尼尔问我是否愿意和霍金谈谈，我说当然愿意，然后我就去了剑桥。"祖克曼说。当霍金在 1983 年年末找到米顿时，祖克曼已经许诺霍金他将获得一笔可观的预付款。[24]

祖克曼会这样想是有充分理由的。早在 1983 年 1 月，在一次机缘巧合下，祖克曼与班唐图书公司的一位编辑彼得·古扎尔迪共进午餐。古扎尔迪的包里有一本《纽约时报》杂志，封面上印着霍金的照片。"这是一篇精彩的文章，写得非常漂亮。我被它打动了，所以放在包里随身携带。"古扎尔迪回忆道，"它包含了许多信息，有（作者）①所传达的雄心壮志，有史蒂芬从事专业研究时展现的决心，有他正在进行的探索，还有他的身体情况带来的反差，这些都触动了我的神经……这个家伙探索着宇宙，不断突破极限，而他却不能自己系鞋带。"古扎尔迪向祖克曼提到了这篇文章，"艾尔·祖克曼对我说，'你竟然提到这个，我正在做这个项目。'"25

　　几个月后，即 1983 年年底，出版项目提案和霍金的 100 页打印稿都已准备就绪，祖克曼开始接触包括班唐在内的各家出版商。奇怪的是，也可能是一时糊涂，祖克曼并没有把提案寄给古扎尔迪，尽管他们之前有过交谈。古扎尔迪说："他一定是忘了这件事，因为当时他把提案发给了班唐的另一位出色的编辑珍妮·贝恩科普夫。"贝恩科普夫记得古扎尔迪对霍金很感兴趣，于是就把这个提案交给了古扎尔迪，而不是自己处理。"这是一种正直、慷慨、善良的行为，在那种竞争激烈的环境中显得相当了不起。"于是，古扎尔迪开始着手为班唐争取这本书。然而，班唐并不是唯一的出版商。

　　"在纽约，几乎所有的出版社都对这本书感兴趣，"祖克曼在《时间简史》出版之后不久对一家商业杂志说道，"大约有 6 家给我开出了 6 位数的报价。"班唐的报价是 22.5 万美元，这在当时是一笔相当可观的预付款，比剑桥大学出版社的报价高出一个数量级还多。"班唐公司渴望获得声望。他们此前为李·艾柯卡（克莱斯勒的首席执行官）出版了回忆录，并获得了相当好的声誉。他们喜欢这种成功的感觉。"古扎尔迪说，他希望在霍金这个项目上的成功能够表明班唐也可以

---

①　据古扎尔迪说，《纽约时报》上的文章是蒂莫西·费里斯写的，他还描述了令他印象深刻的细节，比如这位物理学家的鞋底一尘不染。然而，他所说的那个文章出现在 1984 年年中的《名利场》杂志上。从时间上看，古扎尔迪把 1983 年 1 月的《纽约时报》杂志放在包里似乎也没错，他只是把上面刊载的内容和后来蒂莫西·费里斯的文章混为一谈了。这应该是记忆的疏漏。

"做大腕儿们的书"。但事实证明，班唐的出价并不是最高的。[26]

诺顿是一家以文集、教科书等学术类书籍为主营业务的出版社，但它也做过一些品位高端的非虚构类书籍。他们计划出版的《别闹了，费曼先生》是一本关于诺贝尔奖获得者理查德·费曼的逸事集，费曼也是路径积分法的发明人。如果诺顿抢到了霍金的合同，那么他们将成为科学家出版科普作品的首选。但即使诺顿出价最高，霍金也不一定会接受他们的报价，他可能会选择最适合他的出版社。

古扎尔迪认为，他在给霍金的信中说的一句话坚定了霍金的决心。"他心中一直有一个渴求，而他之所以会被班唐吸引，就是因为我在信中承诺，我们可以用当时其他人都无法做到的方式发行这本书，这是真的。"古扎尔迪说，"我们可以把平装书放在机场书店销售，这句话确实是最吸引他的。"这是班唐在那个年代独有的优势，即出版商通过批发商来分销商品，而这些批发商可以把书放到药店、超市和机场书店里销售。"而且他们可以利用这个优势，在适当的时候把精装书也放在那里销售，虽然这并不常见，但他们的确这样做过，比如艾柯卡的那本回忆录。"这笔交易就这样达成了，班唐图书公司将成为霍金在美国和加拿大的出版商，而祖克曼也在着手争取海外出版和翻译权的合同。即使这本书卖得不好，霍金也能凭预付款获得相当不错的收益。[27]

当米顿得知他的朋友及同事霍金将与一家大出版社签约时，他并没有感觉不舒服。毕竟，传统的剑桥大学出版社根本无法像班唐图书公司那样，为霍金的作品投入那种规模的资金、营销或者发行。但米顿给了霍金几句忠告：

　　"如果你要和那些人打交道的话，一定要小心，史蒂芬。"他曾说，"你一定要非常确定，如果这件事的目的是为了赚钱，是为了多卖书，那你就不要介意那些营销手段。"

"你这是什么意思？"霍金当时问道。

"嗯，我不会放任他们做无底限的营销的，比如'残疾人是不是很了不起？'这种宣传方式。你得睁大眼睛盯着他们。当然，如果你不介意这种做法，那就当我没说。"[28]

* * *

除了写书和吸引媒体关注之外，霍金的大部分时间都用来接受各种荣誉（包括女王授予的大英帝国司令勋章）、四处旅行以及为残疾人争取权利。史蒂芬和简（还有乔纳森）帮助新成立的运动神经元疾病协会筹款，并为残疾人争取便利的服务。剑桥大学的一所学院计划建设一座图书馆，但没有设计轮椅通道，这惹得霍金夫妇在公众面前大发雷霆。在这些繁忙的活动之外，但凡霍金本人能够完成任何一项物理学研究，都将是一个奇迹。[29]

然而，在工作之外找些消遣是可以的，至少在某种程度上是如此。尽管霍金对无边界假设充满热情，但他也担心自己的伟大科学成就已经被人们淡忘了。"我在理论物理学领域已经开始退步了。实际上，已经退得挺远的了。"霍金在 1982 年对记者说，"嗯，你知道，在理论物理学领域，大部分最好的研究成果都是由年轻人完成的，通常是在 20 多岁时。所以，人们并不会期望一个 40 岁的人有什么伟大的发现。"幸运的是，霍金可以从剑桥大学挑选出最聪明的 20 多岁的年轻人，塑造这些年轻的物理学家，而这些人也可以反过来塑造他的思维，帮助他完成研究。[30]

雷·拉弗兰姆在 1984 年成了霍金的学生，这主要是因为他在剑桥大学数学荣誉学位考试（Tripos）中的优异表现。这项考试不仅时间长（分几天进行），而且难度极高，因其残酷而知名，但它又是评判一个剑桥学生的唯一一标准。"我去参加了考试，对它的评价是'太难了'。"拉弗兰姆回忆道，"有些问题我根本不知道怎么回答。"而让拉弗兰姆觉得特别难以接受的是，这项考试有一个传统，考试结果要由教授在大学的评议会办公处公开宣布，教授会向围观的人群宣读通过和未通过的人的名单。"对我来说，这真的很野蛮。"拉弗兰姆说，"我不想去那里。我不想和同学们一起去听结果。"所以，拉弗兰姆没有参加成绩宣读会，而是直接去了系里，结果惊喜地发现了一张纸条，上面写着考试成绩优异的学生要去找组长谈话，而拉弗兰姆的名字就在其中。[31]

拉弗兰姆准时敲响了系主任办公室的门。"他说，'霍金教授在楼下等你。'我当时想，'这是真的吗？我是不是在做梦？'我掐了掐自己，想让自己清醒一点儿。好吧，这真的是一场奇妙的梦，但不可能是真的。"但他确实见到了霍金，旁边由一名护士陪着。"'你就要成为我的学生了，告诉我你想做什么。'他问我准备在暑假做什么。"拉弗兰姆回忆道，"他一定认为我是个十足的傻子，因为我很难连贯地说出超过三个词。事后，我才知道，所有人在他面前都会有点儿愣神。"那个夏天，霍金给拉弗兰姆布置了大量的阅读作业，在1984年秋天，拉弗兰姆就开始研究无边界假设和宇宙波函数了。

"他的个人生活和学生们的生活并没有太多界限，"10年后与霍金一起工作的拉斐尔·布索说，"他非常热情，我们的关系很亲密，比我知道的大多数导师与学生之间的关系更亲密。"在1985年之前，霍金还未实施气管造口术，也不需要受到24小时看护，此时他的一些学生承担了一部分护理工作，比如帮助他们的导师洗澡、排泄、穿衣等，就像研究物理问题一样，这已经成为他们生活的一部分。"我们会帮助他上厕所、给他喂饭、帮他做一些事情，这会让你和导师之间的关系完全不同，"拉弗兰姆说，"我依赖我的学生的大脑，而不是身体。但史蒂芬对他的学生有很强的依赖性。"然而，霍金所依赖的学生从来没有憎恶过他们的导师，也没有拒绝过他的要求。恰恰相反，他们似乎很珍惜自己与导师之间的不寻常的亲密关系。[32]

拉弗兰姆就是这样一个人，他特别喜欢陪霍金做飞机。霍金的出行是一项相当繁重的工作，需要托运行李、组装和拆卸轮椅、把史蒂芬抬上飞机、满足他的要求，简每次都几近崩溃。

拉弗兰姆在与霍金夫妇同行时也目睹过种种戏剧性情节，但从他的角度来看，这一切并不能全部归咎于史蒂芬。"我记得有一次去某个地方旅行，我早上把史蒂芬叫醒，给他穿好衣服，喂他吃早饭，然后准备出门，花了很多时间。"他说，"我还记得，我坐在车里等简出现，心里想，'我想成为一名理论物理学专业的学生，但是并没有想出演一部好莱坞电影。'但我可以想象，这对她来说有多么艰难。"只是对拉弗兰姆来说，经历这样艰难的旅行是非常值得的，因为这是一个与伟大心灵持续不断相处的机会。"仅仅是等待航班的时间，对我来说，都是神圣的，因为他哪儿也去不了，"拉弗兰姆说，"所以，我们就在那里等着。而这时我常常会问他一些问题。'为什么？史蒂芬，你会这样认为吗？为什么你认为在欧氏几何中求和是解决宇宙波函数的正确做法？这种想法是怎么来的？'"[33]

如果学生中也有和霍金一样既淘气又幽默，并且喜欢恶作剧的人，他们的旅行中就会出现一些超现实的喜剧情节。在一次旅行中，霍金告诉拉弗兰姆他要去洗手间，于是拉弗兰姆推着轮椅上的霍金去了男厕所。但是那里已经关门打扫了，于是拉弗兰姆就问这位物理学家怎么办。"他看了看女厕所。于是我说，'你想去那里？好吧，好吧。'然后，我们就进了女卫生间。"拉弗兰姆记得，两人进去后，发现卫生间里空无一人。拉弗兰姆拿出一个盛尿的容器，准备帮霍金排尿。"然后两个女人直接进来了。这时霍金坐在轮椅上,裤裆大开着,而我拿着瓶子,看着他,他的脸上挂着灿烂的笑容。"在这两个女人还没来得及对这种被冒犯的场景做出反应之前,拉弗兰姆迅速转向她们。"我说,'如果你们想取代我的位置,请随意!'而史蒂芬脸上还带着灿烂的笑容。他可能很高兴男厕所关门了,他觉得这个场景太有趣了。"[34]

尽管霍金的健康状况不佳,但他还是经常到处旅行,利用学术安排的间隙四处走动。圣诞假期、春假、秋假、暑假都排满了旅行安排。而简需要克服飞行恐惧症,她抱怨说:"他痴迷于旅行,他花在空中的时间似乎比花在地面上的时间还多。"1984 年夏天,芝加哥;1984 年秋天,莫斯科;1985 年春天,北京;1985 年夏天,日内瓦……在中国期间,史蒂芬还坐着轮椅成功登上了长城。[35]

旅行是霍金从事物理学工作的核心,正是在这些学术会议上,霍金和他的同行们建立了合作关系,明确了要解决的重要问题,甚至还解决了一些问题。他用这些旅行耕耘着智慧的土壤,将来自世界各地的最优秀的思想融合在一起。不同的科学团体具有不同的文化,不同的优势和弱点,以及不同的哲学思想。在霍金的职业生涯中,他的思想一次又一次地被他人塑造,比如基普·索恩、约翰·普瑞斯基尔以及加州理工学院的人,马萨诸塞州的安迪·斯特罗明格和西德尼·科尔曼,苏联的安德烈·林德、阿列克谢·斯塔罗宾斯基和雅科夫·泽尔多维奇,还有他在各种会议上遇到的人。因为物理学,即使是理论物理学,本质上也是一种强烈的社会追求。

当然,霍金不在剑桥的时间并不完全花在物理学上。1985 年夏天,霍金带着拉弗兰姆在瑞士日内瓦待了一段时间,那里离欧洲高能物理中心的欧洲核子研究中心很近。当时两人正在一起研究一个与霍金的宇宙波函数有关的物理学问题,但与欧洲核子研究中心正在进行的工作几乎没有任何关系。而拉弗兰姆认为，霍金其实是借此机会在欧洲大陆拓展业务，以满足他在一年一度的拜罗伊特音乐节上聆听瓦格纳歌剧的愿望。但事实上，两人确实有物理学方面的问题要研究。

霍金的无边界假设的主要特点之一是宇宙总是收紧的，它不可能在时间或空间上无限地延伸。当时霍金认为，这意味着宇宙的终点一定是大坍缩，我们可以将其理解为一个反向的大爆炸。大爆炸理论描述了宇宙从一个点迅速膨胀形成一个巨大的爆炸的诞生过程，大坍缩则描述了宇宙死亡的过程，时空迅速收缩到一个点，然后一切归于虚无。

对霍金来说，这是一个进退两难的窘境。宇宙大爆炸把我们的宇宙从一个相对简单、到处都差不多的状态，变成了高度无序、不均匀的状态，在大片的真空中散布着恒星、星系以及气体团。用物理学的术语来说，宇宙的熵会随着我们这个宇宙的膨胀而增加（关于熵的更多叙述请见第 13 章）。事实上，这种无序性的增加是我们判断时间流向的主要方式。在一部电影中，如果我们看到玻璃碎片突然自行拼合成一个花瓶，或者奶油随着勺子的搅拌突然从咖啡中流出来，我们马上就能知道这部影片是在倒放，因为自行拼合的花瓶和自行分离的奶油都需要熵的减少，而不是增加。

但如果宇宙停止膨胀，并最终收缩形成一个大坍缩，那岂不是意味着宇宙的无序性（熵）将不再增加？如果在宇宙完结之前，它的状态变得像宇宙刚开始时那样简单，那么宇宙的熵一定会在收缩期间减少，而不是增加。如果是这样的话，岂不是意味着时间会倒转？而宇宙会像倒放的电影一样倒退？那么坟墓里的枯骨会不会突然开始长出肌肉和皮肤，被倒着走的抬棺人从泥土里抬出来，然后重新充满了生命的气息？尽管可能会引起一些悖论，但是当时的霍金认为这是唯一符合逻辑的结论。他在最早的《时间简史》的文稿中写道：

> 生活在宇宙收缩阶段的人们与我们的时间方向是相反的，因此他们也会认为宇宙正在膨胀。有人可能会问，如果一个人的寿命足够长，从宇宙膨胀阶段一直活到了收缩阶段，会发生什么呢？他会不会看到水壶从地上跳起来或者观察到宇宙在收缩呢？答案是他无法存活。[36]

也就是说，没错，水壶可能会从地板上跳起来，人可能会死而复生。但是，在宇宙开始收缩的那一刻，所有的智慧生命都会被消灭，没有人能够察觉到明显的矛盾。

但这只是他的直觉。当时，霍金还没有为此做详细的计算，尚未确定时间之箭是否会像他认为的那样倒流，拉弗兰姆正是在此时加入了研究。他们一起坐在日内瓦的一间小办公室里，试图解决宇宙坍缩过程中关于熵的数学问题。"他真的很想知道答案，但事情并不像他预想的那样。"拉弗兰姆说，"每隔半个小时他就会问我，'你有答案了吗？'我完全没法放松。我太累了。两天之后，我已成了一具行尸走肉。"[37]

在霍金做气管造口手术之前，他还不需要 24 小时的全天候护理。但他仍然需要有人 24 小时陪在他身边，因为他只能靠轮椅活动。而这一重任落在霍金的护士、助理、学生或者妻子身上，取决于当时谁在他身边。简没有陪史蒂芬去日内瓦，当时她和乔纳森、女儿露西以及 6 岁的儿子蒂莫西一起开车到比利时和德国露营，并计划在夏天的晚些时候与史蒂芬在拜罗伊特会合。对她来说，这是一个再好不过的喘息之机，可以让她暂时不用照顾丈夫，让"（她和乔纳森）那可怜但不健康的关系到外面透透气、开花结果"，尽管它是"用紧张和内疚的泪水浇灌的"。[38]

拉弗兰姆很快承认，照顾史蒂芬是一个沉重的负担。在日内瓦度过了疲惫不堪的两天之后，周末终于到来。"我终于可以很晚才起，好好放松一下了。"拉弗兰姆笑着说，"但史蒂芬想出去看山，他还想去市中心。而我就是那个被使唤的司机。"于是拉弗兰姆和霍金的护士以及助手一起乘车，去往日内瓦市中心，霍金决定去一家唱片店看看。在将霍金抬上楼梯并进入商店之后，他们才意识到，这位坐在轮椅上的物理学家看不到这些唱片，店里的所有展示和布置都是为了站立的人设计的。因此，拉弗兰姆等人不得不把一大堆唱片搬下来，一张一张地展示给他看，等待他的选择，然后再翻到下一张。这是一个令人筋疲力尽的过程。之后，还要把他从轮椅上抬下来，下楼，再把他放回到轮椅上。做完这些之后，拉弗兰姆已经累瘫了。[39]

　　"他好像在说什么。但是护士和秘书不在，所以只剩我和他单独相处。而我完全听不懂他在说什么。我只听到，'放我下来'。"拉弗兰姆回忆道，"我说，'史蒂芬，你在说什么？'他说，'放我下来'。"重复了几遍之后，霍金变得非常沮丧，而拉弗兰姆也越来越慌乱，不知道该怎么办。"我看着史蒂芬，说道：'我要去街角走一走，一会儿回来。到那时，我就会放松下来，希望那时我能听懂你的话。'"拉弗兰姆深吸一口气，走到这个街区的尽头再回来。"我可以看到他气得耳朵要冒烟了。"拉弗兰姆说，"'放我下来！'我说，'是啊，你一直在跟我说放我下来。'但是随后，我看到他的眼睛在转动，他在看自己的手。原来他是想让我把轮椅关掉，他说的是'把我关掉'[①]，这样他就可以更舒服地把手放在轮椅上了。因为当轮椅开着的时候，如果他移动他的手，轮椅就会移动。"每当霍金想要做一件事时，无论这件事看起来多么简单，都意味着他身边的人必须耗尽心力，克服一

---

①　原文中"把我关掉"是"Turn me off"，而拉弗兰姆误听成了"Put me off"，即"放我下来"。——译者注

个又一个阻碍，来实现这位物理学家的愿望。而霍金很清楚自己给他所认识和爱的人带来的负担。从本质上讲，霍金是一个积极而独立的人。

霍金一直患有咳嗽，当天晚上咳嗽加重了。这件事本来并不罕见，随着胸腔和喉部肌肉的退化，患有 ALS 的人经常会面临呼吸道不通畅的问题。霍金经常咳嗽，偶尔也会有肺炎发作。但这次情况不同。霍金脸色发青，拉弗兰姆和护士试图说服他去看医生，但他拒绝了。"他说，'我觉得没有事。'而我说，'史蒂芬，我认为你需要看医生。'"拉弗兰姆说，"而且他似乎提过，他不想浪费任何人的时间。'这只需要花一个小时。如果你没事，我们都没事。如果你出现什么问题，会有人来处理的。'幸运的是，他答应去看医生了。"于是在凌晨一点，团队中唯一会说法语的拉弗兰姆找到了一位愿意在凌晨一点上门服务的医生。当医生看到霍金时，她很震惊。"然后她回到厨房说，如果他不去医院，就熬不过今晚。"

于是，他们迅速把霍金推上了车，在日内瓦的街道上狂飙，拉弗兰姆坐在轮椅后面，后座的护士用地图导航，最终赶到了医院。霍金立刻被接收住院，然后就是茫然的等待。拉弗兰姆记得，几个小时之后，一位医生进来了，呼吸有点儿急促。"她说，'我不得不这样做……给他插管。他已经停止了呼吸。'"为了让空气进入霍金的肺部，医生不得不对他进行麻醉，并在他的气管里插上一根管子。只要管子还在，他就会一直处于昏迷状态。大家也不清楚他是否会恢复意识。

根据简的回忆录，她当时在德国的一个露营地，给日内瓦打了个电话问了情况。她不知道出了什么事，直到她联系到霍金的助理。"'哦，简，谢天谢地，你终于打电话来了。'她几乎在电话里喊出来了，'你一定要快点儿过来，史蒂芬在日内瓦的医院里，他还处于昏迷状态，我们不知道他还能活多久。'"简写道，"这个消息令人震惊。它让我陷入了深深的焦虑、痛苦，以及内疚。"[40]

两天之后，简面临一个可怕的选择。"他想问我的问题是，他们是应该在史蒂芬处于麻醉状态时断开呼吸机，还是设法让他从麻醉中清醒过来。"对简来说，毫无疑问，医生必须设法救治她的丈夫。但是，即使史蒂芬能活下来，他也会和从前大不一样。为了让他能够呼吸，医生们不得不给他做了气管造口术，在他的喉咙处打开一个口，再将一根管子从喉部下方插入。为了防止他因窒息而死，史蒂芬需要护士不间断地照顾，随时可能需要抽吸和维护管子，并防止可能危及生命的感染。此外，由于空气将不再从霍金的口腔进入，也不再流经他的喉部，他也不能说话了。[41]

＊　＊　＊

在实施气管造口术将近 30 年之后，霍金告诉 BBC，他曾经因为这个手术想过自杀。但如果没有人帮忙，以他的状况，也很难有什么办法实施自杀。他试着屏住呼吸，"然而，呼吸的本能反应太强烈了"。[42]

霍金几乎完全被限制住了。1985 年初秋，他陷入了绝望的状态，不能写字，不能说话，几乎不能动弹，生活完全依赖于那些无法与他沟通的人。简忙着去处理眼前的经济问题，她指示霍金的学生布赖恩·威特着手修改《时间简史》的手稿。同时，在基普·索恩的建议下，简向麦克阿瑟基金会提出申请，希望帮助霍金获得资金以维持那些必需且昂贵的护理服务。英国国家医疗服务体系只支付了一小部分费用，该机构似乎不适合像史蒂芬这样的特殊病人。但即使如此，史蒂芬的真正需求也要更多，他需要找到一种连接脑海之外的现实世界的方法。[43]

最初，霍金只能通过字母卡片进行交流。助理会指着这些字母，而霍金会在指到正确字母时扬起眉毛。然而，这种方式太慢了，他的事业基本上已经终结。如果每两三分钟只能"说"出一个词，他就不可能继续研究物理，也不可能写书或者演讲，更何况整个过程需要占用两个成年人的全部精力。后来，他改用一个原始的蜂鸣器系统，可以从几个单词或指令中选出他想要的那一个，但是也于事无补。蜂鸣器只适用于表达直接的需求，比如他是否需要移动四肢或者类似的指令，但除此之外完全没有任何帮助。他必须找到一种新的解决办法。[44]

半个地球之外，一位名叫沃尔特·沃托什的硅谷工程师为他的岳母露西尔设计了一个通信系统。露西尔同样患有ALS，并于1981年去世。霍金的一位同事听说了这个项目，给沃托什打了一个电话。后来，沃托什在一段视频中说："我接到一个物理学家的电话，他说，'我知道你在为ALS患者研究计算机系统，而我在英国有这么一个朋友，他是一名物理学教授，失去了说话的能力，他正好需要这样一个系统'。"这个系统叫作"均衡器"，它使用户通过一些非常简单的操作，比如按下按钮或点击开关，就能够在一系列菜单中进行选择。它的界面设计有助于用户快速指示一些常用的单词，如果有需要，还可以逐个字母地拼出单词。它可以事先存储一些句子，供日后使用或者在需要的时候调取出来，程序甚至可以预测用户想选择的单词，以此来减少点击次数，这有点儿类似于现代手机中的预测文本算法。然后，根据指令，程序会将选好的句子发送到语音合成器。沃托什发现这个需要帮助的人就是霍金，他马上送来了必要的设备：一部由Speech Plus公司生产的语音合成器，以及一台与之相连的苹果II型电脑。霍金就像找到了救命稻草一样，这对他来说简直是一种解放。他唯一的抱怨就是，这台语音合成器操着美国口音，后来他也经常拿这个开玩笑。[45]

这台计算机系统又大又笨重，霍金完全无法带着它四处走动。但在纽纳姆·克罗夫特小学①，史蒂芬幸运地遇到了一个人。这位家长是一位工程师，他的孩子也在这所小学上学，史蒂芬问他是否可以帮忙改造均衡器系统，将它安装在电动轮椅上。戴维·梅森说可以，而且他也确实做到了，他很快成为沃托什的系统在英国的经销商。而且，与戴维结婚 10 年的伊莱恩刚好是一名护士。[46]

当伊莱恩遇到史蒂芬的时候，她刚刚重返职场。在此之前，她是一名助产护士，但是为了养育两名年幼的孩子，她辞职在家。她在剑桥的阿登布鲁克斯医院工作了一年多，照顾史蒂芬的工作对她来说实在是一个很诱人的机会，难以拒绝。她很快就成为护理轮转的主力，因为简很难找到合适的护士，即使找到了也很难留住。[47]

尽管经历了住院三个月的艰难时期，霍金丧失了说话的能力，新的护理要求也给家庭带来了经济压力，但从表面上看，霍金的家庭状况实际上比做气管造口术前还要好些。简不再需要承担照顾史蒂芬的责任，这个角色现在落在了护士们的身上。而史蒂芬也不再需要翻译才能被他人理解，这看起来有点儿矛盾，失去了语言能力的他在新的电脑系统的帮助下，能够比过去几年更有效、更迅速地进行交流。蒂莫西对这种变化的印象最为深刻。"在我生命的最初四五年里，我父亲还能够用他自己的声音说话，但他的话很难理解。我三岁的时候，根本听不懂他在说什么。因此，5 岁以前，我从来没有与他真正进行过交流。"2015 年，蒂莫西告诉BBC记者达拉·奥布赖恩，"但有了那个语音合成器之后，我就能够真正与他对话了。这在某种程度上有点儿讽刺，真的，他失去了自己的声音之后，我们才开始建立起关系。"[48]

---

① 露西·霍金快毕业的时候，她的弟弟蒂莫西开始在此就读。

但这个转变对于史蒂芬来说并不容易。他现在更加依赖周围的人的关系网。"对他来说，这是一种退步。他觉得自己在向病魔屈服。"简告诉记者布赖恩·阿普利亚德，"在很多情况下，对其他人来说可能只是一小步，但对他来说，这意味着放弃和承认失败。"

* * *

史蒂芬·霍金从不轻易认输，即使是在和孩子们一起玩的时候。"他以前还会下棋，"蒂莫西告诉BBC的记者达拉·奥布赖恩，"他不太容易对付，尤其是在玩国际象棋的时候。"[49]

奥布赖恩表示怀疑："他肯定会让你赢的吧。"

"没有。他根本就不会同情我，他非常非常好胜。"

蒂莫西并不是唯一一个和他父亲激烈竞争过的孩子。毕业若干年之后，拉弗兰姆带着他的两个孩子——8岁的帕特里克和6岁的乔斯琳，一起去拜访霍金。在伊莱恩的建议下，他们决定一起玩"雪崩"的小游戏。每个玩家依次从一个装满小障碍物的盒子顶部投下弹珠，这些小障碍物会来回摆动，当弹珠落下时，它可能会卡在其中一个障碍物上，或者恰好撞上一些障碍物，再引发一连串的弹珠落下。由于这是一个需要肢体活动的游戏，霍金无法独自完成，他指挥拉弗兰姆将弹珠放到特定位置。"于是，霍金就开始和我的两个孩子对战。帕特里克不太会玩，他很快就输了。但乔斯琳当时有六七岁，她对数学或者类似的难题很有天赋，她是真的在和史蒂芬比赛。"拉弗兰姆笑道，"我的任务是把一个弹珠放在某个地方，所以我走来走去，等着史蒂芬给出指示……然后，我不知道，好像有什么东西干扰了他，他眨了眨眼睛，我就把弹珠放下去了，然后他就输了。史蒂芬看起来很生气，他说：'我没有！我没有让你放在这里！'"[50]

拉弗兰姆深知，霍金这种不认输的固执态度也延伸到了他的科学研究中。在霍金疗养期间，拉弗兰姆一直在琢磨时间之箭的问题，无论他怎么做，数学结果都指向了与霍金的直觉不同的方向。宇宙坍缩并不像是时间逆转的宇宙膨胀，时间之箭也不会因为宇宙开始重新坍缩而直接转换方向。

霍金回来后，拉弗兰姆把计算结果给他看，但这位导师不肯相信他的学生。"我没有得出宇宙会逆转的结果。而史蒂芬反过来挑战我，他说，'好吧，你现在在做的这个，你有没有想过得出一个近似的结果呢？'"拉弗兰姆说，"当然，我没有想过这种做法。所以我回去又计算了几个星期，然后再回来跟他说：'好吧，我认为这样粗算是可以的，因为这个，这个，这个，这个。但是我还是没能将时间之箭逆转。'但他说，'哦，那如果我们像那样算呢？'然后，他会再给我两个星期时间来计算。"霍金会提出一系列的反对意见，无休无止，但每一个反对意见最终都不成立。但拉弗兰姆也没能说服他的导师，让他承认时间之箭的假设是错误的。[51]

幸运的是，1986 年年初，霍金以前的学生唐·佩奇回来了，他来参加每周五的组会。佩奇一直在研究同样的问题，但研究方向略有不同。而他得到的答案和拉弗兰姆一样。"唐比我年长，也比我成熟，他说：'除非这是他自己算出的结果，否则他永远不会相信。'"拉弗兰姆说，"所以我们不应该当着他的面告诉他，他是错的。我们必须略过他错了这件事，然后通过总结各种事情，慢慢地得出一个事实，促使他自己意识到这个想法是错误的。"佩奇和拉弗兰姆就这样开始行动了。他们向霍金展示了他们证明的每一个小结果，绝口不提时间之箭的问题，而每一个证明结果都被霍金接受了。虽然这些小结果看起来毫无关联，但是你一旦接受了它们，它们合在一起就能排除时间之箭逆转的可能性。"然后，突然有一天，史蒂芬说：'但是时间之箭，这个想法永远都不可能成功！'然后我和唐一起说：'绝对不可能。'"

霍金不得不对他的《时间简史》的文稿做一些调整，删除了他之前关于水壶从地板上跳起来的说法，并增加了一段话，公开承认了自己的错误：

> 起初我认为，当宇宙重新坍缩时，无序性会降低。因为我认为，当宇宙再次变小时，它必须恢复到平稳有序的状态。这就意味着，宇宙收缩的过程就像是时间倒流的宇宙膨胀。处于收缩阶段的人们将倒着过日子：他们会先死去再出生，并随着宇宙的收缩而变得年轻……然而，我的一位同行——美国宾夕法尼亚州立大学的唐·佩奇指出，要符合无边界假设，收缩阶段并不一定就是时间逆转的膨胀阶段。我的一个学生雷·拉弗兰姆还发现，在一个稍微复杂一点儿的模型中，宇宙的坍缩与膨胀有很大不同。我意识到我犯了一个错误：无边界假设的条件意味着，在宇宙收缩期间，无序性实际上会继续增加。[52]

拉弗兰姆的那本《时间简史》上写着史蒂芬的珍贵题词："致雷，他让我知道时间之箭不是回旋镖。谢谢你对我的帮助。——史蒂芬"。

* * *

考虑到他曾经与死亡如此接近以及他为了康复所付出的代价，霍金的恢复可以算是非常迅速。多亏了新电脑系统以及全天候的陪护（部分花费由慈善组织补贴），在某些方面，霍金恢复得比以往更好。虽然他仍然需要完全依赖周围的人，但这种依赖已经发生了微妙的转变。他的护理被交给一个更大、更专业的团队，这减轻了学生、孩子尤其是简的负担。事实上，他与妻子的关系已经差不多结束了。在新的电脑系统的帮助下，他可以自由地与人交流了，比以往任何时候都更自由，不再需要依赖翻译。

对霍金的声音进行电脑化处理，当然也会造成一些歪曲和烦恼。电脑声音不会吐字不清，这对霍金来说很重要，他曾经说："一个人的声音非常重要，如果你的声音含混不清，人们很可能会把你当作智障人士。"但现在，他无法用语调来隐讳地表达情感或强调。而且，由于任何人都能越过霍金的肩膀看到电脑屏幕，所以在构思句子的过程中就已经没有任何隐私可言了，人们仿佛可以钻到他的前运动皮质，还没等他真正说出来什么，就猜到他要说的内容了。在他的一些朋友和同事看来，与霍金聊天与跟其他人说话截然不同。导演埃罗尔·莫里斯说："这是一种参与度很高的过程。你可以坐在他旁边，当他在写作时，你可以读出他在屏幕上写了什么。这成了一种猜谜游戏。他将怎样完成这句话？接下来会是什么？他在说什么？"而索恩回忆说："他总是想自己完成句子，所以我很快就知道，不要去帮他完成句子。但是有一个例外，当我们急着赶去机场的时候，我就可以替他说话，这样我们就能更快地出发了。"[53]

然而，语音合成器和它发出的声音很快就和霍金产生了深刻的联系，即使后来出现了更好的合成器，他也没有想过替换掉它。他的家人也无法想象这种情形。那个合成声音就像霍金的身体一样，已成为他的一部分。简说过："它现在已经和史蒂芬的人格特质紧密地联系在一起了，如果家里哪个孩子用它来说话，我都觉得很不舒服。"[54]

这种由电脑合成的声音成为他借助别人实现身体机能的最明显表现，也有助于巩固"身残志坚的天才"这一主题。它把霍金一次又一次地提升到了超人类的境界，不幸的是，有时候这使得他参与人类的普通社交变得更难。2015 年，他对 BBC 记者奥布赖恩说："有时候，我会感到非常孤独，因为人们不敢和我说话，或者不等我写下回复。"[55]

霍金如此迅速地从濒死状态中恢复，让所有了解他的人都感到很欣慰。1986年年初，霍金又重新焕发了活力，继续投入写书的工作中。他有很多工作要做，古扎尔迪、霍金以及霍金的学生轮番修改书稿，反复斟酌，直到达到正式出版的水平[①]。同时，霍金的科研工作也没有松懈。他和他的学生在1987年和1988年间的论文发表情况，和他们去日内瓦之前一样。至少从表面上看，一切似乎都回归了正常。

霍金喜欢正常的状态。尽管他身有残疾，但他最不愿意被当作异类。他只希望人们把他看作一名天才的科学家，既不希望人们关注他与疾病的斗争，也不希望人们怜悯他。最重要的是，他不希望自己变成某部悲情电影的主角。他曾经写道："如果让演员来塑造我或者我的家人，那我们将会颜面尽失，不再有任何尊严。"[56]

此时，对于霍金来说，物理学就是他生活的全部。

---

① 在最后一刻，也就是出版前几周，古扎尔迪离开了班唐，转投另一家出版社。编辑安·哈里斯接替了他的工作，并将这本书的出版工作进行到底。

第 11 章

对暴胀理论的贡献

（1977—1981）

　　1977 年圣诞季，剑桥的天气又寒冷又阴暗，非常阴暗。每年这个时候，还没到喝下午茶的时间，太阳就开始落山了；而到了下午 4 点 30 分，阳光已经完全消失。在过去的几个小时里，简·霍金一直在唱颂歌，她最近加入了纽纳姆的圣马克教堂唱诗班。而现在，她和露西一起往家走去，史蒂芬正在家里等她。她身旁是唱诗班指挥——乔纳森·赫利尔·琼斯。在回忆录中，简写道："我有好多年没有像现在这样说话了。我有一种不可思议的感觉，好像是遇到了一位相识已久的朋友……"他们谈论音乐，谈论旅行，谈论信仰，也谈论他们在人生道路上的损失。一年半前，乔纳森的妻子珍妮特因为癌症去世。他们三人在黑暗中走着，不时被经过的汽车车灯照亮，一种亲密的友谊悄然滋生。[1]

　　乔纳森是一名风琴演奏者兼合唱团指挥，每周要给 7 岁的露西上钢琴课。"起初，他严格按照课程时长来上课。但随后就会多待一会儿，为我伴奏，我当时正在学习舒伯特的歌曲……"简写道，"这样持续了几个星期，之后乔纳森会提前到来与我们一起吃午饭，或者在吃完晚饭后留下来，帮助史蒂芬。这些琐事长期以来压得罗伯特透不过气来，乔纳森的到来使他得到了解脱。"[2]

罗伯特当时只有 10 岁，但是他需要承担他这个年龄段的孩子不该承担的责任，他要照顾他的父亲。简十分担心这些事情会影响儿子的成长，因为罗伯特变得越来越喜怒无常，性格孤僻。"尽管罗伯特很爱他的父亲，也很尊重他的父亲，但很明显，他需要一个男性的榜样，一个可以和他一起嬉戏打闹的人，一个可以帮助他从不曾拥有过的童年进入青春期的人，一个不期望从他那里得到任何回报的人，一个不需要他去帮助应对由身体残疾所带来的种种不便的人。"（许多年后，当史蒂芬被问及运动神经元疾病如何降低了他的生活质量时，他说："当我的孩子还小的时候，我错过了和他们一起玩耍的日子。"）简很快了解到，乔纳森愿意充当这一角色。"当我们和他有了进一步的了解之后，罗伯特会在大门口等他，在他来的时候扑向他，并且把他摔到地上，和他玩摔跤。乔纳森非常享受这种非常规的问候方式，并且和这个需要通过粗暴的摔跤来释放过剩能量且正在成长的男孩进行了良好的互动。"[3]

1978 年 5 月，当乔纳森和简并肩坐在威斯敏斯特教堂旁边的一个小礼拜堂时，乔纳森明确表示，"无论如何"，他都将对简和她的家庭做出承诺。简写道，尽管两人的关系还没有圆满地解决，但乔纳森已经成为她的支柱，并将成为霍金一家的一部分。[4]

史蒂芬当然非常反感这种关系，而且他从一开始就很敌视乔纳森。但是，据简说，史蒂芬最终还是默许了，并且告诉她，"如果有一个人准备帮助我，那么只要我还继续爱着他，他就不会反对。"[5]

早在 1965 年，当史蒂芬和简结婚的时候，他们就没想到这段婚姻能够维持 13 个月，更不用说 13 年了。到了 1978 年，他们同样没有意识到，这种非常规的安排将成为霍金夫妇婚姻的分水岭。接下来的 12 年将不仅仅是简和史蒂芬的故事，而会是简、史蒂芬和乔纳森三个人的故事。

* * *

30 多岁的史蒂芬·霍金已经不再是一个奇才了。多年的黑洞研究已经让他脸上的稚气消失不见，尽管他发表了一些革命性的见解，但是黑洞的黄金年代已经过去了。

他的婚姻也失去了光彩。史蒂芬和简在一起生活的头 10 年发生的种种变故，使得理想主义让位于现实，尽管史蒂芬与病魔不断抗争，但他不得不向那些照顾他的人逐渐做出让步，并且一点点地放弃他的独立和尊严。

即便如此，霍金还是适应了这种情况。他意识到，除了提出新的定理之外，物理学还有更多的东西，生活也还有更多的内容。

* * *

"黑洞理论界的公认领军人物是史蒂芬·霍金……"主持人这样说，镜头也随之对准了这位坐在轮椅上的物理学家。这是霍金第一次出现在 BBC，也是第一次出现在国际电视节目中。[6]

在 1977 年的纪录片《宇宙的钥匙》中，霍金只是短暂亮相。这部纪录片时长两小时，介绍了粒子物理学的最新进展，但是霍金的故事被放在了首要位置。"尽管地球的温和引力将他限制在轮椅上，但在他心中，他掌握了黑洞势不可当的巨大引力的秘密。"

奈杰尔·凯尔德当时正与 BBC 的亚历克·尼斯贝特一起制作这部

纪录片，他写道："对尼斯贝特和我来说，霍金不仅是一位崭露头角的物理学家，还展现了一种智人在面对混乱暴虐的宇宙时的脆弱形象。在描述了他当时最新的研究成果之后，比如小型黑洞可能爆炸从而产生新的粒子，我们鼓动霍金说一些激昂的话，将我们的节目推向高潮。"而霍金表现得十分沉着冷静。[7]

那时候霍金还没有使用语音合成器，所以他的话让人听不明白。制片人不得不使用配音，但这丝毫没有减弱他的发言的力量。他说："从某个角度来说，我们只是一些弱小的生物，在自然力量面前任凭摆布。但是，当我们发现支配这些力量的规律时，我们就会超越它们，成为宇宙的主人。"[8]

霍金的比喻太完美了。他所热爱的物理学总是会被他的个人故事的光芒所掩盖，但是他自己却急切地想把他的科学研究介绍给大众读者，而且他已经在这么做了。

当时和现在一样，当科学家想要将自己的观点介绍给大众时，《科学美国人》杂志总是他们最爱的选择之一。杂志每个月都会刊登一些由科研人员撰写的长篇文章。编辑们费尽心思，确保最终的出版能够受到那些见多识广但没有专业背景的读者的喜爱。《科学美国人》的撰稿人名单就像一个重要科学家的名录，有阿尔伯特·爱因斯坦、J. 罗伯特·奥本海默、保罗·狄拉克、埃尔温·薛定谔等。上面甚至还有史蒂芬的父亲弗兰克·霍金，他是一位著名寄生虫学家，曾经在《科学美国人》上发表了两篇文章。此外，时机已经成熟，罗杰·彭罗斯于1972年发表了一篇关于黑洞的文章，基普·索恩于1974年也发表了一篇关于黑洞的文章。1977年，《科学美国人》杂志两年一次的黑洞文章也该刊载了，霍金决定给它一个机会。

就科学交流而言，《黑洞的量子力学解释》(The Quantum Mechanics of Black Holes)并不是一篇特别引人注目或者令人难忘的作品。在总结黑洞的知识体系与现状方面，霍金做了扎实的工作，但文章总体上比较一般，没有展示出霍金的标志性的机智。比如，这篇文章的结尾用了一个有点儿乏味的笑话：

> 因此，当爱因斯坦说"上帝不玩骰子"时，他似乎是错上加错。考虑到那些从黑洞中发射出的粒子，这似乎表明上帝不仅玩骰子，而且有时还会把它们扔到看不见的地方。[9]

而此前几个月，霍金在《物理评论D》（*Physical Review D*）上发表了一篇重要的专业论文。这是一本面向专业物理学家的期刊，霍金的这篇论文质量更高一些：

> 爱因斯坦对量子力学的不可预测性表示非常不满，因为他觉得"上帝不玩骰子"。然而，这里显示的结果表明，"上帝不仅玩骰子，而且有时还把骰子扔到看不见的地方"。[10]

大约 20 年后，这个笑话终于打磨成熟了："因此，当爱因斯坦说'上帝不玩骰子'的时候，他似乎是错上加错了。上帝不仅肯定会玩骰子，而且有时会把骰子扔到看不见的地方，以此来迷惑我们。"[11]

最终，霍金还是以自己的方式接触到了更广泛的受众。在《科学美国人》的文章中，没有一个字是关于运动神经元疾病、轮椅或者残疾的，它完全是关于物理学的。

* * *

自从霍金的职业生涯开始以来，他的工作一直以奇点为中心，这些无穷且不连续的点破坏了原本平滑的时空流形。曾几何时，黑洞中心的奇点一直是他的研究重点，而在 20 世纪 70 年代末，他又一次将注意力集中在宇宙之初的奇点上。霍金在这一阶段的学术文章显示，他正在思考路径积分和欧几里得量子引力学，后者引发了他的无边界假设。同时，他还研究了非常小的尺度上的时空形貌。可以说，他已经为即将在 1979 年首次出现的新理论做好了准备。自从发现宇宙背景辐射以来，这也许是这二三十年里宇宙学领域最令人兴奋的进展了。

宇宙微波背景是宇宙大爆炸在微波波段的微弱余辉，它的发现标志着宇宙学的一个转折点，科学家不得不接受宇宙是在数十亿年前的一次爆炸中诞生的，并一直在膨胀。但是，宇宙从一个微小的种子突然增长到现在这样巨大的体量的想法，并不能解决一些难题。这些难题严重困扰着宇宙学家，其中最重要的两个问题就是所谓的平坦性问题和视界问题。

作为一个整体，时空可以有许多不同的形状。在最简单的层面上，这些形状与宇宙的命运息息相关。宇宙可能像一个球体一样（这样它会在大坍缩中走向死亡），也可能呈马鞍形（这样它会永远膨胀下去），甚至也可能呈现出更奇特的拓扑结构。事实上，一个在大爆炸中被随意创造出来的"随机"宇宙，很可能会以各种方式卷曲。它可能是一个非常小的球体，并很快地再次坍塌；或者它也可能是一个扭曲的马鞍形，迅速飞散，这样就永远不可能形成恒星和星系。然而，我们的宇宙看起来非常平坦，在立即坍缩和超速膨胀之间的狭窄空隙中保持平衡。在所有可能的宇宙形状中，我们最终得到了现在这种平坦或者接近平坦的几何形貌，完美地在膨胀和坍缩之间取得平衡。这似乎是一个不太可能发生的巧合，而科学家不喜欢这样的巧合。这就是平坦性问题。

视界问题更加微妙一些。我们来打个比方，想象一下，在遥远的未来，人类找到了太空旅行的方法，并且发现了散布在宇宙中的几十个智慧但原始的文明，他们中还没有人发现太空旅行或无线电通信，也没有人试图与外星物种接触。然而奇怪的是，每一个文明的语言都属于拉丁语系。那么，在没有相互接触的情况下，这些文明怎么会如此高度相似呢？我们一定会得出这样的结论，那就是在遥远的过去一定发生了什么，以某种方式将这些看似不相干的文明联系了起来。而在宇宙学中，这样的问题就属于视界问题。这并不是说我们的宇宙是完全均匀同质的，事实上，宇宙中包含成片的恒星和星系，也有的地方空无一物；但总体而言，每一片天空看起来都差不多，互相之间高度相似。然而，这些不同的区域之间相距如此遥远，光线完全没有机会从一个区域传到另一个区域，它们之间也从未发生过任何相互作用或者影响。那么，它们怎么会看起来这么相似呢？我们由此可以得出一个结论，在早期的宇宙中，它们曾经以某种方式与彼此联系着。

这是两个令人烦恼的宇宙学难题[①]。1979年年底，美国麻省理工学院宇宙学家艾伦·古斯开始研究一个理论，有可能解决这两大难题，这一理论现在被称为暴胀理论。霍金则很快在暴胀理论的发展中发挥了关键性的作用，以及一些充满争议的作用。

对于宇宙大爆炸，最自然的方式就是把它想象成一个巨大的爆炸。在一个突然且一次性的力量大爆发中，时空开始膨胀，新生宇宙的各个部分开始向各个方向飞去。在这次爆发之后，宇宙呈现平缓的膨胀态势，这是一种完全依靠初始动量的惯性膨胀。同时，膨胀速度逐渐放缓，就像一辆高速行驶的汽车突然减速，开始慢慢滑行，最后

---

① 实际上还有第三个难题，即所谓的磁单极子问题，又称遗迹问题，这也是古斯研究的初衷。但是，在研究暴胀成功的原因时，没有必要去深究这个问题的细节。

停止①。古斯还提出了一个更复杂的想法：在大爆炸之后的百分之几秒的时间里，宇宙膨胀并不是马上减速进入"滑行阶段"；恰恰相反，大自然突然踩下了油门，加速了时空结构膨胀的速度，翻倍，再翻倍，这种指数级的膨胀使原先只有亚原子尺度的宇宙迅速变成了一个篮球大小；百分之几秒之后，大自然松开了油门，宇宙膨胀重归平缓②。

尽管这种情况很复杂，但它一下子就解决了视界问题和平坦性问题。由于出现了这个难以理解的高速增长，最初的暴胀宇宙可能比大爆炸宇宙小得多；而且，正是由于它最初只有这么小，所以在暴胀之前，不同部分会短暂发生相互作用。宇宙中距离遥远的各个区域为何看起来如此相似？这将不再是一个谜题，因为它们本来与彼此就是一体，后来的暴胀才将它们分开。平坦性问题也随之消失了，最初的快速膨胀拉伸了宇宙的结构，无论它原先是什么形状，现在看起来几乎都是平坦的。这是一个非常吸引人的想法，给了科学家们希望，于是他们开始研究宇宙在大爆炸后极短时间内的状态。1980 年年初，古斯的想法开始逐渐流传开来；到了 1981 年，宇宙学界已经讨论得热火朝天。但是这里有一个问题：它并不总是奏效。

人们常说，魔鬼就在细节中。古斯提出了一种机理，用来描述宇宙的膨胀阶段将会如何停止以及在何时停止。但无论他如何计算，这种转变都发生得太快、太突然。由古斯模型所创造的所有宇宙都会在

---

① 随着暗能量的发现，科学家开始意识到，宇宙并不是真的在滑行，而是在慢慢地加速膨胀。但是他们在古斯提出暴胀理论 20 年后才发现这一点。

② 早期宇宙的结构处于一种不稳定的能量状态，就像过冷液体那样，虽然温度已经低于凝固点，但是它仍然保持着液态。当宇宙处于这种不稳定的状态中时，时空结构会迅速膨胀。但是，在到达某种程度之后，就像过冷液体会突然冻结一样，宇宙也会发生类似的相变，而快速膨胀阶段也就此结束了。至于这个相变过程具体是如何发生的，不同的暴胀理论给出了不同的解释。

诞生之后不久发生坍缩，而且它们都太小了，无法生成恒星和星系，或者具有不对称的形貌，无法与真实的观测结果相匹配。这种机理不再成立，它不可能完全正确，古斯自己也了解这一点。但是，越来越多的宇宙学家相信，其中一定蕴含着一部分真理；即使细节不尽如人意，古斯也一定有一部分是正确的。

几乎从一开始，古斯就知道自己的暴胀模型是错的。而他并不是唯一的一个。在铁幕的另一边，包括阿列克谢·斯塔罗宾斯基、安德烈·林德和根纳季·奇比索夫在内的物理学家都提出过类似的想法，并且也都遇到了和古斯一样的困难，所以他们决定不发表出来。正如林德所说："我们就这样放弃了。"一段时间之后，林德接到了列夫·科夫曼的电话，他和林德一样，也是莫斯科列别捷夫物理研究所的理论物理学家。"那是 1981 年冬天或者初春的某个时候，他跟我说，'你看到艾伦·古斯的预印本了吗？他提出了一种解决平坦性问题的方法……'而我告诉他，'没，我还没有看到预印本，但是我可以告诉你其中的内容，并且我还能告诉你为什么它不奏效。'"[12]

但随后，33 岁的林德又开始思考这个问题，并将方程式输入这些理论物理学家的一台"老旧、怪异"的计算机中。在 1981 年的初夏，他意识到，暴胀的停止机制可能和古斯的最初想法有些细微的差别。林德说："我知道，这个过程可能与艾伦的设想有些不同。"他意识到，这个不同的机理可能会挽救这个模型，稍加改动之后，可能就会产生现实的宇宙，而不是像之前那样迅速重新坍缩的小型宇宙，或者充满着杂乱的不对称。"我非常兴奋，马上叫醒了我的妻子，对她说：'我知道宇宙是如何诞生的了。'因为这真的很简单。"林德决定把他的想法写出来，并且提交给同行评议杂志发表。这个想法后来被称为"新暴胀"或者"慢滚暴胀"，但它的发表却遭遇了阻碍。

铁幕是苏联科学家向西方同行传递信息的主要障碍，反之亦然。

对于一名苏联物理学家，想在国际上发表这样的文章就是一种折磨。正如林德所说：

> 你需要得到许可，首先要得到我们理论组的内部主管部门的许可，然后是研究所的许可，然后会送到其他地方，最后才可以把它提交到某个地方。如果是向苏联的杂志投稿，这完全不是问题，整个过程非常迅速。但是，如果我们想提交给国外的杂志，那么首先会由科学院审核论文，然后再由一个特殊的地方审核，那里的审查员会检查我们有没有说不合适的话。整个流程可能需要两个月或三个月，都说不好。然后，在理想情况下，文章会被返还给我们，并且得到发表的许可。通常是这样。在我们得到许可之后，如果是要送到国外的论文，那么我们就需要把它翻译成英文，会有专人来翻译……而如果我们想先发表一个预印本，那么实际上，我们得申请两个许可，一个是预印本的，另一个是正式刊物的，比如《物理学通讯》。而且，我们不能直接复印，必须打两遍，把所有方程式输入两遍。然后我们把它提交到《物理学通讯》或者其他国外杂志，从我们这里到对方杂志通常还会花上一两个月，而他们的回复到达我们这里，也要花上差不多的时间。[13]

学术会议的情况会好很多，在那里科学家们可以面对面地交流思想，建立友谊。然而，1981 年，冷战仍在进行之中，罗纳德·里根、玛格丽特·撒切尔和列昂尼德·勃列日涅夫都对局势的迅速缓和不抱希望。几乎没有西方物理学家会去苏联参加会议，更不用说与苏联的物理学家建立关系了。

然而，史蒂芬·霍金是一个罕见的例外。

霍金与基普·索恩是长期的密友，他和苏联的联系也是由此而来。20 世纪 60 年代中期，索恩在伦敦参加了著名苏联物理学家伊戈尔·诺维科夫的讲座。"在诺维科夫的讲座之后，我们热情地围绕在他身旁，我非常开心地发现，我的俄语水平比他的英语水平稍微好一点儿，他需要我来帮忙翻译讨论的内容。"索恩之后写道，"随着围观的人群逐渐散去，诺维科夫和我也一同离开，继续讨论。"就这样，两人建立了友谊，索恩也有了进入苏联物理学界的机会。1969 年，索恩造访了莫斯科几个星期；1971 年，他作为雅科夫·泽尔多维奇（诺维科夫的合作者）[1] 的客人再次造访莫斯科；1973 年，他把霍金带在了身边[2]。从那时起，每隔几年，霍金都会去一次莫斯科。他和索恩一起，成为苏联宇宙学思想流向欧洲和美洲的主要渠道之一。[14]

截至 1981 年秋天，林德已经写了三篇论文来解释他的想法，然而他的这些论文仍然辗转在苏联的官僚机构中。那时正好在莫斯科有一个关于量子引力的会议，霍金也出席了。林德在会上介绍了他的想法，霍金在观众席上认真地听着，但没有发表任何意见。

第二天，霍金应邀到莫斯科罗蒙诺索夫国立大学发表演讲，前来听讲的林德发现自己意外地被安排做了翻译。于是林德站到台上，在莫斯科最优秀的人面前，开始了辛苦的翻译工作。霍金会先说出一两句话，由于当时还没有安装那台著名的电脑，所以霍金的学生会解释霍金所说的话，然后，林德再将学生的话翻译成俄语。这样过去了半个小时，霍金才开始谈论林德的慢滚暴胀理论。"史蒂芬说道，'安德烈·林德有一个有趣的想法'，而我很高兴地翻译了这句话。"林德回

---

①　泽尔多维奇和索恩的博士生导师约翰·惠勒一样，都曾参与过本国的热核武器开发项目。在黑洞理论研究以外，研究极端高温下的压缩物质也是很有趣的。

②　很明显，一位浸礼会的同学说服了这群人，他们将《圣经》偷运到苏联，并且让大家都陷入了困境。

忆说，"然后他说，'但是这个想法完全是错误的'。在接下来的半个小时里，当着莫斯科最优秀的人的面前，我一直在解释我的论文的问题。"[15]

在这场令人痛苦的演讲之后，林德告诉霍金，自己原原本本翻译了他的话，但对于一些关键点，他并不同意霍金的看法。林德询问了这位受人尊敬的教授，是否愿意进一步讨论这个问题，于是两人回到一间有黑板的小房间，开始就林德想法中的一些细节进行讨论。"然而，整个研究所都陷入了恐慌之中，一位著名英国科学家刚刚在莫斯科市中心失踪了。"最后，霍金问林德是否愿意在他的酒店里继续讨论。"哦，我的天啊！但我没有得到任何许可。"林德记得自己当时是这样想的，"让那些许可见鬼去吧！"林德跟随霍金来到酒店，他们的讨论也从物理学转向了家庭，他们互相展示各种照片，并很快成为朋友。在他们分开之前，霍金告诉林德，自己正计划于1982年夏天在剑桥举行一次会议，并邀请这位俄罗斯同行参加。这将是一次值得铭记的会议。[16]

* * *

在科西嘉岛举行的这次学术会议，因为一个不同寻常的原因而令人难忘。每年夏天，在科西嘉岛西岸的小镇卡格斯，当地的一个科学研究所都会举办一次为期两周的会议，或者称为暑期学校或退修会，专门讨论物理学的前沿问题。1978年7月，这次会议的主题是引力，史蒂芬被邀请参加，简和两个孩子也跟着去了。而乔纳森与他们的关系刚刚开始，所以并没有陪着他们一起去。白天，史蒂芬和他的学生唐·佩奇一起参加物理学讲座和研讨会，而简和孩子们在海滩上奔跑，在海里嬉戏。

　　简在她的回忆录中写道："有时候，在这段充满矛盾的婚姻关系中，我已经不再担心避孕的问题，因为它似乎没有什么意义，只是徒增烦恼。"但是在科西嘉岛度假让简明白，它仍然是有意义的。"地中海气候让人极其愉悦，而且我仍然爱着史蒂芬，再加上我的见识不断增长，我现在不再需要独自面对所有问题了。所以，在这段无忧无虑的短暂假期里，我们暂时又重归于好了。"根据简的描述，这导致了一个可预见但同时也意想不到的结果。据她所写，在确认怀孕后不久，她就面临着非常严重的晨吐，于是她决定放弃参加将在莫斯科召开的一个物理学会议，而是由史蒂芬的母亲伊索贝尔陪同出席。[17]

　　简后来写道，她并不想怀孕，不仅是因为她发现又多了"一个完全依赖我的人"，这样"太可怕了"，而且也因为这次怀孕将破坏她的家庭之中的脆弱平衡。"（乔纳森）没有自己的孩子，而且只要他和我们在一起，他就不可能拥有自己的孩子，这时候让他照顾另一个小霍金，这是不可想象的。"简写道，"我不想失去他。而且随着他的离去，我也会失去对未来的所有希望。我将再次陷入孤独。"[18]

　　简无法在自己的家庭中找到慰藉。她与霍金的父母已经相处一段时间了，据她的回忆录所述，他们一直对她都很冷淡。这次意外怀孕，加上她与乔纳森的关系，使她与公婆本就脆弱的关系更是雪上加霜，到了崩溃的边缘。简写道，在她的小儿子蒂莫西于 1979 年 4 月出生之后不久，有一次她与伊索贝尔独处。"她直视着我的眼睛。'简，'她说，语气非常强硬，'我有权知道蒂莫西是谁的孩子。他是史蒂芬的还是乔纳森的？'"简十分震惊，同时又感到沮丧，她为了维持这段脆弱的关系所做的所有努力"正被霍金的麻木不仁肆意蹂躏"。简十分确定，除了史蒂芬之外，孩子的父亲不可能是别人，但伊索贝尔不接受这些保证。根据简的叙述，伊索贝尔愤怒地说："我们从来没有真正喜欢过你，简，你不适合我们家。"[19]

　　简也没有从她的研究中找到慰藉。自从 20 世纪 60 年代末起，也就是 11 岁的罗伯特还没出生时，简就一直在断断续续地写她的博士论文。当时的她意识到，在剑桥，她不能仅仅被当作教授的配偶来看待，她必须为自己找到一些目标，来维持自己的幸福感。"以我对剑桥生活的观察，我发现，一名妻子的角色，可能还要加上母亲的角色，是一张通往灰暗生活的单程票。"她写道，"……史蒂芬的工作开始给他带来荣誉，除非我也有一些学术身份，否则我就有可能成为一个纯粹的劳力。"简曾经想到外交部工作，但是任何一份普通的工作都会占据照顾史蒂芬的时间。更糟糕的是，在以前，她工作的想法仅仅是令人难以置信，而一旦罗伯特出生，这种想法就变得越发荒唐。简写道："获得一个博士学位似乎是最理想的解决方案。不管是在大学图书馆学习，还是在家里工作，我的时间都很容易调整，我也更容易去适应史蒂芬的时间表。"[20]

　　简的论文是关于用莫扎拉布语写的诗歌片段。莫扎拉布语是中世纪在西班牙穆斯林地区流行的一种粗俗的语言，而这些诗歌描写了一些发生在妻子、丈夫和情人之间关于欲望和背叛的故事。比如以下这首写于 11 世纪的小诗：

Mew sidi Ibrahim	我的主人易卜拉欣
Yanuemnedolze	哦，多么可爱的名字
Fen-temib	到我这里来
De notje.	就在今晚。
In non, si non keris	如果你不愿意
Yire-me tib	我就去你那里
-Gare-me a ob	告诉我要去哪里
afer-te.	才能找到你。[21]

通过研究这些抒情诗以及其他各种中世纪诗歌传统中的主题和意象，简认为她可以了解它们在西班牙不同地区之间的演变，以及它们向欧洲其他地区的传播过程。

但是，在罗伯特出生之后不久，简心中的理想就撞上了现实，她放弃了"将母亲身份与职业相结合的全部幻想"。[22]

虽然简偶尔能找到一些时间来完成论文，但是她并没有得到丈夫的大力支持。她为了完成论文，断断续续地写了 10 多年，但是她的丈夫"对中世纪研究表现出了无情的蔑视"。现在，他们的孩子快出生了，而简也在努力完成论文（事实上，她在最后时刻还是完成了）。13 年的努力得到了回报。一年之后，简通过了论文答辩，正式成为一名博士。这个学位并没有让她成为大学教师，也没有让她获得一份相关的工作，但这并不重要。她开始在业余时间里教授小学生法语，并最终成为一名中学生兼职辅导员。"我赢得了学生们的尊重，并且逐渐找到了自己的职业定位。"简写道，"我的理智正在逐渐苏醒。"[23]

她还在当地一个新成立的反核团体"纽纳姆反核组织"的月度会议上找到了发泄的机会。1981 年 10 月，在史蒂芬访问莫斯科的同时，霍金夫妇给他们在世界各地的朋友和同事都寄了一封信，表达了"对加速军备竞赛的震惊"。这对夫妇从一开始就致力于推动反核活动，这也是他们在一起的理由之一。而这一次，在简看来，同样会缓和他们之间的关系。她在回忆录中写道："我们之间的关系没有发展为主人和奴隶的关系。我们又成了合作伙伴，地位平等，就像我们在 20 世纪 60 年代和 70 年代初参加的那些运动一样。"虽然她在反核活动、教学以及帮助乔纳森策划音乐会等各种各样的活动中找到了一些满足感，但令人担忧的是，史蒂芬并没有认真对待她的个人追求。正如简所说，她"已经习惯把自己看得低人一等，她自己的努力总是被轻视"。[24]

*　*　*

1981 年 10 月，就在简将反核信件发给他们夫妇认识的每个人的同时，史蒂芬和剑桥大学物理学家加里·吉本斯则在向世界各地的物理学家发出邀请。

纳菲尔德基金会（Nuffield Foundation）是汽车大亨威廉·莫里斯勋爵在 20 世纪 40 年代成立的一个慈善组织，该组织赞助了一系列科学会议。霍金和吉本斯决定，鉴于暴胀理论引起热议，下一次会议应该专门讨论"极早期宇宙"，也就是宇宙诞生的第一秒。他们计划 6 月底在剑桥举行为期三周的研讨会，并邀请该领域内的所有领军人物参加。

自从 1980 年暴胀理论面世以来，世界各地的物理学家一直在研究这个理论，都希望自己能使这个理论奏效；尽管古斯的模型没能成功，但它非常巧妙地解决了困扰宇宙学家的一些关键问题，并且引发了国际社会的关注，一起来进一步解决这个问题。

1981 年年底，安德烈·林德那篇描述"新暴胀"理论的论文终于完成了审核，并以预印本的形式非正式地传播开来，同时它也被提交给了《物理学通讯 B》杂志，然后由杂志社送出去进行同行评议。审稿人之一正是史蒂芬·霍金。他在《时间简史》中写道："作为林德的朋友，我感到相当尴尬。不过后来，一家学术杂志给我送来了他的论文，并问我它是否适合发表。我回复说这里有个缺陷……"这个问题与古斯的暴胀理论一样，林德的新暴胀理论也无法产生与现实相同的宇宙。但霍金和他的学生伊恩·莫斯认为，如果可以修正林德模型中的一些简化计算，他们就可以生成一个真实的宇宙。并不是完全的真实，因为其中的物质要多于真实宇宙中的物质，但将消除其中的严重缺陷。作为审稿人，霍金向《物理学通讯 B》的编委提出了一个不同寻常的建议："我建议按原样发表这篇论文，因为如果进行任何改动，都要花费林德几个月的时间，他寄给西方世界的任何东西都必须通过苏联的审查，而苏联对科学论文的审查既不成熟也不及时。"林德的论文于 1982 年 2 月发表，一个月后，霍金和莫斯也发表了一篇论文，对林德模型进行了一些修正。[25]

1981 年年底，保罗·斯坦哈特和他的学生安德烈亚斯·阿尔布雷克特独立地提出了一个与林德的"新暴胀"理论类似的理论，并在 1982 年 1 月向《物理评论快报》提交了他们的成果，随后于 4 月发表。霍金认为，斯坦哈特和阿尔布雷克特剽窃了林德的工作，因为在莫斯科会议后不久，霍金在费城做了一次演讲，而他们正是在这次演讲中得到了这个想法。霍金因此非常鄙视斯坦哈特。尽管斯坦哈特和阿尔布雷克特在他们的论文中提到了林德的工作（当时还是以预印本的形式流传），但是当时他们对霍金（以及林德）的愤怒茫然无知，他们正忙于找出这个新暴胀模型会产生什么样的宇宙。

所有这类暴胀模型都具有一个重要特征，那就是我们现在的宇宙的样子与最小尺度上的时空的粗糙度和泡沫性密切相关。量子力学定律确保非常微小的物体（比如暴胀之前的微小的原初宇宙）并不是完全均匀的，但当暴胀发生时，那些不均匀性和波动会在难以置信的速度下被迅速摧毁，原初宇宙中密度稍高的地方会形成大量星系，而密度较低的地方则不会有恒星或星系的诞生。因此，宇宙学家们面临的一个巨大挑战是，如何利用该模型精确预测暴胀对这些密度波动的影响，以及精确地解释在暴胀最终结束后，原初宇宙中的量子力学波动是如何在宇宙中留下它们的印记的。世界各地的科学家们通过计算得到了一些截然不同的答案。可以说，没有人能够判断新的暴胀理论是否奏效。

人们试图去解决这个问题，而纳菲尔德研讨会就是一个理想的机会。这个领域内的关键人物都会参加，比如麻省理工学院的艾伦·古斯、芝加哥大学的迈克尔·特纳和詹姆斯·哈特尔、宾夕法尼亚大学的保罗·斯坦哈特、华盛顿大学的吉姆·巴丁、加州大学圣塔芭芭拉分校的弗兰克·韦尔切克①、哈佛大学的约翰·普瑞斯基尔，等等。而且，由于霍金与苏联的联系，包括安德烈·林德在内的一大批苏联物理学家也出席了会议。

　　"会场上有克格勃的人冒充科学家出席，他们穿着黑色的衣服，一言不发。但是俄罗斯代表团星光璀璨，里面有斯塔罗宾斯基和林德。"普瑞斯基尔回忆说，"关于他们，我记得两件事。第一，当时正在举行世界杯，他们会围在电视前看足球比赛。第二，他们会疯狂地复印论文，因为当时在苏联，复印机很难找……他们总是守在复印机旁，待在复印室里复印。"26

　　在会议刚开始时，人们无法就密度波动的合理数值达成一致。"他们过来和史蒂芬交谈，告诉他波动幅度很大。"林德说，"但是他们也并不是很清楚，因为还有人说这个数值非常小。然后这群人说，其实我们并不知道它们是什么样子，但它们很大。而阿列克谢·斯塔罗宾斯基没有和任何人讨论过，因为他说话有问题，有口吃。"

　　在接下来的三个星期里，物理学家们参加了讲座，然后分成不同的小组进行计算。霍金、古斯和斯塔罗宾斯基各自独立工作，而斯坦哈特、迈克尔·特纳与吉姆·巴丁组成了一个小组。（斯坦哈特显然不知道为什么霍金要带着责备的情绪看着他。）一段时间后，几乎每个小组都修改了他们的计算结果，除了斯塔罗宾斯基。林德说："他只是发表了他之前的研究成果。他并不是很在意。"所有的答案开始趋于一致，古斯、斯塔罗宾斯基和斯坦哈特的团队几乎得到了相同的

---

① 弗兰克·韦尔切克现就职于麻省理工学院物理系，2004 年获得诺贝尔物理学奖。

答案。霍金成了最后的坚守者，他发表了一篇预印本论文，其中的初步计算结果与大家刚刚达成的共识之间相差了几个数量级。在研讨会即将结束时，史蒂芬做了一个讲座，古斯、斯坦哈特和其他物理学家"准备在他计算关键且有争议的步骤时挑战他"，古斯这样写道："但这从未发生！霍金的演讲一直按照预印本的内容进行，直到最后一步，他在最后一步时使用了一个新的计算方法……这就是霍金的风格，但他没有说他对原来那篇预印本论文做了纠正，也没有提到他的新答案其实与斯塔罗宾斯基或者我的答案基本一致。"[27]

在会议结束时，所有人都达成了一致，他们有了一个共同的答案，那就是：新的暴胀理论并不奏效，它只会创造一个充满黑洞的宇宙，而不是一个充满恒星和星系的宇宙。

这是一个喜忧参半的结局。新的暴胀理论只存活了不到 6 个月就宣告失败，但它的失败指出了前进的道路。通过详细的计算，科学家们找出了问题所在，并且意识到了新暴胀模型要想成立必须要满足的条件。事实上，在研讨会结束时，特纳和斯坦哈特提出了一个这样的模型。新暴胀模型可能已经死亡，但一个更新的暴胀模型将很快取代它。更棒的是，纳菲尔德会议上的宇宙学家做出了一些预测，得出了在暴胀之后可能产生的一些宇宙，而这些预测结果可以通过对宇宙微波背景和其他天体物理现象的仔细观察来验证。虽然经历了早期的失败，然而暴胀理论终将成为现代宇宙学思想的一个重要支柱。[28]

史蒂芬·霍金是暴胀理论这场革命的核心人物。尽管他自己并没有提出这个想法，但他起到了关键的促进作用，吸引人们关注这个思想，发展并推广它。可以肯定的是，霍金在纳菲尔德做了一些关于暴胀的重要工作，也和他的学生伊恩·莫斯共同调整了林德的模型，并将暴胀理论纳入了他的新的无边界假设模型中。

霍金对暴胀模型的贡献并不像一个刚入门的科学家那样，仅仅进行了一些创新的计算；他做出了作为一个资深科学家的贡献，他传播思想，帮助这些思想的发展，并将科学家团结在一起，促进他们的合作。40 岁的霍金已经不再是一个天才了，但纳菲尔德会议证明，霍金仍然处于宇宙学研究领域的中心。

20 世纪 80 年代初是一个令霍金倍感兴奋的时期。尽管他认为自己可能不会再提出像无边界假设那样重要的原创性想法（更不用说霍金辐射了），但这并不重要。他开始进入一个新的角色，成为一个职业生涯达到鼎盛的物理学家。史蒂芬·霍金在科学界声名鹊起，而且他也充分证明了自己当之无愧。

* * *

作为一名处于职业生涯中期的科学家，有一件麻烦事是你必须更加关心政治和人际关系，你拥有更多的权重，并且应该利用这些权重来支持你的盟友。在纳菲尔德会议之后，霍金正是这样帮助他的朋友安德烈·林德的。早在纳菲尔德会议举办之前的几个月，霍金就开始对斯坦哈特不满了，而此后不久，问题被激化了。

迈克尔·特纳和约翰·巴罗（和霍金一样，他以前也是丹尼斯·夏默的学生）为《自然》杂志写了一份研讨会的总结。当他们把草稿发给霍金并征求其意见时，据说霍金对其中的一段话不以为然，因为这段话把新暴胀理论的提出同时归功于斯坦哈特、阿尔布雷克特与林德三人。据报道，霍金建议特纳和巴罗不要将功劳归到斯坦哈特和阿尔布雷克特的头上，如果不行，也可以提一提霍金和莫斯的名字，以此来减少斯坦哈特和阿尔布雷克特的赞誉的权重。两位作者采取了后一种做法，但把幕后发生的这一切告诉了斯坦哈特。在与斯坦哈特进行了激烈的交锋后，霍金退缩了，似乎接受了斯坦哈特和阿尔布雷克特独立研究的事实。这件事就这样结束了，至少当时是这样。[29]

霍金也开始享受他作为世界知名相对论专家而得到的各种机会。他习惯了到各地发表公开演讲，随着他获奖越来越多，他的演讲也与日俱增。他也变得越来越有威严，他的一些演讲，例如他在 1980 年成为卢卡斯教授做的演讲被看得十分重要。这场题为"我们看得到理论物理学的终点吗？"的演讲被《物理学通报》登载了出来。

霍金是一个乐观主义者，他似乎越来越相信，能够"终结"物理学的只有一个统一理论了，它很可能在世纪之交诞生。做出这样的预测总是很危险的。事实上，霍金列举了历史上一些科学预言失败的案例，比如 20 世纪 20 年代末，量子物理学家马克斯·玻恩在得知狄拉克方程后宣称："我们目前所知的物理学将在 6 个月内结束。"[①] 但是这次，霍金还是做出了预测，凭借的是一个事业有成的科学家的自信。尽管其中的一些细节会随着时间的推移而发生改变，而一些更离谱的想法（比如物理学家可能很快会被由计算机武装起来的科学家替代）会完全消失，但是霍金的想法获得了越来越多的肯定，而且不局限于真正理解其研究内容的物理学家的小圈子。[30]

和简一样，史蒂芬也在努力寻找个人的满足感，因为他的情况发

---

① 有趣的是，这段引文没有任何可信的来源。在引用过这句话的文献中，我们最终可以追溯到霍金的卢卡斯讲座或者《时间简史》。在 1980 年卢卡斯讲座举行的几个月之前，霍金写信给玻恩的儿子古斯塔夫，说："我听说过这段引文，但我想知道你是否有关于这个故事的准确信息，或者任何进一步的相关细节。"古斯塔夫回复说："我也是第一次听说我父亲说过这样的话。"古斯塔夫随后建议霍金与哥廷根大学的一位教授联系。史蒂芬·霍金致古斯塔夫·玻恩的信，写于 1980 年 2 月 14 日，现藏于英国剑桥大学丘吉尔学院档案馆，编号 BORN 1/4/2/25；玻恩回复霍金的信，写于 1980 年 2 月 19 日，现藏于英国剑桥大学丘吉尔学院档案馆，编号 BORN 1/4/2/25。遗憾的是，此后就找不到关于此事的进一步通信了，也没有任何迹象表明霍金从哪里或者从谁那里听到过这句话。"我没听过这句话，"玻恩的传记作者南希·格林斯潘在一系列电子邮件中告诉我，"……我不相信玻恩会这样说。"

生了变化，他的身体状况正在缓慢地恶化。20世纪70年代中期，他失去了书写的能力，几年后他甚至无法签名。1979年，当霍金当选卢卡斯教授时，他需要在一本大书上签名，这本书上写着剑桥大学所有教员的签名。"他们把书带到我的办公室，我费了好大力气才签了字，"霍金在若干年后解释说，"那是我最后一次签名。"[①,31]

此外，尽管他表现得非常自信，但令人担忧的是，他最好的日子可能已经过去了，无论是精神上还是肉体上。他在1982年告诉一位记者，他已经开始走下坡路了，无法在物理学领域里产生智慧和新颖的想法了。实际上，霍金早期工作中的精确的数学计算已经被一种模糊的叙述所替代，而这种模糊的叙述也被他的大胆想法部分掩盖。"我已经放弃了严谨的态度，"他在1983年告诉一位采访者，"我关心的是我们的做法正确与否。"[32]

现在回想起来，霍金的担心不无道理。20世纪80年代初是霍金在物理学上最后的创新时期，而纳菲尔德会议和无边界假设是他在职业生涯中所做的最后一个真正重要的科学贡献。虽然他将继续做出一些不错的成绩，但是完全无法与他之前的贡献相提并论。从这时开始，他的声誉将依赖于物理学之外的东西。

---

① 尽管这听上去很合理，但是似乎并不完全正确。1980年又举行了一次纳菲尔德会议，会议记录于1981年出版。在2019年的一场佳士得拍卖会上，售出了一本霍金签名的会议记录，最终拍卖价格为8750英镑。见《霍金签名的〈超空间和超引力〉》，史蒂芬·霍金，1981年，第51号拍品，佳士得，网址：https://onlineonly.christies.com/s/shoulders-giants-making-modern-world/superspace-supergravity-signed-hawking-51/70082。

第12章

黑天鹅

（1974—1979）

在美国加利福尼亚州，一切都很庞大，巨兽似的汽车行驶在宽阔的高速公路上，城市里高耸的摩天大楼和郊区豪宅都配有巨大的沙发和电视机。霍金一家将在帕萨迪纳①住上一年。据简估计，他们的新家可以容纳4间剑桥的小平房。[1]

加州理工学院物理系的人口规模也同样庞大，特别是两位诺贝尔奖获得者理查德·费曼和默里·盖尔曼，两人从未停止过争吵。他们都是纽约人，也都是犹太移民的孩子，尽管家世背景不同，但都考入了常春藤盟校。进入象牙塔后，盖尔曼不愿意被当作"没文化的人"，于是他努力证明自己比其他人更聪明；而费曼则恰恰相反，他在酒吧打架，玩邦戈鼓，并用布鲁克林出租车司机的口音说话，毫无顾忌。

这两人喜欢互相调侃，如果可能的话还会公开调侃。简在她的回

---

① 帕萨迪纳为美国加州理工学院所在地。——译者注

忆录中讲述了这样的场景：

> 当费曼出现在盖尔曼的第一个讲座中时，史蒂芬也在场。盖尔曼注意到费曼在听众席上，于是宣布自己将在这个系列讲座中介绍当前的粒子物理学研究，并用单调的语调读着他的讲稿。10分钟后，费曼起身离开。伴随着史蒂芬的大笑，盖尔曼叹了一口气，然后宣布："很好，现在我们可以开始讨论真正的内容了！"然后他开始谈论他在粒子物理学前沿领域的最新研究。[2]

两人之间的竞争是良性的，他们除了会在物理学方面联手合作之外，还会联合搞恶作剧。比如有一次，他们一起把一只孔雀偷偷带进一个朋友的卧室。但有时，竞争也有一点儿激烈。这是一种热烈、复杂且爱恨交织的关系，完全不同于霍金夫妇在极端保守的剑桥大学的经历。[3]

人们总是认为物理学教授们应该多少有点儿古怪，但费曼算得上其中相当古怪的一位。他不仅藐视规范，还要确保每个人都知道他在藐视规范。例如，费曼曾在帕萨迪纳的一家脱衣舞俱乐部度过了许多个下午（据他说，他每周有五六天都在那里），而且当俱乐部的经营者被指控涉嫌淫秽时，他还自豪地担任了专家证人。费曼做证说："当我的计算不奏效的时候，我就去看看那些女孩。"《洛杉矶时报》用"无底（俱乐部）帮助诺贝尔奖物理学家进行计算"这个标题做了报道。[4]

费曼总是毫不费力就能吸引人们的注意，这显然让盖尔曼感到不满。正如费曼的一位朋友所说：

> 每当费曼的名字出现在私人谈话中时，默里·盖尔曼总是会

说："他总是想制造一些关于自己的逸事。"事实上，盖尔曼的说法是有一定道理的。有一次，我和费曼参加了一位客座教授的物理学讲座。我们早早地到了那里，占据了前排座位。费曼注意到，演讲者把讲稿留在了他旁边的座位上。于是费曼开始翻阅，我看到他记录下了一些内容。后来他把讲稿放回原处，这时教授进来了。接下来，在讲座的过程中，教授说道："我花了相当长的时间来研究这个公式的推导……"但是费曼说："啊，解法显而易见！它是……"教授和其他听众都目瞪口呆，因为费曼似乎随口一说就给出了解决方案。当我们离开讲座时，我转向费曼，给了他一个"我懂"的眼神。他回以微笑。[5]

盖尔曼也是一位优秀的物理学家，他和费曼一样优秀，但几乎所有人的关注都集中在费曼身上。正如记者乔治·约翰逊在若干年后所说："盖尔曼知道如何包装思想，他擅长给各种最抽象的科学概念赋予异想天开且令人难忘的名字。但是费曼有一个更重要的天赋：他知道如何包装自己。"[6]

* * *

剑桥大学的风气向来矜持，受到传统的约束，令人感觉压抑；剑桥的教授们即使在展示自己的优越性时，也表现得彬彬有礼、低调内敛。而帕萨迪纳比较自以为是、离经叛道，甚至有点儿粗鲁愚钝；加州理工学院的教授们总是展示出过于膨胀的自我，这也符合他们留给别人的印象。在加州理工的一年时间里，霍金也发生了改变，这一点儿也不奇怪。

在剑桥的外表下，霍金的内心开始逐渐变得更像帕萨迪纳了。他可能已经爱上这个地方了。每当他无法忍受英国灰暗的天空和日常生活的限制时，他就会跑去美国加利福尼亚州，尽可能地享受那里的阳光和棕榈树。

帕萨迪纳也改变了霍金的一些科学观点。尽管在加州理工学院只有一位物理学家研究广义相对论，但它在粒子物理学方面却实力雄厚。而且它还拥有费曼，费曼对物理学拥有和霍金一样的直觉，甚至比霍金还要强。因此，毫无疑问，霍金肯定带着满脑子的新想法回到了英国。

*   *   *

1974年8月底，霍金来到加州理工学院。他来这里不是要和在粒子理论方面声名卓著的费曼或者盖尔曼一起工作，而是来找他的朋友、研究广义相对论的基普·索恩。索恩和他的前辈费曼一样，在来加州理工学院之前，都曾是约翰·阿奇博尔德·惠勒的学生。尽管当时广义相对论已取得了一些进展，索恩仍是加州理工学院唯一一个从事相关研究的人。（惠勒的另一位学生曾经给导师写信说："我好像无法像基普那样独立，他才是带领相对论走出困境的人。"）因此，除了广义相对论的研究之外，霍金不可避免地接触到了大量的粒子物理和理论的研究，这其中就包括费曼路径积分。[7]

霍金的手和胳膊越来越不受自己的控制。当他来到加州理工学院的时候，他已经不能再写公式或者画图了；而当他在一年之后离开的时候，他已经无法自己进食了。这时，费曼路径积分成了一个非常合适的工具，让霍金可以以直视的方式继续研究他的物理问题。而且，霍金凭借其惊人的记忆力，不仅学会了这个方法，而且完全掌握了它，这让费曼本人似乎都有点儿气愤。费曼的一位朋友曾经写道：

"……我对费曼说，史蒂芬·霍金能在脑中进行路径积分，我对这种能力印象深刻。但是费曼回答道：'啊，那也没什么。像我这样发明这种方法才有意思，比你在脑子里计算要有意思得多。'"[8] 几年后，盖尔曼也忍不住泼了点儿冷水：

> （霍金）在加州理工学院的一个研讨会上惊呆了在场的学生们，他仅凭记忆，就口述了一个包含 40 个项的重要方程。然而，当他的助理写完最后一项时，他的同事、诺贝尔奖获得者默里·盖尔曼站起来说霍金漏掉了一项。盖尔曼的研究也是需要超强的记忆能力的。[9]

加州理工学院到处充满了赤裸裸的竞争，同时也是一个充满活力的自由环境，这与剑桥大学不同，却和莫斯科罗蒙诺索夫国立大学有些相似。在某些方面，这位玩世不恭、幽默风趣、爱开玩笑的物理学家不怎么喜欢与家乡那些呆板的同事相处，却和加州理工学院这些欢乐的爱搞恶作剧的家伙相处得更加融洽。只要身体和经济情况允许，加州理工学院就是他的第二个家。他去了很多次，而且往往安排在剑桥天气不好的冬天。

霍金曾经作为一条重要的渠道，将苏联的物理学研究引向了英国，而这次，霍金开始挖掘美国物理学界的活力。"他在加州理工学院似乎受到了雄性激素的刺激。"尼尔·图洛克说，"我认为，这对他回到剑桥之后的生活是有好处的。他没有把剑桥的政治活动看得太重。你知道，他经常看不起教员，总是和他们因为一些鸡毛蒜皮的事争吵，因为一切都是以剑桥为中心。"[10]

简也发现，加州理工学院的气氛令人耳目一新。她在剑桥大学几乎处于最底层，在各种活动和晚宴中总是受到冷落。她写道："多年来，我们已经习惯了坐在桌子的边缘或者角落里，从来不指望会有人和我们说话。"她对美国人的开放态度以及在加州受到的友好对待感到惊讶，她猜想，可能是因为她丈夫太成功了，所以她才会受到如此慷慨的对待。[11]

这里也让霍金的家人从无休止地照顾史蒂芬的工作中得到了一些喘息的机会；霍金的两个学生——伯纳德·卡尔和彼得·达斯，陪同他们一家来到了加州理工学院。卡尔是第一个将学术研究与照顾史蒂芬正式结合起来的学生，他和他的继任者们要帮助霍金进食、洗澡、穿衣、上床睡觉，还有其他一些基本需求；这也是为了回报霍金为他们所提供的住宿，并且是与导师近距离接触的机会。费曼曾经多次造访霍金的办公室，他非常想了解霍金辐射，并且就此问题（以及其他问题）与霍金进行了多次讨论；而卡尔每次都充当中间人，来翻译霍金那越来越难懂的话语，以便费曼理解。[12]

尽管在加州，霍金夫妇无法得到家人的帮助，但由于有了学生，他们的负担比在家里时还要轻一些。更重要的是，尽管美国的公路上有许多路障，但加州理工学院在保证史蒂芬的轮椅通道这件事上，似乎比剑桥大学更上心。而史蒂芬也很喜欢他那辆漂亮的新电动轮椅，这辆比他在英国的那辆快得多，也使他更加独立。虽然霍金的病情在慢慢恶化，但加州理工学院对他来说也代表着更多的自由，在剑桥很难找到的自由。[13]

霍金夫妇甚至可以看电视，他们在剑桥连一台电视机都没有。每天晚上，他们会看英国电视剧《楼上楼下》，还有科学史学家雅各布·布罗诺夫斯基的《人类的崛起》，这档BBC推出的关于人类文化和社会进化的系列节目一共13集，非常受欢迎。[14]

如果说这里的生活有什么缺点的话，那就是在科学大行其道的加州理工学院，图书馆里找不到一本中世纪的抒情诗集，简没有办法继续写论文。1974 年年底，尽管参与了大量的社交活动，并且如饥似渴地阅读，简还是"认为自己的大脑已变成一团糨糊"。她觉得自己应该不是唯一一个，正如她当时所写的那样，她无法"摆脱这样的怀疑，一定有相当多像我这样心怀不满的妻子，因为自己的丈夫对科学的痴迷以及对其他职业、生活方式或者兴趣爱好的轻视，而让自己悲惨地丧失了信心"。即便如此，简还是找到了自己的兴趣所在。1975年 2 月，她发现了自己对于合唱的热爱，并从那些能真正理解自己的人身上找到了安慰。[15]

同年 4 月，史蒂芬得知自己将被教皇授予一枚著名的奖章。而简的一位新朋友也送给她一枚珍珠胸针，"因为，她说，我也应该得到一些东西"。[16]

* * *

一张照片展示了霍金从教皇保罗六世手中接过庇护十一世金质奖章的场景。这是一枚由宗座科学院颁发的奖章，每隔一年向 45 岁以下的科学家颁发一次，以示对其学术成就的认可。教皇保罗六世身着全白礼服，拖着白色长袍走在大理石地面上。这位圣伯多禄的继承人①跪在霍金面前，而霍金坐在轮椅上，腿上的双手僵硬地交叉着，他低着头，骨瘦如柴的双腿被淹没在西装裤的布料里。霍金当时只有33 岁。

因为在奇点和黑洞方面的工作，霍金的声誉迅速增长。但在当时，即 1975 年，还没有人发现黑洞，甚至连间接的证据也没有。普通

---

① 天主教认为，圣伯多禄是耶稣的众门徒之长，继承了耶稣的衣钵。而他开辟了罗马教区，因此罗马教皇都自认是圣伯多禄的继承人，也是普世主教们的首领。——译者注

的恒星会因核聚变反应所释放的能量而发出耀眼的光芒，而黑洞则不同，它们不会发光，而是会吞噬光芒。霍金率先证明了黑洞并非是完全的黑色，它们也会发射光子和其他粒子，但这些辐射总是太微弱，无法在地球上探测到[①]。"根据黑洞的定义，它不会发出任何光，那我们怎么可能探测到它呢？"霍金在《时间简史》中发出了这样的疑问，"这似乎有点儿像在煤窑里寻找一只黑猫。"[17]

通过观察大质量恒星围绕着太空中一片空白区域的旋转，人们也许能够探测到黑洞，这可能是最直接的办法了。但是，只有在对附近或大质量的黑洞进行长时间、高精度的观测之后，这种方法才能奏效，比如位于银河系中心的黑洞。以前从来没有人做过这样的事情，可能还要再等 15~20 年的时间，这类观测才能实现。

另一种可能的方法是通过探测一个大质量天体绕过黑洞并被其吞噬时所产生的引力波。但在 1975 年，直接探测引力波仍然是一个白日梦。曾经有过几次误报，使得一些研究人员相信他们已经探测到了时空的涟漪，但不久之后，这些探测结果都被证明不是真的。2014 年，LIGO 终于做到了这一点，但也是将近 40 年之后的事情了。

而第三种方法则是通过观察黑洞"用餐"时发出的光。黑洞就像一只饕餮，什么乱七八糟的东西都吃。当掉落视界的物质被吞噬后，黑洞巨大的旋转磁场也会将炽热的气体喷射到巨型喷流之中，而喷流中的物质温度极高，足以辐射出 X 射线。即使不存在喷流，围绕着黑洞旋转的物质盘，即所谓的"吸积盘"，其温度也是极高的，会辐射出 X 射线。因此，X 射线望远镜应该能观察到一些什么。从 20 世纪 60 年代中期开始，人们开始将 X 射线探测器发射到能吸收 X 射线的大气

---

① 黑洞辐射的本质和数量取决于黑洞本身的大小，因此，从理论上讲，一个非常小的黑洞，即使比我们已知的任何东西都要小得多，也可能在它发光或者最终爆炸的时候被我们看见。

层上方，用能看见 X 射线的眼睛来观察太空。

天文学家发现的第一批 X 射线源之中，有一个是位于天鹅座的一个明亮的小点。与其他闪耀的 X 射线源不同，在天鹅座的这个区域中，在光学波段或者射电波段都没有看见任何东西，没有找到任何可能是 X 射线源的已知恒星。那么，这个叫作天鹅座 X–1 的新天体会是一个黑洞吗？

科学家们满怀希望，却很难证明这一点。有很多天体都会辐射出 X 射线，甚至是看不见的天体。在确定天鹅座 X–1 是一个黑洞之前，科学家们必须消除其他可能性，直到只剩下一种可能。于是，天文学家们做了他们最擅长的事情：观测。1974 年，他们确定了天鹅座 X–1 的具体位置，并且掌握了相当确凿的证据，表明 X 射线不可能是从附近的可见恒星中辐射出来的。他们还证明了这个光源是紧致的，而非扩散的。而且，似乎有一个数倍于太阳大小的巨型星体正在拉扯着附近的一颗恒星。越来越多的证据表明，天鹅座 X–1 极有可能就是一个黑洞。

索恩一直在思考天鹅座 X–1 的问题。他和他以前的学生理查德·普莱斯一起做了一些详细的预测：假如这个 X 射线源真的是一个黑洞的话，那么如果将来有了更好的望远镜，科学家将会观测到什么样的结果。1974 年 11 月，他们提交了相关论文，同时也希望自己没有白费功夫。

和索恩一样，霍金的大部分职业生涯也在思考这个天体的特性，这个当时还没有被看到的物体。霍金在《时间简史》中诙谐地指出："我在黑洞方面做了很多研究，但如果最终发现黑洞不存在，这一切就白费了。"

多年来，索恩养成了一个小习惯，他会与同事们就科学问题打赌。起初，这些赌约都是不成文的，比如在 20 世纪 60 年代末，索恩与泽尔多维奇就自旋黑洞的特性打了个赌，当时的赌注是一瓶酒。但是近来，索恩开始把这些赌约写下来，并把它们裱了起来。当时，他的办公室的门侧的墙上挂了一个赌约：他与他的研究生比尔·伯克就引力辐射的某些特性打了一个赌。[18]

就在索恩提交了他关于天鹅座X–1的论文之后，他和霍金决定打一个有趣的小赌，因为霍金认为天鹅座X–1不是一个黑洞。"鉴于史蒂芬·霍金在广义相对论和黑洞方面投入得如此多，且不希望输得一败涂地，而基普·索恩则喜欢过危险刺激的生活，"赌约文件中如是写道，"史蒂芬·霍金以1年的《顶楼》杂志为赌注，而基普·索恩则以4年的《私家侦探》杂志为赌注，索恩认为天鹅座X–1包含一个质量超过钱德拉塞卡极限的黑洞，而霍金则认为不包含。"索恩将这份文件裱了起来，挂在了他的办公室里。据索恩说，选择《顶楼》杂志具有典型的加州理工风格，代表着一种嘲笑和挖苦，是对他所受到的非常保守的摩门教教育的一种嘲讽。[19]

对霍金来说，这是一个双赢的赌局，要么天文学家证实了黑洞的存在，要么他会得到4年的《私家侦探》杂志作为安慰，这是一本深受读者喜爱的英国讽刺文学刊物。而这两本杂志4比1的赔率也反映了两位科学家对此事的估计，现有的证据表明，天鹅座X–1有80%的可能性是一个黑洞。

但直到十几年后，霍金才认输。"那是1990年6月的一个深夜，我还在莫斯科与苏联的同事一起研究，"索恩写道，"史蒂芬和他的家人、护士和朋友闯入我在加州理工学院的办公室，找到了那张裱好的赌注，然后留下了一张认输的纸条，上面印着史蒂芬的拇指印。"[20]

尽管找到了黑洞确实存在的观测证据是一件好事，但事实上，这对霍金正在进行的研究工作并不是十分重要。霍金对于黑洞的分析与其说是为了弄清一个天体物理学研究对象的细节，倒不如说是为了揭示支配空间和时间的规律。也许还能揭示着一些更基本的东西。

*　*　*

1975 年，霍金回到剑桥大学后便得到了晋升，并终于获得了一个永久职位，即"准教授"。这是一种初级教授职位，比较稳定。此前，霍金在剑桥大学的各个院系间奔波，只获得了一些奖学金和研究助理职位，对于他这个年龄段的科学家来说，这本身并不奇怪，但考虑到他的情况和日益增长的名声，这种情况越来越说不过去了。毕竟，霍金已经在黑洞研究领域成为世界最领先的专家之一，任何对这些奇怪的坍缩恒星感兴趣的科学家都会接触到霍金的研究工作。因此，霍金的名字很可能会出现在任何关于黑洞的科学讨论中，但有时这种讨论可能会有些牵强。[21]

例如，1973 年，美国得克萨斯大学奥斯汀分校的两位物理学家提出，发生于 1908 年的通古斯事件，即一次将数百平方千米的西伯利亚森林夷为平地的神秘爆炸事件，是由一个微型黑洞袭击地球造成的。微型黑洞的概念是由史蒂芬·霍金提出的，因此任何提到通古斯事件的报道都一定会提到霍金。事实上，霍金第二次出现在《纽约时报》上就是在 1974 年的一篇关于通古斯事件的文章中。[22]

剑桥大学、加州理工学院、莫斯科罗蒙诺索夫国立大学、普林斯顿大学……这些顶尖学府里的约 20 位理论物理学家已经发现，关于黑洞的近期研究成果不仅是对太空中一种新奇天体的更好理解，而且还是调和量子理论和相对论之间冲突的关键环节。霍金的一项发现将彻底揭示这一领域。几年之后，《纽约时报》的头版报道这样说：

许多科学家都认为，我们需要一个新的主导理论，一个能将现有的场理论全部结合起来的理论来重视宇宙诞生的瞬间，或者了解更多。

英国著名宇宙学家丹尼斯·W.夏默博士认为，这样的理论可能已经由他曾经的研究生史蒂芬·霍金博士找到了。

黑洞是一种密度极大的天体，因此无论是光还是物质，都无法逃脱。霍金博士在1974年发现，黑洞实际上也会辐射能量，并且最终爆炸。[23]

当霍金发现黑洞可以辐射出能量并最终蒸发时（详见第13章），随之产生了各种意想不到的后果，霍金和他的同行们之前也对此一无所知。

在此之前的10年，被基普·索恩称为黑洞的"黄金时代"。这期间的研究工作已经确凿地证明，黑洞的特性既令人难以置信，又非常棘手。1964年，罗杰·彭罗斯证明，在黑洞中心肯定存在一个奇点，在这个点上，时空不再是一个光滑的流形；而当一个黑洞诞生时，相对论定律将不再有效。然而，这个奇点被事件视界所笼罩，与宇宙的其他部分完全隔绝。物体掉落进视界这个假想的边界之后，将永远无法逃离黑洞，甚至无法向外部的观察者传递信息。

此后不久，维尔纳·伊斯雷尔、布兰登·卡特、史蒂芬·霍金以及其他物理学家提出了"无毛"定理。他们认为黑洞几乎没有任何特征，你只能知道一个黑洞的质量是多少，它的旋转速度有多快以及它携带多少电荷，除此之外再没有别的特征了。视界之外的人只能从黑洞中提取质量、电荷和角动量，而关于黑洞的其他信息都消失了，只要处于视界之外，你就无法知道这些信息。这就是由广义相对论推出的结论。

同时，量子力学的定律规定了这些信息会如何表现。海森堡不确定性原理规定了从一个系统中提取某种信息的限制：不可能同时知道一个粒子的位置和它的动量；在某个点之后，获得其中一个信息意味着失去另一个信息。与这一点同样重要的是，信息可以被到处挪来挪去、储存、转化、收集、散布……但它不能被彻底抹去。尽管当时的科学家还没有就这一点进行深入探索，但这已经意味着信息不能被完全湮灭。这是量子物体的一个固有属性，被称为"幺正性"。这个属性奠定了量子力学的合理性，使得量子相互作用的逻辑连贯完整。

因此，从量子力学的角度出发，信息在任何情况下都不会丢失；而从广义相对论的角度，当信息落入黑洞时，它就无法逃脱了。这两种说法其实并不矛盾，也许黑洞储存住了信息，将它们永远保存在事件视界后面，不被人发现。这种解释对相对论和量子论拥护者来说都是完全可以接受的。一切都很令人满意，直到霍金搞砸了这一切。

1974 年，霍金发现黑洞会辐射能量，这是一个违反直觉且令人不安的发现。而且他很快发现，这带来了一个更加非常令人不安的推论。当黑洞辐射能量时，能量必须有一个来源；事实上，它来自黑洞本身的质量。因此，随着黑洞的辐射（以及时间的推移），它的质量会越来越小。而随着黑洞变小，霍金的计算表明它的辐射会变得更炽热、更明亮，这又使得黑洞变小的速度加快。越小，越明亮，更快地变小，更加明亮。这个过程可能会持续数十亿年，但最终，黑洞理论上都会缩小成一个点，并在瞬间爆炸。黑洞不会永远存在，它们最终会爆炸。

他的许多同行花了几年时间才意识到这一发现是多么重要。但也许是因为在加州理工学院接触到了粒子物理学，霍金很快就意识到，黑洞不会永恒存在这一结论在广义相对论和量子理论之间钉入了一颗大钉子。

量子力学认为，信息在任何情况下都不会丢失；相对论认为，当信息落入黑洞之后，它就无法逃脱；而现在，霍金认为黑洞最终必须被摧毁，它们不能在视界之后一直储存信息。在未来遥远的某一天，视界最终被撕开，什么都没有留下……那么，那些信息去了哪里呢？它们不可能被储存起来，不可能逃出事件视界，也不可能被编码之后由霍金辐射携带（霍金辐射的数学表述意味着它不可能携带任何信息）。

这就是黑洞信息悖论的本质。根据量子理论，信息不能被破坏。然而，霍金对黑洞的描述不仅意味着在黑洞存在期间，外部观察者会失去信息，而且由于黑洞的寿命是有限的，在其消亡后，内部的所有信息也都随之消亡了。这是一个交叉在量子理论和相对论之间的两难问题。这两个理论给出了两个相互矛盾的答案，那么两者都不可能是正确的。如果，只是如果，能弄清其中一个（或者两个）分析中的错误，霍金就可以在很大程度上调和这两个数学框架的矛盾之处。通过深入研究黑洞，史蒂芬·霍金可能为一个新的主导理论指明了方向，这个理论将超越量子理论和相对论，就像当初这些理论超越了牛顿力学那样。

第一步是说服其他人相信这样一个矛盾的存在。当霍金结束在加州理工学院的任职时，他写了一篇概述黑洞信息悖论的论文，并提交给《物理评论D》。一年多之后，这篇论文得以发表，也许期间经历了与对此有异议的同行评议者的争论。尽管在接下来的几年里，这项工作受到了少数相对论专家的关注与引用，特别是丹尼斯·夏默和约翰·惠勒等人，但要让更多科学界的人了解黑洞信息悖论，还是花费了相当长的一段时间。列纳德·萨斯坎德职业生涯的大部分时间都在与该悖论的影响做斗争，然而即使是他，也是在5年之后的1981年才听说了这一悖论。

据萨斯坎德说，他第一次听说黑洞信息悖论是在一个顶楼举行的小型聚会上，这次聚会由一位非常有争议的百万富翁沃纳·爱海德举办。爱海德是一个自我提升项目的领导者，该项目发展迅速，获得了像约翰·丹佛和小野洋子等名流的追随，但是很快就被一些人认为是邪教。

爱海德向参加自我提升项目的人收取费用，并将这些钱注入一个基金会，再通过这个基金会成功地吸引了一些世界顶尖的物理学家。从20世纪70年代中期开始，哈佛大学的西德尼·科尔曼、加州理工学院的理查德·费曼以及其他一些顶尖的物理学家会定期参加由该基金会赞助的物理学会议，会议会招待宴席和其他娱乐项目。科尔曼曾经帮助基金会招募参会者，但他并不认为这些参者们会对爱海德的"自我提升课程"产生什么感触和共鸣：

> ……福特基金会的活动一直在推广福特的平托（Pintos）汽车，但这个会议不会这样，它不会推广爱海德的那些课程。我从责任方收到了相关的明确协议，我向你保证，只要会议有丝毫违背这些协议，我就会不给他们好脸色看，并且取消这次会议。[24]

这些协议得到了严格的遵守，至少成功说服了一些物理学家来频繁参加，比如费曼、科尔曼和萨斯坎德。萨斯坎德回忆说："他会定期邀请我们三个人到旧金山来吃饭，带着著名的大厨，还有一整套固定的跟班……他们其实不是跟班，而是他的崇拜者，还会给我们带来食物和酒。这非常奇怪。"和科尔曼一样，萨斯坎德对那些培训课程也毫无兴趣："是的，我知道他是个骗子，我也知道你们管他叫邪教分子或者其他什么，我完全了解这一点。是的，我有点儿担心这会对我们产生负面影响，但不知为什么，这样的事从来没有发生过。"但是，从萨斯坎德的角度来看，爱海德从未滥用这种关系。"我们总是担心他会以某种不正当的方式利用我们。但他从来没有这样做过，从来没有，"他说，"他只是想让我们这些物理学家坐在一起聊天。他非常聪明。"[25]

1981 年，史蒂芬·霍金被邀请参加爱海德的会议。正是在那里，即旧金山富兰克林街的一个顶楼，萨斯坎德第一次明白了霍金提出的悖论有多么重要。事实上，那是萨斯坎德第一次见到霍金。萨斯坎德说："当然，这个人可以作为一个理论物理学家发挥作用，而他实际上却不能控制自己的一块肌肉，你会对眼前的轮椅和这个简单的事实印象深刻。这令人震惊。毫无疑问，他具有非凡的才能。"当时，萨斯坎德还不是黑洞方面的专家，他的主要兴趣在粒子物理学领域，主要研究强力和夸克，并不涉及天体物理学。但是，当霍金提出关于黑洞中的信息损失的观点时，萨斯坎德大为震惊。"当史蒂芬提出关于信息丢失的结论时，感觉有哪里不对。霍夫特①也在那里，他对此也感到非常不安。我则有些被激怒了，"萨斯坎德说，"我们三个人站在顶楼的一个房间里，只有我们三个人。我们站在黑板前，面对着一个黑洞的彭罗斯图。杰拉德站在那里，脖子上青筋暴起。"霍金坐在轮椅上，带着他那令人恼怒又不怀好意的微笑。"他觉得我们的疑惑和迷茫很可笑。而令我感到震惊的是，他的论据如此令人信服，居然可以证明量子力学是错的……我想，无论是霍夫特还是我，当时都想不出什么办法反驳。"[26]

萨斯坎德说："从那以后，我一直在研究这个问题。"这是一个缓慢的过程，但导火线已经点燃。对萨斯坎德来说，1981 年是他与霍金"战争"的开始，这是一场关于黑洞中信息的命运的战争，而这场战争最终将吸引全世界的物理学家参与其中，因为这事关量子力学的完

① 杰拉德·霍夫特获得了 1999 年诺贝尔物理学奖。

备性。尽管 2004 年霍金本人在都柏林承认他错了，但他的见解所带来的影响仍困扰着物理学家们。这个人提出了如此令人困惑的悖论，萨斯坎德对他既反感又钦佩。

萨斯坎德发现，霍金是一个顽固且令人沮丧的学术对手，他说："起初我并不喜欢他。我甚至可以说是讨厌他。但这个人有积极的一面，是真正的积极，不会为自己感到遗憾。我从未想过他会为自己感到难过。所以说，那是一种上帝的启示，有人竟可以那么坚强。"

* * *

霍金似乎很喜欢惹恼别人。如果与他进行一次谈话，你可能很快就会被他激怒，甚至还可能会被他支配。他甚至会去挑逗自己最亲密的同事。罗杰·彭罗斯曾经讲述过一个神奇的晚宴，发生在 20 世纪 70 年代，彭罗斯写道："霍金坐在我们这一桌的上首，他似乎想以在场的人取乐，于是提出了三个了不起的论断。"[27]

第一个论断与亚原子粒子有关。他提出，与粒子物理学家认为的情况相反，质子也会衰变，但是时间跨度会很长。虽然这个想法有一点儿"离经叛道"，但它并没有给彭罗斯带来什么大麻烦。"霍金的想法只会产生一个缓慢得难以觉察的衰变率，这对我的世界观并没有什么干扰。"

第二个论断与黑洞信息悖论有关。霍金断言，这从根本上打破了量子力学定律，而且是以一种让人无法接受的方式，尤其是那些花了一辈子时间去研究量子力学的人。但是，彭罗斯对此依然无动于衷，他回忆说："这不但没有让我不高兴，反而吸引了我，因为我感觉到，量子力学一定要经历一次重要的改革。我很高兴了解到霍金这种全新的推导方式……于是我再次点头接受，表示赞同。"

"恐怕这绝对不是霍金想要的反应，所以他再次提出'黑洞和白洞完全是一回事！'""白洞"是一个假想的概念，可以理解为时间逆转的黑洞，也就是一个只吐出物质而不吞没物质的物体。"对我来说，这真的激怒我了。"

尽管霍金有着很强大的精神力量，但他的身体状况仍在恶化。朋友和助理都试图让他远离轮椅，每周做几个小时的运动，但每次他试图移动双腿时，都需要有人扶着，而且他的四肢已经严重萎缩，无论怎样治疗，都无法阻止他的身体机能的丧失。他还有咳嗽的问题，咳嗽会使霍金的气管受到刺激，会把他呛得口吐白沫，喘不过气来，连续几个小时都无法顺畅地呼吸。简更换了他的食谱，试图减少对他的喉咙的刺激，把糖、麸质和乳制品从他的食物中剔除。这还是在他身体状态良好的时候，如果史蒂芬不幸被细菌或者病毒感染了，那他很快就会因为呼吸道感染而被送进医院，鉴于他脆弱的身体状况，这往往意味着生命受到威胁。[28]

除了要抚养露西和罗伯特，简主要负责满足霍金的身体需求，比如给他喂食、洗澡，并帮助他上厕所。英国国家医疗服务体系并没有提供足够的支持，护士每周只会来两次，远远无法满足史蒂芬的病情的需要。他的需求是无止境的，而且随着病情发展以及他的名气越来越大，需求也越来越高。他的出行逐渐增多，会议、聚会、典礼仪式和招待会，所有这些都打乱了简的安排，即使有一个住家研究生的帮助也无济于事。根据简的叙述，1976 年时，年仅 9 岁的罗伯特就需要承担"搬运、喂食、清洗等家务，甚至在我被其他杂事压得喘不过气或者因为太累而无法应对的时候，他还要带他父亲去洗手间"。[29]

史蒂芬的意志力在某些方面是一种诅咒，而在另外一些方面也是一种祝福。在顽强地坚持着他仅存的独立性的同时，史蒂芬拒绝外部的援助。简在她的回忆录中写道："我已经到了崩溃的边缘，但是，只要有人建议史蒂芬对病魔做出让步，他还是坚决拒绝。"在若干年后的一个广播节目中，她说道："我认为这是我们婚姻中最大的困难，因为只要一提到运动神经元疾病，他就避而不谈……他是完全避而不谈，这给别人一种印象，好像对他来说，谈论这个话题太伤人了，所以我们不能谈论它，而我们也就不再谈论它。"她接着说，"他不去面对自己的病情，因此他拒绝……一切可能获得的帮助。"[30]

当情况恶化时，史蒂芬不让简给医生打电话。因为他曾经"在1963 年确诊时"被医生"粗暴地对待过"，因此"对医学界有一种天然的不信任"。相反，他更相信他父亲偶尔的建议，比如服用维生素，并且他一直坚持这样做。他甚至不愿意服用止咳糖浆，可能是因为担心它会抑制自己的呼吸。简尽量使史蒂芬远离医院，但这往往是不够的。[31]

1979 年，史蒂芬的病情进一步恶化，简不得不把他送进疗养院，并开始了短暂的住院治疗。他的同事——天体物理学家马丁·里斯感觉到这个家庭需要一些帮助，于是向慈善组织要到一些经费来支付部分护理费用。有了资金的支持，简找到了一名护士。根据简的叙述，起初，史蒂芬对护士的照料很反感："当他第一次来上班的时候，史蒂芬坚决不承认他的存在，拒绝看他，也拒绝以任何方式与他交流，只是用轮椅碾压他的脚趾。"但是，随着时间的推移，就像史蒂芬由于疾病而不得不做出的其他让步一样，他收起了自己的骄傲，逐渐习惯了这些强加给他的变化。[32]

* * *

在与他关系亲密的小圈子之外，霍金没有让外人看到他的挣扎，哪怕是一丝一毫的挣扎。他日复一日地在剑桥的街道上驾驶轮椅去上班，并为自己的"全勤"而感到自豪。他每天和学生们一起工作几个小时，有时候甚至是独自工作，完全沉浸在他脑海中的物理问题里。[33]

还有很多问题需要解决。在加州理工学院的那些日子，霍金对粒子物理学和该领域独有的一些技术产生了更大的兴趣，特别是费曼路径积分。从 1976 年开始，他与詹姆斯·哈特尔、加里·吉本斯一起，花了几年时间探索和完善这些想法，并最终在 1981 年提出了无边界假设。然后就产生了黑洞信息悖论，他确信那些信息落入黑洞后一定会丢失，但他还没有想出这些信息可能流向哪里，也不知道该如何解释。这个问题霍金断断续续思考了多年，最终得出结论：落入黑洞的粒子将"进入它们自己的小宇宙"。也就是说，信息并没有真正丢失，而是被带入了另一个区域，那个区域从我们这个宇宙的时空中冒出，随后形成了一个新的小宇宙。可以说，黑洞不仅是毁灭的终极引擎，也是创造的源泉。（当然，当霍金承认信息不会在黑洞中丢失时，他不得不放弃这一想法。）由此可见，霍金并没有显示出任何灵感枯竭的迹象。[34]

这些想法以及产生这些想法的智慧让人们注意到了霍金，并使他迅速攀登上学术的高峰。然而，如此高的学术地位并没有带来经济上的好处；即使是在巅峰期，霍金在剑桥大学的工资也不足以让他过上舒适的生活，更不用说承担他的巨额医疗费用。学术地位最主要的好处是为他赢得了尊重。有时候，这种尊重甚至可以转化为金钱。

例如，爱因斯坦奖就标志着一种尊重，获奖者可以得到 15 000 美元奖金和一枚金质奖章。自 20 世纪 50 年代以来，这个奖项一直在断断续续地颁发，但是也伴随着些许争议。它的争议在于它是由美国原子能委员会的前主席刘易斯·S. 施特劳斯设立的，而施特劳斯因为策划了 J. 罗伯特·奥本海默①的倒台而遭到了科学界的谩骂。这一奖项大多颁发给原子弹设计师，而其中的大多数人都是鹰派。（1954 年，理查德·费曼被授予该奖时并不想接受，但物理学家伊萨多·拉比说服了他。拉比是一个直言不讳的鸽派。据报道，拉比对费曼说："你不应该把你的慷慨当作对付他的一把利剑。"）[35]

1977 年 8 月，施特劳斯的儿子向包括费曼和约翰·阿奇博尔德·惠勒在内的曾经获奖者写了一封信，征求他们的意见②。"你认为，排除人道主义因素，霍金的研究工作是否有足够的分量，可以获得爱因斯坦奖？"[36]

惠勒的回答非常肯定。他写道，他在 20 世纪 70 年代初与人合写了一本关于引力的教科书，其中包括从伽利略开始的引力领域中重要科学家的介绍，而这些科学家中只有三个人还活着，他们分别是普林斯顿大学的鲍勃·迪克、罗杰·彭罗斯以及史蒂芬·霍金③。惠勒在信中写道："我毫不怀疑，他必将名垂千古。"费曼的回复则不那么热情。他的回信全文是这样的："作为对您 8 月 2 日的来信的回复，我非常同意史蒂芬·W. 霍金博士的工作应当获得爱因斯坦奖。"[37]

次年 1 月，霍金获得了这一奖项。获奖公告是这样说的："霍金和他的研究小组正在进行的研究可能会得到一个统一场论。这一理论一直是 20 世纪物理学家的圣杯，爱因斯坦在其生命的最后 40 年里也一

---

① J. 罗伯特·奥本海默在第二次世界大战期间领导了美国的原子弹设计项目。关于原子弹发展历史的更多内容，详见本书作者所著的《瓶中的太阳：核聚变的怪异历史》的第一章（纽约：维京，2008 年出版）。

② 在反对奥本海默的一系列活动中，尽管惠勒是站在刘易斯·施特劳斯和爱德华·泰勒这一边的鹰派人物，但他本人却从未因此受到影响。惠勒几乎受到物理学界的普遍爱戴。

③ 1972 年，霍金给了惠勒一些自己的个人资料，他"出生于伽利略死后的 300 年"这句话可能就是首次出现在这里。

直在寻求这一理论，但没有成功。"[38]

就像爱因斯坦一样，霍金也没能得到这座圣杯。但要实现名垂千古，并不一定要达成自己的目标。而正如惠勒所预言的，霍金已经被认为是一位名垂千古的科学家了。

1979 年年底，剑桥大学的官员们决定由霍金出任下一任卢卡斯教授。卢卡斯教授席位是在 16 世纪由查理二世下令设立的，目的是资助一个"品行端正、有声望的人……他必须学识渊博，尤其擅长数学"。第二个担任该职位的人正是艾萨克·牛顿。从那时起，卢卡斯教授席位就成为世界上最负盛名的学术职位，而且它的担任者总被认为是牛顿的学术继承人。后来许多担任卢卡斯教授席位的教授，比如查尔斯·巴贝奇①、乔治·盖伯瑞尔·斯托克斯②、保罗·狄拉克等，都是数学界和物理学界的传奇人物，这更增加了这个职位近乎神迹的威望。而现在，霍金也位列其中，没有人能够再质疑霍金作为一流科学家的地位，也没有人再怀疑他日益增长的名气是基于他对理论物理学的重要贡献。[39]

没有人，除了霍金自己。

若干年后，霍金告诉一位采访者："我想选择我担任这一教席是一个权宜之计，因为我的工作不会让卢卡斯教授席位这一职位蒙羞。但我觉得，他们认为我活不了多久，之后他们就可以重新选择，到那时他们就可以找一个更合适的候选人。好吧，我很抱歉让他们失望了。"[40]

---

① 查尔斯·巴贝奇（Charles Babbage）是一名英国数学家，被称为"现代计算机之父"。他于 1834 年提出了分析机（现代电子计算机的前身）的原理，但由于缺乏支持，他的机器并未完成。1855 年，瑞典一家公司按照他的设计制造出了一台计算器。——译者注

② 乔治·盖伯瑞尔·斯托克斯（George Gabriel Stokes）是一名英国数学家与物理学家。他的研究工作涉及许多领域，他发展了现代黏性流体理论，揭示了荧光的本质，并帮助确定了叶绿素的成分等。——译者注

第三部分

内旋

但在我的身后，我总是听到
时间的战车匆匆驶过；
而横亘在我们面前的
是无垠永恒的荒漠。

——安德鲁·马维尔，《致羞怯的情人》

鲑鱼的瀑布，青花鱼充塞的大海，
鱼、兽或鸟，一整个夏天在赞扬
凡是诞生和死亡的一切存在。
沉溺于那感官的音乐，个个都疏忽
万古长青的理性的纪念物。

——威廉·巴特勒·叶芝，《驶向拜占庭》

第 13 章

黑体

（1970—1974）

　　史蒂芬·霍金最伟大的科学发现源于一次刁难。

　　那是在 1972 年 8 月，一群顶尖物理学家聚集在法国的一所暑期学校里，学校位于阿尔卑斯山的莱乌什，离意大利和瑞士不远。这次聚会的主题是黑洞[①]，而与会者中有两人近几年在这个方向上大放异彩，他们分别是史蒂芬·霍金和布兰登·卡特。二人都曾在剑桥大学丹尼斯·夏默教授的研究组学习，是一对同门师兄弟。基普·索恩也出席了聚会，还有他的苏联同事伊戈尔·诺维科夫以及费曼的学生吉姆·巴丁（他的父亲获得过两次诺贝尔奖[②]）。

[①] 当时，法国人把黑洞称为 "astres occlus"（意为闭塞的恒星），他们认为惠勒创造的名词 "trous noirs"（黑洞）很难听，并且一直在抵制这种叫法。而当贝肯斯坦通过观察发现"黑洞无毛"之后，情况更加糟糕了。

[②] 吉姆·巴丁的父亲是约翰·巴丁博士，后者曾因晶体管效应和超导的 BCS 理论分别于 1956 年和 1972 年两次获得诺贝尔物理学奖，其中 BCS 理论中的 B 即指代巴丁。

为了向这些专家们学习，约翰·阿奇博尔德·惠勒的一个年轻学生也参加了这次聚会。这位名叫雅各布·贝肯斯坦的年轻人刚刚获得了博士学位，但是他却犯了一个错误。他提出的一些关于黑洞的想法让霍金觉得无法容忍、非常恼怒，甚至还有一些冒犯，因为霍金认为贝肯斯坦歪曲了他的一个关键性见解，使之不再有任何意义。愤怒的霍金把卡特和巴丁召集起来，与贝肯斯坦展开对决。贝肯斯坦后来说："这三位都是资深的专家，而我才刚刚成为博士。我很担心，不知道自己是否做了傻事，而这些人其实是知道真相的人。"但贝肯斯坦并没有因此放弃自己的想法。尽管他受到了霍金和其他专家的打击，但他还是相信自己可以得到一些结果，于是坚持将结果发表。对此，霍金、巴丁和卡特做了他们唯一能做的事：写论文反驳贝肯斯坦。后来，霍金在《时间简史》中写道："我必须承认，在写这篇论文时，我的部分动机是出于对贝肯斯坦的恼怒，我觉得他误用了我的发现……"这次的针锋相对开启了一段为期两年的斗争，斗争双方围绕着一个看似悖论的观点，而这个悖论将揭开黑洞的一个完全出乎意料的特性，并将让霍金在物理学史中名垂千古。[1]

当初，霍金写下这篇代表文章是为了证明贝肯斯坦是错误的。然而事实与预期恰恰相反，最终证明对手是正确的。

* * *

1970—1974 年是霍金学术生涯的高峰期。期间产生的两项重大成果，也就是两个关于黑洞的重要见解，足以使他成为一流的物理学家。

霍金的研究领域越来越拥挤。为了研究黑洞那怪异又出乎意料的特性，来自美国、苏联、英国和以色列的物理学家都在共同推进，或者说相互竞争。但最终，还是霍金发现了关键的一点。这个发现太奇怪了，甚至一开始连他自己都不相信。霍金认识到，黑洞并不是黑色的。他的名字将与这一发现永远联系在一起，而这个发现本身也成为黑洞黄金时代的最高成就，以及尾声。

* * *

黑洞的灵魂在于它的奇点。这是一个曲率无限的点，在这里，物理学定律不再有意义，这也是吸引物理学家研究黑洞的第一个谜题。物理学家想了解这些坍缩恒星的异常核心。而在 20 世纪 60 年代末和 70 年代初，没有人比罗杰·彭罗斯和史蒂芬·霍金更懂奇点，霍金就是靠研究奇点一举成名的。但到了 1970 年，霍金开始将注意力转移到黑洞结构的另一个部分：事件视界。

事件视界并不是一个真实存在的物理实体，就像地球的赤道也不是一条真实的线一样，事件视界也是一个抽象的数学概念。幸运的是，物理学家对这个概念的定义或多或少达成了共识。事件视界是黑洞周围的一道边界，任何事物只要越过这道边界就会不可避免地撞上奇点，即使是光也难以逃脱这样的命运。也就是说，事件视界是一个假想的表面，在这个表面上，物体为脱离黑洞的魔掌所需的速度，即逃逸速度，就是光速。这是一个自然且明显的定义，但还存在一些小问题。例如，当一颗恒星坍缩成为黑洞时，一旦恒星的表面变得足够小，整个事件视界就会突然出现，这种瞬时且不连续的变化导致了数学上的一些问题。

1970 年，霍金意识到如果对事件视界的定义做一个微小的修改，就可以消除这些问题。他不再把事件视界看作一个逃逸速度等于光速的地方，而是把它看作两个独立区域之间的边界：在内的是物体注定

要撞上奇点的区域，而在外的是物体属于外部宇宙的区域。霍金将他
自己给出的定义称为"绝对视界"，而先前由逃逸速度定义的则称为
"表观视界"，二者并不完全一样，需要通过彭罗斯图才能看到其中的
差别，但它们就在那里。例如，当一颗恒星坍缩成黑洞时，绝对视
界并不像表观视界那样会突然整个出现；一开始，它只是恒星中间
的一个点，随着恒星的坍缩而不断长大，并最终超过不断缩小的恒星
表面①。

　　这个差别非常微妙，有点儿令人困惑，而且对于非专业人士来说
并没有什么意义。但对于在脑海中描绘坍缩恒星的彭罗斯图的霍金来
说，二者之间有一个非常重要的区别，迫使他以一种新的方式看待黑
洞；具体来说，它改变了霍金对于黑洞几何性质的想法。那是在 1970
年年末，他的女儿露西出生后不久，一天晚上睡觉前，他在脑海中探
索他的新宇宙。突然间，他有了一个新发现。

　　当时，霍金正在想象光线在绝对事件视界上的行为方式，他提
出的新定义使他清楚地认识到，这些光线不可能相互接近。它们可能
互相平行着移动，或者进一步相互远离，但不能靠近，因为如果这样
做，至少有一条光线会被黑洞捕获。这个概念非常难以理解，霍金也
在努力尝试着向非专业人士解释。在《时间简史》中，霍金试图从几
何的角度让读者有一个直观的理解，他把这个概念比作试图逃离警察
追捕的强盗："这就好比遇到其他也在逃避警察的人，但是方向相反，

① 对于这一概念的另一种思考方式是，对事件视界的旧定义大致上是指在某一特定时
　间点上能够逃逸的光和不能逃逸的光之间的边界。而霍金提出的绝对视界是可以逃
　逸的光和不能逃逸的光之间的边界，这不仅局限在某个时间点上，而且在所有的时
　间里。当一颗恒星坍缩时，恒星中心的光线可能无法逃离将来会形成的那个黑洞，
　但在黑洞形成之前，它还不存在，因此按照旧定义，事件视界也尚未存在！

如果这样的话，你们都会被抓住！" [①, 2]

这种几何学上的理解导致了另外一个结论。光线在事件视界上的行为方式决定了事件视界的形状，不仅是在空间维度上的，也包括了时间维度。我们所说的事件视界上的光线不能相互接近，相当于说视界永远不会随着时间变小；无论如何，它一定会一直变大。而当两个小黑洞合并成一个大黑洞之后，大黑洞的事件视界一定不会小于两个小黑洞的视界面积之和。也就是说，广义相对论的几何规则确保了黑洞永远不会缩小，它们一定会增长，或者至少保持相同的大小。这是一条新的自然法则，不仅是对黑洞行为的新见解，也是对时空本身的新见解。这条定理后来被称为霍金的"面积定理"。

"对于这一发现，我实在是太兴奋了，那天晚上都没有睡好觉。"霍金后来写道，"第二天，我给罗杰·彭罗斯打电话，他同意了我的观点。"按照霍金的说法，彭罗斯其实也是这么想的，只是还没有领会到它的重要性。[3]

"需要弄清楚面积定理，因为我也不是很清楚，"彭罗斯说，"你看，我在剑桥大学做了一个讲座，讲座结束后，我去史蒂芬的办公室跟他谈论了很多事。我谈到了通常意义上的黑洞面积，以及该面积必须随着时间的推移而增加的事实。"两人就这一想法讨论了一段时间，都对事件视界的本质感到有些困惑，因为通常它们的形状可能相当复杂，可能会为分析研究带来很多困难。然后彭罗斯回到了酒店房间，

---

① 另一种理解方法稍有不同。我们要记住，事件视界上的光粒子在被捕获的边缘，它必须以最短路径尽快地离开奇点（当然是以光速！），否则就会被捕获。而如果有两个光子A和B正疯狂地试图逃脱，同时它们的路径相互交叉，这就意味着有两条离开交叉点的"最短"路径，一条是A在遇到B之后经过的路径，另一条是B在遇到A之后经过的路径。但事实上，最短路径只可能有唯一的一条，这就意味着我们假设的情形是不存在的。

上床睡觉了。"第二天一早，史蒂芬打电话来，说他有一个新的想法。他说，'这多亏了你。'"[4]

近半个世纪过去了，彭罗斯发现霍金的这个故事有点儿令人困惑。在霍金哄女儿睡觉之前，黑洞面积必须增加的想法就已经成形了。"他的顿悟究竟是什么，我不知道，"彭罗斯说，"我以为是黑洞的面积增加，但可能并不完全是这样。因为我清楚地记得，他说这是'你的'，也就是我的想法。我感觉这可能是一个误解……他可能以为我当时谈论的是视界……但其实我并不是在说这个。"彭罗斯认为，是霍金第一个考虑两个黑洞碰撞后合二为一形成的新黑洞的面积，而不仅仅只考虑一个黑洞。新黑洞的面积会随着时间的增加而增加，但这种区别其实并不是面积定理的核心，也不符合霍金睡前顿悟的故事。"我不知道他那时想了什么。也许他认为我有这个想法，但其实并不完全是这样。还没有弄清楚。真的，我不知道具体发生了什么。"彭罗斯说，"我从来没有想过要提起这件事，因为这对于他来说是一件大事。"

这确实是一件大事。面积定理是一个突破，它使得理论物理学家能够以前所未有的方式来约束黑洞的行为。例如，考虑两个黑洞合并的情况，霍金能够通过面积定理计算出合并中可能释放的最大引力辐射量。因为如果辐射得太多，黑洞就会失去质量，从而导致视界缩小，而这是违反面积定理的。45 年后，LIGO 引力波探测器才探测到了双黑洞的合并。

这是一个影响深远的发现。但即使是霍金自己，也没有意识到它是多么重要。

*　　*　　*

在大西洋彼岸，灵感来自一杯茶。其实，是两杯。

在普林斯顿，约翰·阿奇博尔德·惠勒正在思考着，当你把一热一冷两杯茶放在一起时会发生什么。即使没有物理学学位，你也会知道，热量会自发地从热的那杯流向冷的那杯，直到它们都达到相同的温度。但对一名物理学家来说，为什么自然界会有这样的行为？为什么热量总是从热的那杯流向冷的那杯，而不是反过来？研究这个问题可以帮助我们找到一些基本规律，它们支配着我们这个宇宙，规定了能量如何表现，以及时间如何流逝。这一切都与熵的概念有关。

假设我们有 100 颗弹珠，50 颗红色的、50 颗蓝色的。随机挑选一颗，然后把它扔到几米外的一个鞋盒里；再拿出一颗弹珠，也扔进盒子里；再来一颗……一直这样继续，直到把所有的弹珠都扔进鞋盒里。让我们走过去看一看，现在看到了什么？

显然，我们会看到一堆红色和蓝色的弹珠混在一起。当你把这些弹珠随机地拿出来扔进鞋盒里时，它们就会随机地排列在盒子里。至于它们是如何落下来的，并没有什么规律。事实上，如果盒子里的所有红色弹珠都在左边，所有蓝色弹珠都在右边，反而是一件很奇怪的事。也就是说，如果你把弹珠随机地扔进一个盒子里，它们不会按照颜色的不同自动分隔开，这个世界也不会这样。当然，不同颜色的弹珠整齐地处于盒子的不同角落，这样的情况也不是不可能发生，但不会持续太久；一旦有人端起盒子，这些弹珠就会相互碰撞着混在一起，这种外力强加的整齐有序将迅速消散，再次陷入混乱之中。

这就是熵在起作用了。从某种意义上来说，熵表示一个系统中的"无序"程度。如果鞋盒里的所有红色弹珠都在左边，所有蓝色弹珠都在右边，这时的熵是很低的；但是当有人晃动鞋盒把弹珠混合在一起时，熵就会不断增加，直到弹珠再次随机分布。如果你想恢复整个系统的秩序，这是有可能做到的，你可以将红色弹珠和蓝色弹珠手动分开，以此来减少鞋盒中的熵。然而，这样做将消耗能量，而当你不再消耗能量对弹珠进行分类时，系统的熵将再次增加。

熵不仅能描述鞋盒中不同颜色的弹珠，也可以描述宇宙中的所有物质和能量。在一杯茶中，红色弹珠是"热"分子，蓝色弹珠是"冷"分子；在一个充满空气的房间里，红色弹珠代表氮气，蓝色弹珠代表氧气。哪种弹珠代表什么其实并不重要，重要的是在每一种情况下，系统的熵都会趋向于最大，也就是红色弹珠和蓝色弹珠完全随机混合。除非你消耗能量来减少熵，否则如果你没有办法将能量注入系统来整理这些"弹珠"，那么熵将势不可当地增加，直到达到最大值。

这一原理是19世纪最重要的科学发现之一，也是热力学（研究能量、热量、温度、功的物理学领域）的支柱之一。路德维希·玻尔兹曼率先使用系统中弹珠/原子/分子/物体的不同分布来表达熵这一概念，而他的坟墓上也刻着熵公式（又称玻尔兹曼公式）：

$$S = k \log W$$

其中S表示熵，k是一个常数，现在被称为玻尔兹曼常数，而W大体上可以表示系统中物体可能的分布数量。在没有外部能量作用时，系统中的熵一定会增加，这一规律被称为热力学第二定律。它被物理学家认为是永恒的基本原理，是理解能量、热量、功以及其他很多概念的基础。

熵与时间之箭密切相关。在我们的宇宙中，熵总是在增加，所以"未来"就应该是熵比现在大的时候，而"过去"则是熵比现在小的时候。熵也决定了宇宙的命运。由于我们的宇宙是在一次性的大爆炸中产生的，没有更多的能量涌入，这就意味着，宇宙的熵必须随着时间的推移不断增加，直到宇宙中的一切都处于毫无生机的同一冰冷温度中①。因此，从某种意义上说，我们所做的任何增加宇宙的熵的事情都推动着宇宙一步一步走向最终的灭亡。

"把一个热茶杯放在一个冷茶杯旁边，它们会达到相同的温度。这让我很不高兴，"1996年，约翰·惠勒告诉一位采访者说，"我把这两个茶杯放在一起，使宇宙的熵增加了，也就是增加了宇宙的无序程度。"惠勒推断，仅是将两杯茶靠近，就以一种微小但是非常明显的方式推动了宇宙的毁灭。根据热力学第二定律，事情就是这样。热力学第二定律不允许有任何例外。[5]

但惠勒认为自己想出了一个可能奏效的作弊方法，那就是引入黑洞的概念。黑洞无毛，它就像一块橡皮一样，可以擦去落入视界的物质的几乎所有属性，除了质量、电荷和围绕黑洞的旋转。如果是这样的话，那么这些物质的熵也一定会被抹去。惠勒意识到，如果将热茶和冷茶混合会增加宇宙的熵，那么将混合的茶倒入黑洞中，基本上就等于没有混合。

这个想法折磨着他，而且它也一定会让他的研究生感到不高兴。"当雅各布·贝肯斯坦走进办公室时，我说：'雅各布，如果旁边有个黑洞，我可以把两个茶杯都丢进黑洞里，这样就掩盖了我的犯罪证据。'他看起来很不爽，但他当时并没有强烈表示反对。"[6]

贝肯斯坦被难住了。热力学第二定律是神圣不可侵犯的，然而黑洞似乎提供了一个漏洞。肯定有哪里出了问题。

---

① 熵也与信息的概念密切相关。对它们之间的关系，更全面的解释请参见本书作者的《解码宇宙：新信息科学看天地万物》(*Decoding the Universe: How the New Science of Information Is Explaining Everything in the Cosmos, from Our Brains to Black Holes*)，美国纽约，维京出版社，2006年出版。

* * *

1970 年，露西出生前后，史蒂芬不想坐轮椅了。当时他已经能够短距离地行走，但不稳定，还要使用拐杖。行走对他来说是一件十分困难的事，而且非常危险，难以维持。毫无疑问，他知道坐在椅子上会加速自己的肌肉萎缩，并使自己对于他人的依赖越来越严重。史蒂芬试图通过其他方式锻炼自己的肌肉。比如，他自己做睡前准备，除了解鞋带和解纽扣，他还能自己脱衣服，换上睡衣。他还坚持爬楼梯到卧室，即使他的腿已经无法支撑他的身体了。[7]

"他上楼的方式是，抓住栏杆的柱子，用手臂的力量把自己拉上楼梯，这样要费很大劲儿才能从一楼爬上二楼，"若干年后，基普·索恩告诉导演埃罗尔·莫里斯说，"简解释说，这是他物理治疗的一个重要部分，可以尽量保持他的身体协调和肌肉力量。他看起来很痛苦地拉着自己上楼，看到这种情况我有点儿心痛，但我最后明白了，这是他的生活的一部分。"罗杰·彭罗斯也不止一次看到霍金在楼梯上的挣扎，他说："在这件事上，我把功劳归于简。我知道，很多人会一直帮助霍金，但她觉得（坚持锻炼）是绝对必要的。"[8]

霍金一家靠着决心勉强度日，但也无济于事。史蒂芬的工资并不高，而且也不能说稳定，因为他还没有终身教职，也不在终身教职的职业轨道上。他现在只拿到了一个固定的奖学金，可以延期 6 年。然而很明显，史蒂芬注定要做一些更伟大的事情。他正处于创造力的爆发期，这位 28 岁的物理学家充满了活力。

就在露西出生之后的一周，史蒂芬向英国的《皇家天文学会月刊》提交了一篇论文，提出宇宙中可能有很多微型黑洞。

天体物理学家几十年来一直在思考的普通黑洞，诞生于质量为太阳数倍的大型恒星坍缩时。那些与太阳质量差不多但较小的恒星根本没有足够的引力来坍缩成一个奇点，这些较小的恒星会成为白矮星或者中子星，而不是黑洞。因此，以这种坍缩的方式形成的黑洞的质量较小，但比太阳的质量大一点儿。霍金意识到，在炽热且致密的早期宇宙中，有可能存在质量小得多的黑洞，比如和一座山一样重。听上去很重，但这样规模的黑洞大约和一个质子一样大，甚至可能钻进普通恒星的内部，到达中心位置，然后慢慢地从里面吞噬掉这颗恒星。

这是一个非常有趣的想法，理论物理学家也喜欢它，因为如果运用得当，微型黑洞可以解释各种无法解释且一直困扰着天体物理学家的现象[1]。不幸的是，霍金将他的理论建立在一些错误的假设之上。他之所以提出这一理论，是为了解释实验者乔·韦伯探测到的一些引力波。不过韦伯的实验几年后就被推翻了，这些探测结果也很快被证实不是真实的。即便如此，这一想法也相当吸引人，霍金早期出现在大众媒体上的时候，也总是和"微型黑洞"的概念联系在一起。

霍金也在思考"无毛"定理，他试图巩固这一定理的数学基础。同时，他还与同门兼朋友乔治·埃利斯合作，完成了一本关于时空、相对论和黑洞的论著。这本书后来成为该领域的经典。他甚至在1971年获得了引力研究基金会的论文奖，这为他赢得了一点儿奖金。

在相对论研究领域，引力研究基金会就是一个笑话。它由古怪的百万富翁罗伯特·巴布森设立，此人还创办了巴布森学院。罗伯特一直怨恨着引力，因为他的妹妹不慎溺水身亡，而他认为此事应该归咎于引力。尽管设立引力研究基金会和那些奖项的原因很奇怪，但贫穷的物理学家还是年复一年地参加评比，希望赢得丰厚的奖金。这么多年以来，霍金参加了五六次评比，但只得到了一次。据报道，当霍金

---

[1] 例如，霍金认为，可以用它来解释在太阳的核聚变反应中缺失的中微子。不过后来证明，这种缺失是因为中微子具有质量，而不是因为位于太阳核心的微型黑洞吞噬了它们。

收到获奖通知的邮件时，他回复说："我不在乎什么声誉，但钱总归是个好东西。"[9]

那是霍金一生中成果最丰硕的时期。即使没有面积定理，它也是一段引人注目的历史。巨作即将降临。

＊　＊　＊

几个月以来，雅各布·贝肯斯坦努力工作，试图了解他的导师的方案出了什么问题。惠勒是对的，如果黑洞真的抹去了它们所吞噬的所有信息，那么不管落入视界的物质的熵是高还是低，都无关紧要，最终的结果都是一样的。而如果是这样的话，黑洞就可以作为一种摆脱熵的机制，也可以避免宇宙命运被个人行为的热力学后果所影响。也就是说，即使将热茶和冷茶混合在一起，也不会增加宇宙的熵，而这违反了热力学第二定律。

根据热力学第二定律，在一个封闭系统中，如果没有能量流入，那么系统的熵一定会增加，或者至少保持不变，毫无例外。而在 1971 年，当霍金发表他的面积定理时，贝肯斯坦被它与热力学第二定律的相似性所震惊。和熵一样，黑洞事件视界的大小也必须增加，或者至少保持不变。这其中会不会有什么联系呢？黑洞事件视界的面积会不会与熵有关呢？而这会不会为惠勒的茶杯之谜提供答案呢？

黑洞与热力学系统之间的相似性还不止于此。惠勒的另一个学生——德梅特里奥斯·克里斯托多罗，找到了一些关于旋转黑洞的运行规律，而这些规律也与热力学中的知名定律极其相似[①]。在各个不同

---

① 具体来说，克里斯托多罗正在研究通过引力辐射将能量从一个旋转黑洞中拉出来。他发现，要想达到这一目标，最有效的方法正是那些可逆的技术，类似于传统热力学中的卡诺循环。

方面存在的太多巧合表明，这就不可能是偶然，决定黑洞行为方式的规则必然与热力学定律密切相关。于是贝肯斯坦做了一些计算，证实了黑洞事件视界的面积确实与热力学中的熵高度相似。实际上，1972年5月，贝肯斯坦意识到，应该将黑洞的熵定义为：

$$S_{bh} = \eta \, (kc^3/G\hbar) \, A$$

其中，A 是黑洞事件视界的面积，k 是玻尔兹曼常数，c 是光速，G 是万有引力常数，ℏ是普朗克常数（它将在量子力学中反复出现），η也是一个常数，但数值尚不确定。这个方程正式确定了事件视界的面积与黑洞的熵之间的紧密关系。而且，既然黑洞有熵，它就不再像惠勒认为的那样，是一个可以掩盖热力学"罪行"的无底洞。[10]

把一杯热茶和一杯冷茶分别倒入黑洞，事件视界的面积会有一定的增加。重新来一遍，如果先把热茶和冷茶混合，增加了茶系统的熵，再把混合后的茶倒入黑洞，这时黑洞增加的面积将比之前分别倾倒时更多。也就是说，当你把混合后的茶倒进黑洞时，茶系统增加的熵并没有消失，它作为事件视界增加的面积被保留了下来。正如贝肯斯坦对惠勒所说："你并没有避免熵的增加。你只是换了一个熵增的地方，而黑洞本身就有熵。"[11]

贝肯斯坦的公式堪称完美，它填补了热力学第二定律中那个令惠勒倍感困扰的明显漏洞。但假如黑洞真的有熵，其后果也会令人不安。从热力学的角度来看，一个有熵的物体必须有温度，而黑洞如果有温度，那意味着什么？如果你把它放在"更冷"的东西旁边，那么热量会不会从黑洞里跑出来？黑洞会不会就这样冷却下来呢？更糟糕的是，任何有温度的物体都会辐射能量；毕竟，量子力学诞生的标志就是马克斯·普朗克想出了如何正确计算特定温度下的物体发出的光。但是黑洞不能发光！它吞噬了光，而且这就是黑洞的定义。

即使知道自己的公式造成了可能矛盾的情况，贝肯斯坦还是决定在物理学杂志《新试验》上发表这一结果。这篇论文发表于 1972 年 8 月，当时他正准备去阿尔卑斯山的莱乌什参加关于黑洞的暑期学校，而且想与同行讨论他的想法。许多顶尖的黑洞专家都会出席，当然，他们也会像他一样为黑洞热力学兴奋不已。

* * *

在莱乌什，贝肯斯坦并没有受到他预期中的那种款待。霍金不仅不赞同黑洞有熵的想法，还公开表示了对它的蔑视。在霍金看来，贝肯斯坦将霍金的完美面积公式扭曲成了一个滑稽可笑又丑陋的东西，这个东西没有明显的物理特性。几十年后，当年同在莱乌什的索恩写道："黑洞没有熵或者温度，这根本没有任何道理。霍金认为，如果一个人说在某种意义上，黑洞的视界面积就是它的熵，那这个人一定是个疯子，或者至少是个笨蛋。"而如果没有熵或者温度，就不可能有什么黑洞"热力学"。因此，霍金联合吉姆·巴丁和布兰登·卡特一起对抗贝肯斯坦。巴丁和卡特与霍金一样，都在莱乌什的暑期学校做了学术报告，而贝肯斯坦在这次会议前的几个月才刚刚递交了他的博士论文，索恩也像同领域中的大部分研究者一样反对贝肯斯坦。[12]

有一个例外值得注意。几年后，贝肯斯坦在《今日物理学》杂志中回忆道："1973 年时，我经常被告知走错了路。惠勒给了我一些安慰，他说，'黑洞热力学的想法很疯狂，但也许我们可以研究一下。'"在导师的支持下，从莱乌什回来后的贝肯斯坦比以往任何时候都更有决心，他要证明自己是对的。10 月，他发现方程中的未知常数 η 大约是 0.028，或者"非常接近，可能就在一两倍之内"。[13]

1972 年初秋，贝肯斯坦已经准备好向《物理评论D》投稿了。但作为一名贫穷的博士后，他没有钱支付发表的费用。惠勒从自己的预算中拨出了这笔费用，并鼓励他这位曾经的学生不要放弃。"对我来说，能与你认识是一种极大的快乐。认识一个如此热爱真理、热爱发现新真理，并且有这样的能力和精力（就像你所表现出来的那样）的人，使我精神振奋……"1972 年 10 月，惠勒在写给贝肯斯坦的信中说，"你关于黑洞熵的研究既让我着迷，又有些不安。当务之急是要为剩下的问题找到一个决定性的解决方案，这样才能说服所有人。"[14]

就霍金本人而言，他是不可能被说服的。他决定与巴丁和卡特一起，将贝肯斯坦的想法扼杀在摇篮里，以免造成更大的破坏。因此，当贝肯斯坦的论文经历长达数月的同行评议时，霍金、巴丁和卡特马上写了一篇反击文章。

巴丁、卡特和霍金所撰写的论文题为《黑洞力学的四大定律》。在标题中，他们没有使用"热力学"一词，但该论文的大部分内容都致力于证明热力学四大定律与黑洞行为之间的相似之处。之所以使用"力学"而不是"热力学"，是为了强调这些相似之处仅仅是想象，并没有什么更深层的原因。

的确，在某些方面，黑洞事件视界的面积与熵类似，而黑洞"表面引力"的行为又类似于某种"温度"[①]。这些相似之处非常引人注目，但它们并不意味着黑洞实际上具有温度或者熵。文章中说："可以看出，（表面引力）类似于温度，而（面积）类似于熵，相似的方式都差不多。然而，必须强调的是，（表面引力）和（面积）不同于黑洞的温度或是熵。"事实上，正如他们所指出的，从任何意义上讲，黑洞都不可能有温度。有温度的物体必须进行辐射，而黑洞不可能这样

---

① 从质量角度出发来思考表面引力是最简单的方式。大致说来，质量越大，表面引力就越小。

做。"实际上，黑洞的有效温度是绝对零度……因为黑洞不可能发出辐射。"[15]

这个观点看起来很可靠。因为黑洞不辐射，所以它们没有温度。因此，任何试图描述黑洞"热力学"的行为都是错误的。证毕。任何一个在过去的几个月中关注这篇学术论文的人以及注意到论文致谢中没有贝肯斯坦的名字的人都会意识到，这篇论文给了新秀贝肯斯坦一个下马威。这三位作者感谢了"拉里·斯马尔、布莱斯·德威特，还有（莱乌什）暑期学校的其他参与者，感谢他们的宝贵讨论"。

* * *

贝肯斯坦仍然相信自己是正确的，但他无法得到更多的支持。他想不到有什么办法去应对对于黑洞温度的反对意见和质疑，甚至无法确定黑洞熵公式中那个麻烦的常数 η 的数值。但是，除了他之外，已经没有人继续钻研黑洞热力学了，甚至连它的反对者也没有。

在攻击完贝肯斯坦之后，霍金转而研究其他问题。他将更多的精力花在关于微型黑洞的研究上，并简要地探讨了如果宇宙在膨胀的同时旋转，那么宇宙背景辐射将受到怎样的影响。他与乔治·埃利斯一起编写的教科书还没有完成，这是一个耗时很久的项目，终于要收尾了，并且将于 1973 年由剑桥大学出版社出版。在这本教科书中以及他更早的一篇论文中，霍金提出了一个数学证明，即在某些给定的假设下，黑洞沿其自转轴一定成轴对称。这就是霍金所谓的"刚性定理"，它为著名的黑洞"无毛"定理画上了句号，也确保了坍缩恒星中的物质的奇怪分布。因此，除了维尔纳·伊斯雷尔和布兰登·卡特这两位无毛定理的主要支持者之外，霍金和数学物理学家戴维·罗宾逊也被视为这一理论的共同创造者。

那年9月，史蒂芬陪同他的朋友基普·索恩去了波兰华沙，然后去了莫斯科，这是他自学生时代以来第一次到访苏联。简克服了对飞行的恐惧，也加入了丈夫的这次海外之行。这是一次美妙的旅行，霍金一家住在莫斯科市中心的罗西亚酒店，他们的套房俯瞰着圣瓦西里大教堂的彩色洋葱尖顶，俄语流利的索恩带他们参观了这个城市，还在莫斯科大剧院观看了柴可夫斯基的芭蕾舞剧和鲍罗丁的歌剧。他们唯一的抱怨是，酒店里似乎有虫子，电子的那种（电子窃听器）。[16]

在那次旅行中，霍金第一次见到了阿列克谢·斯塔罗宾斯基。斯塔罗宾斯基因为口吃而沉默寡言，但很乐意与人分享他正在研究的东西。他和他的导师雅科夫·泽尔多维奇的一项研究吸引了霍金的注意。

霍金很清楚，从旋转的黑洞中获得能量是有可能实现的。实际上，无毛定理的一部分理论基础就是旋转的黑洞在特定情况下会发射出引力波，从黑洞中带走能量。但是斯塔罗宾斯基和泽尔多维奇意识到，一个飞快旋转的黑洞不仅可以通过辐射引力波来释放能量，还可以辐射各种粒子，比如光子、电子、中微子等。

这个观点错综复杂，但本质上还是从量子力学的角度出发。正如第5章中所述，量子力学中关于能量和时间的不确定性确保了在最小的尺度以及最短的时间跨度内，粒子会源源不断地闪现，又随即消失。这就是所谓的"真空波动"，也就是它们导致了量子理论的空间画面呈现泡沫状且不断翻涌，而不是像相对论所说的那样平滑和连续。量子波动并不是数学想象的产物；在特定条件下，比如你向一个足够小的空间中注入足够多的能量，那么所有这些消失的或者时隐时现的粒子就会得到足够的动力，飞离这个小空间，并被粒子计数器检测到①。斯塔罗宾斯基和泽尔多维奇认为，在一个快速旋转的黑洞附近，事件视界周围的时空被剧烈地扭曲，就会造成这样的情况，各种粒子也随之飞向四面八方。

霍金对这些莫斯科学者的观点很感兴趣，也倾向于相信它。而基普·索恩则认为这个计算是错误的，他和泽尔多维奇友好地打了一个赌②。但其实，霍金也不相信这对师生的计算结果是完全正确的，他们进入的是一个几乎完全未知的领域。迄今为止，关于黑洞的重要工作几乎都属于"经典"的物理学范畴，引力辐射等现象完全可以用广义相对论方程来处理，而不必引入量子理论。但是，一旦涉及粒子，我们就必须考虑量子行为了。经典物理学是无法解决这个问题的，因为相对论和量子理论之间存在冲突，想让两者同时成立并不容易。因此，虽然霍金认为这个结果是对的，但他认为泽尔多维奇和斯塔罗宾斯基的计算过程并不十分严谨。1984 年，霍金曾说："我不喜欢他们得到结果的方式，所以我想用正确的方式做这件事。"17

连续几周，霍金都沉浸在思考中，大声播放着瓦格纳的歌剧，无视一切外界干扰。简写道，他"被带到了另一个维度，已经不属于我和孩子们了"。简试图从史蒂芬那里得到一些回应，但是往往得不到，史蒂芬完全沉浸在他的数学世界中。很快，简甚至讨厌起瓦格纳来。18

史蒂芬的计算过程采取了一种"半经典"的方法，即从经典的广义相对论中选取一些元素，然后在必要时加入量子理论来描述物质

---

① 这些"粒子加速器"能够将足够多的能量注入一个较小的空间。欧洲核子研究中心的大型强子对撞机使科学家们看到了对撞机中的粒子雾，这是真正的在真空中产生的粒子。要生成这些粒子，我们无须让这些原子相互碰撞、相互粉碎，它们之间的距离只需足够近，即使原本的原子完好无损，我们也仍然会得到新的粒子。

② 事实上，这是索恩的第一个关于科学问题的豪赌。他的赌注是一瓶白马牌苏格兰威士忌，而泽尔多维奇的赌注则是一瓶格鲁吉亚白兰地。索恩认为旋转的黑洞不会辐射出粒子，然而他输了。

的行为。然而，你仅凭定义就可以发现，这种半经典的方法在某种程度上是错误的；有时，它内部的各种理论之间自相矛盾，但如果运气好，我们也能得到一些有趣的结论。于是，在那一年的深秋时节，霍金试图弄清旋转的黑洞是否会辐射粒子。而到了11月底，他得到了一个答案：是的，黑洞会辐射粒子。但是他还没有弄清楚黑洞会辐射多少粒子。

根据他的计算结果，黑洞会辐射很多粒子。霍金在《时间简史》一书中写道："原本，我以为就像泽尔多维奇和斯塔罗宾斯基所预测的那样，只有旋转的黑洞会辐射。然而，经过计算之后，结果令我惊讶，同时也让我感到恼火，我发现即使是不旋转的黑洞，显然也应该以稳定的速度生成并发射粒子。"这有些不对劲儿。[19]

霍金的计算表明，即使黑洞不旋转，事件视界也会影响附近的真空波动。黑洞会吞噬一些转瞬即逝的粒子，同时释放其他粒子，摆脱黑洞引力的束缚，进入宇宙之中。远处的观察者可以看到这些被释放出来的粒子，并把它们视为辐射，看上去就好像事件视界向所有方向都发射了粒子一样。即使黑洞本身不允许粒子逃逸，它也可以发出耀眼的光芒。正如霍金在《时间简史》中写道："……粒子不是来自黑洞内部，而是来自黑洞事件视界之外的'空无一物'的空间中！"[20]

接下来的12月底和1月初，霍金反复检查了自己的计算结果，想找出自己在什么地方犯了错误，也许这个一半量子一半经典的数学方法还不完善。他根本不相信一个静止的黑洞能辐射出粒子，尽管他的计算得出了一个了不起的结论，因为这些从黑洞逃离的粒子恰恰符合马克斯·普朗克在量子革命初期（1900年）的预测。

正如第5章中所述，普朗克试图弄清在特定温度下一个物体所发出的光的特性。为了得到正确的答案，他给出了一个令人不适的假设，即光以离散的形式出现，也就是我们所知的量子。这个假设虽然令人不适，但是却完全符合普朗克的公式，它准确地预测了一个黑体（完全不反射任何辐射的物体）在任一给定温度下会发出的辐射类型。普朗克对所谓黑体光谱的推导是量子理论的第一次胜利，同时也揭示了宇宙的量子力学基础，它与自然界的终极规则有着深刻的联系。

霍金的计算结果表明，从黑洞发射出来的辐射也呈现出一个黑体光谱。此外，假设黑洞的"温度"由黑洞表面引力决定，那么这个黑体光谱就恰好符合预期。而这个温度正好符合贝肯斯坦的预测！

霍金、巴丁和卡特曾经反对贝肯斯坦的"热力学"观点，因为他们认为黑洞没有温度，而没有温度的原因是黑洞无法产生辐射。现在，霍金的计算结果似乎表明，黑洞不仅确实会产生辐射，而且会像其他具有固定温度的物体一样产生辐射。贝肯斯坦是正确的。起初，霍金不想把他的结果告诉任何人，因为他担心自己的错误会让这位年轻的对手抓住把柄，"以证明他的黑洞熵理论的正确，我还是很不喜欢这个想法"。因此，在一月初，他只将这一令人困惑的结果告诉了他最亲密的朋友。[21]

霍金不愿意相信自己的计算结果，但马丁·里斯立即意识到了它的重要性。一月初的一天，丹尼斯·夏默在去办公室的路上碰到了脸色苍白、浑身颤抖的里斯。"他激动得浑身发抖，"夏默后来回忆说，"他说，'你听说了吗？你听说史蒂芬的发现了吗？一切都不同了。一切都变了！'"[22]

＊　＊　＊

1974 年 1 月 8 日是霍金的 32 岁生日。在那一天，丹尼斯·夏默给约翰·惠勒写了一封信，惠勒正计划在下个月访问英国。夏默在信中提醒道："也许我应该提醒你，我们即将从史蒂芬·霍金那里听到一个重磅消息。"。然后，夏默在信中解释了霍金的发现如此令人震惊的原因，因为他发现黑洞是不稳定的。也就是说，黑洞不可能永恒存在，它会辐射能量，所以随着时间的推移它肯定会逐渐变小。更重要的是，随着黑洞的缩小，它变小的速度也越来越快。因为黑洞越小，它的表面引力（也就是它的"温度"）会越高，这意味着它的光芒更闪耀，同时收缩得更快。这是一个正反馈的循环过程，会随着时间的推移变得越来越快。夏默继续说道："一个太阳质量的黑洞的寿命会比宇宙年龄长得多，但是一个微型黑洞可能只会引起专业领域内的兴趣。最终，黑洞也会消失。"[23]

考虑到黑洞死亡时的情况，用"消失"这个词形容可能有些温和了。黑洞的温度会增加得越来越快，它的辐射也会越来越亮，直到最终……没有人确切地知道最终究竟会发生什么，但几乎可以肯定的是，这个能量爆发的过程极其猛烈。"黑洞不是永恒的，"霍金解释说，"它们会以越来越快的速度蒸发掉，直到消失在巨大的爆炸中。"霍金的发现一经公开，科学家立刻就采纳了微型黑洞爆炸的想法，认为它是我们看到的神秘伽马射线暴的来源。[24]

然而，科学家还没有意识到的是，霍金辐射的发现也导致了黑洞信息悖论。只要黑洞是稳定的，它就可以无限制地吞噬和储存信息。但是，一旦黑洞的寿命是有限的，它就不能无限期地充当信息存储器，最终这些信息还是要被释放出来。然而事实证明，霍金辐射似乎是一种黑体辐射，而黑体辐射是不能携带信息的，它只能展示发射它的物体的温度。那么当黑洞蒸发时，之前被吞噬的那些信息去了哪里呢？霍金职业生涯中的大部分时间都在解决这个隐含在霍金辐射理论中的问题。

最麻烦的是，至少对史蒂芬来说，他将不得不承认自己犯下的严重错误。他的直觉错了，他没能够将黑洞的特性与热力学定律联系起来，反而是一个刚刚获得博士学位的年轻小伙实现了这一伟大的智力飞跃。更糟糕的是，他不仅否认了这种联系，还设法打击贝肯斯坦，否认熵和事件视界面积、温度与表面引力之间的关系。若干年后，夏默评论道："他一直在嘲笑这种关系。"[25]

这对霍金来说是一个大麻烦。起初，他根本不接受这一结果，正如夏默在给惠勒的信中明确提到的，"史蒂芬不相信自然界真的会这样运行"，而是怀疑自己所用的半经典方法中的一些类比出了问题。但当霍金进一步思考这个问题时，发现这些事实无法避免，他也只好接受了。1983 年，霍金对记者蒂莫西·费里斯说："一个人总是不愿意放弃他的观点，但现在我不得不这样做。这一切如此完美地结合，它肯定是正确的。如果它错了，那么大自然就不会造出那么精致的东西。"[26]

1 月 8 日晚上，霍金终于克服了自己不情愿的情绪，接受了黑洞蒸发的想法。彭罗斯从丹尼斯·夏默那里听说了这个消息，当晚就给史蒂芬打了电话。彭罗斯说："他没花多长时间就说服了我，让我承认他是对的。"霍金也非常清楚地记得这个电话，但他是因为其他原因。15 年后，霍金回忆说："罗杰·彭罗斯在我生日那天打电话来。他非常兴奋，说了很久，结果我的生日晚餐都凉了。这非常遗憾，因为那是鹅肉，我很爱吃。"[27]

霍金被同事的反应所鼓舞，于 1 月 17 日向《自然》杂志提交了一篇论文，总结了自己的计算结果。也许是为了展示一些挥之不去的疑虑，他提交的论文标题以一个问号结束：《黑洞会爆炸？》。

同年 2 月，在牛津附近的卢瑟福·阿普尔顿实验室举行了一次量子引力会议。会议吸引了国际的注意，惠勒如约抵达英国，而许多当地的物理学名人也参加了会议。但这次会议的明星是霍金。在他的学生伯纳德·卡尔的协助下，霍金向观众抛出了一个重磅炸弹：黑洞有熵，有温度，还向外辐射粒子，而且最终一定会爆炸。在场的科学家提出了几个问题，而物理学家约翰·G.泰勒则将会议推向了高潮，他说："对不起，史蒂芬，但这绝对是胡扯。"[28]

霍金辐射是一个相当激进的想法，并且具有相当剧烈的后果，很多人一开始都无法接受它。即使是提出旋转黑洞会发射粒子的泽尔多维奇，也花了两年时间才接受这个观点。1976年，基普·索恩发现泽尔多维奇妥协了："我放弃了！我放弃了！我以前不相信，但是现在我信了。"就这样，一段时间后没有人再坚持，霍金取得了胜利。[29]

1974年3月，霍金在《自然》杂志发表了一篇论文，随着这篇论文的发表，科学界的大多数人都知道了他的研究工作。后续论文于一年多后的1975年8月才发表，它描述了黑洞生成粒子的过程。（显然，杂志社把手稿弄丢了，只能等霍金重新提交之后才能发表。）就这样，霍金突然间成了科学界的宠儿。[30]

在这之前，霍金一直是一名杰出的科学家，他与彭罗斯在奇点方面的研究非常重要，而黑洞面积定理和无毛定理也使他成为少数几个处于广义相对论发展前沿的人之一。但这一次，黑洞辐射和蒸发的发现与众不同，它似乎使霍金从他的同行（比如布兰登·卡特和吉姆·巴丁）中脱颖而出。他给出了一个令人难以置信且复杂的数学计算，将量子理论和相对论这两个互不相容的数学框架结合起来，得到了一个全新的物理原理，而这个新的原理很有可能就是"真理"本身。看起来，霍金朝着调和量子理论和相对论的梦想又迈出了一大步，他继承了爱因斯坦的衣钵，提出了一个可以描述宇宙万物的统一理论。霍金完成的这项壮举也使他成为一名一流的科学家。

贝肯斯坦写道："霍金的发现让所有人都感到惊讶。而在这些人中，我可能是最高兴的，因为他的发现弥补了黑洞热力学缺失的东西。"贝肯斯坦也没有责怪他的对手和这一新发现，他后来说："我并不知道黑洞怎么辐射，而霍金把这一点说得非常清楚，所以这应该被称为霍金辐射。"惠勒也没有掩饰自己的热情，尽管是霍金而不是他的学生赢得了奖项。"将广义相对论和量子理论联系在一起是现代理论物理学最重要的前沿研究，"他在 1975 年年底写给一位物理学家的信中说，"你我都知道，在过去的 5 年中，这一领域没有什么发现比'黑洞的量子辐射'更重要的了。"[31]

当然，惠勒还补充道：

> 尽管还有其他的重要贡献者，但这一领域的最新发展已经与霍金的名字紧密关联了。霍金在他的论文中承认，每个关注这一课题的人都知道，是贝肯斯坦开创了这个领域。他从物理学的角度证明了黑洞的表面积不仅仅是类似于熵，它就是熵；而黑洞的表面引力也不仅仅是类似于温度，它就是温度。[32]

贝肯斯坦的贡献也不会被遗忘。熵方程的最终形式是：

$$S_{bh} = (kc^3/4Gh)\, A$$

其中，虽然"S_{bh}"原本是指"黑洞熵（Black Hole entropy）"，但由于首字母的巧合，它现在表示"贝肯斯坦–霍金熵（Bekenstein-Hawking entropy）"。然而，在黑洞的温度公式中

$$T = \hbar c^3/8\pi GMk$$

通常没有下标，它是属于霍金一个人的。这个公式被刻在了位于威斯敏斯特教堂的霍金的墓碑上，代表了他最伟大的科学成就，也是他名垂千古的凭证。

* * *

1974 年 3 月，就在霍金的巨著被刊登在《自然》杂志上后，他得知自己被选为英国皇家学会会士，他的签名将与牛顿、达尔文、法拉第、爱因斯坦和其他科学界名人的签名一起，被永远载入该学会的宪章书中。当时霍金年仅 32 岁，是那时最年轻的会士①。

在当选结果公布的那个晚上，学院为他举办了一场晚会。丹尼斯·夏默就他的这位曾经的学生的成就发表了长篇演讲。史蒂芬则以他那缓慢、柔和且断断续续的方式表达了他的感激之情，他感谢夏默，感谢在场的观众，但他并没有感谢简。"他根本没有提到我们，当时现场十分热烈，这可能只是当时的一个小疏漏。"简写道，"他在热烈的掌声中结束了讲话，而我却眨着眼睛，忍住沮丧的泪水。"史蒂芬并没有意识到妻子的不快，他还沉浸在被大众认可的荣光中。[33]

这是霍金职业生涯中的一个高峰。尽管他可能还有一些疑问，但他一定知道，自己的入选理由不可能是霍金辐射，因为这从时间上根本说不通。提名和选举的流程包括同行评审，这需要好几个月，而霍金辐射是刚刚才公布的。他被提名的理由一定是以前的研究，主要是他的黑洞面积定理和他与罗杰·彭罗斯一起做的工作，特别是奇点定理（将在下一章中详细介绍）。毫无疑问，这是一个坚实的工作体系，但霍金一定想知道，对于如此年轻的自己（以及一个如此年轻的理论体系）来说，是否真的配得上这样的荣誉？

霍金也怀疑他的朋友罗杰·彭罗斯可能参与了评选过程。两年前，彭罗斯被选入英国皇家学会，并且拥有了提名候选人的权力。果然，

---

① 有些资料说，霍金是有史以来最年轻的会士。然而，这一说法其实并不正确。比如，1672 年艾萨克·牛顿在 29 岁时被选为会士，1663 年罗伯特·胡克在 28 岁时被选为会士，1852 年亚瑟·凯利在 31 岁时被选为会士，这样的例子还有更多。

霍金是彭罗斯提名的第一个人，而在 11 月中旬，彭罗斯获得了外部专家的支持信件，包括约翰·阿奇博尔德·惠勒。惠勒的推荐信从一定程度上说明了问题：“他深刻的几何洞察力和物理理解力，他精辟的证明和他对核心问题的直觉，使他成为我们这个时代相对论天体物理学领域的一个无与伦比的领袖。”在彭罗斯发出信件时，他对霍金辐射的研究工作毫不知情。而当霍金的伟大胜利广为人知时，评选已经开始了。当时关于霍金辐射的各种议论很可能帮助了他最终当选，他击败了当年的另外两名天体物理学候选人——唐纳德·林登贝尔（于 1978 年当选）和莱昂·梅斯特尔（从未当选①）。然而，霍金的荣誉并不是主要来自霍金辐射。[34]

　　尽管霍金很年轻，而且当时还拿不出重要的成果，但是彭罗斯毫不怀疑霍金配得上皇家学会的地位。彭罗斯说：“他当然配得上皇家学会会士的资格。”但是，这里还有另外的考虑。“你看，我们都认为他活不了很久，”彭罗斯说，“这似乎很有可能，你知道……通常来讲，一个人要经过很长时间才能入选。你可能被提名，但可能要等上 5 年或者更久，才能最终入选。但是对他来说，他直接就当选了。”[35]

　　霍金终于走到了这一步，媒体也注意到了这一点。当地的《剑桥晚报》对他进行了大篇幅的报道，并在头版刊登了他的照片。“一位 32 岁的剑桥科学家——史蒂芬·霍金博士，今天成为英国皇家学会有史以来最年轻的会士……”简介中写道，“霍金博士克服了身体上的障碍，在天文学领域和黑洞研究领域迅速崛起。完整报道请见第 17 页。”[36]

---

① 尽管梅斯特尔从未当选，但他长期担任期刊《英国皇家学会会士生平纪事》的编委。

第 14 章

黑洞

（1965—1969）

早在人类踏足北美洲之前，冰川就已经从现在的加拿大一路向南蔓延开来。随着冰山的推进，大块的土壤和岩石被翻出，在地表上留下了一道道深深的伤痕。当时的纽约也几乎完全被一层厚厚的冰川覆盖。直到一万年前，气候开始变暖，冰川才逐渐退去，它们沿路凿出的深痕则被水填满，成为又深又窄的湖泊，而那些包围着湖泊的高墙又被流动的溪水刻画成了深谷。正是在这里，在纽约州北部的冰川后期美景的包围下，简和霍金度过了他们蜜月的后半段。

那是在1965年的夏天，史蒂芬的博士论文差不多要完成了。他已经完成了大部分繁重的学术专业内容，剩下的就是按照论文格式要求写成终稿并提交上去。更棒的是，他还获得了一笔剑桥大学的研究奖学金，将在秋季开始发放，虽然工资不高，但一定程度上提供了一种稳定性，也基本能满足这对新婚夫妇的体面生活。蜜月伊始，他们在英格兰东部的萨福克郡住了一个星期，然后一起乘坐飞机跨越了大西洋。一辆汽车在机场等候，将这对夫妇送到位于纽约州北部壮丽的峡谷中的住所。二人抵达了康奈尔大学，史蒂芬将在那里参加一个专门研究广义相对论的暑期学校。[1]

"那是一个错误，"他后来简单地写道，"我们住在一栋宿舍里，里面都是夫妇，还有吵闹的小孩子，这给我们的婚姻带来了一些压力。"吵闹的婴儿是一个大问题，而另一个问题是他们没有多少钱买食物，最后只能买来便宜的锅和食材，绞尽脑汁地用电炉做饭吃。那时，史蒂芬还可以挂着拐杖慢慢走路，而简在帮助丈夫走完从宿舍到演讲厅的一英里路程后，会找到一台打字机帮史蒂芬打出他的博士论文草稿。史蒂芬陶醉在与新同事的交往中，简却对科学家妻子这一新身份感到恐惧。"无论从哪一点看，她们实际上都已经是寡妇了，物理学的寡妇。"霍金夫妇的蜜月结束了。[2]

* * *

史蒂芬·霍金的博士论文提出了一个非常重要的想法，他对早期宇宙的形成独具慧眼。它足以使霍金获得博士学位，并使他成为一个备受瞩目的年轻物理学家。对那些了解他的研究的人来说，霍金显然具有巨大的潜力。

然而，潜力并不能让人吃饱饭。1965 年，霍金博士毕业后不久，他不得不承担起作为丈夫和父亲的责任；而现在，他也不得不适应职业物理学家这一新的身份。这种身份的过渡并不是无缝衔接，霍金必须证明自己有资格在大学获得一个永久的教授职位，至少是某种稳定的职位。这意味着，成功发表论文之后，他还必须有一些新的想法，但这些想法有些姗姗来迟。

尽管霍金很有创造力，但在 1965 年毕业后的那几年里，他并没有产生足以指明未来学术路线的新想法。他仍然在研究博士论文中的内容，尽自己所能进行延伸拓展，但那条路线在几年之内就走到了尽头。在霍金所处的领域，即引力物理学领域，黑洞是一切的热点和关注点。黑洞的黄金时代已经来临了。

＊　＊　＊

对霍金来说，暑期学校绝对是有百利而无一害的。虽然它给霍金的婚姻带来了一些压力，"但是在其他方面，"史蒂芬回忆说，"暑期学校对我非常有用，因为我遇到了领域内的许多顶尖人物。"还有一些来自故乡的朋友，比如布兰登·卡特，他也是丹尼斯·夏默的学生，是霍金的师弟。罗杰·彭罗斯带着自己的妻子和儿子也来了。

对于霍金来说，彭罗斯的到来是暑期学校中最令他开心的事情。彭罗斯比史蒂芬大10岁左右，已经在伦敦大学伯克贝克学院获得了一份稳定的教职。年仅23岁的霍金引起了他的注意，正如若干年前，霍金的导师丹尼斯·夏默注意到彭罗斯一样。事实上，正是夏默将彭罗斯领进了物理学的研究领域。据彭罗斯回忆说："虽然当时我在研究纯数学，但他试图让我改行研究宇宙学。"[3]

作为一个纯粹的数学家，彭罗斯掌握了一套不同于物理学家的工具，这些工具非常强大，尤其是在解决广义相对论的问题时。爱因斯坦的广义相对论方程被用来理解时空的几何结构，它们描述了空间和时间的结构以及这些结构如何在物质和能量的影响下弯曲，但它们对宇宙的整体形貌，即拓扑结构，没有做任何说明。就好比，我们说一个物体是由法兰绒制成的，但无法告诉你它到底是一件衬衫、一条连衣裙、一件浴袍，还是一块桌布或者一个球，对织物材质的数学描述并不能让我们了解到这件织物的整体形状。彭罗斯将一些拓扑学的工具引入了相对论领域，而这些工具在时空不规则的地方恰好非常奏效，比如在奇点附近。

1964 年年末，彭罗斯用拓扑学的方法证明，一个较大的坍缩恒星最终总会产生一个奇点，不管这颗恒星在坍缩时有多大，也不管它是不是对称、形状是不是规则，最终的结果都是一样，它总是会产生一个奇点。

这一发现在广义相对论领域引起了巨大的轰动，彭罗斯证明了一些多年来一直困扰着物理学家的问题。长期以来，人们一直怀疑黑洞中心的奇点是否真实存在，它可能只是过度简化的物理模型（完美对称的内爆）所导致的意外结果，一种试图用理想化的数学语言来描述混乱的现实世界的奇怪产物。而彭罗斯解决了这个问题：黑洞中心的怪物不是凭空想象出来的，它一定是真实存在的。

当时，霍金正在专注于他的博士论文。他已经取得了一些不太重要的研究结果，比如在另一种引力理论中打开了一个缺口，探索了稳恒态宇宙模型中星系的形成过程，但其中并没有什么特别有价值的结论，不值得特别关注。为博士论文找到一个好的课题是整个博士研究阶段中最难的部分，它必须是一个经验尚浅的新手研究者就可以解决的问题，但又要十分有趣，值得研究，而当时的霍金还没有找到能将这两点完美结合的“甜蜜点”。直到 1965 年年初，彭罗斯宣布了他的黑洞奇点定理。

霍金没有参加公布这一定理的学术讲座，但布兰登·卡特参加了，他把这个结果告诉了夏默、霍金、乔治·埃利斯以及剑桥大学的所有同僚。夏默邀请彭罗斯来剑桥再次宣讲这个理论。“那是我第一次见到他，”彭罗斯回忆说，“我们走进了一个偏厅，在那里，我向史蒂芬和乔治·埃利斯讲述了更多的研究细节。”然后，霍金突然将两件事情联系起来。正如夏默在 1990 年回忆的那样：“……当时史蒂芬·霍金还是一个研究生，即将进入三年级，我记得他说，'这是多么有趣的结果啊！我很好奇，不知道它们是否可以用来解释宇宙的起源。'"4

彭罗斯的拓扑学方法揭示了在恒星坍缩过程中会出现奇点。而霍金意识到，只要他稍作修改，同样的方法就可以应用于宇宙大爆炸模型，他只需将时间流逆转即可。大爆炸宇宙从非常小的一个点开始，迅速壮大。把这个过程反过来，如果有一颗巨大的恒星坍缩成一个非常小的点，这两者的物理机制看上去是差不多的。正如彭罗斯证明了黑洞坍缩必须以奇点结束一样，霍金从同样的数学推导中得出，宇宙膨胀必须从奇点开始，同时伴有一系列难题。

"我意识到，如果我扭转时间的方向，使坍缩变成膨胀，我就可以证明宇宙存在一个开端。"霍金告诉导演埃罗尔·莫里斯，"但是，我基于爱因斯坦广义相对论的证明也表明，我们无法知道宇宙是如何开始的，因为所有科学理论，包括广义相对论本身，在宇宙开始的地方都不成立。"5

这是一个重要且令人不安的观点，可以写成一篇卓越的博士论文。彭罗斯说："这是一个很好的想法，而且令我感到震惊的是，他很快就掌握了这个观点，并且能够在一般情况下任意使用它。"然而，在彭罗斯看来，霍金真正的洞见不仅在于扭转时间的方向（彭罗斯认为这是"显而易见的"），而是在一个非常专业的数学问题上。在彭罗斯的证明中，一个关键要素是，彭罗斯将其应用在黑洞附近的区域，但是霍金想出了将其应用在遥远的宇宙学距离之外的方法①。6

---

① 这个关键要素就是所谓的"陷俘面"条件。为了使证明顺利进行，彭罗斯必须发明一种方法，来精确描述时空中包围着黑洞奇点的曲线。而霍金在调整了一些条件之后，想出了如何将这种方法应用于整个宇宙，这种做法并不是显而易见的。彭罗斯说："我们观察到，在一些标准的开放宇宙中，如果你走得足够远，那么你就能得到一个反陷俘面。"

那时候，数学就像物理一样，也成为霍金的主业。他在自己生命的最后时刻写道："……我试图像一个纯粹的数学家一样严谨，如今，我关注的是正确，而不是正当。"霍金在数学方面很有天赋，并很快从彭罗斯那里学到了方法。彭罗斯也很兴奋，因为霍金使用了他的方法，他不再是一个孤独的拓扑学家了。[7]

在接下来的几年里，彭罗斯和霍金合作了一些项目，其中最重要的目标就是完善和扩展奇点定理。他们有时各自单独工作，有时通过电话讨论问题，对定理的基本假设进行不断修正，并得出了更有力的结论。尽管霍金有着惊人的数学天赋，但他还是犯了一些严重的错误。霍金在预印本或者正式发表的论文中曾多次提出一个新的数学证明，结果被其他物理学家指出了错误。然而，这些错误还不算特别严重，因为它们并不能推翻霍金的总体思想。彭罗斯说："我把这些错误称为第一类错误，它们可以被纠正，而且不会影响总体的观点。"[8]

彭罗斯和霍金还各自写了几篇论文，用于印证彼此的观点。1966年，他们因为这些论文各自赢得了著名的亚当斯奖，这是由剑桥大学颁发的奖励杰出数学研究的奖项。严格来说，彭罗斯赢得了该奖项，而霍金只得到了一个增补奖，这有点儿奇怪。两人的合作在1970年达到了顶峰，他们把关于奇点的想法融合得到了一个更普适的结果，这就是我们现在所知的彭罗斯—霍金奇点定理。

时间倒回到1965年7月，在康奈尔大学的暑期学校学习期间，霍金与彭罗斯的关系才刚刚建立。在霍金对自己的论文进行最后润色时，彭罗斯的出现无疑是一件好事。当年10月，当霍金提交论文时，他们的奇点定理已经获得了成功。这篇博士论文的前三章虽然没有很重要的创新，但也是非常出色的；证明了宇宙膨胀必须始于一个奇点的第四章堪称卓越，也正是这项研究帮助霍金获得了博士学位。[9]

这也是霍金与物理学的甜蜜岁月的开始。

* * *

　　新婚宴尔的霍金夫妇回到英国后，不得不面对现实，处理一些令人不快的实际问题：他们要在口袋里没有多少钱的情况下建立一个家庭。史蒂芬很幸运地在剑桥大学的冈维尔与凯斯学院获得了一份研究奖学金，这笔钱使夫妻二人暂时得以维持生活。但学院并没有为他们提供任何住宿，夫妻二人还得去找一个住所。而即使他们找到了住所，也不可能真正安顿下来，因为简需要去伦敦完成她的本科学业。每周一一早，简就会搭乘火车离开剑桥，到伦敦度过一周，然后在周五下午匆匆赶回史蒂芬身边。[10]

　　那时的史蒂芬仍然可以独立地正常生活。他会拄着手杖走路上下班；尽管语言能力在退化，但旁人也可以听懂他的话。只是，他一直都清楚自己逃不过病魔的控制。实际上这种情况已经在发生了。

　　在康奈尔大学的暑期学校里，史蒂芬差点儿被一次失控的痉挛性呛咳夺去了生命，这次咳嗽让他浑身大汗淋漓，精疲力竭。而这是简第一次看到这种情况，尽管她知道丈夫在与绝症做斗争，但当真正面对这种冲击时，她还是感到相当无助。霍金的父亲弗兰克是一名内科医生，实际上，他是世界上最著名的热带医学专家之一。儿子的病有点儿超出他的专业领域，他嘱咐儿子口服和注射维生素 B。遗憾的是，他对儿子的病情无能为力。[11]

　　尽管被疾病的阴影笼罩着，简和史蒂芬还是不断去开辟自己的新生活，他们也从父母那里得到了一点儿帮助。作为一名物理学家，史蒂芬也开始为自己赢得声誉。他的博士论文为他的职业生涯开启了大门，在很短的时间内就接连转化成三篇同行评审的论文，其中第一篇在他婚礼的次日就发表在了《物理学通讯》上。他为这一成就感到自豪，唯一的不快可能只是因为自己的名字被错写成了"S. 霍金斯"。

霍金的奇点定理在世界范围内流传开来，人们开始注意到这位年轻的物理学家。[12]

　　霍金无疑是引人注目的，即使是那些没有见过他本人的人也会这样认为。他继续扩展在奇点方面的研究，并就这一主题发表了不少论文，当然还有他对早期宇宙的一些其他研究。到了 1966 年年底，年仅 24 岁的他已经发表了 9 篇论文，其中一篇发表在《自然》杂志上。这是世界上最负盛名的科学杂志，即使是他的父亲弗兰克，也是在 30 多岁（史蒂芬出生后不久）才第一次在上面发表了自己的论文。尽管弗兰克曾经希望年轻的史蒂芬成为一名医生，还曾经试图引导儿子远离数学，但他一定也为儿子的工作感到骄傲，即使它与医学无关。和弗兰克一样，史蒂芬也为了自己的研究走遍了世界各地，他离家远行，与每一个学术会议上的相对论专家讨论。起初，他的目的地主要是美国，博士后阶段的前两次出国旅行就是去了佛罗里达和得克萨斯，但他出行的国家远不止于此。[13]

　　而现在，人们开始朝圣般地去拜访他。美国普林斯顿大学的约翰·阿奇博尔德·惠勒和英国剑桥大学的丹尼斯·夏默一样，都鼓励自己的学生去拜访其他研究小组，以建立友谊和合作关系，这对他们的职业生涯十分有益。惠勒甚至会筹集资金，支持他的年轻学生接触不同的科学家群体，不断吸收学术的"养分"。例如，1967 年 1 月，惠勒用自己做学术报告的酬金，将一个有前途的年轻研究生鲍勃·格罗赫送到剑桥大学，这样他就可以"……总结自己的工作，与史蒂芬·霍金讨论最近的研究进展，霍金与罗杰·彭罗斯一样都是奇点领域的顶尖人物"。[14]

　　当年 2 月，在英国的格罗赫写信给惠勒，表达了自己对于这个学习机会的感激之情："霍金博士非常好，不但牺牲自己的时间与我交谈，还为我寻找住所以及餐饮和娱乐场所等。现在，我终于理解了为什么你说在建立良好的关系方面，再多的信件都不能替代一次个人访问。"正如格罗赫所知，这不仅是因为面对面的交流能创造出书信不能带来的纽带关系，也因为书信可能会被误解。[15]

此前半年，即1966年6月，愤怒的霍金给《物理评论通讯》的编辑山姆·古德斯密特发了一封电报，试图阻止格罗赫发表一篇论文。霍金误解了格罗赫的一封信，他原以为格罗赫试图将自己的一些研究成果和霍金的成果一起发表，但其实信中只是建议两人同时发表；而由于格罗赫的研究是以霍金的研究为基础，因此格罗赫不想在霍金之前发表这篇论文。在发出了一两封"抗议电报"后，霍金重读了这封信，意识到自己误解了格罗赫的意图。虽然他没有为这一误解道歉，但他还是与古德斯密特化解了这件事，并为他的研究写了一个小摘要，这样两人就可以在同一期杂志上发表论文了。当1967年格罗赫访问剑桥的时候，双方相处融洽，格罗赫从霍金和布兰登·卡特那里吸取了大量的"养分"，了解了领域内的最新进展。[16]

旅行是史蒂芬职业生涯早期的命脉，但旅行花费高昂，而他的工资几乎已经耗尽。1966年初秋，简发现自己怀孕了。

* * *

史蒂芬已无法控制自己的手指，在写作上也有了一些困难。然而，这对年轻的夫妇没有钱进行物理治疗，无法阻止身体机能的逐步丧失。丹尼斯·夏默与剑桥大学的当权者进行了交涉，要求学校支付每周两次的物理治疗费用，这多少给了他一点儿帮助。但很明显，史蒂芬的大部分写作工作以及全部的打字工作都不得不交由其他人来完成。而由于他资历尚浅，还没有给他安排助理，这些重担就落在了越来越累的简的身上。[17]

对简来说，幸运的是，1966 年年底和 1967 年年初，史蒂芬的研究陷入了低潮期。他已经把博士论文中所有可以发表的研究成果都写成了论文，并且正在寻找新的研究方向。他在 1967 年冬天对鲍勃·格罗赫说过，对奇点的研究"成果数量逐渐趋于稳定"。换句话说，彭罗斯—霍金方法已经解决了最主要的问题，剩下的只是收拾残局，而不会有重大的新突破。是时候转移阵地，转向更肥沃的土壤了。经过三年，他完成了从黑洞奇点问题到事件视界问题的关键转变，从而获得又一个伟大的领悟。不过，在此之前，霍金不得不在荒野中徘徊，努力寻找新的课题。对于一个年轻的合同制研究人员来说，即使他的妻子没有怀孕，即使他自己没有遭受退化性疾病的折磨，这段时间也是他职业生涯中危险又紧张的时刻。[18]

即使还没找到新课题，只要还能旅行和社交，霍金就没打算放弃研究。2 月份，他申请参加在美国西雅图举行的一场小型物理学会议。会议由约翰·阿奇博尔德·惠勒主持，物理学界的许多顶尖人物都会参加，比如罗杰·彭罗斯、理查德·费曼、查尔斯·米什内尔、图里奥·雷吉以及布莱斯·德威特和塞西尔·德威特夫妇。因此，简准备好了一式两份申请书，史蒂芬从一位更资深的教员那里拿到了推荐信，并把这些材料寄给了组委会。他们期待着能在西雅图度过这个夏天，可能还要加上一个婴儿。

到了 3 月，霍金的计划破灭了。他的年轻同事布兰登·卡特被邀请参加西雅图会议，但霍金却没有收到邀请。参会名额有限，最后惠勒选择了卡特，而不是霍金。

卡特曾经请求彭罗斯推荐自己，但霍金没有。这让彭罗斯感到有点儿尴尬，因为他不想在帮助卡特的同时让霍金失去机会。所以在推荐信中，他也对霍金大加赞赏：

（霍金）在宇宙学中的奇点问题上也做出了重要的贡献，也许你知道。当然，如果他需要我的推荐的话，我也会给他一个非常高的评价！如果一两年前让我对霍金和卡特进行比较，我肯定会给霍金更高的评价。但卡特非常有前途，也有潜力。所以现在，我发现进行这种比较更加困难。[19]

接下来，彭罗斯提到，霍金的病情会使他口齿不清，这使得霍金与其他参会者的交流比卡特更困难，但他随后明确表示，他认为两人都应该受到邀请。"我个人认为，如果霍金不能来，那就太可惜了。而卡特是霍金的好朋友，他对霍金的大部分研究都很熟悉，也可以在很多方面帮助霍金与他人沟通！"实际上，卡特当时的研究令人印象深刻，他不仅探索一些关于黑洞的问题，还帮助彭罗斯和霍金发展奇点定理，并纠正了霍金在证明中的一些错误。彭罗斯回忆道："史蒂芬经常会犯错，而布兰登会纠正这些错误。"因此，当彭罗斯要在霍金和卡特之间做出选择时，他显然认为这两个人都应该入选。[20]

因此，当听到霍金被拒绝时，彭罗斯立即写信给惠勒为霍金求情，并且明确表示，他不想让别人认为卡特比霍金更好。彭罗斯敦促惠勒将霍金放在候补名单的首位，他写道："我也知道，这次被拒绝的人将来还有机会在未来申请，但我不确定史蒂芬的情况是否还有机会。"[21]

"惠勒显然不想邀请史蒂芬，"彭罗斯说，"我不知道为什么。"但最后结果还是好的，彭罗斯说服了惠勒，而后者设法让霍金参会。最终，霍金还是接到了邀请，并在西雅图度过了夏天。然而，惠勒选择卡特而不是霍金，这并不是一次意外。在当时，至少在1971年之前，惠勒显然认为卡特的能力更强。例如，在向一位牛津大学教授介绍夏默的学生时，他对"……像埃利斯和霍金，特别是布兰登·卡特这样有着引人注目的成就和希望的年轻人"大加赞赏。[22]

1970 年年底，惠勒写了一份评估报告，坦率地评价了引力物理学领域和相对论领域的状况：

> 每一次评估，不管是在什么范围内，我都会把莫斯科的泽尔多维奇、马里兰的米什内尔、伦敦的彭罗斯、剑桥的卡特、加州理工的索恩和得克萨斯的格罗赫列为我认识的最有前途的 6 个人。如果说泽尔多维奇是最多才多艺的，米什内尔是最有想象力的，彭罗斯是最有几何思维的，那么卡特就是最有深度的。[23]

黑洞的黄金时代仍在继续，正如惠勒所想，布兰登·卡特发挥了重要作用。而霍金则不然，至少在当时还没有。他仍在等待着下一次的伟大领悟，等待着推动他的事业向前发展、超越他在博士期间的成就的东西。当时是 1967 年，距离他的面积定理以及那个睡前灵光一现的故事还有 3 年。

* * *

还有几个月简就要分娩了。除了黑洞，现在霍金还有其他事情要考虑。幸运的是，简已经拿到了学士学位，不再需要在剑桥和伦敦之间往返奔波，但史蒂芬也越来越依赖她，无论是每天步行往返系里，还是维持日常的生活。除此之外，简还乐观地在伦敦大学为自己即将开始的博士研究找到了一位导师——艾伦·德耶蒙德。她当时认为，自己可以一边抚养孩子，一边撰写博士论文。1967 年年初，她正在为自己的第一篇研究论文做最后的润色。

简的论文与 15 世纪的西班牙悲喜剧《塞莱斯蒂娜》有关，剧中一位年长的老鸨使用阴谋诡计，导致了许多人跳窗或从高处坠落而亡。简的中心论点是，悲剧的原因归根到底是一个受挫的仆人对母亲形象的求而不得。简写道："这个想法很吸引人，赢得了艾伦·德耶蒙德充满惊讶的赞许。而当我承认这是史蒂芬的想法时，他更惊讶了。"史蒂芬在等待妻子完成期末考试时，闲来无事翻阅了《塞莱斯蒂娜》，并在开车回剑桥的路上向她提到了这个想法。而简所要做的就是"充实论点，并且证明弗洛伊德的理论适用于 1499 年的剧本"①。²⁴

在简看来，史蒂芬对这篇论文的贡献是他们关系融洽的标志，展现了两人对彼此学术追求的尊重和奉献。但她似乎没有想到，这种尊重可能只是单方面的。史蒂芬毫不掩饰他对中世纪研究的蔑视，把它比作"在沙滩上收集鹅卵石"。而这一次，他毫不费力就想出了一个值得发表的想法，这可能让他更加蔑视这一领域了。²⁵

不管怎么说，这种研究是没有意义的，至少目前是这样。5 月，孩子出生了，这让简的学术野心搁浅了。罗伯特出生后不到两个月，三人就收拾行李去了西雅图的研讨会。"这又是一个错误，"霍金后来承认道，"由于我的身体疾病越来越严重，我无法帮助照顾孩子，简不得不自己应付大部分的事情，这让她非常疲惫。"那是相当漫长的 4 个月，虽然史蒂芬赚了一些演讲费，但他还没有想出下一步的研究方向。而简已经开始对飞行产生了恐惧。²⁶

不过，在这个夏天，黑洞研究有了一个重要的进展，大家一直在研究的这个物体终于有了名字。此前，约翰·惠勒参加了在纽约举行的一次会议，他在会上与听众讨论了黑洞问题，但是那时，这些天体还没有正式的名字。与白矮星、红巨星或者中子星不同，人们当时

---

① 事实上，简对"弗洛伊德理论的适用性的证明"只占了这篇长达 14 页的论文中的开头一段，她既没有提出深刻的论点，也没有提出严谨的论据。详见简·霍金所著的《塞莱斯蒂娜》，Annali-Sezione Romana 9, no. 2 (1967): 177。

给它取的都是平平无奇的名字，其中最常用的是"完全坍缩的天体（completely collapsed objects）"。惠勒后来回忆说；"当你把'完全坍缩的天体'这个词说了 6 遍之后，你就会想换一个更简单的说法。这时，'黑洞（black hole）这个词脱颖而出'。"[27]

"这是一个天才之举，这个名字使黑洞绝对会被写进科幻小说里。"在 1988 年的伯克利，霍金这样告诉一位听众，"以前，它的各种称呼都不太令人满意，而现在它有了一个明确的名字，这也激发了相关的科学研究。一个好名字对科学研究是很重要的，这种重要性不应该被低估。"[28]

对于黑洞研究来说，这是一个重要的年份。就在惠勒提出"黑洞"这个术语的几个月前，南非物理学家维尔纳·伊斯雷尔也迈出了一大步，他的研究内容现在被称为无毛定理，这也是由惠勒促成的一项发现。

如果要了解黑洞的行为方式，比如从旁边看它是什么样子、它如何移动、它如何与周围互动，那么物理学家需要知道黑洞是如何塑造周围的时空结构的。这说起来容易做起来难。尽管物理学家对黑洞周围的时空进行了几十年的思考，但直到 20 世纪 60 年代初，他们也只掌握了最简单的黑洞系统周围的时空形貌，也就是一个完全静态、呈现完美球形的黑洞。这是一种相当理想化的情况。而尽管科学家已经可以解开这种情况下的爱因斯坦场方程①，但他们也会担心实际的黑洞会更加复杂：它们可能会旋转，形状可能是不对称的，上面可能有高

————————

① 黑洞是由爱因斯坦场方程所预言的天体，每一种类型的黑洞都对应场方程的一个解。例如，上文中提到的"完全静态、呈现完美球形"的黑洞，就是爱因斯坦场方程的第一个严格解，它由德国天文学家史瓦西计算得出，因此也被称为史瓦西解，对应的黑洞被称为史瓦西黑洞。同样，下文中的克尔黑洞、克尔—纽曼黑洞也分别对应爱因斯坦场方程的克尔解和克尔—纽曼解。——译者注

峰和低谷，不同的区域密度或大或小，甚至可能会有规律地震动，或者干脆改变形状……能解开简单的理想化模型方程只是第一步，对于复杂混乱的真实黑洞来说，要解开它的方程，其困难程度令人难以置信。直到 1963 年，澳大利亚科学家罗伊·克尔才想出了一个可以满足描述旋转黑洞周围时空的爱因斯坦场方程的解。这种旋转黑洞被称为"克尔黑洞"，它的物质分布均匀且对称，因此仍然是一种过度简化的模型，但相比于完全静态的黑洞，它至少更接近现实，科学家也可以借此研究旋转黑洞和附近物体的行为方式。克尔的发现标志着黑洞黄金时代的开始，从此以后，关于这些坍缩恒星的一系列发现接踵而来，使它们从一个虚幻的概念一步步变成了天体物理学真正的研究对象。

在克尔的发现问世不到两年的时候，美国匹兹堡大学的物理学家以斯拉·纽曼增加了克尔黑洞的复杂性——电荷，这种黑洞也因此被称为克尔—纽曼黑洞。现在，科学家们可以研究带电荷或者不带电荷的旋转黑洞，并开始推导其特性。例如，剑桥大学的布兰登·卡特很快就成为爱因斯坦场方程的克尔—纽曼解的专家，并很快从克尔—纽曼黑洞周围轨道上物体的运动方式中发现了完全意想不到的新的物理现象，从而引起了轰动。

因此，20 世纪 60 年代中期，科学家已经可以处理旋转并且携带电荷的黑洞了。但这仍然是一种过度的简化。如果不对称呢？如果黑洞只是随便的一块物质，没有呈现完美的球形呢？ 1967 年，维尔纳·伊斯雷尔证明，不管一颗坍缩的恒星有多么不对称或者多么不均匀，物质的分布有多么奇怪，最终的结果总是一样的：它们都会变成一个完美对称的球体。在接下来的几年里，卡特和其他一些科学家扩展了伊斯雷尔的证明，使它的理论基础越来越坚实，并进一步探索它的影响。例如，他们发现，黑洞中的任何不对称或者震动都会以引力波的形式被辐射出去，只有当黑洞静止不动而且没有任何特征时，它才会停止辐射。即使这个黑洞原本很复杂，最终也总是会呈现出非常对称的简单形态。这就是所谓的"黑洞无毛"。

对物理学家来说，这是一个好消息，他们不再需要担心那些混乱、不对称或者震动的物质，以及它们的方程。一旦涉及黑洞，那些乱七八糟的东西就都消失了，原本复杂的物质团随着它的坍缩将变得极其简单。实际上，这些定理意味着黑洞将是宇宙中最简单的宏观物体，质量、自旋速率和电荷就是它的全部，如果掌握了这些，就不再需要别的东西了。可以说，黑洞是一个几乎不包含任何特征的物体。

那的确是黑洞的黄金时代。20 世纪 60 年代末期，物理学家掌握了一系列强大的新工具：克尔—纽曼解，无毛定理，还有彭罗斯的黑洞奇点定理。尽管霍金是奇点领域的"佼佼者"，但他却并没有将主要精力放在黑洞的问题上。当时，他的主要研究对象是宇宙学，他试图了解宇宙开始时的边界条件（和奇点），而不是像黑洞（及其奇点）这样的天体。所以此时，霍金还没有在黄金时代中发挥什么重要作用。当然，这将在几年内有所改变。

然而，1967 年的时候，霍金正忙于其他事务。大约在罗伯特出生的时候，他就无法自己走去学校了。通常，他会搭乘乔治·埃利斯的车，或者乘坐专门为残疾人设计的电动三轮车，偶尔还会带一个乘客。霍金曾经的一个学生写道："我发现这相当可怕，因为在我看来，他开车的速度超出了安全范围。"霍金想将冈维尔与凯斯学院的研究奖学金再延续两年，但学院的规定不允许。当他努力寻找一个像奇点定理一样有价值的研究方向时，他敏锐地意识到，一些年轻同事在研究方面已经超过了他。声名鹊起的不仅有布兰登·卡特，丹尼斯·夏默的学生马丁·里斯也成了一个大人物，他在《自然》杂志上发表了十几篇主题各异的论文，涉及的领域包括 X 射线天文学、射电天文学和宇宙射线。里斯在学术界的地位直线上升，于 1972 年获得了教授职位，1973 年就任天体物理学普鲁明教席（它和卢卡斯教席一样，都是有着几百年历史的高级荣誉）。而 1969 年，当霍金的合同再次到期时，丹尼斯·夏默帮助自己的年轻门生争取到了一个"特殊"的研究奖学金。[29]

剑桥大学的章程中有一条规定很少被用到，实际上可能从来没有使用过，它可以为"在科学、文学或艺术方面有特殊成就的人"提供 6 年的奖学金。这条规定也许不是为霍金这样一个年纪尚轻、经验尚浅的人准备的，但它给了霍金一线生机。根据奖学金的条款，霍金的一半时间应该用在应用数学和物理系，而另一半时间应花在弗雷德·霍伊尔主管新成立的理论天文学研究所。"他上午和应用数学家在一起，下午来天文学研究所。"时任研究所秘书西蒙·米顿回忆说，"我的工作很单调，其中就包括把他从电动轮椅上扶下来，然后帮他坐在研究所内部的轮椅上。我还得喂他吃药，你知道，要喂他吃几粒药片。我还记得当他刚来时，为了给他接入按键式电话系统，我不得不把他的办公室重新装修，预装了大约 20 条线路。你现在很难想象，但（在当时）这是一个庞大的系统，电话工程还是一个国有行业，需要有专人负责安装好一切。"[30]

剑桥大学尽了最大的努力照顾霍金。他们给他提供了一个 6 年的职位，可以续签，这大大减轻了他的压力。而且，内部文件也显示，学校承诺"只要他一直从事科学工作，就继续承担照顾他的义务"。然而，当时的霍金像 1966 年的时候一样，离获得教授的职位还差得远。霍金需要产生一个伟大的创意，而留给他的时间已经不多了。[31]

在霍金还没有将注意力完全转向黑洞时，他还想成为一名实验物理学家。1969 年，美国马里兰大学物理学家约瑟夫·韦伯的一组实验成为相对论研究界的谈资。韦伯称，他使用一组冷却的金属圆罐探测到了引力波。他的思路是，引力波经过时会引起空间的独特拉伸和扭曲，从而使这些特殊尺寸的圆罐像钟一样响起来。而且韦伯声称已经看到了几十个引力波，其中许多似乎来自银河系的中心。这些结果太完美了，完美得不像是真的。

哪有这样的好事？没用几年时间，就有物理学家拆穿了韦伯的说法，他的测量过程不够缜密，而且把单纯的噪声当成了引力辐射。但是回到 1969—1970 年，韦伯的结果十分受到重视。霍金专门飞去参观了韦伯的设备，并很快开始和他的一个研究生一起研究如何改进韦伯的结果。1970 年 11 月时，两人想出了一个新方法，可以将仪器的灵敏度提高 10 倍以上，而霍金则申请了一笔资金来建造他们的引力波探测器。[32]

幸运的是，二人最终决定不再继续这个研究。"那是一次侥幸的逃脱！我的病情越来越严重，如果我成为一名实验物理学家，我会变得毫无希望。"霍金后来写道，"一个人往往只是团队的一部分，做一个实验就需要花费几年时间。但是，理论物理学家可能在一个下午就产生一个想法，或者像我这样，在临睡前产生一个想法，然后独自或者和一两个同事一起写一篇论文，这样就能出名。"[33]

1970 年，他终于想出了一个伟大的创意，那就是面积定理。之后的 1974 年，他又提出了伟大的霍金辐射。霍金确实因此名满天下，而且，这都是他独自完成的。

*　　*　　*

1969 年 9 月的一天，正怀着第二个孩子的简刚睡醒，就看到她的大儿子罗伯特身上满是黏稠的粉红色液体。她吓了一跳，随后意识到这个孩子站在椅子上，把放在冰箱顶部的药瓶里的药都喝了下去。在这些药中，包含一种"兴奋剂"，是简用来使自己振作的。她立即带着罗伯特去看家庭医生，而医生把他们送到了医院。罗伯特后来开始抽搐，护士们按住了他，开始给他洗胃。[34]

简无助地看着她的孩子。为了避免伤到自己，罗伯特被绑在一张小床上，他不再挣扎，而是陷入了昏迷状态。几个小时后，他的情况稳定下来。"他的状态没有好转，当时只能说没有进一步恶化。"简在她的回忆录中写道，"这时。我突然想起来，我把史蒂芬独自留在家里，而他几乎无法照顾自己。"当时她不得不做出一个可怕的选择：是留在她昏迷的孩子身边，还是赶回家确保史蒂芬安全。最终，她跑回了家查看丈夫的情况。[35]

史蒂芬的情况很好，他并不是独自一个人，乔治·埃利斯当天早上就来了，并协助史蒂芬开始工作。于是，简回到了医院，却不知道她的儿子是死是活。当护士告诉她罗伯特已经从昏迷中苏醒时，简只剩下哭泣。虽然这个故事有一个圆满的结局，但她面临的那个艰难的选择，是照顾儿子还是照顾丈夫，给她心里留下了一道深深的伤疤，并且再也没有愈合。"那天，罗伯特活了下来，但我的一部分却死了。"[36]

第 15 章

奇点

（1962—1966）

1962 年春末，史蒂芬·霍金正要迎来他一生中最重要的专业考试。牛津大学的大多数本科生都无须经受"viva 口试"的折磨，这是一种类似于论文答辩的口试，只针对一些特殊或者困难的情况。而史蒂芬·霍金恰好是一个既特殊又困难的案例。

牛津大学的三年本科课程遵从的是"辅导制"。每个学生都会被分配给一个导师，一般是相关领域的教员，他们每周与几个本科生见面一两次。而本科生必须去听课，并且按时完成每周的作业。这些作业主要是从学生利益出发，而真正重要的是成绩，是期末考试。

霍金的导师罗伯特·伯尔曼是一位物理学家，他的研究方向是热力学，具体来说就是研究热如何在不同的固体中流动。伯尔曼承认，霍金很聪明，"与他的同龄人完全不同"。但是，才华横溢的霍金却是一个冷漠的学生，甚至可以说有点儿懒。他在理论物理学方面表现出色，但这对他来说很容易，他几乎不需要花费什么精力就能完成作业，而他的大学同学通常要为此抓耳挠腮。20世纪90年代，伯尔曼曾对记者说："他可以不费吹灰之力完成任何摆在他面前的问题。"但霍金对其他事情没有什么耐心，比如实验物理学，还有科学史，他对这些毫无兴趣。[1]

有一年夏天，霍金在英国皇家格林尼治天文台工作，帮助皇家天文学家测量双星，但他认为整个工作令人失望透顶。即使在牛津大学，也没有任何东西能激起他的兴趣和热情。因此，霍金尽自己所能不在学习上花费太多精力，他后来写道："当时，牛津大学的物理学课程让人特别想逃课……"而且，他的确也在拼命地逃课。据他自己估计，在整个本科期间，他只花了1 000多个小时学习。事实上，刻苦努力没有什么值得骄傲的，这更像是一种耻辱，代表着"平庸"。不过，在这种逞能背后，一种不正常的现象悄然滋生，这是"一种完全倦怠的态度，觉得没有什么事情值得努力"。[2]

霍金认为导师布置给他的作业没有什么挑战性，因此也就没有认真训练自己的数学功力。但实际上，在他将来所选择的研究领域，数学将成为他的一块短板，他对此还一无所知。那时候的霍金已经决定要做一名宇宙学家，但他必须先通过期末考试，而他发现这比预想的要难得多。

"由于我经常逃课，所以要做一些理论物理学方面的研究，才能通过期末考试，还可以避免被问到一些需要事实知识的问题。"霍金在纪录片《时间简史》中说，"我没有考好，介于一等学位和二等学位之间，所以必须通过面试来决定我应该得到哪个学位。"这个面试就是viva口试。[3]

霍金的未来取决于viva口试的成绩，因为他已被剑桥大学预录取，而要想正式录取，必须得拿到一等学位。如果没有这个学位，那他的前途就堪忧了。他甚至面试过英国建筑工程部的一个职位，但后来却忘记参加公务员考试。[4]

参加面试的教授们知道，这对年轻的霍金来说是多么重要。"他们问我未来的规划，"霍金回忆说，"我回答说，如果他们给我一个一等学位，我就能去剑桥。而如果我只得到二等学位，那我会留在牛津。最后他们给了我一等学位。"[5]

*   *   *

在牛津大学的最后一年，人们根本不知道史蒂芬·霍金将来会不会取得成就。诚然，他很聪明，在物理学方面有着非凡的天赋，别人费了半天劲儿都没弄清楚的东西，他可以一眼看懂。但话又说回来，努力这种事情对于他来说并没有什么吸引力。

他很快就会成为一个与众不同的人。

他将被诊断出患有不治之症，只剩下十几最多二十个月的生命。他将会找到爱情。他也将找到下一个目标，并在一条独一无二的道路上迈出第一步。

*   *   *

霍金想去剑桥大学跟随弗雷德·霍伊尔学习。霍伊尔是英国最著名的天体物理学家，即使在世界上也是数一数二的。

职业生涯一开始，霍伊尔试图了解恒星是如何形成和演变的，比如气体云是如何聚集，如何点燃变成一颗恒星，恒星又是如何老化和死亡的。第二次世界大战期间，他进入海军研制雷达。战争结束后，霍伊尔进入剑桥大学担任讲师，并意识到可以通过观察恒星中的反应来解释重元素的丰度问题。在一颗恒星的最内部，氢元素通过核聚变反应生成氦、锂以及更重的元素。而当恒星爆炸时，爆炸的威力会产生更重的元素。这就是霍伊尔的主要科学成就，也是使他在天体物理学领域占有一席之地的原因。但这并不是霍伊尔最出名的成就。

霍伊尔是一位天体物理学家，同时也是一位宇宙学家，他是稳态理论的主要设计师。20世纪20年代末，天文学家埃德温·哈勃测量了附近星系的距离，并据此推断出宇宙正在膨胀，星系都在以很快的速度相互远离[①]。这意味着时空结构在不断延伸，或者说，如果你把时间倒流，向过去看，就会看到所有时空都缩成了一个点。这就意味着，宇宙一定诞生于猛烈的一瞬间，即"砰"的一声暴响，然后所有时空结构都被炸开，开始运动。霍伊尔拒绝了这个想法，而且不屑地称其为"大爆炸"。他更倾向于认为宇宙没有开始，也没有结束，永恒存在。

不幸的是，爱因斯坦方程不允许存在这样一个宇宙，所以在20世纪40年代末，霍伊尔调整了方程，使其允许一个"创造场"的存在。这是一种神秘的力量，可以不断地无中生有创造物质，并迫使宇宙的结构发生膨胀。大爆炸理论认为宇宙中的所有物质和能量是在一瞬间创造的，而霍伊尔的稳态理论则认为物质和能量是在一个缓慢、持续的过程中创造的，不存在一个"创世"的时刻，也没有剧烈的爆炸。霍伊尔的同事——剑桥大学的赫尔曼·邦迪和托马斯·戈德，也提出了类似的理论，只是细节略有不同。他们都认为，宇宙不存在诞生的时刻，也不会死亡，它一直就是这样。

很快，大爆炸与稳态理论之间的争论就成为宇宙学领域的主要矛盾，并持续了10年之久。实际上，这场争论持续了几十年，因为当时

---

① 关于哈勃的研究内容的更详细解释，请见本书作者所著的《阿尔法与奥米伽：寻找宇宙的始与终》第3章，纽约维京出版社2003年出版。

宇宙学领域并没有其他的大事发生。科学家们进行了一系列越来越精确的观测，试图改进哈勃对宇宙膨胀的估计；但在当时，他们能做的也就只有那么多，因为并没有新的天体物理学发现或者新的数学手段可以对旧理论产生影响。其实，稳态理论从未被宇宙学界接受，在霍伊尔提出这个想法的那一刻，天文学家就已经看出它的漏洞了，因为霍伊尔的预测与实际观测结果不完全一致。虽然这些问题一直都不足以彻底扼杀稳态理论，但它的真正信徒却一直不多。大多数坚定的支持者都在英国南部，霍伊尔在剑桥，赫尔曼·邦迪在伦敦大学，托马斯·戈德（20 世纪 50 年代末搬到美国）在苏塞克斯大学。20 世纪 60年代初，当霍金申请在剑桥大学跟随霍伊尔学习时，稳态理论已经受到重创，摇摇欲坠（直到 1965 年，宇宙背景辐射的发现给了它最后的致命一击）。

　　然而，霍金可能没有在牛津大学的课堂上或者在物理课本中了解霍伊尔。他第一次听说霍伊尔，可能是通过听广播。霍伊尔是当时世界上最著名的天文学和宇宙学科普工作者[1]，他在 20 世纪 40 年代末 50年代初为 BBC 电台做了一系列公众讲座，用一种朴实的约克郡口音向听众们解释了太阳黑子等科学话题（有时候，牛津和剑桥那种装腔作势的精英姿态会稍稍破坏这种效果）。霍伊尔十分擅长包装自己的观点，让完全外行的听众们都能听明白。实际上，"大爆炸"这个词就是他在广播中提出的，为的是在听众的脑海中制造一个强烈的图像。霍伊尔很享受这种状态，他的广播作品（以及随后出版的书籍）不仅大大改善了他的经济状况，还为他最喜欢的那些理论提供了平台。但

---

[1]　只有乔治·伽莫夫和艾萨克·阿西莫夫可以与之媲美，20 世纪 70 年代末，这一称号被卡尔·萨根夺走。

同时，随着这位天体物理学家年龄渐长，这些理论变得越来越疯狂[1]。因为霍伊尔的座右铭是："宁愿错误但有趣，也比正确但无聊要好。"[6]

霍金被霍伊尔所吸引。但他可能还不知道，宇宙学已经停滞不前很久了，自20世纪30年代以来就几乎没有出现过真正的进展。同样，他也不知道自己在数学方面的不足；在广义相对论研究中，微分几何被用来分析时空形貌，其中充满了张量、流形、单纯形等一些新奇的概念，霍金对此还不是很熟悉。宇宙学严重依赖理论的提出，也不怎么适合这位想成为物理学家的年轻人。但霍金意志坚定，他就是想跟着霍伊尔学习。

霍金来到了剑桥，但霍伊尔拒绝了他。霍金被分配给了一名相对不那么资深的教员——丹尼斯·夏默。当时的霍金失望极了。

* * *

出生后不久，小婴儿就开始试图控制自己弱小的身体。这种努力是从上到下的。起初，他无法抬头；当他被抱着的时候，大人必须小心翼翼地把他的头搂在怀里，以免它软软地垂下来。几周后，婴儿能够抬头了；之后，他学会了在床上翻身。再之后，他可以坐起来了，而一旦他能控制自己的喉部，他就开始咿呀学语，不再只是哭闹。很快，他又学会了爬行，同时新手父母也会很快意识到，照顾一个会动的孩子比照顾一个不会动的孩子要花费更多精力。再过几周，小婴儿就能自己站起来了，随后很快就能用脚来平衡自己的身体，并开始跟

---

[1] 在他的这些理论中，稳态理论是一个可敬的例子，但霍伊尔在它彻底破灭之后仍然坚持。当然，还有更古怪的，比如石油不是来自死亡的有机物质，而是在地球的内核中被不断创造出来的；或者太阳黑子周期与流感的大流行有关，因为流感病毒来自外太空。

踉踉跄跄地走几步路，用他那还不灵便的小短腿来平衡过大的头和身体。一年之后，这个孩子已经不再是婴儿，他变成了一个蹒跚学步的小孩子，而且已经掌握了平衡、行走和奔跑的能力。他驯服了自己从头到脚的肌肉，并教会它们服从。

而对于许多患有肌萎缩侧索硬化（英国人把它叫作运动神经元疾病）的患者来说，这种疾病是一种拆解过程，他们在人生的第一年所驯服的那些肌肉将逐渐失去控制。人体内长长的神经细胞将电化学信息从大脑传递到脊髓，再从脊髓传递到肌肉；但患病之后，不知道什么原因，这些神经细胞将逐渐枯萎并死亡，腿、胳膊、手指、喉咙等都与大脑切断了联系，当然也不会去服从从未收到过的指令。失去神经的肌肉在徒劳的等待中慢慢萎缩，病人也逐渐消瘦。

在霍金生命的最后阶段，肌萎缩侧索硬化几乎夺走了他对所有肌肉的控制权，他甚至无法移动手指去点击鼠标，只能通过抽动脸颊来控制电脑。如果没有护士的帮助，他的头只能别扭地歪向一边，口水也会顺着下巴流出来。而将时间倒流，将他的病情倒叙，我们就会发现这与小孩子逐渐控制自己身体的过程非常相似，只是时间跨度相隔了半个世纪：他控制了自己的四肢，能够控制电脑和轮椅；他的声音恢复了，说话越来越有条理；他的手指舒展开来，重新获得了写字和拄拐行走的能力。而回到1962年，在一切刚刚开始的时候，唯一的征兆是他变得有点儿笨拙，常常会在各种地方意外摔倒，还有就是系鞋带的时候有点儿困难。

在牛津大学的最后一个学期，霍金在从一个螺旋楼梯走下来时不小心滑倒了。若干年后，他的同学戈登·贝里说："他一路被颠下楼，一直到楼梯底部。我不知道他当时有没有失去意识，但他失忆了……"刚开始，他完全记不起自己是谁，过了几个小时才恢复记忆。由于担心自己的智力受损，霍金决定参加门萨俱乐部的测试。显然，他没有受到永久的损害。"回来之后，他很高兴，他通过了门萨的测试。他真的高兴极了。"[7]

但史蒂芬并没有告诉他的母亲伊索贝尔这些事。"我想，他已经注意到自己的手没有以前那么好用了，但他没有告诉我们。"但他终究无法永远保守这个秘密。在剑桥大学的第一个圣诞节假期，史蒂芬和家人们一起去溜冰。他正滑着，然后伊索贝尔就看到他无助地跌倒在冰面上。"他摔倒了，但是爬不起来。于是我把他带到一家小餐馆去暖暖身子，然后他把一切都告诉我了。"伊索贝尔带史蒂芬去看了家庭医生，家庭医生又把史蒂芬转给了一位专科医生。在此期间，生活如常。[8]

1963 年元旦，史蒂芬的朋友巴塞尔·金举办了一个小型聚会，史蒂芬穿着黑色的天鹅绒外套，打着领结，和朋友们有说有笑。巴塞尔的妹妹戴安娜邀请了自己的朋友简·怀尔德参加，史蒂芬和 18 岁的简一见如故。简十分欣赏史蒂芬的自嘲式幽默，并且忽略了他的长指甲和蓬松的乱发；他灰色的眼睛充满灵性，开朗的笑容也赢得了她的喜爱。他们交换了姓名和地址，简很快就收到了史蒂芬 21 岁生日聚会的邀请，就在 1 月 8 日。[9]

史蒂芬的生日聚会相当可怕。尽管简认识在场的许多人，包括戴安娜也在那里，但她还是感到不舒服。屋子里很冷，谈话很生硬。一整晚的大部分时间里，客人们都在用各种谜语互相挑战。这一次，简没有看到与史蒂芬的未来。反之亦然。[10]

这次生日聚会后不久，史蒂芬就被送进了伦敦的圣巴塞洛缪医院接受一系列神经系统测试，他的父亲弗兰克曾经在这里学医。他节俭的父母想花钱让他住一间独立病房，但史蒂芬拒绝了，他的"社会主义原则"不允许他这样花钱。他在医院里待了两个星期，接受了一系列检查，想确定他的问题所在；这些检查令人十分不快。医生们进行了肌肉活检，看看会不会是肌肉的问题；做了肌电图，电击他的神经元，以测试它们传导信号并将其传递给肌肉的情况；还做了一个骨髓造影，来观察脊柱和椎管。正如霍金自己所描述的那样，医生"在我的脊柱里注射了一些不透射线的液体，并调整床的角度，用X射线观察液体的上下移动"。[11]

经过这一番折磨，医生没有给霍金做出诊断，而是告诉他，他的病例不够典型，但是问题还会继续恶化。霍金写道，他几年后才知道罪魁祸首是一种名为肌萎缩侧索硬化的疾病[①]，但当时，他只知道自己得了一种绝症，无法治疗，病情会逐渐恶化。"医生没有给出任何治疗方案，还宣判我只剩下两年半的时间。"他们只能建议他回到剑桥，努力完成博士学位。[12]

*　*　*

霍金陷入了绝望。"（我）认为自己在几年内就会死去，继续读下去似乎没有任何意义。"他这样告诉一位早期的采访者，他大部分时间都在房间里听瓦格纳的音乐，并且"喝了不少酒"。但是后来，霍金又试图否认这种说法。若干年后，当《花花公子》的一名记者向他询问酗酒的问题时，霍金回答说："这个故事很好，但不是真的……我当时听了瓦格纳的音乐，但关于我大量饮酒的报道，就太夸张了。问题是，一旦有一篇文章这么说，其他人就会拿过来用，因为这是一个好故事。任何白纸黑字印出来的东西都肯定是真的。"[13]

---

① 如果这个说法是真的，那么几乎可以肯定的是他们是故意不告诉史蒂芬的。因为按照弗兰克的脾气，不得到肯定的诊断结果，他是不可能罢休的。史蒂芬在他的自传中承认，他当时没有向医生追问详细情况，因为他知道情况很糟糕。

除此之外，霍金的研究也不顺利，在他被诊断之前就已经陷入困境，面临着失败的危险。20 年后，霍金告诉一位记者："起初，我做的工作很少。我没有什么数学背景，所以很难取得什么进展。"而且，随着病情一天天恶化，似乎没有什么理由继续做下去。"一开始，病情似乎发展得非常快，我非常沮丧。我觉得做任何研究都没有意义，因为我觉得自己活不了多久了，活不到能拿到博士学位的那一天。"[14]

丹尼斯·夏默非常关注他的学生，但要让史蒂芬走出困境，还得靠他自己。弗兰克找到夏默，向他施加压力，想让史蒂芬提前毕业。这大概是出于人道主义的考虑。但夏默拒绝了，他认为，如果史蒂芬想要获得博士学位，就不能受到任何特殊的照顾，他必须自己去争取。[15]

实际上，尽管霍金对没有成为霍伊尔的门生感到失望，但丹尼斯·夏默其实是这位年轻学生的福音。霍伊尔和夏默的博士导师同为保罗·狄拉克，夏默也是稳态理论的支持者。但与易怒的霍伊尔相比，夏默没有那么大的野心，也没有那么坏的脾气，他把大部分的工作时间都献给了他的学生；而且像惠勒一样，他花了大量的时间和精力帮助学生开创事业。即便夏默会为了一个垂死的学生而稍作通融，他也可能感觉到，史蒂芬的成功不能是因为他的病，否则任何成功都毫无价值。但是，在 1963 年年初，这样的做法似乎并不够仁慈。

对史蒂芬来说，有一件事情进展顺利，那就是他的感情生活。那年 2 月，他在一个火车站台上碰到了简·怀尔德。她听说了他的诊断，但他不想谈及此事。于是两人讨论了很多愉快的事情，她也答应了他的约会邀请。两人很快就开始交往了，每周末往返于剑桥或伦敦郊区。他们通常乘坐火车，但如果要开车，简会惜命地紧紧抓住把手，

而史蒂芬则像一个一无所有的人一样豪横地开着车[①]。春季学期结束的
时候，他们俨然成了一对情侣。[16]

　　然而，史蒂芬的求爱就像他的疾病一样，进展得断断续续。简在
夏天去了西班牙，等她回来后，史蒂芬并没有怎么联系她，只是在 11
月因为其他原因来到伦敦时才顺便联系了她。1964 年春天，当简去西
班牙完成海外学期的学习时，史蒂芬也没有回复她的任何信件。而她
回来以后，发现史蒂芬"言简意赅，不善交流"，甚至有时候还会表
现出"敌意和沮丧"，以至于简怀疑他"故意不理我，但这已经太晚
了，我与他的羁绊已经如此之深，断不开了"。暑假期间，两人去了
不同的国家，这时，简反而大大松了一口气。[17]

＊　＊　＊

　　1964 年年中，简发现史蒂芬饱受抑郁症的困扰，愤世嫉俗，衣衫
不整。然而，在许多方面，与两年前被诊断出绝症的时候相比，史蒂
芬的情况已经大为好转。经过一段时间，他的病情有所好转，他的身
体也逐渐变好。虽然他现在需要拄着手杖走路，但可以肯定的是，医
生对他做出的两年半的可怕判决就要失效了。而同时，经过两年的努
力，他终于掌握了爱因斯坦场方程的数学基础，而且他对这项工作有
着明显的天赋。他明智地选择了一个适合自己的领域，也正是在那个

---

①　在霍金失去驾驶能力很久之后，他只要一有机会控制汽车，就仍然会延续这种鲁莽
　　的驾驶习惯。玛丽卡·泰勒记得在 20 世纪 90 年代末的一天，她开着一辆小面包车
　　载着她的导师在美国加利福尼亚州转悠。"史蒂芬让我调头，我说，'但这里说了不
　　能调头！'但是他说，'不，你要调头'。于是我就调头了。"后视镜里马上闪烁起
　　了红光和蓝光，警察把面包车拦了下来。"他们打开面包车的后门，说道，'哦，你
　　好，霍金博士！又是你。'"出自本书作者与玛丽卡·泰勒的私人通信。

时候，丹尼斯·夏默试图让这名年轻学生的大脑重新进入状态，他说道："好了，你还没死呢。那么你准备好听从我的建议，研究那个问题了吗？"[18]

他准备好了。霍金已经做好准备，要在宇宙学领域攻克一个博士研究课题。但是要找到这个问题，本身就是一项巨大的任务。夏默建议的那些问题没有一个是确定的。"在这些前沿领域中找到一个好的论文题目是非常困难的。当时的宇宙学有点儿支离破碎。想要说出'好吧，这里有一个问题，要花三年的时间解决它，现在开始吧'这样的话并不容易。"20 年后，夏默这样说道，"所以（霍金）的确费力搜寻了一番。虽然他做了一些相当有趣的事情，但能真正表现他的能力的事还没有出现。我可以想象得到，在这种情况下他会有多沮丧。"而霍金并不看好夏默所建议的方向，霍金后来回忆说："夏默总是在激励我，但其实我不太同意他的想法。"但是，一旦走出绝望，霍金的思维就被激发出来了，万事俱备，只欠东风。[19]

第一个转机出现在 1964 年年初。当时在剑桥，霍金与一位年轻的博士后贾因特·纳里卡共用一间办公室，纳里卡曾经跟随霍伊尔学习，当时正与他的前导师研究一些与稳态理论相关的理论。具体来说，纳里卡和霍伊尔试图提出一种关于引力的新的数学解释，并且希望这个解释能够支持他们认为的永恒宇宙的想法。霍金对这位同事所做的工作很感兴趣，而纳里卡也非常愿意分享，甚至还将一篇即将提交同行评议的关键论文的草稿拿给霍金看。霍金推算了一下这些方程，发现霍伊尔—纳里卡理论中存在一个缺陷。他意识到，他们的想法是行不通的，因为某些关键值"发散"了，它们会变成无穷大，这使整个想法变得毫无意义。但霍金没有告诉纳里卡这个问题，而是去伦敦参加了英国皇家学会的会议，霍伊尔在会上首次向学术界介绍了这个想法。[20]

当时大约有 100 名科学家出席这次会议。霍伊尔讲完后，照例询

问现场是否有任何问题。霍金慢慢地站起来，用手杖撑住自己。这位
名不见经传的 22 岁研究生准备勇敢地挑战全英最著名的天体物理学
家，人群顿时一片寂静。

> 霍金说："你所说的这个数发散了。"
>
> 观众席上传来一阵窃窃私语。在场的科学家们立即意识到，
> 如果霍金的论断是正确的，那么就证明霍伊尔刚刚提出的想法是
> 错的。
>
> 霍伊尔说："它当然不是发散的。"
>
> 霍金挑衅道："它确实是发散的。"
>
> 霍伊尔顿了一下，看了看房间里的众人，听众们鸦雀无声。
> 他怒气冲冲地说："你怎么知道？"
>
> "因为我算出来了。"霍金慢悠悠地回应道。[21]

由于这是霍伊尔第一次向公众介绍他的理论，因此每个人都认为
霍金是一边听讲座一边当场在脑子里心算的。没有人知道其实他事先
看到了论文的草稿，并且带着对霍伊尔—纳里卡引力理论的致命一击
来参加会议。霍金后来写道："霍伊尔大发雷霆。"[22]

霍伊尔的愤怒并不重要，因为霍金是对的，这些数值确实是发散
的。这位年轻的新秀与英国最有名的天体物理学家正面交锋，还取得
了胜利。不仅如此，他还给大家留下了一种印象，那就是他是随口说
出这个结论的。这位长相古怪的年轻绅士拄着拐杖，他的智慧无与伦
比，可以在几分钟之内完成霍伊尔和他的研究生几个月都想不出的计
算。这简直是一场费曼式的表演。而且事实证明，这是霍金的第一个
可以发表出去的研究。

推翻别人的理论，尤其是一个还没有受到太多评议的全新理论，

本身算不上什么壮举。但它确实是实实在在的物理学研究。霍伊尔和纳里卡将他们的计算结果提交给了《皇家学会会刊A》，打算在夏初发表；而霍金的反击，证明霍伊尔和纳里卡的计算错误的那篇文章，也会发表在同一期刊上。但是，就像许多社会期刊一样，霍金需要找到一个保荐人，通常是一名皇家学会会员，将这篇论文转交给该期刊的编辑。他找到了霍伊尔的合作者赫尔曼·邦迪，霍金曾经听过他的几次讲座。邦迪答应替霍金举荐，他可能觉得有责任去帮助发表一篇针对稳态理论的实质性批评，但是整件事可能没有让邦迪对霍金产生什么好感。不过此时，这并不重要……因为在1964年10月，霍金将向一家著名期刊提交他的第一篇同行评议论文，并且将在第二年夏天发表。

对霍伊尔—纳里卡理论的抨击也成为霍金博士论文的第一章。就其本身而言，这并不足以让霍金获得学位，但这个小研究十分扎实，使霍金终于获得了一些有价值的成果。尽管死刑判决笼罩着他，但霍金已经成了一名物理学家。

* * *

简总是认为，是她把史蒂芬从绝望中拯救了出来，是她给了他活下去的意志。"我们要藐视疾病，我们要藐视医生，"2013年，她告诉一位采访者，"而且我们要挑战未来。"史蒂芬也赞同这种说法，他把自己重新振作归功于简，他曾经说："疾病发展得没有那么快，而且我订婚了，马上要结婚了。所以那真的是一个转折点。我意识到，如果我打算结婚，我就必须做出努力，我必须找到一份工作。大约也是在那个时候，我开始明白，作为一个数学家，我要做点儿什么。"[23]

然而在1964年年中，霍金正忙着推翻霍伊尔—纳里卡理论，而他的这段恋情能否继续下去，形势还不太明朗。他们在春季学期结束时相互道别，而简想知道，当暑假结束二人都回到英国时，是否还会见到对方。然后，当简和她的家人在意大利旅行时，她收到了史蒂芬的明信片。她后来写道："收到这样一封突如其来的信，我欣喜若狂。"[24]

"史蒂芬真的会像我思念他那样思念我吗？"简写道，"这让我有充足的理由相信，他期待在暑假结束时见到我。"事实上，他确实如此。1964 年 10 月，史蒂芬向简求婚了；几乎就在同一时刻，赫尔曼·邦迪将霍金关于霍伊尔—纳里卡引力的论文转发给了《皇家学会会刊》。

而简也答应了。

她将与一个可能活不到 20 世纪 70 年代的年轻人结婚。正如简在 2015 年所说的那样："（我）当时爱着史蒂芬，想为他做些什么。所以我想，这不是什么难事，我可以用我生命中的两年时间来帮助我所爱的人，他有着无穷的潜力，我可以帮助他实现他的抱负。"但在当时，她和史蒂芬都没有想到，这不是两年，而是长达 25 年的奉献。[25]

甚至在更早些时候，简就感觉到，与史蒂芬一起生活并不容易。他喜欢在人群中扮演反面人物，或者挑衅无辜的旁观者，以此来宣扬自己的主导地位。简也不能幸免："他和我争论说，人造花在任何方面都比真花要好，我最喜欢的作曲家勃拉姆斯只能算是二流的，因为他是个糟糕的管弦乐演奏者。"他甚至在简的博士导师艾伦·德耶蒙德面前让她难堪，大谈学习中世纪文学毫无用处。简生气了，但霍金却说："你不应该往心里去。"然而，她爱他，努力在他的余生中帮助他，尽管他的余生可能时日无多。[26]

婚礼即将到来，这使得史蒂芬去考虑他的未来，至少是在短时间内。由于妻子想继续完成学业，他必须承担起养家糊口的重任，这意味着他必须要完成博士学位，并且获得奖学金的资助。幸运的是，他的研究终于步入正轨了。1964 年年底到 1965 年年初，夏默会定期乘火车去伦敦参加物理学讲座，他的追随者也会同去，其中就包括史蒂芬。根据布兰登·卡特的忠实讲述，彭罗斯一月份的一场讲座最终点燃了导火线，让史蒂芬产生了那个伟大的想法，他因此完成了博士论文，甚至获得了更多。他在心里逐渐形成了奇点定理，这使得他的职业生涯向前迈进了一步。但是，霍金还是要先找到一份工作。

1965 年 2 月的一个寒冷的周末，霍金焦急地等待着简的到来。当她进门时，她的左手手腕打着石膏，把霍金吓坏了。他真的吓坏了，因为他的奖学金申请书需要她来打字。霍金在他的自传中表示："我必须承认，我没有那么多的同情心。"简用了整个周末的时间手写了他的申请书。[27]

这次申请差点儿失败。申请中需要两个推荐人，而霍金选择了赫尔曼·邦迪。"在剑桥的一次讲座后，我问他可不可以给我写一封推荐信，他看了看我，含糊其词地说，好的，他会的。但是很明显，他马上就把我忘了，因为后来当学院写信给他要推荐信时，他回复说从来没有听说过我。"夏默立即给邦迪打了电话，霍金很快就得到了一份热情洋溢的推荐信。[28]

他得到了奖学金，并将于当年秋天开始工作。

7 月 15 日，简和史蒂芬结婚了。在此之前仅仅 5 天，广义相对论国际会议刚刚结束。在这次会议上，霍金向当时一些最重要的相对论学者介绍了他的奇点定理，其中就包括约翰·阿奇博尔德·惠勒和他的学生基普·索恩以及查尔斯·米什内尔。霍金给他们留下了相当深刻的印象，还与索恩和米什内尔成了很好的朋友。两年后，米什内尔更是成为霍金大儿子罗伯特的教父。婚礼之后，这对新婚夫妇就去了萨福克郡，待了一周之后，他们又收拾行李去了康奈尔大学的暑期学校。

虽然简和史蒂芬结婚了，但是她开始意识到，史蒂芬真正的伴侣是物理学。

第 16 章

宇宙本原

（1942—1962）

年轻时的种种场景，书本中重印的照片，网络上保存的图像，这些都是霍金在成为"霍金"之前的各种瞬间。将近70年过去了，几乎没剩下什么东西，只有一些仅存于人们记忆中的零星片段，以及一个当时还籍籍无名的男孩的无声影像。

* * *

在一堵被岁月侵蚀的石墙前，牛津大学赛艇俱乐部的30多名成员吊儿郎当地摆出拍照姿势。四个人坐在沙发上，第五个人由周围嬉笑着的男孩们扶着呈倒立姿势；有几个人坐在墙上或者挂在墙上，摇摇欲坠；一个人拿着一把锤子，似乎准备敲打他面前毫无戒心的同伴；另一个人自豪地展示着一个大大的字母Y，这可能是在某次击败对手大学时所取得的战利品。有的人盯着镜头，有的人望着远方，有的人西装笔挺，有的人衣衫不整，一个人甚至没有穿衣服，还有三个人戴着阿拉伯式头巾，模仿着阿拉伯的劳伦斯①。这就是一场乱胡闹的大杂烩。[1]

但在最右边，靠边的一个年轻人主导了整个画面。他像雕像一样僵硬地站着，左手紧握在胸前，右臂高举，手里拿着一块手帕，头向后仰着，龇牙咧嘴地嘲弄着什么。这个年轻人就是史蒂芬·霍金。

霍金似乎比俱乐部里的大多数人都要年轻。当时，许多年轻人在来牛津之前就被征召入伍了。霍金是幸运的，因为英国在 1960 年废除了义务兵役制，而那时霍金马上就要被征召了。

他在牛津不仅感到无聊，而且很孤独，但在赛艇俱乐部这位年轻人遇到了一些志同道合的人。霍金的体形不够壮硕，因此被安排担任舵手。他总是戴着一项白色草帽，坐在船头，告诉船上的 8 名桨手何时该划水，何处该转向。他很擅长这项工作，但牛津大学负责赛艇队的官员——诺曼·迪克斯，对于是否应该让霍金负责最好的桨手而倍感纠结。"史蒂芬的问题始终都是我们是应该让他负责第一梯队还是第二梯队。"迪克斯后来说道，"舵手的选择是可以有一些冒险性的，不过有的舵手也是非常稳定的人。而他是一个喜欢冒险的人，你永远不知道他会怎样指挥这些桨手。"[2]

* * *

夜晚的牛津大学，泰晤士河从西北方向静静地流淌过来，在校园

---

① "阿拉伯的劳伦斯"原名托马斯·爱德华·劳伦斯，是 1916—1918 年阿拉伯大起义中的英国联络官，也是当时欧美社会的公众偶像。一些人认为他是阿拉伯世界的英雄，推动了阿拉伯世界获得自由。另外一些人认为他是英国的情报军官和间谍，帮助英国从奥斯曼帝国手中接管阿拉伯世界的统治权。还有一些阿拉伯学者认为，现在巴勒斯坦之所以纷争不断，很大一部分原因是当年劳伦斯帮助英国人占领了那里。

南部与查威尔河汇合，继续向南边和东边流去。万籁俱寂。在横跨河流的一座人行桥上，霍金和一个朋友憋着笑，用绳子将一块木板吊在桥上。随后，他们手拿画刷顺着往下爬：

> 几分钟后，桥边的木板上出现了一尺多高的字母VOTE LIBERAL（为自由党投票），在黑暗中依稀可见。而等到天亮之后，站在河边的人都能看清楚了。
>
> 然后，灾难发生了。就在霍金写完最后一个字母时，一束手电筒发出的光从桥上照到了他们，一个愤怒的声音叫道："你们在干什么！"那是一个当地的警察。[3]

朋友从木板上跳下来，逃到河岸上，迅速跑开了。但霍金被抓住了，他被带到了当地警察局，被狠狠地教训了一顿。不过这件事也没有下文了。

可能是在无聊和酒精的双重作用下，也可能还掺杂了更多的傲慢，霍金没有因为此事惹上更多的麻烦。这真是不可思议。他的一位老朋友写道："在牛津，他经常和桨手们一起喝酒。他看起来有些生气，有些沮丧，精神散漫，而且还带着挑衅的狂妄态度。"幸运的是，霍金的导师、热力学家罗伯特·伯尔曼并没有被这个年轻人的态度所冒犯，这可是连霍金的同龄人都会感到震惊的态度。"他每周都会拿着他的作业前来，但是，他从来不保留任何笔记或者文件之类的东西，所以在离开我的办公室时，他通常会把这些东西扔进我的废纸篓。"伯尔曼告诉电影制片人埃罗尔·莫里斯说："而当他和其他本科生一起参加辅导班时，其他学生看到这种情况都吓坏了。他们认为霍金可能只花了不到半小时就完成了作业。换成是他们自己，如果他们能在一年内完成一项工作，就不会把它扔到废纸篓里，而是裱起来挂在墙上。"[4]

但伯尔曼也无法吸引霍金的注意力。他还是把大部分的时间都花在赛艇、打桥牌、玩扑克或者飞镖上，边玩还边喝葡萄酒或者啤酒，花在物理学上的时间却能少则少。即便如此，他还是很快就超过了同年入学的另外三名本科生。其中的一位名叫德里克·鲍尼，他讲述了一个关于难题集的故事。这本难题集包含13道电磁学的问题，每一道都很难解答。鲍尼说："很快我就发现，我一道题都做不出来。"到了周末，马上就要交作业了，但是他与另一名学生合作才做出了1.5道题。第三个学生自己单独解题，完成了一道。"和往常一样，史蒂芬甚至都没有开始做。"但是随后，霍金就回到自己的房间开始做作业，并在大约三个小时之后再次出现在同学们面前。"'啊，霍金，'我说，'你做了多少道题？'"鲍尼继续讲述这个故事，"'嗯，'他说，'我只来得及做完前面10题。'在那一刻，我们就意识到，我们不仅不住在同一条街上，甚至也不在同一个星球上。"后来，鲍尼又补充说："一直和一群比你笨得多的人生活在一起，是相当困难的。我想，这会让你变成一个非常内向的人，而且还会让你把自己的外在形象塑造得很夸张，从而将自己保护起来。"[5]

* * *

弗兰克·霍金对着一本书陷入沉思，用一只手支着头。尽管他戴着圆框眼镜，穿着花呢外套，留着一头飘逸的灰发，看上去就是一个典型的学者形象，但他身上有一种坚毅的气质。史蒂芬身材瘦削，而弗兰克则非常健硕，显然经常进行户外活动，他脸上的表情也是严厉多于温情。[6]

另一张照片要更早一些，是前几年的照片。照片中的他身穿卡其色衬衫，肩上扛着某种野外工具箱，站在一片岩石遍布的海岸上，对着

镜头露出一丝笑容，右手拿着什么，看不太清楚，可能是样品标本。从
这张照片里，你可能会认为他是一位考古学家，而不是医生。[7]

弗兰克毕业于牛津大学，因此他希望史蒂芬也能被那里录取。但
史蒂芬在圣奥尔本斯学校的表现还不够出色，尽管他是个天才，但成
绩总是在班上排名靠后。史蒂芬总喜欢戏谑地说："那是一个非常聪
明的班级。"这样一来，他压根不用担心奖学金的问题，因为史蒂芬
连进入牛津大学都很困难。于是，弗兰克决定还是由自己来掌控事态
比较好。[8]

1959 年初春，就在史蒂芬参加牛津大学入学考试之前，弗兰克带
着他去拜访了他未来的导师罗伯特·伯尔曼。据说，弗兰克向伯尔曼
施加了一些压力，而通常情况下，这种压力只能让伯尔曼对这名考生
不屑一顾。但史蒂芬在入学考试中得到了很高的分数，他父亲的干涉
以及他平庸的高中成绩，都不再是阻碍了。霍金要去牛津大学学习物
理了。[9]

*　*　*

4 个年轻人围在一台弹球机大小的装置周围，上面布满了电线和
开关。他们欢快地大笑着，其中左边最矮的那个正是史蒂芬·霍金。[10]

1958 年，4 个男孩即将结束他们的高中生涯。而照片中的这台装
置就是他们自制的计算机，叫作 LUCE，意思是逻辑单选机计算引擎。
这台装置非常原始，就是将一些废弃电话交换机的旧电线和机电开
关焊在一起制成，但是可以解决一些非常基本的逻辑问题。它还不
是一台真正的计算机，甚至都算不上一台加法机，但是已经朝着这
个方向迈出了第一步。而且它给人留下了深刻的印象，还被当地报纸
报道了。[11]

LUCE计算机是迪克兰·泰赫塔的创意，他是圣奥尔本斯学校新上任的数学老师。作为一名老师，泰赫塔想去接近霍金，激发这个漠然的年轻人。"很多老师都很无聊，但泰赫塔先生不是这样。"霍金后来说，"他的课生动有趣，令人兴奋。"高中快毕业时，史蒂芬打算学习数学和物理。"但我父亲极力反对，因为他认为除了当老师，数学家是找不到工作的。"霍金写道，"他希望我去学医，但我对生物学没有兴趣……他让我学化学，只学一点点数学。他认为这样做，我才能有更多的学术选择。"[12]

史蒂芬的妹妹玛丽将成为一名医生，但令弗兰克失望的是，史蒂芬本人对医学或者生物学却没有任何兴趣。即使有泰赫塔先生的激励，他的成绩也一直处于班里的中下等水平。这一定让弗兰克感到失望。

当史蒂芬正在准备物理学A级考试时，霍金一家到印度北部度过了一年，当时弗兰克在勒克瑙的中央药物研究所做研究。在这一学年中，史蒂芬住在父亲的一个同事那里，直到暑假才与家人们团聚。他正好赶上了雨季，而且失望地发现这里的印度少了一点儿异国情调。"我父亲不吃印度食物，所以他雇了一个前英属印度军队的厨师来做英式食物。但是我喜欢更刺激一些的东西。"[13]

* * *

这是一个男人的侧面肖像画，他朝右站着，皱着眉，腰部以上看起来完全没问题。但在膝盖以下，他的右小腿怪异地向外鼓起，从腿到脚踝的肉垂了下来，脚也异常肿胀。[14]

1958年7月，弗兰克·霍金在《科学美国人》杂志上发表了一篇关于"象皮病"（淋巴丝虫病）的大型专题报道，这是一种在中国、印度和南洋流行的寄生虫病，受害者会出现可怕的畸形。弗兰克和他的同事一直在研究引起这种疾病的寄生虫（这种线状蠕虫被称为丝虫），并且进一步了解它的行为方式，想知道该如何控制它。自 1951 年以来，弗兰克一直在测试一种药物——乙胺嗪（DEC），它似乎可以杀死大多数寄生虫，而且只要相关人群能够定期服用这种药物，它甚至有可能完全消除这种疾病。

通过《科学美国人》上的文章，弗兰克将他的科学观点带给了更多的读者。多年以来，他一直在同行评议的学术期刊上发表专业论文，包括《自然》杂志；但这一次，他面对的是大众读者，这完全是另外一回事，而弗兰克一定感到无比骄傲。

即使是冷漠的史蒂芬，也不可能对这一切无动于衷。但是老实说，父亲的研究让他感到毛骨悚然。虽然他喜欢参观父亲的实验室，也喜欢通过显微镜观察，但他讨厌父亲饲养蚊子的暖房，那些蚊子感染了各种热带疾病。他后来写道："这让我很担心，因为似乎总有几只蚊子逃出来，到处飞来飞去。"[15]

《科学美国人》的文章是针对普通人的，16 岁的史蒂芬肯定是抱着极大的兴趣阅读了父亲的文章。他不仅终于了解了父亲的研究到底是怎么回事，理解父亲为什么要长期离家在外，而且还可以知道父亲有多重要。在《科学美国人》这样有声望的杂志上发表文章，使弗兰克·霍金看起来像是个超级巨星。

事实上，弗兰克就是一名超级巨星。他主张在丝虫病流行地区的食盐中添加抗丝虫病药物乙胺嗪，并通过在巴西的试验证明了这一方法的有效性。20 世纪 60 年代中期，他前往中国，向中国政府提议在疾病流行地区使用添加了乙胺嗪的食盐。此后不久，中国政府就开始这样做了。在 20 世纪 50 年代，大约有 3 000 万中国公民受到丝虫病的困扰；而到了 1994 年，因为乙胺嗪强化盐的使用，这种疾病已在中国被彻底根除了。弗兰克为防止数千万人染病做出了重要贡献。而对年轻的史蒂芬来说，他一定有很长一段时间都被父亲的光芒所笼罩。[16]

* * *

这是一幢维多利亚式的大房子，有一些狭窄的窗户，还有一扇很大的飘窗，但这些都没能使雄伟的砖墙轮廓变得柔和。白雪覆盖着一切，这可能是促使霍金夫妇到院子里拍摄照片的原因。[17]

20 世纪 50 年代初，弗兰克和伊索贝尔在伦敦北郊的圣奥尔本斯小镇购买了这幢房子。夫妻俩在努力修缮之后，终于住进了新家。但节俭却使他们忽略了对房子的维护，它慢慢地陷入了杂乱失修的状态。房子里没有暖气，破损的窗户也没有更换，所以随着时间的推移，它变得越来越阴冷，越来越潮湿。史蒂芬的弟弟爱德华将这幢房子描述为"非常大、非常黑暗……真的相当诡异，简直是一个噩梦"。而在外人看来，霍金一家以及这幢房子，看上去就像是《亚当斯一家》里的场景①。[18]

弗兰克养蜂，他在地下室里搭建了一些蜂箱。沃克奶奶是伊索贝尔的母亲，她住在阁楼上，偶尔会参加家里的一些活动或者在当地的民间舞会上弹钢琴。霍金一家有 4 个孩子：史蒂芬是老大，老二玛丽比他小 18 个月，老三菲利帕是在史蒂芬 5 岁时出生的，最小的爱德华则是在史蒂芬十几岁时收养的。（史蒂芬曾经形容爱德华"完全没有学术气质，不像个知识分子，这对我们来说可能是一件好事"。）[19]

"在他们家那种地方，如果你被邀请留下吃晚饭，你可以和史蒂

---

① 《亚当斯一家》是 1991 年上映的一部哥特式黑暗治愈系电影。和霍金一家差不多，片中的一家也居住在一幢废墟一样的维多利亚古堡中。——译者注

芬聊聊天，但是其他人都会坐在桌子前看书。"史蒂芬童年的玩伴巴塞尔·金回忆说，"这种行为在我的朋友们中间并不被认可，但霍金夫妇却能允许他们这样做。虽然他们被大家公认为是非常古怪、智商很高、非常聪明的人，但还是有点儿怪异。"[20]

* * *

一辆老式的罗姆人马车（电影中出现的那种吉卡赛大篷车）停靠在一片树丛旁。马车被涂成绿色，这种漫不经心的伪装其实在照片中非常醒目，旁边是一顶军用帐篷。霍金家的三个孩子（此时爱德华还没有加入这个家庭）坐在通往马车门的梯子上，周围环绕着他们多年来积累的家当和各种垃圾。[21]

弗兰克以某种方式获得了这辆旧马车，并把它停放在英格兰西南海岸的一个小镇上，作为家里的一个破旧的避暑地点。多年来，霍金一家在马车和帐篷里度过了许多个暑假。1958 年，郡议会把这个东西搬走了，毫无疑问，这让当地人都松了一口气。[22]

* * *

葛培理牧师梳着大背头，身着蓝灰色西装，在伦敦哈林盖体育馆向座无虚席的观众们发表讲话，拉开了为期三个月的基督教福音派"十字军东征"的序幕。他感叹道："（在今天之前，）布道、复兴、基督、上帝，这些词已经很久没有登上媒体的头版头条了。我们为此次活动感谢上帝！"1954 年，葛培理造访英国，他的布道充满美国风格，2 000 名歌手在现场合唱，英国人也跟着摇摆了起来。[23]

这场布道演讲甚至还改变了几个人的信仰。霍金的朋友中有一个男孩从中学到了一些精神实质，很快，圣奥尔本斯的男孩们就开始聊起了神学问题。[24] 而霍金则困惑地看着同学们这种突如其来的兴致。他的童年玩伴迈克尔·丘奇说：

> 我们开始谈论生命、哲学以及诸如此类的话题，我想我当时非常热衷于此，所以一直滔滔不绝。
>
> 但是突然间，我意识到他在鼓动我，想让我出丑，那真是一个令人不安的时刻。我觉得自己被人从高处俯视着。我觉得他在那里看着，感到很搞笑，又很疏离……他还带着那种高高在上的感觉，好像对世界的本质有着自己的思考。[25]

有一年，史蒂芬获得了学校的神学奖，这一定让他的同学们很生气。但是，正如他母亲伊索贝尔所说："这没什么好奇怪的，因为他的父亲从小就给他读《圣经故事》，他对这些故事都很熟悉。"[26]

霍金曾短暂地陷入超感官知觉（ESP）的热潮中，他可能是受到了美国杜克大学超心理学家 J. B. 莱茵的研究的影响。他写了几本关于这个问题的畅销书，其中有一本是在 1953 年出版的。史蒂芬仔细研究了杜克大学的这项研究，并很快得出结论：这项工作就是垃圾。"只有当实验手段有问题时才能得到实验结果。而当实验手段合理可靠时，就得不出好的结果了。"他后来告诉一位记者说，"有些人会认真对待这项研究，他们就和我十几岁时的想法差不多。"[27]

对于史蒂芬来说，科学比神学或者超心理学更有趣，而他的观点也同样激烈。当听到宇宙正在膨胀的观点时，他并不相信。他说："一个静态的宇宙看上去更自然。它可能已经存在，并可能永远继续存在下去。"但在读完博士之后，史蒂芬才意识到自己错了，宇宙确实是从一场大爆炸开始膨胀的。[28]

史蒂芬很聪明，但是他在学校里并不努力。伊索贝尔记得，自己曾经就史蒂芬在班上排名倒数第三的问题与他对峙。"所以我说，'好吧，史蒂芬，你真的要排那么靠后吗？'然后他说，'嗯，没有几个人能做得比我好了。'他对此很不以为然。"[29]

* * *

威斯敏斯特教堂坐落于伦敦市中心，紧挨着威斯敏斯特公学。这是一个气势恢宏的哥特式院落，有着尖尖的拱门，通道也带有拱顶和城墙垛。它是一所汇集了英国精英的"公立"学校（这个名字令人困惑，因为这些学校往往收费高昂），5 个多世纪以来一直在为牛津和剑桥培养年轻的后备军，也续写着大英帝国的荣耀。20 世纪 50 年代初，虽然这个帝国已经大不如前，但弗兰克清楚地知道，公立学校的学生肯定会比普通文法学校的孩子拥有更加光明的未来。史蒂芬后来写道："当时他的脾气有点儿不太好，因为他觉得有些没有他优秀但是有一定社会关系的人已经超过了他。"但是，如果不能获得奖学金，史蒂芬还是上不了威斯敏斯特公学。[30]

不幸的是，在奖学金考试的当天，史蒂芬病倒了，不得不躺在家里。就这样，弗兰克让儿子上精英公立学校的梦想破灭了。史蒂芬写道："我留在了圣奥尔本斯学校，我在那里受到的教育和威斯敏斯特的教育一样好，甚至还要更好。"[31]

大概就是在那个时候，史蒂芬反复发低烧，导致他错过了更多学校的入学考试。当时，他被诊断患有某种"腺热"，之后症状神秘消失，就像它发作时一样。而他的母亲一直怀疑，这种症状可能与他后来患上的肌萎缩侧索硬化有关。[32]

史蒂芬到底会不会因为待在家里不能够上学而感到失落，其实是存疑的。对于这个怪异而笨拙的年轻人来说，在圣奥尔本斯上学常常是一种考验。他的朋友迈克尔·丘奇写道："他既是教室里的小丑，又是淋浴间里毫无防备的施暴对象。"即使没有那一次次神秘的发烧，考虑到史蒂芬在圣奥尔本斯倒数的成绩，实际上，他的大部分天才也都是在家里发现的，或者和他的朋友在一起时。在下午，在周末，他会花几个小时与他的伙伴们辩论，或者制作飞机或船只的模型，或者聆听收音机里的古典音乐，或者发明具有复杂的拜占庭式规则的棋盘游戏。他们发明了一个复杂的战争游戏，还有一个关于物流的游戏，也就是制造货物并将它们运往市场。"最后，他发明了一个名为'王朝'的可怕游戏……"他的妹妹玛丽回忆说，"就这么一直继续下去，因为我们没有办法让它结束。"伊索贝尔也记得那个特别的游戏。"这个游戏持续了好久好久好久。我告诉他这是一个可怕的游戏，没有人会喜欢它。但史蒂芬的内心总是很复杂，我觉得，就是这种复杂吸引了他。"[33]

"我认为这些游戏，还有那些火车、轮船和飞机，（我之所以对它们有兴趣，）都是因为我迫切地想知道这些系统是如何运作的，以及要如何控制它们……"史蒂芬后来写道，"如果你了解了宇宙是如何运作的，那么你就能在某种程度上控制它。"[34]

* * *

两个小男孩坐在码头边上。在他们身后，清澈的水面上是远远的青山。两人中较小的那个沐浴在地中海的阳光中，眯着眼睛，满口龅牙，支棱着耳朵，孩子气地咧嘴大笑，那是8岁的史蒂芬。在他身旁的是威廉·格雷夫，略高一点儿，年长一点儿，也冷静一点儿，他戴着一副太阳镜，对着镜头皱眉。[35]

那是在 1950 年的初春，弗兰克像往常一样外出旅行。一年在印度，一年在中国，一年在非洲，又一年在美洲的沼泽地。史蒂芬的妹妹玛丽记得，她曾经认为她的父亲以及大多数人的父亲"就像候鸟，他们在家里过圣诞节，然后他们就消失了，直到天气变暖再回来"。这一次，在弗兰克消失的季节里，伊索贝尔决定带着家人去地中海的马略卡岛，看望她的朋友贝里尔。[36]

伊索贝尔和贝里尔是在牛津大学认识的。在那个年代，很少有女性会上大学。两人都是热心的左派人士，伊索贝尔还曾经加入共产主义青年团。而贝里尔在经历了一段复杂的恋情后，刚刚与作家罗伯特·格雷夫结婚。[37]

虽然史蒂芬和家人们度过了一段"美好的时光"，但其实他并不完全适应格雷夫家的生活。诗人 W. S. 默温当时是史蒂芬和威廉的家教，他要求男孩们每天都要读一章《圣经》，并根据他们所读的内容写一篇文章。史蒂芬与默温争论不休，而且他意识到这将是一项繁重的作业，因为他的家教"对写爱丁堡艺术节的剧本比对教我们更感兴趣"。当时，格雷夫已到达一个神秘的阶段，忙于解构希腊神话和《圣经》中的故事，希望寻找隐藏在表面之下的子虚乌有的故事。所以霍金哀叹道："完全找不到人求助。"[38]

威廉不喜欢这位小访客。"（史蒂芬）的到来打乱了我的日常作息，"威廉在 2018 年告诉一位采访者，"他比我小一岁半，还是一个小男孩。另外，我的朋友们都是村里的孩子，我们之间习惯说马略卡语，史蒂芬显然不会说。"但是，对于史蒂芬的出现感到最不安的一定是罗伯特·格雷夫。[39]

罗伯特在第一次世界大战中受了重伤，胸口的伤差点儿要了他的命，而且他一直未能真正康复。他还患有创伤后应激障碍（PTSD）。正如他在自己的回忆录《向一切告别》中所描述的那样：

自1916年以来，对毒气的恐惧一直困扰着我。任何不寻常的气味，甚至是花园里突然出现的强烈花香，都会让我颤抖。而且我现在不能听猛烈的炮击声，甚至汽车回火的声音都会让我脸色苍白，或者跑着躲开。[40]

不幸的是，根据威廉的回忆，史蒂芬这个捣蛋鬼来到马略卡岛时，带着大量的臭气弹和自制的鞭炮。"我父亲并不喜欢这个。"[41]

* * *

大约4岁的史蒂芬坐在一个火车模型前面，那是一台线条流畅的蒸汽机车，拖着4节车厢，被放置在一条小木轨上。他长着一张幼稚的脸庞，脸颊胖嘟嘟的，但他的眼睛十分深邃。对一个这么小的孩子来说，这种眼神有点儿令人吃惊。[42]

这套模型是他的父亲送给他的礼物，是第二次世界大战结束后去美洲的一次海外旅行的纪念品。他们一家住在伦敦北部，战争期间一直饱受着配给制的煎熬和德国火箭弹的狂轰滥炸。现在战争结束了，一家人开始迎来和平的新生活。

弗兰克和伊索贝尔把史蒂芬送到拜伦贵族学校。在史蒂芬的回忆录中，他回忆说，他曾经向父母抱怨说他在学校什么也没学到。这不无道理，因为他直到8岁才学会阅读。"我们更关心的是我丈夫的聪明才智，而不是史蒂芬。"伊索贝尔后来说，"不过，史蒂芬一直善于自学，如果他不想学东西，那可能是因为他不需要。"[43]

战后几年，出现了大量现代药物和化合物，可用于防治热带疾病。弗兰克调查了其中一些化合物对疟疾等寄生虫疾病的安全性和有效性，并研究了实验室里的寄生虫的生命周期。他在20世纪40年代发表了一系列论文，其中一些发表在了《自然》和《英国医学杂志》等权威杂志上，他很快就升任英国国家医学研究所寄生虫学部门的负责人。他们全家搬到了更北边的圣奥尔本斯，这样弗兰克上下班就更方便了。与他们之前居住的伦敦街区不同，圣奥尔本斯并不是知识分子的聚集地，学术氛围不浓。而史蒂芬及其家人很快就会发现，融入邻里变得更困难了。[44]

* * *

婴儿史蒂芬被裹在一条白色的针织毯里。他的父亲抱着他，透过圆框眼镜仔细端详着他。史蒂芬同样专注地回望，灰色的眼睛炯炯有神，似乎正在研究他的父亲。[45]

* * *

1942 年 1 月 8 日，史蒂芬·威廉·霍金来到这个世界，这一天正值伽利略逝世整整 300 年，他后来觉得这个巧合很有趣。大约 76 年之后，2018 年 3 月 14 日，他离开了这个世界，而这一天又是爱因斯坦诞辰 139 年的日子。他也可能会觉得这非常好笑。

第 17 章

站在巨人的肩膀上

20 世纪 30 年代初，发生了这样一个故事。阿尔伯特·爱因斯坦在好莱坞招待了他的朋友、喜剧演员查理·卓别林，他们一边闲聊，一边享用艾尔莎·爱因斯坦烤的蛋挞，这时爱因斯坦的儿子转向卓别林。"你很受人们的欢迎，"他说，"因为你能被大众所理解。但是，当一位教授受到群众的欢迎，可能是因为他不被理解。"[1]

1919 年，阿尔伯特·爱因斯坦经历了一次快速的蜕变。几乎在一夜之间，他从一个单纯的理论物理学家变成了国际名人，成为科学天才的象征。从一开始，这种转变就主要建立在不被理解的基础上。在向公众介绍相对论时，《纽约时报》试图让读者相信它是阳春白雪，不可能被普通人触及，爱因斯坦关于相对论的论著也被吹捧为"十二智者的书"。这一说法来源于一个传说："当他向出版商提交他的最后一部重要作品时，他提醒他们，全世界最多只有 12 个人能够理解它，但出版商还是出版了。"随着爱因斯坦的名气越来越大，这个传说以及 12 这个数字被一次又一次地重复，虽然他本人一再否认。"尽管爱因斯坦本人以及很多人都否认了此事，但关于这 12 个人的故事从未消失，这也表明了这个故事在公众心中的地位……"一位历史学家这样写道，"这也可能是相对论名气越来越大的最重要因素。"[2]

在弟子们的拥戴下，爱因斯坦成了新物理学的传承者，取代了牛顿的地位。物理学是用数学语言写就的，普通人很难完全理解，但这反而增强了人们对爱因斯坦的敬畏。人们对相对论并不感兴趣，只是对它所代表的意象感兴趣；同样，人们其实对有血有肉的爱因斯坦也不感兴趣，只是把他当作人类思想胜利的象征。

这是一种强有力的象征，公众甚至会为了一睹它的风采而大打出手。1930 年，4 000 多人为了观看一部关于爱因斯坦的电影在美国自然历史博物馆发生了骚乱。这场骚乱的发生并不是因为一群纽约人急于学习更多的物理知识，而只是因为他们想看一眼这个注定要青史留名的人，这个人的名声甚至有可能超过伟大的查理·卓别林。

这样一个对公众的影响力如此之大的科学家百年难遇，世间罕有。自从爱因斯坦去世后，只有一位科学家的名声可与之媲美，他就是史蒂芬·霍金。

* * *

一名科学家能够成为世俗意义上的名人，这是极其罕见的，更不用说被公众永远铭记了。某些时刻，也许世界上会出现这么十几名科学家，或者仅有两三名，他们拥有很多粉丝，走在街上偶尔会被认出。然而，那些人往往不是因为自己的科学研究而获得关注的；更多的时候，一名科学家的名气往往与本人的研究内容和质量没有什么关系。

每年都会产生一批新的诺贝尔奖获得者，但在几天之内，他们的名字就会被遗忘。即使是像约翰·巴丁这样特别罕见的双料诺贝尔奖得主，也不一定能出名。单单来看卢卡斯教席的名单，满眼都是数学家和物理学家一眼就能认出的名字：发明狄拉克方程的P. A. M. 狄拉克、提出拉莫尔频率的约瑟夫·拉莫尔、提出斯托克斯定理的盖伯瑞尔·斯托克斯……但他们还在世的时候，并未受到过大众的关注。即便是现在，科学界之外也少有人知道他们。而像詹姆斯·克拉克·麦克斯韦、埃尔温·薛定谔、默里·盖尔曼、路德维希·玻尔兹曼、尼尔斯·玻尔、欧内斯特·卢瑟福这样的科学家都曾经发表过十分重要的关键性理论，但他们也没有得到公众的关注。可能会有一些科学爱好者对他们以及他们的工作稍有了解，但即使是他们在世的时候，大街上也很少会有人知道他们是谁或者他们取得了什么成就。科学成就不会让一名物理学家成为名人，出名靠的是其他东西。

最常见的成名方式是科普。从某种意义上说，把科学思想传播给公众其实也是一种翻译行为，他们巧妙地使用隐喻等一些文学技巧，将数学语言翻译成普通人可以理解的白话文。可以说，科普工作者是科学与民众之间的中介，是引导门外汉进入知识殿堂的引路人。但是，人们通常不会期望专业的科学家来承担起这种引路人的工作[①]。

即便如此，仍有源源不断的科学家试图向大众普及最新的科学进展，偶尔也有顶尖科学家。在这些人中，总会有几个人或多或少地取得一些名气，但通常都不会持续太久。弗雷德·霍伊尔在20世纪50年代是一个家喻户晓的名字，但今天，如果你对宇宙学不感兴趣，就不

---

① 有时候，如果科学家尝试从事科普工作，会影响他们的声誉。1992年，卡尔·萨根被提名为美国国家科学院院士，但是最终没有入选。一位参与投票的院士后来评论说："如果他没有去做那些电视节目，他可能就会入选了。"而更多的时候，如果一名科学家尝试与公众交流，那么他往往会遭到同行们的蔑视，或者漠不关心。

太可能知道他的名字，更不用说知道他长什么样了。20 世纪七八十年
代，卡尔·萨根可以称得上是当时最著名的在世的科学家了，但到了
今天，他最出名的可能只是他的经典长篇科幻小说《接触》。即使是
最高级的引路人，也会来来去去，变换不定，而且很快就会淡出人们
的视线。

* * *

但爱因斯坦不同。

阿尔伯特·爱因斯坦不是科学的引路人。他是一位先知。

引路人可能只会进入自然界的终极殿堂，但只有先知才能直接凝
视殿堂中的奥秘[①]。不管是什么级别的引路人，都会通力合作服务于他
们的神灵，在森严的等级制度下埋头苦干。而先知，可能原本只是独
自在旷野中游荡，然后突然某一天被提升到极高的地位，成为真理的
代言人。引路人代表一个机构，而先知则将他们掌握的真理直接展示
给人们。而且，对于被选中成为真理代言人这件事情，先知几乎总是
会感到意外，甚至困惑。

爱因斯坦是最接近先知的凡人。他不仅站在物理学的最前沿，而
且也只有他对宇宙的运行规则有全新的洞见[②]。他从专利局的旷野中走
来，颠覆了整个物理学界，这个传奇故事简直太完美了。他的工作是
如此妙不可言，如此深刻，以至于全世界只有 12 个人能够理解。他是

[①] 或者至少是它的背影。典故出自《圣经·旧约·出埃及记》第 33 章，21~23 节。

[②] 即使是爱因斯坦的心血结晶——相对论，也不是凭空捏造的。马塞尔·格罗斯曼就
是一个重要的合作者，他帮助爱因斯坦设计了广义相对论所需的数学框架。此外，
像亨利·庞加莱和大卫·希尔伯特这样的数学家也发表过类似的见解，与完整的相
对论相当接近。

一个独一无二的天才，这种独特性铸就了这段传奇。

量子理论与相对论同样重要，也同样难以理解，但它们都取得了胜利。这一理论牵连甚广，投身其中的不仅有普朗克、薛定谔、玻尔、海森堡、狄拉克，还有爱因斯坦。爱因斯坦对量子力学的贡献也堪称一段传奇，与相对论的故事差不多，然而奠定他的地位的却是相对论。先知的诞生只能源自一个异常深奥的想法，而这个想法只有——或者被认为只有——一个创造者。

然而，与所有真正的先知一样，爱因斯坦也是平民出身。即使他思考的是自然界的基本规律，也会把自己的所知所得告诉给公众。他的著作《相对论》就是专门针对那些数学基础不强的普通人的；尽管很少有人读，但这种尝试是令人钦佩的。更加值得赞赏的是，他经常出现在大众媒体上。起初，爱因斯坦并不喜欢与记者们交谈，但他很快就学着回答所有问题，并且微笑着摆出姿势，配合他们拍照。即使记者们问的一些问题比较愚蠢，爱因斯坦也会有礼貌地回答。"在这样的场合，他有时不会直接回答问题，但说出的话仍然相当有趣，这些话语可以向读者们传达一些合理的想法，或者至少可以给读者们带来一些笑料。"[3]

爱因斯坦的热情和幽默表露无遗，他的弱点也是如此。正如一位研究爱因斯坦的学者所说：

> 他的态度平易近人，这让大家感到惊讶。除此之外，他的相貌也使人感到安心。他看上去并不像一个傲慢的欧洲科学家。1921 年 4 月，他的照片第一次出现在报纸上，照片里的他穿着不合身的大衣，拿着一把小提琴，笑得一脸茫然。这根本不是一张会令人害怕的照片。[4]

　　爱因斯坦挖掘了自然界中最深不可测的力量，还帮助启动了一个研发可以瞬间杀死数十万人的武器的科研项目。然而，对公众来说，爱因斯坦始终是一个慈祥、有趣的小个子男人，顶着一头乱蓬蓬的白发，一点儿也不像是一个能够毁灭整个城市的坏人。他并不可怕，反而受到崇拜，被当作先知一样，将我们从核灾难中拯救出来，而不是核灾难的制造者。他一点儿也不傲慢，为人谦逊，甚至不爱出风头。但即使是这样一位没有宗教信仰的世俗社会的圣徒，他也没有想过要去取代上帝。

　　他对自己的名声感到有些困惑。他对自己的研究成果有多重要没有什么不切实际的想法，但他这种一时无两的出名程度并不合理。有一次，他对记者说，为什么这些原本对科学漠不关心的人会对他和相对论如此着迷，这是一个精神病理学的问题。但爱因斯坦的粉丝们就是这样，他们很少有人真正了解他的科学贡献。[5]

　　孤独的爱因斯坦不仅在人类认知的最前沿提出了一个重要而神秘的想法，而且他提出的方式毫无威胁感。他的魅力，他的幽默感，他与公众分享他的想法的意愿，以及他那无法被大多数人真正理解的想法，都让人们感觉到，即使爱因斯坦的思维高度与普通人不在同一个维度，他也仍是我们中的一员。

　　这种有效的结合使得爱因斯坦成为科学的先知。作为先知的爱因斯坦并不是现代物理学的产物，而是现代传媒的产物。正如他的一位传记作者和朋友所写的那样："……爱因斯坦创造了最前沿的科学，不管是现在还是将来，作为一个公众人物的他本身又是由媒体创造出来的形象。"虽然他天赋异禀，才华横溢，自谦幽默，也有不完美的地方，但如果不是媒体的宣传，他不可能成为科学的代言人。而媒体之所以会这样做，其中部分原因也是爱因斯坦本人的意思。爱因斯坦精心塑造自己的形象，包括他的外表。据报道，每当他看到摄影师向他走来，他就会"用双手把头发弄乱，使经典的爱因斯坦的形象更加生动"。他之所以能成为我们这个时代的杰出人物，不仅是因为他有物理研究上的天赋，还因为他善于在媒体面前包装自己。[6]

是媒体，是他们塑造了爱因斯坦，并把他奉为先知。在这个过程中，爱因斯坦的复杂人性逐渐被冲洗干净，取而代之的是一个简单的符号。

* * *

20 世纪下半叶的史蒂芬·霍金与上半叶的阿尔伯特·爱因斯坦一样，他们的形象都是媒体塑造的。媒体似乎找到了一个能全方位与爱因斯坦相媲美的人，甚至可以超越他的人。

霍金的学术方向承袭了爱因斯坦，这使他自然而然地就成为这位老先知的继承人。霍金和他的前辈一样，成为能够直接凝视宇宙中最具破坏性的力量的少数几个人之一，他独自深入黑洞的深处，探寻到别人无法触及的深奥知识。而且据称，他正沿着爱因斯坦的道路，继承爱因斯坦未竟的事业，继续探索万有理论。尽管这从未成为霍金的研究重点，而且他也远远落后于大统一理论研究领域的其他人，但这种探索是霍金传奇故事的核心。

像爱因斯坦一样，霍金也是一介平民，让人崇拜而不是害怕。霍金的幽默感还带着一点儿淘气，而且他和爱因斯坦一样谦虚。爱因斯坦曾经尝试普及自己的研究成果；而霍金则超越了他，直接写了一本关于自己的物理研究的畅销书。公众对爱因斯坦的怪癖毫不在意，认为那是一种魅力；但对霍金的体弱多病却很着迷，将他视为一位充满悲剧色彩的英雄。在霍金干瘪的身体里住着一个纯粹的灵魂，像忒瑞西阿斯一样，虽然身体残疾，但是作为补偿，却得到了神赐的洞察力。

像爱因斯坦一样，霍金也成了先知。但在成为先知的同时，他也成为一个符号。与脆弱的人类不同，符号可以一直存续下去。

要保持霍金的简单质朴的形象，需要有魅力和自律的加持，但我们仍然能够在表象之下看到人性的复杂。作为符号的霍金可以说是我们这个时代最著名的科普工作者，然而，他又是一个很难沟通的人。他每分钟只能说几个字，为了节省时间和精力，他别无选择，只能在演讲和写作中重复使用某些语句。事实上，他的人生也是如此。霍金这个符号象征着一个世俗社会中的圣人，他善良又谦逊，最重要的是，他人畜无害。然而，他本人可能既顽固、爱抱怨，又傲慢。他离过两次婚，与自己的孩子关系疏远，甚至连他的家人也知道，他是一个难以相处的人。

符号化的霍金是一个坚忍克己的人，他已超越了生命的意义，他的毅力振奋人心，甚至对最了解他的人来说也是如此。"我在医院里陪护过他几次，"索恩回忆说，"有一次，他的情况相当糟糕，而他唯一的交流方式就是使用护士们准备好的卡片，他基本上只能表达是或者不是，以此来确定卡片上的某个字母或符号是不是他想表达的意思。即使如此，他也没有表现出特别的挫折感。这真是令人难以置信。"他从未表现出任何的自怨自艾，甚至很少在他的家人和朋友面前表现出脆弱感，更不用说在公众面前了。但是与此同时，霍金强烈地依赖他周围的人，他需要有人为了他的生存而牺牲自己。霍金喜欢享乐，不仅对食物和酒有着强烈的欲望，对女人也是。他的生活随时可能被夺走，而这些就是他认为自己所能得到的快乐。[7]

作为一名科学家，符号化的霍金是一个孤独的天才，他坐在轮椅上，高高在上，致力于实现爱因斯坦关于万有理论的梦想。而真实的霍金只是20世纪六七十年代群星闪耀的广义相对论和宇宙学领域中的一颗星；他的一些最重要的物理成就都是通过合作取得的，而非单打独斗。黑洞辐射是霍金最主要的科学成就，它的发现是一个里程碑，因为这是量子理论和相对论首次同时应用于同一个物理体系。在这个体系中，必然存在一个能支配一切的统一理论。然而，霍金的工作并没有使我们更接近这个大统一理论。而当他在 20 世纪 80 年代末享誉国际的时候，距离他发表那些重要的科学成就已经过去很久了。

没有找到万有理论的霍金于 2018 年去世，但电影《万物理论》中的符号化霍金却一直存在。霍金在生前努力维护自己的形象，他的家人和朋友也成立了非营利组织"霍金基金会"，在他去世后继续这项事业。

与大部分人不同，霍金的生命存在于一个数字媒介中。在过去的几十年里，他的每一句话都是通过计算机这个中介输出的。那台计算机存储了他的话语，所有隐秘的合作、对金钱的担忧、琐碎的嫉妒、他对自己科学成就的不确定——他人性中的所有粗糙的棱角，都被计算机的内存记录着。但是，对于那些希望透过符号真正了解霍金的人来说，霍金基金会甚至不允许他们看到霍金的论文存档，尽管他们宣称会将其中的一部分捐赠出去，以此免除遗产税。即使是原本存放在剑桥大学图书馆的一小批文件也被收回，并不再允许公开展示。只有基金会选定的传记作者才被授予有限的权限，比如查阅史蒂芬的个人档案，与简、露西以及霍金家族接触。[8]

但是，史蒂芬·霍金的真正悲惨和成功只能体现在纷繁复杂的人性中。那些经过净化的纯洁符号毫无帮助。

他的悲剧不在于被诊断出患有绝症；他的胜利也不在于战胜了病魔，成为继爱因斯坦之后最伟大的物理学家。那些都是符号化的故事。真实的故事要复杂得多。

当然，霍金面对病魔的坚忍和幽默感是鼓舞人心的，但对他本人来说，这谈不上什么胜利，他只是要活下去。而当他被说成是牛顿再世的时候，他的驳斥也不是虚伪的谦虚，尽管他的确是一位一流的物理学家，对广义相对论和宇宙学做出了重大的贡献。但就像他自己反复坚持的那样，他并没有像牛顿、爱因斯坦和伽利略那样的智慧。

霍金的成功在于他发现了一些新东西，在一些重要的方面改变了我们对于宇宙的理解，而且改变了多次。不仅如此，他的胜利还表现在，他酝酿出了新的重要思想，并且激励了一代科学家去追随他的脚步。

而说到他的人生悲剧，霍金也与我们见到的那个符号截然不同。他并不是因为残疾才不得不动用脑力。他从小就开始充分运用自己的头脑。即使在不清楚自己会不会因为疾病而退学的时候，霍金的睿智也是他身份的标志，是他自我价值的体现。这是他一直希望被认可的。

然而，即使他实现了这一目标，即使大众都认为他拥有无与伦比的智慧，他也不被认可，至少他自己是这样认为的。霍金总是感觉，他的名气甚至他的学术成就在很大程度上，都不是因为他的头脑，而是对他身体残疾的一种补偿。

关于霍金有一个奇怪的事实，那就是他非常迷恋一个乍看之下与他截然相反的名人，甚至可以说是极度迷恋。霍金深爱着玛丽莲·梦露。

导演埃罗尔·莫里斯在拍摄电影《时间简史》时与霍金谈到了梦露。莫里斯说：

> 最后，我说："我明白了，为什么你在墙上挂了这么多玛丽莲·梦露的照片。和你一样，她也是一个因为身体而被赞赏的人，人们往往看不到她的思想。"

他给了我一个非常疯狂的眼神，就像在说：“你在说什么，莫里斯先生？”他冲我做出了这个疯狂的表情，然后按了一下他的（语音合成器）按钮，说道：“是的。”[9]

在霍金生命中的所有悖论中，这可能是触及灵魂最深处的一个。

致谢

　　在我的职业生涯中，这是我第一次在写致谢部分的时候感到难以下笔。因为这本书不容易写，而我要感谢的人也比以往任何时候都要更多。

　　任何未经当事人授权的传记都会遭遇特别的困难。但是对我来说，这样才能够写出一个独立的故事，不受当事人或其后续期望的影响，因无法接触当事人的文件、家人和朋友而带来的困难也就算不上什么了。

　　也有很多最了解史蒂芬·霍金的人，他们认为纪念他的最好方式就是准确地还原这个人以及他的科学成就。在此，我希望向那些愿意花时间与我分享的物理学家表示最衷心的感谢，他们是拉斐尔·布索、彼得·达斯、丹尼尔·弗里德曼、克里斯托弗·加尔法德、詹姆斯·哈特尔、雷·拉弗兰姆、安德烈·林德、西蒙·米顿、罗杰·彭罗斯、约翰·普瑞斯基尔、安迪·斯特罗明格、玛丽卡·泰勒和尼尔·图洛克。我也要感谢许多曾经在他的生活中出现的人，比如安迪·阿尔布雷克特、约翰·格里宾、彼得·古扎尔迪、列纳德·蒙洛迪诺、埃罗尔·莫里斯、列纳德·萨斯坎德和艾尔·祖克曼等，他们的身份多种多样：物理学家、作家、导演、编辑、代理人、助理等。最后，要特别感谢那些希望隐去姓名但是仍然花时间与我谈论霍金的人，他们都希望能帮助我了解那个真实的霍金。

我还要感谢纽约大学，不仅因为它允许我利用休假来写这本书，还因为它给了我一个与如此优秀的同事合作的机会。特别要感谢作家和评论家詹姆斯·麦克布赖德，在他并不是很有空的时候，还抽出时间与我分享他的非凡才华。也要感谢来自世界各地的图书馆员、学者和官员，他们非常愿意帮助我寻找有关霍金的零碎信息；尤其需要感谢的是圣路易斯华盛顿大学图书馆、加州理工学院档案馆、美国哲学学会图书馆、圣约翰学院、丘吉尔学院、剑桥大学图书馆以及剑桥郡和家庭法院。我还要感谢我的编辑 T. J. 凯莱赫、校对凯瑟琳·斯特雷克弗斯以及经纪人卡廷卡·马特森，感谢他们为我所做的出色工作。

这项研究还得到了阿尔弗雷德·P. 斯隆基金会的资助。感谢该基金会，特别是多伦·韦伯的协助，当本书的采访和研究计划被全球性的流行疾病扰乱时，他们仍给予了灵活的应对。

我还要感谢维持纽约市基本运转的工作人员，杂货店店员、邮递员、大楼门卫，以及其他各行各业的人们，他们承担了最严重的风险，保证其他人都能够安全地待在家里。

我最要感谢的是我的妻子梅丽迪丝，以及我的孩子伊丽莎和丹尼尔。我们一起住在一个三居室的公寓里，他们都尽量给我留出足够的空间来写作，与此同时还要努力工作或者居家学习，这些都远非易事。我感谢梅丽迪丝对我的忍耐，也感谢我的孩子们，在他们年龄这么小的时候，经历了最可怕的时刻，而他们表现出了勇敢和忍耐。

最后，我要感谢我的母亲塔玛，并向我的父亲伯特表达最后的感谢和告别。你们一直是我最重要的听众。

注释

前言

1. Jacqui Deevoy, "Has Stephen Hawking Been Replaced with a 'Puppet'?," *Daily Mail*, January 12, 2018, www.dailymail.co.uk/femail/article-5261939/Has-Stephen-Hawking-replaced-puppet.html.

2. Leonard Susskind, personal communication with author.

第 1 章　与牛顿为邻（2018）

1. See "Remarks by President Clinton and Q&As at Hawking Lecture," White House Millennium Council, March 6, 2000, https://clintonwhitehouse4.archives.gov/Initiatives/Millennium/19980309-22774.html.

2. Stephen Hawking, *A Brief History of Time* (New York: Bantam Books, 1998), 141.

3. John Preskill, personal communication with author.

4. Bob Sipchen, "The Heroism of Stephen Hawking—Famous Physicist Is Mandela for Disabled," *Los Angeles Times*, June 7, 1990, reprinted at *Seattle Times*, http://community.seattletimes.nwsource.com/archive/?date=19900607&slug=1075967.

5. Jane Fonda, "My Meeting with Stephen Hawking," Jane Fonda (blog), February 3, 2011, www.janefonda.com/2011/02/my-meeting-with-stephen-hawking.

6. Christophe Galfard, personal communication with author; Sipchen, "Heroism of Stephen Hawking."

7. "Stephen Hawking's Ashes Buried at Westminster Abbey," ABC News, June 15, 2018, https://abcnews.go.com/International/stephen-hawkings-ashes-buried-westminster-abbey/story?id=55922397; "The CD: The Stephen Hawking Tribute CD," Stephen Hawking Foundation, https://stephenhawkingfoundation.org/the-cd.

8. Leonard Susskind, personal communication with author.

9. Ray Laflamme, personal communication with author.

第 2 章　被诺贝尔奖遗忘（2014—2017）

1. Maggie Fox, "Gravitational Wave Work Wins Physics Nobel Prize," NBC News, October 3, 2017, www.nbcnews.com/science/science-news/gravitational-wave-works-wins-physics-nobel-prize-n807081.

2. Sarah Lewin, "Nobel Prize for Physics: Einstein Would Be 'Flabbergasted' by Gravitational Wave Win," Space.com, October 3, 2017, www.space.com/38350-nobel-prize-physics -gravitational-waves-einstein.html.

3. Kip Thorne, "Warping Spacetime," in *The Future of Theoretical Physics and Cosmology: Celebrating Stephen Hawking's 60th Birthday*, ed. G. W. Gibbons, S. J. Rankin, and E. P. S. Shellard (Cambridge: Cambridge University Press, 2003), 4–5, reprinted by Kip S. Thorne, California Institute of Technology, at www.cco.caltech.edu/~kip/scripts/PubScans/VI-47.pdf.

4. Thorne, "Warping Spacetime," 30.

5. Stephen Hawking, *The Universe in a Nutshell* (New York: Bantam Books, 2001), 14.

6. See video accompanying Ian Sample, "Stephen Hawking Unveils Formulae for England World Cup Success," *The Guardian*, May 28, 2014, www.theguardian.com/science/2014/may/28 /stephen-hawking-formulae-england-world-cup-success.

7. "Ridley Turtle Tipped for Oily Exit," Paddy Power press release, May 25, 2010.

8. See Charles Seife, *Proofiness: The Dark Arts of Mathematical Deception* (New York: Viking, 2010), 65–66; Sample, "Stephen Hawking Unveils Formulae."

9. Sample, "Stephen Hawking Unveils Formulae."

10. Sample, "Stephen Hawking Unveils Formulae."

11. Al Zuckerman, personal communication with author.

12. J. H. Taylor and J. M. Weisberg, "A New Test of General Relativity: Gravitational Radiation and the Binary Pulsar PSR1913+16," *Astrophysical Journal* 253 (1982): 908.

13. B. P. Abbott et al. (LIGO Scientific Collaboration and Virgo Collaboration), "Observation of Gravitational Waves from a Binary Black Hole Merger," *Physical Review Letters* 116, 061102 (2016).

14. "The view from GR," presented at KITP Rapid Response Workshop, August 23, 2013, http://online.kitp.ucsb.edu/online/fuzzorfire_m13/hawking/rm/jwvideo.html.

15. Charles Q. Choi, "No Black Holes Exist, Says Stephen Hawking—at Least Not Like We Think," *National Geographic*, January 27, 2014, www.nationalgeographic.com/news/2014 /1/140127-black-hole-stephen-hawking-firewall-space-astronomy.

16. S. W. Hawking, "Information Preservation and Weather Forecasting for Black Holes," arXiv:1401.5761v1, January 22, 2014, 3.

17. Gareth Morgan, "Stephen Hawking Says There Is No Such Thing as Black holes, Einstein Spinning in His Grave," *Express*, January 24, 2014, www.express.co.uk/entertainment /gaming/455880/Stephen-Hawking-says-there-is-no-such-thing-as-black-holes-Einstein -spinning-in-his-grave; Mark Prigg, "Stephen Hawking Stuns Physicists by Declaring 'There Are No Black Holes'—But Says There Are GREY Ones," *Daily Mail*, January 24, 2014, www.daily mail.co.uk/sciencetech/article-2545552/Stephen-Hawking-admits-no-black-holes-GREY -holes.html.

18. Ramin Setoodeh, "Toronto: 'The Theory of Everything' Made Hawking Cry," *Variety*, September 7, 2014.

19. Ramin Setoodeh, "How Eddie Redmayne Became Stephen Hawking in 'The Theory of Everything,'" *Variety*, October 28, 2014.

20. *The Theory of Everything*, directed by James Marsh, November 2014.

21. Catherine Shoard, "Stephen Hawking's First Wife Intensifies Attack on The Theory of Everything," *The Guardian*, October 3, 2018.

22. Ben Travis and Alex Godfrey, "Eddie Redmayne on Meeting Stephen Hawking for The Theory of Everything," *Empire*, March 14, 2018.

23. For Jane Hawking's film rights, see Film and Music Entertainment, Inc., CIK#0001309152, Form 10SB12G/A, 2006-02-06.

24. "The Theory of Everything," Box Office Mojo, www.boxofficemojo.com/movies/?id =theoryofeverything.htm.

25. *Stem Cell Universe with Stephen Hawking*, Discovery Science, February 3, 2014.

26. Errol Morris, personal communication with author.

27. Author's analysis.

28. Morris, personal communication with author.

29. "Stephen Hawking recorded iNNOCENCE + eXPERIENCE monologue," YouTube, posted May 17, 2015, by Bob Mackin, www.youtube.com/watch?v=YZM7uM8OyxA.

30. "Report and Financial Statements for the Period 1 April 2016 to 31 March 2017," Stephen Hawking Foundation, Charity number 1163521.

31. Zuckerman, personal communication with author.

32. BBC Radio 4 Today, March 18, 2014, www.bbc.com/news/av/science-environment -26625791/stephen-hawking-wins-inflation-debate.

33. Dennis Overbye, "Space Ripples Reveal Big Bang's Smoking Gun," *New York Times*, March 18, 2014, A1.

34. Chris Havergal, "Cambridge University's Stephen Hawking Claims Victory in Bet with Neil Turok After Cosmic Wave Discovery," *Cambridge Evening News*, March 18, 2014.

35. George P. Mitchell, "George Mitchell Lays Groundwork for New Texas A&M Science Initiative with $35 Million Gift," press release, Texas A&M University, November 3, 2005; "Hawking Honored with Auditorium at Texas A&M," Associated Press, April 6, 2010.

36. Andy Strominger, personal communication with author; S. W. Hawking, "The Information Paradox for Black Holes," arXiv:1509.01147v1, September 3, 2015.

37. Strominger, personal communication with author.

38. Strominger, personal communication with author. The elision is "information paradox with supertranslation hair." The black-hole information paradox, one of Hawking's central scientific contributions, is more fully explained later in the book. *Supertranslation hair* is one variety of soft hair, which is the subject of the first of three papers by Hawking, Strominger, and Perry; for technical reasons, this variety of soft hair cannot, in fact, solve the paradox.

39. Raphael Bousso and Massimo Porrati, "Soft Hair as a Soft Wig," arXiv:1706.00436v2, September 20, 2017; Marika Taylor personal communication with author.

40. Lawrence M. Krauss (@LKrauss1), Twitter, September 25, 2015, 4:39 p.m., https://twitter .com/lkrauss1/status/647510799678750720.

41. Lawrence M. Krauss (@LKrauss1), Twitter, January 11, 2016, 10:46 a.m., https://twitter .com/lkrauss1/status/686574829542092800; "Thursday: Scientists to Provide Update on Search for Gravitational Waves," LIGO Media Advisory, February 8, 2016.

42. Dr Erin Ryan, (@erinleeryan), Twitter, February 11, 2016, 10:14 a.m., https://twitter.com /erinleeryan/status/697800782175997952.

43. "LIGO Detects Gravitational Waves—Announcement at Press Conference (part 2), February 11, 2016, www.ligo.caltech.edu/WA/video/ligo20160211v12.

44. Stephen Hawking, *A Brief History of Time* (New York: Bantam Books, 1998), 93–94.

45. LIGO Scientific Collaboration, "GWTC-1: A Gravitational-Wave Transient Catalog of Compact Binary Mergers Observed by LIGO and Virgo During the First and Second Observing Runs," arXiv:1811.12907v2, December 16, 2018.

46. Kip Thorne, personal communication with author.

第 3 章　生活在聚光灯下（2012—2014）

1. "Opening Ceremony—London Paralympic Games," YouTube, posted August 29, 2012, by Paralympic Games, www.youtube.com/watch?v=Kd4FgGSY5BY.

2. "Opening Ceremony—London Paralympic Games"; Stephen Hawking, *My Brief History* (London: Bantam Books, 2018), 122.

3. Andy Strominger, personal communication with author.

4. John Boslough, *Stephen Hawking's Universe* (London: HarperCollins, 1995), 93–94.

5. Stephen Hawking, *A Brief History of Time* (New York: Bantam Books, 1998), 13.

6. Edwin M. McMillan, "Current Problems in Particle Physics," *Science* 152, no. 3726 (May 27, 1966): 1212, https://doi.org/10.1126/science.152.3726.1210; Willis Lamb, "Fine Structure of

the Hydrogen Atom," Nobel Prize Lecture, December 12, 1955, www.nobelprize.org/uploads /2018/06/lamb-lecture.pdf (quotation marks omitted).

7. "Stephen Hawking on Higgs: 'Discovery Has Lost Me $100,'" BBC News, July 4, 2012, www.bbc.com/news/av/science-environment-18708626/stephen-hawking-on-higgs-discovery -has-lost-me-100.

8. Peter Guzzardi, personal communication with author; Hawking, *My Brief History*, 122.

9. Amber Goodhand, "Renowned Physicist Stephen Hawking Frequents Sex Clubs," Radar Online, February 24, 2012, https://radaronline.com/exclusives/2012/02/stephen-hawking -sex-clubs-physicist-freedom-acres.

10. "A Brief History of the Time Stephen Hawking Went to a Sex Club: University Says Physicist Visited California Swingers' Club with Friends," *Daily Mail*, February 27, 2012, www.daily mail.co.uk/news/article-2106025/Stephen-Hawking-visits-California-swingers-sex-club.html.

11. "Freedom Acres Resort," Freedom Acres Resort, http://freedomacresresorts.com, accessed May 30, 2019; Russ Thomas, personal communication with author.

12. Errol Morris, personal communication with author.

13. Jane Hawking, *Music to Move the Stars: A Life with Stephen Hawking* (London: Pan, 2000), 328.

14. "NMC Announces Fitness to Practise Hearing Outcome Involving Former Nurse of Professor Stephen Hawking," Nursing and Midwifery Council, press release, March 12, 2019.

15. Andrew Holgate, "The Trouble with Being a Genius: Stephen Hawking Has Had to Overcome Extraordinary Obstacles in His Life. His Memoir Hints at His Travails [Eire Region]," *Sunday Times* (London), September 22, 2013.

16. Chuck Leddy, "'My Brief History' by Stephen Hawking," *Boston Globe*, September 10, 2013.

17. Robert P. Crease, "A Cosmological Life," *Nature* 501, no. 7466 (September 12, 2013): 162.

18. Stephen Hawking, *Black Holes and Baby Universes and Other Essays* (New York: Bantam Books, 1993), 1–39.

19. Martin Rees, "Stephen Hawking—An Appreciation," March 14, 2018, www.ctc.cam.ac.uk /news/Hawking_an_appreciation-Rees.pdf.

20. Stephen Hawking, "This Is the Most Dangerous Time for Our Planet," *The Guardian*, December 1, 2016, www.theguardian.com/commentisfree/2016/dec/01/stephen-hawking -dangerous-time-planet-inequality; Robert Booth, "Stephen Hawking: I Fear I May Not Be Welcome in Donald Trump's US," *The Guardian*, March 20, 2017, www.theguardian.com/ science/2017/mar/20/stephen-hawking-trump-good-morning-britain-interview.

21. Stephen Hawking, "The NHS Saved Me. As a Scientist, I Must Help to Save It," *The Guardian*, August 18, 2017, www.theguardian.com/commentisfree/2017/aug/18/nhs-scientist -stephen-hawking.

22. Harriet Sherwood and Matthew Kalman, "Stephen Hawking Joins Academic Boycott of Israel," *The Guardian*, May 7, 2013, www.theguardian.com/world/2013/may/08/stephen-hawking -israel-academic-boycott; Robert Booth and Harriet Sherwood, "Noam Chomsky Helped Lobby Stephen Hawking to Stage Israel Boycott," *The Guardian*, May 10, 2013, www.theguardian.com /world/2013/may/10/noam-chomsky-stephen-hawking-israel-boycott.

23. Iain Thomson, "Israeli Activists Tell Hawking to Yank His Intel Chips over Palestine," *The Register*, May 9, 2013, www.theregister.co.uk/2013/05/09/israel_boycott_stephen_hawking _intel; Averil Parkinson and Jonathan Rosenhead, "Professor Stephen Hawking and the Academic Boycott of Israel," *BRICUP Newsletter* 120, April 2018, 3.

24. Steven Plaut, "Hawking," Zionist Conspiracy, May 8, 2013, http://zioncon.blogspot.com /2013/05/hawking.html.

25. S. W. Hawking, "Virtual Black Holes," *Physical Review D* 53, no. 6 (March 15, 1996): 3099–3107, https://doi.org/10.1103/PhysRevD.53.3099; John Gribbin, "Hawking Throws Higgs into Black Holes," *New Scientist*, December 2, 1995, www.newscientist.com/article/mg14820062 -400-hawking-throws-higgs-into-black-holes.

26. Alastair Dalton, "Clash of the Atom-Smashing Academics," *The Scotsman*, September 2, 2002.

27. Dalton, "Clash of the Atom-Smashing Academics."

28. "On the Hunt for the Higgs Boson," BBC, September 9, 2008, http://news.bbc.co.uk /today/hi/today/newsid_7598000/7598686.stm.

29. Mike Wade, "Higgs Launches Stinging Attack Against Nobel Rival," *The Times* (London), September 11, 2008.

第 4 章　穿越时空的邀请函（2008—2012）

1. *Into the Universe with Stephen Hawking*, Episode 2, "Time Travel," directed by Nathan Williams, April 25, 2010.

2. Stephen Hawking, "Space and Time Warps," available at Internet Archive, Wayback Machine, web.archive.org/web/20170126163529/http://www.hawking.org.uk/space-and-time-warps .html.

3. Personal communication with author.

4. Hélène Mialet, *Hawking Incorporated: Stephen Hawking and the Anthropology of the Knowing Subject* (Chicago: University of Chicago Press, 2012), 152.

5. Mialet, *Hawking Incorporated*, 154.

6. Mialet, *Hawking Incorporated*, 35.

7. Mialet, *Hawking Incorporated*, 36.

8. Dennis Overbye, *Lonely Hearts of the Cosmos: The Story of the Scientific Quest for the Secret of the Universe* (New York: Harper and Row, 1991), 115–116.

9. Al Zuckerman, personal communication with author; Leonard Mlodinow, personal communication with author.

10. Mlodinow, personal communication with author.

11. Mlodinow, personal communication with author.

12. Gilbert Taylor, "The Grand Design," *Booklist* 106, no. 22 (August 2010): 5.

13. "Hawking: God Did Not Create Universe," *Sunday Times* (London), September 2, 2010, www.thetimes.co.uk/article/hawking-god-did-not-create-universe-mrbvqgs50xl; Alastair Jamieson, "Baroness Greenfield Criticises 'Taliban-Like' Stephen Hawking," *The Telegraph*, September 8, 2018, www.telegraph.co.uk/news/science/stephen-hawking/7988785/Baroness -Greenfield-criticises-Taliban-like-Stephen-Hawking.html; Philip Mathias, "A Book About Nothing: Stephen Hawking's 'The Grand Design' Imagines a Universe That Creates Itself 'Spontaneously.' But He Never Quite Explains How Matter and Energy Emerge from a Void," *National Post*, September 27, 2010, at Pressreader, www.pressreader.com/canada/national-post -latest-edition/20100927/281930244321327.

14. "Feynman :: Rules of Chess," YouTube, posted by defjam99b, n.d., www.youtube.com /watch?v=o1dgrvlWML4.

15. "Feynman :: Rules of Chess."

16. Graham Farmelo, "Life, the Universe and M-Theory: Books of the Week. Are We Close to a Unifying Theory of Physics or Are We Nearing the Limits of Knowledge? Graham Farmelo Looks at Two Contrary Viewpoints," *The Times* (London), September 11, 2010, 9.

17. Dwight Garner, "Many Kinds of Universes and None Require God," *New York Times*, September 7, 2010, C1.

18. "Stephen Hawking's Last Speech," You Subtitles, www.yousubtitles.com/Stephen -Hawkings-Last-Speech-id-1978237.

19. Ian Sample, "Stephen Hawking Taken to Hospital After Becoming 'Very Ill,'" *The Guardian*, April 20, 2009, www.theguardian.com/science/2009/apr/21/stephen-hawkings-illness.

20. Kitty Ferguson and S. W Hawking, *Stephen Hawking: An Unfettered Mind* (New York: St. Martin's Press, 2017), 272.

第 5 章　被操纵的真相（2004—2007）

1. Judy Bachrach, "A Beautiful Mind, an Ugly Possibility," *Vanity Fair*, June 2004, www .vanityfair.com/news/2004/06/hawking200406. See also "Is Stephen Hawking Being Abused by His Wife?," *People*, updated February 9, 2004, https://people.com/archive/is-stephen -hawking-being-abused-by-his-wife-vol-61-no-5.

2. Hawking acquaintance, personal communication with author.

3. Various, personal communications with author.

4. Bachrach, "A Beautiful Mind, an Ugly Possibility"; Olga Craig, "Is This the Brief History of a Troubled Marriage?," *The Telegraph*, January 25, 2004, www.telegraph.co.uk/news /uknews/1452515/Is-this-the-brief-history-of-a-troubled-marriage.html.

5. Assistant, personal communication with author.

6. Natalie Clarke, "Professor Hawking in Assault Probe," *Daily Mail*, January 2004, www .dailymail.co.uk/news/article-206323/Professor-Hawking-assault-probe.html; "Is Stephen Hawking Being Abused by His Wife?"; Craig, "Is This the Brief History"; Laura Peek, "Hawking Denies Assault by Wife After Fresh Allegations by Carer," *The Times* (London), January 24, 2004.

7. Leonard Mlodinow, *Stephen Hawking: A Memoir of Friendship and Physics* (New York: Pantheon Books, 2020), 163.

8. Craig, "Is This the Brief History."

9. David Sapsted, "Hawking Defends His Wife After Assault Claims," *The Telegraph*, January 24, 2004, www.telegraph.co.uk/news/uknews/1452453/Hawking-defends-his-wife-after-assault -claims.html.

10. Cambridgeshire Constabulary, "Professor Stephen Hawking," press release, March 29, 2004.

11. Nurse, personal communication with author.

12. "Shadowland," *The Age*, April 21, 2004, www.theage.com.au/entertainment/books /shadowland-20040421-gdxpqh.html.

13. Kitty Ferguson and S. W. Hawking, *Stephen Hawking: An Unfettered Mind* (New York: St. Martin's Press, 2017), 286; "Stephen Hawking's Grand Design: The Meaning of Life Full Episode," YouTube, posted September 16, 2015, by S. M. Taif- Ul-Kabir, www.youtube.com /watch?v=usdqCexPQww.

14. "Shadowland."

15. Max Planck, *The Origin and Development of the Quantum Theory: Being the Nobel Prize Address Delivered Before the Swedish Academy of Sciences at Stockholm, 2 June 1920*, trans. H. T. Clarke and L. Silberstein (Oxford: Clarendon Press, 1922).

16. Einstein never won for his relativity theory, but for his quantum work regarding what happens when light hits metal objects.

17. Author's personal recollection of July 21, 2004; Jenny Hogan, "Hawking Cracks the Paradox," *New Scientist* 183, no. 2456 (July 17, 2004), 11.

18. "The Hawking Paradox," *Horizon*, Season 42, Episode 2, directed by William Hicklin, BBC, aired September 15, 2005.

19. Leonard Susskind, personal communication with author, as described in Charles Seife, "A General Surrenders the Field, but Black Hole Battle Rages On," *Science* 305, no. 5686 (August 13, 2004): 934, https://doi.org/10.1126/science.305.5686.934.

20. Wager posted at John Preskill' Caltech website, www.theory.caltech.edu/~preskill/info _bet.html.

21. Charles Seife, "Hawking Slays His Own Paradox, but Colleagues Are Wary," *Science* 305, no. 5684 (July 30, 2004): 586, https://doi.org/10.1126/science.305.5684.586.

22. Andy Strominger, personal communication with author.

23. S. W. Hawking, "Information Loss in Black Holes," *Physical Review D* 72, no. 8 (October 18, 2005): 084013, https://doi.org/10.1103/PhysRevD.72.084013.

24. Scott Feschuk, "Briefer Madness," *Maclean's* 118, no. 46 (November 14, 2005): 148; Jim al-Khalili, "Short Cut to Space-Time," *Nature* 438, no. 7065 (2005): 159–159, 161.

25. Matthew Syed, "Only Partially Blinded by Science," *The Times* (London), October 15, 2005.

26. Stephen Hawking, *God Created the Integers: The Mathematical Breakthroughs That Changed History* (Philadelphia: Running Press, 2007), 291.

27. Stephen Gaukroger, *Descartes: An Intellectual Biography* (Oxford: Clarendon Press, 2002), 416.

28. Hawking, *God Created the Integers*, 675.

29. Des MacHale, *George Boole: His Life and Work* (Dublin: Boole Press, 1983), 155–156.

30. Gil King, personal communication with author.

31. "Jeff Koons," *Journal of Contemporary Art*, October 1986, www.jca-online.com/koons.html.

32. Hawking, *God Created the Integers*, 1162.

33. John Moran, "'Theory of Everything' Not for Novices," *Chicago Tribune*, June 13, 2002, 4–5.

34. Hillel Italie, "Hawking Tries to Stop Publication of Lectures," Associated Press, in *Journal Gazette*, May 24, 2002, 4W.

35. Scott Flicker, "Complaint Against New Millennium Entertainment," April 26, 2002, addressed to J. Howard Beales III, director of consumer protection, no. 2130979.

36. Michael Hiltzik, "It's a Safe Bet That He'll Sue in This Town Again," *Los Angeles Times*, June 2, 2003, www.latimes.com/archives/la-xpm-2003-jun-02-fi-golden2-story.html.

37. "Latest News," Stephen Hawking website, Internet Archive, Wayback Machine, June 9, 2003, https://web.archive.org/web/20030609215606/http://hawking.org.uk/home/hindex.html.

38. Stephen Hawking, *My Brief History* (London: Bantam Books, 2018), 89; Court employee, personal communication with author; Elaine Hawking, "Baptism Testimony of Elaine Hawking," Internet Archive, April 2018, https://archive.org/details/chipping-campden-baptist-church-513231/2018-04-01-Baptism-Testimony-Elaine-Hawking-Elaine-Hawking-46453311.mp3.

39. Al Zuckerman, personal communication with author.

40. Hawking, *My Brief History*.

41. "Shadowland."

42. "Stephen Hawking Calls for Mankind to Reach for Stars," *Space Daily*, June 14, 2006, www.spacedaily.com/reports/Stephen_Hawking_Calls_For_Mankind_To_Reach_For_Stars.html.

43. Lucy and Stephen Hawking, with Christophe Galford, illustrated by Garry Parsons, *George's Secret Key to the Universe* (London: Doubleday, 2007), 4–5.

44. *Edge*, www.edge.org/3rd_culture/krauss06/images/35.jpg; Agency, "Stephen Hawking Pictured on Jeffrey Epstein's 'Island of Sin,'" *The Telegraph*, January 12, 2015, www.telegraph.co.uk/news/science/stephen-hawking/11340494/Stephen-Hawking-pictured-on-Jeffrey-Epsteins-Island-of-Sin.html.

45. "Stephen Hawking Eulogizes George Mitchell as Science Visionary, World-Changer, Friend," Texas A&M College of Science (blog), August 9, 2013, https://science.tamu.edu/news/2013/08/stephen-hawking-eulogizes-george-mitchell-as-science-visionary-world-changer-friend.

46. Jesse Drucker, "Kremlin Cash Behind Billionaire's Twitter and Facebook Investments," *New York Times*, November 5, 2017, www.nytimes.com/2017/11/05/world/yuri-milner-facebook-twitter-russia.html; Stephen Hawking, "Yuri Milner," *Time*, April 21, 2016, https://time.com/collection-post/4300003/yuri-milner-2016-time-100.

47. Milner met Hawking at a conference in Moscow in 1987. Yuri Milner, "Stephen Hawking: The Universe Does Not Forget, and Neither Will We," *Scientific American* (blog), March 29, 2018, https://blogs.scientificamerican.com/observations/stephen-hawking-the-universe-does-not-forget-and-neither-will-we; Marika Taylor, personal communication with author.

48. Marika Taylor, personal communication with author.

49. "Peter Diamandis: Stephen Hawking Hits Zero G," YouTube, TED Talk, posted July 8, 2008, by TED, www.youtube.com/watch?v=0VJqrlH9cdI; "Reimbursable Space Act Agreement Between National Aeronautics and Space Administration, John F. Kennedy Space Center and Zero Gravity Corporation for Recurring Use of the Shuttle Landing Facility," signed March 20, 2006 (James Kennedy), and March 30, 2006 (Peter Diamandis).

50. Diamandis TED Talk.

51. "Review of NASA's Microgravity Flight Services," NASA Office of Inspector General, Report no. IG-10-015; "Move to New Planet, Says Hawking," BBC, November 30, 2006, http://news.bbc.co.uk/2/hi/6158855.stm.

52. "Professor Stephen Hawking and Virgin Galactic," Virgin, December 17, 2015, www.virgin.com/richard-branson/professor-stephen-hawking-and-virgin-galactic.

53. "Professor Stephen Hawking and Virgin Galactic."

第 6 章　宇宙的边界（1998—2003）

1. Author's personal recollection of APS meeting in Atlanta, March 1999, written down twenty years later.

2. "Hawking Draws Packed House to Atlanta Civic Center," *APS News* 8, no. 5 (May 1999), www.aps.org/publications/apsnews/199905/hawking.cfm.

3. "Remarks by President Clinton and Q&As at Hawking Lecture," White House Millennium Council, March 6, 2000, https://clintonwhitehouse4.archives.gov/Initiatives/Millennium/19980309-22774.html.

4. "Descent," *Star Trek: The Next Generation*, Season 6, Episode 26, directed by Alexander Singer, aired June 19, 1993.

5. *The Simpsons*, Season 10, Episode 22, directed by Pete Michels, aired May 9, 1999; Nicholas Hellen and Steve Farrar, "Hawking Joins the Celestial High Earners," *Sunday Times* (London), March 28, 1999, 3; "Specsavers—Stephen Hawking (1999)," YouTube, posted March 14, 2017, by The Drum/Hosting, www.youtube.com/watch?v=aLMNYxEzXvU.

6. "Remarks by President Clinton and Q&As at Hawking Lecture."

7. Matin Dunani and Peter Rodgers, "Physics: Past, Present, Future," *Physics World* 12, no. 12 (December 1999): 7–14, https://doi.org/10.1088/2058-7058/12/12/2.

8. Errol Morris, personal communication with author.

9. Stephen Hawking, *The Universe in a Nutshell* (New York: Bantam Books, 2001), vii.

10. Kitty Ferguson and S. W. Hawking, *Stephen Hawking: An Unfettered Mind* (New York: St. Martin's Press, 2017), 199.

11. Neel Shearer, personal communication with author.

12. Jon Turney, "Review: The Universe in a Nutshell by Stephen Hawking," *The Guardian*, November 10, 2001, www.theguardian.com/books/2001/nov/10/scienceandnature.highereducation.

13. "Rave Review for Hawking's New Book," *Physics World*, November 8, 2001, https://physicsworld.com/a/rave-review-for-hawkings-new-book.

14. John Gribbin, "The Universe in a Nutshell by Stephen Hawking," *The Independent*, November 3, 2001, www.independent.co.uk/arts-entertainment/books/reviews/the-univese-in-a-nutshell-by-sephen-hawking-9153195.html.

15. Hawking, *Universe in a Nutshell*, 15.

16. "Hawking Rewrites History," *The Australian*, October 15, 2001, 9.

17. Jane Hawking, *Music to Move the Stars: A Life with Stephen* (London: Pan, 2000), 573.

18. Jane Hawking, *Music to Move the Stars*, 580, 586.

19. "Stephen and Me: Libby Brooks Talks to Jane Hawking," *The Guardian*, August 4, 1999, 1; Jane Hawking, *Music to Move the Stars*, 555.

20. Tim Adams, "Jane Hawking: Brief History of a First Wife," *The Guardian*, April 3, 2004; Jane Hawking, *Music to Move the Stars*, 23–24, 46, 572.

21. Veronica Lee, "The Playwright, the Scientist, His Wife, and Her Lover," *Globe and Mail*, August 15, 2000.

22. Robin Hawdon, *God and Stephen Hawking*, Josef Weinberger Plays, 2000.

23. Martin Anderson, "God and Stephen Hawking: The Playhouse, Derby, *The Independent*," September 5, 2000, www.independent.co.uk/arts-entertainment/theatre-dance/features

/god-and-stephen-hawking-the-playhouse-derby-701939.html; Matin Durrani, "Hawking Slams 'Stupid, Worthless' Play," *Physics World*, August 2000, 8.

24. "All My Shootings Be Drivebys," MC Hawking website, www.mchawking.com/all -my-shootings-be-drivebys---lyrics.

25. Susan Carpenter, "Check It! MC Hawking Raps," *Los Angeles Times*, November 2, 2000.

26. Roger Highfield, "I Thought My Time Was Up at the Age of 59.97, Says Hawking," *The Telegraph*, January 12, 2002, www.telegraph.co.uk/news/uknews/1381187/I-thought-my-time -was-up-at-the-age-of-59.97-says-Hawking.html.

27. Hélène Mialet, *Hawking Incorporated: Stephen Hawking and the Anthropology of the Knowing Subject* (Chicago: University of Chicago Press, 2012), 2.

28. Neil Turok, personal communication with author.

29. Peter Stringfellow, personal communication with author, July 2003.

30. "Stephen Hawking at 70: Exclusive Interview," *New Scientist*, January 4, 2012, www.new scientist.com/article/mg21328460-500-stephen-hawking-at-70-exclusive-interview.

31. Hawking, *Brief History*, 136.

32. Don N. Page, "The Hartle-Hawking Proposal for the Quantum State of the Universe," in *The Creation of Ideas in Physics: Studies for a Methodology of Theory Construction*, ed. Jarrett Leplin, University of Western Ontario Series in Philosophy of Science (Dordrecht: Springer Netherlands, 1995), 184.

33. S. W. Hawking, "The Cosmological Constant Is Probably Zero," *Physics Letters B* 134, no. 6 (January 26, 1984): 403.

34. Neil Turok, personal communication with author.

35. Kip S. Thorne, *Black Holes and Time Warps: Einstein's Outrageous Legacy* (New York: Norton, 1994), 419; Andy Strominger, personal communication with author.

36. "The Hawking Paradox, *Horizon*, Season 42, Episode 2, directed by William Hicklin, BBC, aired September 15, 2005.

37. Leonard Susskind, *The Black Hole War: My Battle with Stephen Hawking to Make the World Safe for Quantum Mechanics* (Boston: Little, Brown, 2009), 419.

38. Peter D'Eath, personal communication with author (via email) for this quotation and others that immediately follow.

39. Andrew Farley, personal communication with author.

40. Christophe Galfard, personal communication with author; "The Hawking Paradox"; Mialet, *Hawking Incorporated*, 93.

41. "The Hawking Paradox," Season 42, Episode 2.

42. Pallab Ghosh, "The Day I Thought We'd Unplugged Stephen Hawking," BBC, March 14, 2018, www.bbc.com/news/science-environment-43400021.

43. Neil Turok, personal communication with author.

第 7 章　信息的归宿（1995—1997）

1. "A Brief History of Physicist Hawking's Plans to Remarry," *Chicago Tribune*, July 6, 1995, 2.

2. Jane Hawking, *Music to Move the Stars: A Life with Stephen* (London: Pan, 2000), 562, 580; Ray Laflamme, personal communication with author.

3. Jane Hawking, *Music to Move the Stars*, 585; Matrimonial Causes Act of 1973, 28(3), rev. February 1, 1991.

4. Matrimonial Causes Act of 1973, 1(2), rev. February 1, 1991.

5. "Hawking to Marry His Former Nurse," *The Times* (London), July 6, 1995; Jane Hawking, *Music to Move the Stars*, 585; "Hawking Gets Hitched," *The Gazette*, September 16, 1995. Leonard Mlodinow, in his *Stephen Hawking: A Memoir of Friendship and Physics* (New York: Pantheon Books, 2020), 214, states that Robert, the eldest child, was, in fact, in attendance, but that the other two were not.

6. Personal communications with author.

7. For more about information and information theory, see my *Decoding the Universe: How the New Science of Information Is Explaining Everything in the Cosmos, from Our Brains to Black Holes* (New York: Viking, 2006).

8. Leonard Susskind, *The Black Hole War: My Battle with Stephen Hawking to Make the World Safe for Quantum Mechanics* (Boston: Little, Brown, 2009), 184.

9. "1990s," Royal Albert Hall, www.royalalberthall.com/about-the-hall/our-history/explore -our-history/time-machine/1990s.

10. "Show Detail: Aspen Center for Physics Presents: Does God Throw Dice in Black Holes with Stephen Hawking, July 24, 1996," Video On-Demand, Cablecast, http://mc.grassrootstv.org /Cablecast/public/Show.aspx?ChannelID=1&ShowID=947. There might be slight differences between this version of the lecture and the one given several months earlier at Albert Hall.

11. "A Matter of Divine Right: Does God Play Dice with the Universe? Einstein Said No, but Stephen Hawking Says Yes. Peter Millar Reports," *South China Morning Post*, December 4, 1995, 20.

12. Stephen Hawking, *Black Holes and Baby Universes and Other Essays* (New York: Bantam Books, 1993), 49 ff.

13. Hawking, *Black Holes and Baby Universes*, 67.

14. Daniel Z. Freedman, personal communication with author.

15. Sara Lippincott, "Interview with John H. Schwarz," 2002, Caltech Oral Histories, Caltech Institute Archives, https://resolver.caltech.edu/CaltechOH:OH_Schwarz_J, 44.

16. Stephen Hawking, typescript [photocopy] of a draft of *A Brief History of Time* with typed letter signed from Hawking to Mr. S. [Stephen] Zatman, March 24, 1986, Washington University, St. Louis, ID no. MSS/VMF/134, p. 94/101; Stephen Hawking, *A Brief History of Time* (New York: Bantam Books, 1988), 165.

17. Marika Taylor, personal communication with author.

18. Laflamme, personal communication with author.

19. Susskind, *Black Hole War*, 391.

20. Andy Strominger, personal communication with author.

21. Susskind, *Black Hole War*, 394.

22. Taylor, personal communication with author for this quotation and others that immediately follow.

23. Valerie Grove, "The Million-Dollar Cinderella," *The Times* (London), February 7, 1997, 16.

24. Daya Alberge, "Tolkien Wins Title Lord of the Books by Popular Acclaim," *The Times* (London), January 20, 1997.

25. Robert Crampton, "Intelligence Test," *The Times* (London), April 8, 1995.

26. Al Zuckerman, personal communication with author. The elision excises Zuckerman's mistaken reference to *Universe in a Nutshell* (also packaged by Philip Dunn) rather than *The Illustrated Brief History of Time*, which was the subject being discussed.

27. "The Big Bang," *Stephen Hawking's Universe*, Episode 6, aired on PBS in 1997.

28. "US Robotics X2 Commercial (Stephen Hawking)," YouTube, posted May 18, 2012, by vector108, www.youtube.com/watch?v=-HAUiXRuH_I; "Physicist Hawking Getting a Big Bang Out of Internet," *Chicago Tribune* (Associated Press), March 23, 1997, 19.

29. Paul Rodgers, "$6m Hawking Professorship Is 'Too Generous,' Say Critics," *Forbes*, February 5, 2014, www.forbes.com/sites/paulrodgers/2014/02/05/us-philanthropists-6m-for-stephen -hawking-professorship-is-too-generous-say-cambridge-critics; Neil Turok, personal communication with author.

30. Michael D. Lemonick, "Hawking: Is He All He's Cracked Up to Be?," *Time*, February 3, 2014, https://time.com/3531/hawking-myth-or-legend.

31. Peter Kingston, "Curtain Up on the Cosmos," *The Guardian*, November 13, 1997; *Falling Through a Hole in the Air*, written by Judith Goldhaber and Carlton Reese Pennypacker, directed by David Parr, 2007, recording provided by Carlton Reese Pennypacker.

32. Hélène Mialet, *Hawking Incorporated: Stephen Hawking and the Anthropology of the Knowing Subject* (Chicago: University of Chicago Press, 2012), 58.

33. Mialet, *Hawking Incorporated*, 61.

34. Wager posted at Preskill's Caltech website. See www.theory.caltech.edu/people/preskill /old_naked_bet.html.

35. John Preskill, personal communication with author.

36. Kip Thorne, "Warping Spacetime," in *The Future of Theoretical Physics and Cosmology: Celebrating Stephen Hawking's 60th Birthday*, ed. G. W. Gibbons, S. J. Rankin, and E. P. S. Shellard (Cambridge: Cambridge University Press, 2003), 24.

37. Preskill, personal communication with author.

38. Wager posted at Preskill's Caltech website. See www.theory.caltech.edu/people/preskill /info_bet.html.

39. Susskind, *Black Hole War*, 419.

40. Strominger, personal communication with author.

41. Joe Friesen, "Hawking Proves a Good Sport When It Comes to Settling Bets," *Globe and Mail*, July 22, 2004.

42. Marika Taylor, personal communication with author.

第 8 章　宇宙在我心中（1990—1995）

1. Emma Wilkins, "Wheelchair Physicist in Love Tangle with Nurse," *Daily Mail*, August 1, 1990.

2. "People," United Press International, July 29, 1990, BC cycle; Wilkins, "Wheelchair Physicist."

3. Jane Hawking, *Travelling to Infinity: My Life with Stephen Hawking* (Richmond, UK: Alma Books, 2014), 473.

4. Wilkins, "Wheelchair Physicist."

5. Peter Guzzardi, personal communication with author.

6. Jane Hawking, *Music to Move the Stars: A Life with Stephen* (London: Pan, 2000), 444.

7. Hawking, *Music to Move the Stars*.

8. Bob Sipchen, "Simply Human: Profile. Wheelchair-Bound Physicist Stephen Hawking Resists Efforts to Deify His Life or His Disabilities," *Los Angeles Times*, June 6, 1990, E1.

9. Stephen Hawking, *Black Holes and Baby Universes and Other Essays* (New York: Bantam Books, 1993), 32; Stephen Hawking, *My Brief History* (London: Bantam Books, 2018), 122; Hélène Mialet, *Hawking Incorporated: Stephen Hawking and the Anthropology of the Knowing Subject* (Chicago: University of Chicago Press, 2012), 71.

10. Leslie Hanscom, "I Have No Enemies," *Sydney Morning Herald*, July 2, 1988.

11. Kip S. Thorne, *Black Holes and Time Warps: Einstein's Outrageous Legacy* (New York: Norton, 1994), 413.

12. Michael S. Morris and Kip S. Thorne, "Wormholes in Spacetime and Their Use in Interstellar Travel: A Tool for Teaching General Relativity," *American Journal of Physics* 56, no. 5 (May 1988): 397.

13. "Citizen Science," 365 Days of Astronomy, December 27, 2012, https://cosmoquest.org /x/365daysofastronomy.

14. Morris and Thorne, "Wormholes in Spacetime and Their Use," 407.

15. S. W. Hawking, "Chronology Protection Conjecture," *Physical Review D* 46, no. 2 (July 15, 1987): 603.

16. Hawking, "Chronology Protection Conjecture."

17. Hawking, "Chronology Protection Conjecture."

18. Thorne, *Black Holes and Time Warps*, 521.

19. Sue Lawley, "Desert Island Discs: Stephen Hawking," BBC Radio 4, December 27, 1992, www.bbc.co.uk/programmes/p0093xb2.

20. John Preskill, personal communication with author.

21. Kitty Ferguson and S. W. Hawking, *Stephen Hawking: An Unfettered Mind* (New York: St. Martin's Press, 2017), 168; Judy Bachrach, "A Beautiful Mind, an Ugly Possibility," *Vanity Fair*, January 25, 2004, www.vanityfair.com/news/2004/06/hawking200406.

22. Morgan Strong, "Playboy Interview: Stephen Hawking," *Playboy*, April 1990, 74.

23. Strong, "Playboy Interview," 68, 64.

24. Bryan Appleyard, "A Master of the Universe," *Sunday Times* (London), June 19, 1988, 30; Jane Hawking, *Music to Move the Stars*, 592.

25. Lawley, "Desert Island Discs."

26. "1993 British Telecom—'Hawking' TV Commercial," YouTube, posted March 14, 2018, by History of Advertising Trust, www.youtube.com/watch?v=GH5Q54eIaPk.

27. Sean Michaels, "Stephen Hawking Sampled on Pink Floyd's The Endless River," *The Guardian*, October 8, 2014, www.theguardian.com/music/2014/oct/08/stephen-hawking-sampled-pink -floyd-the-endless-river; "Radio Interview on Opening Night of 1994 Tour: The Division Bell," Pink Floyd & Co., https://pfco.neptunepinkfloyd.co.uk/band/interviews/grp/grpredbeard.html.

28. Don N. Page and Stephen W. Hawking, "Gamma Rays from Primordial Black Holes," *Astrophysical Journal* 206 (May 15, 1976): 2.

29. Most sources give the date of this quotation as Hawking's 2016 Reith Lecture, but it dates back at least several years before that. S. W. Hawking, "Into a Black Hole," lecture ca. 2008, Internet Archive, Wayback Machine, https://web.archive.org/web/20120112012649/http://www .hawking.org.uk/into-a-black-hole.html.

30. S. W. Hawking and J. M. Stewart, "Naked and Thunderbolt Singularities in Black Hole Evaporation," arxiv:hep-th/9207105v1, July 30, 1992.

31. Raphael Bousso, personal communication with author.

32. Mialet, *Hawking Incorporated*, 55; Roger Penrose, "'Mind over Matter': Stephen Hawking—Obituary by Roger Penrose," *The Guardian*, March 14, 2018, www.theguardian.com /science/2018/mar/14/stephen-hawking-obituary.

33. R. Bousso and S. W. Hawking, "Black Holes in Inflation," *Nuclear Physics B* 57 (1997): 204.

34. Bousso, personal communication with author.

35. Hawking, "Into a Black Hole."

36. Leonard Susskind, "Lecture 8: Black Hole Formation, Penrose Diagrams and Wormholes. CosmoLearning Physics," CosmoLearning, posted January 11, 2015, https://cosmolearning.org/ video-lectures/black-hole-formation-penrose-diagrams-wormholes; Mialet, *Hawking Incorporated*, 68–70.

37. Mialet, *Hawking Incorporated*, 68–70.

38. Roger Penrose, personal communication with author.

39. G. H. Hardy, *A Mathematician's Apology* (Cambridge: Cambridge University Press, 1940), 6–7.

40. Andreas Albrecht, personal communication with author.

41. Robert Crampton, "Intelligence Test," *The Times* (London), April 8, 1995.

42. Graham Farmelo, *The Strangest Man: The Hidden Life of Paul Dirac, Mystic of the Atom* (New York: Basic Books, 2009), 288.

43. Hanscom, "I Have No Enemies."

44. Hanscom, "I Have No Enemies."

45. Hawking, *A Brief History of Time*, 116.

46. Hawking, *A Brief History of Time*, 174.

47. William Craig, "'What Place, Then, for a Creator?': Hawking on God and Creation," *British Journal for the Philosophy of Science* 41, no. 4 (December 1990): 483.

48. Hawking, *Black Holes and Baby Universes*, 41–42.

49. Jane Hawking, *Music to Move the Stars*, 536. The other journalist was Pauline Hunt, who wrote for the local Cambridge paper.

50. "Master of a Narrow Universe: Stephen Hawking Is on a Voyage to Stardom but Unable to Navigate in the Human Realm," *The Independent*, October 13, 1993, www.independent.co.uk

/voices/master-of-a-narrow-universe-stephen-hawking-is-on-a-voyage-to-stardom-but-unable-to-navigate-in-the-1510340.html.

51. Robert Crampton, "Intelligence Test," *The Times* (London), April 8, 1995.

52. Martyn Harris, "A Brief History of Hawking," Spectator Archive, June 27, 1992, http://archive.spectator.co.uk/article/27th-june-1992/18/a-brief-history-of-hawking.

第 9 章　成为畅销书作家（1987—1990）

1. Ray Laflamme, personal communication with author.

2. Peter Guzzardi, personal communication with author.

3. Stephen Hawking, typescript [photocopy] of a draft of *A Brief History of Time* with typed letter signed from Hawking to Mr. S. [Stephen] Zatman, March 24, 1986, Washington University, St. Louis, ID no. MSS/VMF/134 (also available at the University of Cambridge Library, Add. MS 9222, 95).

4. Stephen Hawking, "Is the End in Sight for Theoretical Physics?," in *Black Holes and Baby Universes and Other Essays* (New York: Bantam Books, 1993), 65.

5. Al Zuckerman, personal communication with author; John Gribbin, personal communication with author.

6. Guzzardi, personal communication with author for this quotation and others that immediately follow.

7. Archana Masih, "The Stephen Hawking I Knew," *Rediff*, March 22, 2018, www.rediff.com/news/special/the-stephen-hawking-i-knew/20180322.htm.

8. Hawking, *Brief History* typescript, 3.

9. Stephen Hawking, "Drafts of Stephen Hawking's A Brief History of Time," ca. 1983–ca. 1987, University of Cambridge Library, Add. MS. 9222, 171.

10. Stephen Hawking, *A Brief History of Time* (New York: Bantam Books, 1998), 1.

11. Hawking, *Brief History* typescript, 95.

12. Hawking, *A Brief History of Time*, 175.

13. Peter Guzzardi, personal communication with author; Stephen Hawking, "A Brief History of A Brief History," *Popular Science*, August 1989, 70 ff.

14. Masih, "The Stephen Hawking I Knew."

15. Guzzardi, personal communication with author.

16. Don Page, "Hawking's Timely Story," *Nature* 332 (April 21, 1988): 742–743; Hawking, *A Brief History of Time*, 73, 95.

17. Hawking, "A Brief History of a Brief History"; Elizabeth Mehren, "Reagan Administration Book Beat Picks Up," *Los Angeles Times*, April 3, 1988, www.latimes.com/archives/la-xpm-1988-04-03-bk-1130-story.html; Michael White and John Gribbin, *Stephen Hawking: A Life in Science* (New York: Dutton, 1992), 286.

18. Jane Hawking, *Music to Move the Stars: A Life with Stephen* (London: Pan, 2000), 486.

19. Andy Albrecht, personal communication with author.

20. White and Gribbin, *Stephen Hawking*, 326, 327.

21. Hawking, "Drafts of Stephen Hawking's A Brief History of Time," ca. 1983—ca. 1987, 282; Stephen Hawking, *A Brief History of Time*, 131.

22. White and Gribbin, *Stephen Hawking*, 327.

23. Albrecht, personal communication with author; White and Gribbin, *Stephen Hawking*, 328; Jerry Adler, "Reading God's Mind," *Newsweek*, June 13, 1988.

24. Dennis Overbye, *Lonely Hearts of the Cosmos* (New York: Harper and Row, 1991), 253.

25. Stephen Hawking, "Inflation Reputation Reparation," *Physics Today* 42, no. 2 (February 1989): 16.

26. Albrecht, personal communication with author.

27. Stephen Hawking, "Why Does the Universe Inflate?," in *Quantum Mechanics of Fundamental Systems: The Quest for Beauty and Simplicity*, ed. Marc Henneaux and Jorge Zanelli (New

York: Springer Science + Business Media, 2009), 147; Daniel Z. Freedman, personal communication with author.

28. Adler, "Reading God's Mind."

29. "Suiting Science to a T (Shirt), Two Chicago Bar Owners Set Up a Stephen Hawking Fan Club," *People*, September 11, 1989, https://people.com/archive/suiting-science-to-a-t-shirt-two -chicago-bar-owners-set-up-a-stephen-hawking-fan-club-vol-32-no-11; Steven Pratt, "His Fan Club Suits Hawking to a T," *Chicago Tribune*, July 26, 1989, www.chicagotribune.com/news /ct-xpm-1989-07-26-8902200569-story.html.

30. "Suiting Science to a T."

31. Laflamme, personal communication with author.

32. Nigel Farndale, "A Brief History of the Future," *The Independent*, January 8, 2000, www.independent.ie/irish-news/a-brief-history-of-the-future-26125776.html.

33. Laflamme, personal communication with author; Jane Hawking, *Music to Move the Stars*, 501.

34. Charles Oulton, "Cosmic Writer Shames Book World," *Sunday Times* (London), August 28, 1988.

35. Hawking, "A Brief History of a Brief History," 70 ff.

36. David Blum, "The Tome Machine," *New York Magazine*, October 24, 1988, 40.

37. Hawking, "A Brief History of a Brief History."

38. Guzzardi, personal communication with author.

39. Simon Mitton, personal communication with author.

40. Morgan Strong, "Playboy Interview: Stephen Hawking," *Playboy*, April 1990, 64.

41. Hawking, *Black Holes and Baby Universes*, 1.

42. Hawking, *My Brief History*, 6.

43. Errol Morris, personal communication with author.

44. Morris, personal communication with author.

45. Morris, personal communication with author.

46. Morris, personal communication with author.

47. Morris, personal communication with author.

48. Raphael Bousso, personal communication with author.

49. Jane Hawking, *Music to Move the Stars*, 504, 505.

50. Hawking, *My Brief History*, 85; Jane Hawking, *Music to Move the Stars*, 339.

51. Jane Hawking, *Music to Move the Stars*, 455, 460.

52. Jane Hawking, *Music to Move the Stars*, 487, 538.

53. Jane Hawking, *Music to Move the Stars*, 540.

54. "Jane Hawking, *Music to Move the Stars*, 548.

55. Jane Hawking, *Music to Move the Stars*, 546.

56. Jane Hawking, *Music to Move the Stars*, 553.

57. Richard Jerome, "Of a Mind to Marry," *People*, August 7, 1995, https://people.com/ archive/of-a-mind-to-marry-vol-44-no-6.

58. Jane Hawking, *Music to Move the Stars*, 557.

59. Bryan Appleyard, "Stephen Hawking Changed My Life," *Sunday Times* (London), December 14, 2014.

60. Pliny, *Natural History*, Book 33, Chapter 4; Tertullian, *Apology*, 33.3.

61. Bryan Appleyard, "A Master of the Universe," *Sunday Times* (London), June 19, 1988. 30.

第 10 章　时间之箭（1981—1988）

1. Stephen Hawking, *A Brief History of Time* (New York: Bantam Books, 1998), 116.

2. S. W. Hawking, "The Boundary Conditions of the Universe," in *Astrophysical Cosmology: Proceedings of the Study Week on Cosmology and Fundamental Physics, September 28—October*

2, 1981, vol. 48, Pontificiae Academiae Scientiarum Scripta Varia, ed. H. A. Brück, George V. Coyne, and Malcolm S. Longair (Vatican City: Pontificia Academia Scientiarum, 1982), 564.

3. Neil Turok, personal communication with author.

4. James Gleick, *Genius: The Life and Science of Richard Feynman* (New York: Pantheon, 1992), 245.

5. Gleick, *Genius*, 250.

6. Turok, personal communication with author.

7. James Hartle, personal communication with author.

8. James Hartle, personal communication with author.

9. Stephen Hawking, *Black Holes and Baby Universes and Other Essays* (New York: Bantam Books, 1993), 81.

10. Neil Turok, personal communication with author.

11. Hawking, *Black Holes and Baby Universes*, 94.

12. Neil Turok, personal communication with author.

13. Stephen Hawking, *My Brief History* (London: Bantam Books, 2018).

14. Malcolm W. Browne, "Does Sickness Have Its Virtues?," *New York Times*, March 10, 1981, www.nytimes.com/1981/03/10/science/does-sickness-have-its-virtues.html.

15. "Michael Harwood, "The Universe and Dr. Hawking," *The New York Times Magazine*, January 23, 1983, 1, 16. "Mild cetacean smile" from Timothy Ferris, "Mind over Matter," *Vanity Fair*, June 1984, 58.

16. "Professor Hawking's Universe," *Horizon*, Season 20, Episode 4, directed by Fisher Dilke, BBC, aired October 17, 1983.

17. Stephen Hawking, "A Brief History of A Brief History," *Popular Science*, August 1989, 70.

18. Hawking, "A Brief History of A Brief History."

19. Stephen Hawking, *Black Holes and Baby Universes*, 50.

20. Simon Mitton, personal communication with author.

21. As many of Hawking's draft manuscripts of *Brief History* (including his earliest one) don't bear dates and the memories of the key players in the story don't always line up exactly, there is some ambiguity in the early timeline of events surrounding the book. It is unclear, for example, precisely when Hawking formally engaged Zuckerman, and whether it was before or after Hawking approached Mitton with the typescript. I consider the former to be more likely, which would mean that Hawking approached Mitton as a courtesy (with the side benefit of receiving some free feedback) after getting the draft manuscript together (likely spurred on by Zuckerman) by the fall of 1983. The timeline firms up a bit by the sale of the book to Bantam in early 1984 and then Guzzardi's first face-to-face meeting with Hawking in Chicago in mid-1984.

22. Mitton, personal communication with author.

23. Leon Jaroff, "Stephen Hawking: Roaming the Cosmos," *Time*, February 8, 1988, http://content.time.com/time/subscriber/article/0,33009,966650-1,00.html; Mitton, personal communication with author.

24. Al Zuckerman, personal communication with author.

25. Peter Guzzardi, personal communication with author.

26. "History of A Brief History of Time," *The Bookseller*, October 21, 1988, 1625–1627.

27. Guzzardi, personal communication with author. It's worth noting that Mitton distinctly remembers the "airport bookstores" idea coming up in his early conversation with Hawking about *Brief History*; however, that conversation would probably have taken place well before Guzzardi mentioned it to Hawking in the letter. In this instance, I tend to think that Guzzardi is the most likely person to have first planted the airport bookstore idea in Hawking's head. If so, barring a fairly striking coincidence, that would suggest Mitton might be incorporating the airport bookstore trope from a later discussion with Hawking into his memory of their initial conversation. Without external documents or events to pin these memories to, it's all but impossible to tell for certain.

28. Michael White and John Gribbin, *Stephen Hawking: A Life in Science* (New York: Dutton, 1992), 284; Mitton, personal communication with author.

29. Jane Hawking, *Music to Move the Stars: A Life with Stephen* (London: Pan, 2000), 403–404.

30. John Boslough, *Stephen Hawking's Universe* (London: HarperCollins, 1995), 128.

31. Ray Laflamme, personal communication with author.

32. Ray Laflamme, personal communication with author; Raphael Bousso, personal communication with author.

33. Ray Laflamme, personal communication with author.

34. Laflamme, personal communication with author.

35. Jane Hawking, *Music to Move the Stars*, 417.

36. Stephen Hawking, typescript [photocopy] of a draft of *A Brief History of Time* with typed letter signed from Hawking to Mr. S. [Stephen] Zatman, March 24, 1986, Washington University, St. Louis, ID no. MSS/VMF/134 (typescript also available at the University of Cambridge Library, Add. MS 9222, 81).

37. Laflamme, personal communication with author.

38. Jane Hawking, *Music to Move the Stars*, 426.

39. Laflamme, personal communication with author.

40. Jane Hawking, *Music to Move the Stars*, 429.

41. Jane Hawking, *Music to Move the Stars*, 435.

42. Fergus Walsh, "Hawking: 'I Support Assisted Dying,'" BBC News, July 16, 2014, www.bbc.com/news/health-28337443.

43. Jane Hawking, *Music to Move the Stars*, 443.

44. *Larry King Live*, December 25, 1999; Jane Hawking, *Music to Move the Stars*, 453.

45. "Walt Woltosz on the Passing of World-Famous Astrophysicist, Professor Sir Stephen Hawking," Simulations Plus, May 16, 2018, www.simulations-plus.com/resource/walt-woltosz-passing-world-famous-astrophysicist-professor-sir-stephen-hawking; Joao Medeiros, "How Intel Gave Stephen Hawking a Voice," *Wired*, January 13, 2015, www.wired.com/2015/01/intel-gave-stephen-hawking-voice.

46. Emma Wilkins, "Wheelchair Physicist in Love Tangle with Nurse," *Daily Mail*, August 1, 1990, 4.

47. Elaine Hawking, "Baptism Testimony of Elaine Hawking," Internet Archive, April 2018, https://archive.org/details/chipping-campden-baptist-church-513231/2018-04-01-Baptism-Testimony-Elaine-Hawking-Elaine-Hawking-46453311.mp3.

48. *Dara O Briain Meets Stephen Hawking*, BBC One, June 16, 2015.

49. *Dara O Briain Meets Stephen Hawking*.

50. Laflamme, personal communication with author.

51. Laflamme, personal communication with author.

52. Hawking, *A Brief History of Time*, 150.

53. Stephen Hawking, "Disability Advice," March 10, 2009, Internet Archive, Wayback Machine, https://web.archive.org/web/20090310162145/hawking.org.uk/index.php/disability/disabilityadvice; Errol Morris, personal communication with author; Kip Thorne, personal communication with author.

54. Jane Hawking, *Music to Move the Stars*, 549.

55. *Dara O Briain Meets Stephen Hawking*.

56. Hawking, "A Brief History of A Brief History," 70 ff.

第 11 章　对暴胀理论的贡献（1977—1981）

1. Jane Hawking, *Music to Move the Stars: A Life with Stephen* (London: Pan, 2000), 331–332.

2. Jane Hawking, *Music to Move the Stars*, 332.

3. Jane Hawking, *Music to Move the Stars*, 326, 332; *Dara O Briain Meets Stephen Hawking*, BBC One, June 16, 2015.

4. Jane Hawking, *Music to Move the Stars*, 338.

5. Jane Hawking, *Music to Move the Stars*, 338–339.

6. *The Key to the Universe*, directed by John Gorman, presented by Nigel Calder, BBC Two, aired January 30, 1977.

7. Nigel Calder, "What Did Hawking Discover?," Calder's Updates, April 6, 2010, https://calderup.wordpress.com/tag/the-key-to-the-universe.

8. *Key to the Universe*.

9. S. W. Hawking, "The Quantum Mechanics of Black Holes," *Scientific American* 236, no. 1 (January 1977): 41.

10. S. W. Hawking, "Breakdown of Predictability in Gravitational Collapse," *Physical Review D* 14, no. 10 (November 15, 1976): 2464, https://doi.org/10.1103/PhysRevD.14.2460.

11. Stephen Hawking, "Does God Play Dice," 1999, Stephen Hawking website, www.hawking.org.uk/in-words/lectures/does-god-play-dice.

12. Andrei Linde, personal communication with author.

13. Linde, personal communication with author.

14. Kip S. Thorne, *Black Holes and Time Warps: Einstein's Outrageous Legacy* (New York: Norton, 1994), 278.

15. Linde, personal communication with author.

16. Linde, personal communication with author.

17. Jane Hawking, *Music to Move the Stars*, 349.

18. Jane Hawking, *Music to Move the Stars*, 349.

19. Jane Hawking, *Music to Move the Stars*, 361.

20. Jane Hawking, *Music to Move the Stars*, 109, 141, 110.

21. Original as quoted in Jane Hawking, "The Dawn—A Study of the Traditional Love Lyric of Medieval Spain and Portugal" (PhD diss., Westfield College, University of London, 1979), 63, translation by the author, based upon various translations available at Jarchas, www.jarchas.net/jarcha-23.html.

22. Jane Hawking, *Music to Move the Stars*, 122.

23. Jane Hawking, *Music to Move the Stars*, 291, 412.

24. Letter from Stephen and Jane Hawking, October 1981, John Archibald Wheeler Papers, American Philosophical Society Library, Philadelphia; Jane Hawking, *Music to Move the Stars*, 402, 480.

25. Stephen Hawking, *A Brief History of Time* (New York: Bantam Books, 1998), 131.

26. John Preskill, personal communication with author.

27. Dennis Overbye, *Lonely Hearts of the Cosmo* (New York: Harper and Row, 1991), 254; Alan H. Guth, *The Inflationary Universe: The Quest for a New Theory of Cosmic Origins* (Reading, MA: Addison-Wesley, 1997), 230.

28. John D. Barrow and Michael S. Turner, "The Inflationary Universe—Birth, Death and Transfiguration," *Nature* 298, no. 5877 (August 1982): 802.

29. Michael White and John Gribbin, *Stephen Hawking: A Life in Science* (New York: Dutton, 1992), 326.

30. Stephen Hawking, *Black Holes and Baby Universes and Other Essays* (New York: Bantam Books, 1993), 50.

31. *A Brief History of Time*, directed by Errol Morris, 1991.

32. Timothy Ferriss, *The Whole Shebang: A State of the Universe Report* (New York: Touchstone), 93.

第 12 章　黑天鹅（1974—1979）

1. Jane Hawking, *Music to Move the Stars: A Life with Stephen* (London: Pan, 2000), 250.

2. Jane Hawking, *Music to Move the Stars*, 262.

3. Murray Gell-Mann, "Dick Feynman—The Guy in the Office Down the Hall," *Physics Today* 42, no. 2 (February 1989): 54, https://doi.org/10.1063/1.881192.

4. Jack Birkinshaw, "Bottomless Helps Nobel Physicist with Figures," *Los Angeles Times*, November 8, 1969, sec. 2, 9.

5. "Richard P. Feynman: Al Seckel (Some Amazing Stories from a Close Friend). Personal Observations on the Reliability of the Shuttle, by R. P. Feynman. The Mysterious Number 137," Internet Archive, Wayback Machine, https://web.archive.org/web/20070219131111/http://www.brew-wood.co.uk/physics/feynman.htm.

6. George Johnson, "The Jaguar and the Fox," *The Atlantic*, July 2000, www.theatlantic.com/magazine/archive/2000/07/the-jaguar-and-the-fox/378264.

7. Letter from Bob Geroch to John Archibald Wheeler, John Archibald Wheeler Papers, American Philosophical Society Library, Philadelphia, Box 10.

8. "Richard Feynman: Al Seckel."

9. Michael White and John Gribbin, *Stephen Hawking: A Life in Science* (New York: Dutton, 1992), 147.

10. Neil Turok, personal communication with author.

11. Jane Hawking, *Music to Move the Stars*, 249, 265.

12. Bernard Carr, personal communication with author (email); Bernard Carr, "Stephen Hawking: Recollections of a Singular Friend," *Paradigm Explorer*, no. 127 (2018): 11.

13. Jane Hawking, *Music to Move the Stars*, 254.

14. Jane Hawking, *Music to Move the Stars*, 253.

15. Jane Hawking, *Music to Move the Stars*, 265, 265–266.

16. Jane Hawking, *Travelling to Infinity: My Life with Stephen Hawking* (Richmond, UK: Alma Books, 2014), 234.

17. Stephen Hawking, *A Brief History of Time* (New York: Bantam Books, 1998), 93–94.

18. Kip Thorne, personal communication with author.

19. An image of the handwritten wager appears at the University of Southampton personal webpage of Dr. Ian Jones, www.personal.soton.ac.uk/dij/GR-Explorer/bh/Hawking_Thorne_wager.jpg; Thorne quote from personal communication with author.

20. Kip S. Thorne, *Black Holes and Time Warps: Einstein's Outrageous Legacy* (New York: Norton, 1994), 315.

21. Jane Hawking, *Music to Move the Stars*, 281.

22. A. A. Jackson and Michael P. Ryan, "Was the Tungus Event Due to a Black Hole?," *Nature* 245, no. 5420 (September 1973): 88–89, https://doi.org/10.1038/245088a0; Walter Sullivan, "Curiouser and Curiouser," *New York Times*, July 14, 1974.

23. Malcolm W. Browne, "Clues to Origin of Universe Expected," *New York Times*, March 12, 1978, 1.

24. S. Coleman to R. Feynman, July 26, 1976, Richard Feynman Papers, Caltech Archives, Pasadena, California.

25. Leonard Susskind, personal communication with author.

26. Susskind, personal communication with author.

27. Robert Penrose, "The Grand Design," *Financial Times*, September 3, 2010.

28. Jane Hawking, *Music to Move the Stars*, 298, 299; Roger Dobson, "An Exceptional Man," *British Medical Journal* 324, no. 7352 (June 22, 2002): 1478.

29. Jane Hawking, *Music to Move the Stars*, 376, 306.

30. Jane Hawking, *Music to Move the Stars*, 309; "Jane Hawking: Cry to Dream Again," *The Ryan Tubridy Show*, aired July 10, 2018, RTE Radio One, available at www.rte.ie/radio1/ryan-tubridy/programmes/2018/0710/977619-the-ryan-tubridy-show-tuesday-10-july-2018 (the audio is at www.rte.ie/radio/radioplayer/html5/#/radio1/21396421).

31. Jane Hawking, *Music to Move the Stars*, 299, 373.

32. Jane Hawking, *Music to Move the Stars*, 377.

33. Jane Hawking, *Music to Move the Stars*, 298.

34. Stephen Hawking, *Black Holes and Baby Universes and Other Essays* (New York: Bantam Books, 1993), 121.

35. James Gleick, *Genius: The Life and Science of Richard Feynman* (New York: Pantheon, 1992), 296.

36. Letter from Lewis H. Strauss to John Archibald Wheeler, August 2, 1977, Wheeler Papers.

37. Letter from John Archibald Wheeler to Lewis H. Strauss, August 1977, Wheeler Papers; letter from Richard Feynman to Lewis Strauss, August 9, 1977, Feynman Papers.

38. "Einstein Award," press release, January 29, 1978, Wheeler Papers.

39. Kevin C. Knox and Richard Noakes, *From Newton to Hawking: A History of Cambridge University's Lucasian Professors of Mathematics* (New York: Cambridge University Press, 2006), 468.

40. Hélène Mialet, *Hawking Incorporated: Stephen Hawking and the Anthropology of the Knowing Subject* (Chicago: University of Chicago Press, 2012), 124.

第 13 章　黑体（1970—1974）

1. Stuart Clark, "A Brief History of Stephen Hawking: A Legacy of Paradox," *New Scientist*, March 14, 2018, www.newscientist.com/article/2053929-a-brief-history-of-stephen-hawking-a-legacy-of-paradox; Stephen Hawking, *A Brief History of Time* (New York: Bantam Books, 1998), 108.

2. Hawking, *A Brief History of Time*, 99–100.

3. Hawking, *A Brief History of Time*, 102.

4. Roger Penrose, personal communication with author for this quotation and others that immediately follow.

5. Interview with John Wheeler, Part 86, "Entropy of a Black Hole: Bekenstein, Stephen Hawking," available at Web of Stories, www.webofstories.com/people/john.wheeler/86.

6. Wheeler, "Entropy of a Black Hole."

7. Jane Hawking, *Music to Move the Stars: A Life with Stephen* (London: Pan, 2000), 175.

8. *A Brief History of Time*, directed by Errol Morris, 1991; Penrose, personal communication with author.

9. Robert Babson, "Gravity Research Foundation," Gravity Research Foundation, www.gravityresearchfoundation.org/historic; Michael White and John Gribbin, *Stephen Hawking: A Life in Science* (New York: Dutton, 1992), 177.

10. J. D. Bekenstein, "Black Holes and the Second Law," *Lettere al Nuovo Cimento* 4, no. 15 (August 12, 1972): 737–740.

11. Wheeler, "Entropy of a Black Hole."

12. Kip S. Thorne, *Black Holes and Time Warps: Einstein's Outrageous Legacy* (New York: Norton, 1994), 425.

13. Jacob D. Bekenstein, "Black-Hole Thermodynamics," *Physics Today* 33, no. 1 (January 1980): 28, https://doi.org/10.1063/1.2913906; Jacob D. Bekenstein, "Black Holes and Entropy," *Physical Review D* 7, no. 8 (April 15, 1973): 2333–2346.

14. Letter from Jacob Bekenstein to John Archibald Wheeler, October 13, 1972, John Archibald Wheeler Papers, American Philosophical Society Library, Philadelphia; letter from Bekenstein to Wheeler, January 23 1973, Wheeler Papers; letter from Wheeler to Bekenstein, October 2, 1972, Wheeler Papers.

15. J. M. Bardeen, B. Carter, and S. W. Hawking, "The Four Laws of Black Hole Mechanics," *Communications in Mathematical Physics* 31 (1973): 168.

16. Thorne, *Black Holes and Time Warps*, 434; Jane Hawking, *Music to Move the Stars*, 209, 207–208.

17. Kip Thorne, personal communication with author; Thorne, *Black Holes and Time Warps*, 433; Timothy Ferris, "Mind over Matter," *Vanity Fair*, June 1984, 59.

18. Jane Hawking, *Music to Move the Stars*, 219, 217.

19. Hawking, *A Brief History of Time*, 105.

20. Hawking, *A Brief History of Time*, 105.

21. Hawking, *A Brief History of Time*, 105.

22. *A Brief History of Time*, directed by Errol Morris, 1991.

23. Letter from Dennis Sciama to John Archibald Wheeler, January 8, 1974, Wheeler Papers.

24. *A Brief History of Time*, directed by Errol Morris, 1991.

25. Dennis Overbye, *Lonely Hearts of the Cosmos* (New York: Harper and Row, 1991), 112.

26. Ferris, "Mind over Matter," 102.

27. Penrose, personal communication with author; *A Brief History of Time*, directed by Errol Morris, 1991.

28. John Boslough, *Stephen Hawking's Universe* (London: HarperCollins, 1995), 70. A slightly different account can be found in Jane Hawking, *Music to Move the Stars*, 238–239, in which Taylor reportedly says: "Well, this is quite preposterous! I have never heard anything like it. I have no alternative but to bring this session to an immediate close!" I find Boslough's account somewhat more credible.

29. Overbye, *Lonely Hearts*, 113.

30. Kitty Ferguson and S. W Hawking, *Stephen Hawking: An Unfettered Mind* (New York: St. Martin's Press, 2017), 73–74.

31. Jacob D. Bekenstein, "Black-Hole Thermodynamics," *Physics Today* 33, no. 1 (January 1980): 28, https://doi.org/10.1063/1.2913906; JTA, "Israeli Academic Inspired One of Stephen Hawking's Biggest Discoveries," *Times of Israel*, March 14, 2018, www.timesofisrael.com/israeli-academic-inspired-one-of-stephen-hawkings-biggest-discoveries; letter from John Archibald Wheeler to Moshe Carmeli, October 1, 1975, Wheeler Papers, Box 4.

32. Wheeler to Carmeli, October 1, 1975.

33. Jane Hawking, *Music to Move the Stars*, 240.

34. Penrose, personal communication with author; letter from Roger Penrose to John Archibald Wheeler, November 14, 1973, Wheeler Papers, Box 11; letter from John Archibald Wheeler to Thomas Cowling, January 11, 1974, Wheeler Papers, Box 11.

35. Penrose, personal communication with author.

36. "City Man Youngest Ever RS Fellow," *Cambridge Evening News*, March 22, 1974.

第 14 章　黑洞（1965—1969）

1. Stephen Hawking, *My Brief History* (London: Bantam Books, 2018), 51.

2. Hawking, *My Brief History*, 51; Jane Hawking, *Music to Move the Stars: A Life with Stephen* (London: Pan, 2000), 76–77.

3. Roger Penrose, personal communication with author.

4. Hawking, *My Brief History*, 63; Penrose, personal communication with author; *A Brief History of Time*, directed by Errol Morris, 1991. There are accounts that put Hawking at the lecture and describe the moment of his realization on the train back, such as Michael White and John Gribbin, *Stephen Hawking : A Life in Science* (New York: Dutton, 1992), 84. However, Hawking's first-person account, as well as Penrose's—he remembers the incident distinctly—are much more likely to be true.

5. *A Brief History of Time*, directed by Errol Morris, 1991.

6. Penrose, personal communication with author.

7. Hawking, *My Brief History*, 65.

8. F. J. Tipler, C. J. S. Clarke, and G. F. R. Ellis, "Singularities and Horizons—A Review Article," in *General Relativity and Gravitation*, ed. A. Held (New York: Plenum Press, 1980), 134; Penrose, personal communication with author.

9. White and Gribbin, *Stephen Hawking*, 85.

10. Jane Hawking, *Music to Move the Stars*, 86–87.

11. Jane Hawking, *Music to Move the Stars*, 80.

12. S. Hawkins [sic] and G. F. R. Ellis, "Singularities in Homogeneous World Models," *Physics Letters* 17, no. 3 (July 15, 1965): 246–247, https://doi.org/10.1016/0031-9163(65)90510-X.

13. Stephen Hawking, *Black Holes and Baby Universes and Other Essays* (New York: Bantam Books, 1993), 10.

14. Letter from John Archibald Wheeler to Walker Bleakney, January 24, 1967, John Archibald Wheeler Papers, American Philosophical Society Library, Philadelphia, Box 4.

15. Letter from Robert Geroch to John Archibald Wheeler, February 8, 1967, Wheeler Papers, Box 4.

16. Letter from Stephen Hawking to John Archibald Wheeler, June 22, 1966, Wheeler Papers, Box 4.

17. Jane Hawking, *Music to Move the Stars*, 114.

18. Geroch to Wheeler, February 8, 1967.

19. Letter from Roger Penrose to John Archibald Wheeler, February 26, 1967, Wheeler Papers, Box 11.

20. Penrose, personal communication with author.

21. Letter from Roger Penrose to John Archibald Wheeler, March 28, 1967, Wheeler Papers, Box 11.

22. Penrose, personal communication with author; letter from John Archibald Wheeler to R. H. Dalitz, March 19, 1970, Wheeler Papers, Box 25.

23. Letter from John Archibald Wheeler to G. K. Batchelor, December 10, 1970, Wheeler Papers, Box 6. Though this was written in the context of a recommendation for Carter, it is consistent with what Wheeler wrote in other contexts at the time.

24. Jane Hawking, *Music to Move the Stars*, 111.

25. Jane Hawking, *Music to Move the Stars*, 111, 479.

26. Hawking, *My Brief History*, 54; Jane Hawking, *Music to Move the Stars*, 140.

27. Interview with John Wheeler, Part 83, "1967: Naming the Black Hole," available at Web of Stories, www.webofstories.com/people/john.wheeler/83. There's an earlier claim—a journalist used the term in 1964. But most scientists, Hawking included, give Wheeler the credit for coining the term in 1967.

28. Hawking, *Black Holes and Baby Universes*, 116–117.

29. Jane Hawking, *Music to Move the Stars*, 121, 167; Bernard Carr, "Stephen Hawking: Recollections of a Singular Friend," *Paradigm Explorer*, no. 127 (2018): 10.

30. Unsigned letter to Edmund Leach, June 5, 1972, St. John's College Library (the letter is possibly from Fred Hoyle); Simon Mitton, personal communication with author.

31. Unsigned Letter to Leach, June 5, 1972.

32. Hawking, *My Brief History*, 56–57.

33. Hawking, *My Brief History*, 58.

34. Jane Hawking, *Music to Move the Stars*, 162.

35. Jane Hawking, *Music to Move the Stars*, 164, 162–165.

36. Jane Hawking, *Music to Move the Stars*, 165.

第 15 章　奇点（1962—1966）

1. John Boslough, *Stephen Hawking's Universe* (London: HarperCollins, 1995), 22, 23.

2. Stephen Hawking, *Black Holes and Baby Universes and Other Essays* (New York: Bantam Books, 1993), 14.

3. *A Brief History of Time*, directed by Errol Morris, 1991.

4. Boslough, *Stephen Hawking's Universe*, 23.

5. *A Brief History of Time*, directed by Errol Morris, 1991.

6. Simon Mitton, *Fred Hoyle: A Life in Science* (Cambridge: Cambridge University Press, 2011), xi.

7. *A Brief History of Time*, directed by Errol Morris, 1991.

8. *A Brief History of Time*, directed by Errol Morris, 1991.

9. Jane Hawking, *Music to Move the Stars: A Life with Stephen* (London: Pan, 2000), 18, 25.

10. Jane Hawking, *Music to Move the Stars*, 22.

11. Jane Hawking, *Music to Move the Stars*, 23; Stephen Hawking, *My Brief History* (London: Bantam Books, 2018), 47.

12. Stephen Hawking, "The Theory of the NHS," *Journal of the Royal Society of Medicine* 110, no. 12 (December 1, 2017): 469, https://doi.org/10.1177/0141076817745764; *A Brief History of Time*, directed by Errol Morris, 1991.

13. Dennis Overbye, "Wizard of Space and Time," *Omni*, February 1979, 104; Boslough, *Stephen Hawking's Universe*, 25; Morgan Strong, "Playboy Interview: Stephen Hawking," *Playboy*, April 1990, 68.

14. Michael Harwood, "The Universe and Dr. Hawking," *The New York Times Magazine*, January 23, 1983.

15. Boslough, *Stephen Hawking's Universe*, 25; Michael White and John Gribbin, *Stephen Hawking: A Life in Science* (New York: Dutton, 1992), 74.

16. Jane Hawking, *Music to Move the Stars*, 33, 29.

17. Jane Hawking, *Music to Move the Stars*, 48, 49.

18. Adrian Melott, "Dennis Sciama and *The Theory of Everything*," *APS News*, February 2015, www.aps.org/publications/apsnews/201502/letters.cfm.

19. Harwood, "The Universe and Dr. Hawking"; Hawking, *Black Holes and Baby Universes*, 15.

20. Hawking, *My Brief History*, 46.

21. White and Gribbin, *Stephen Hawking*, 79.

22. Hawking, *My Brief History*, 46.

23. *Hawking*, directed by Stephen Finnigan, 2013; Harwood, "The Universe and Dr. Hawking."

24. Jane Hawking, *Music to Move the Stars*, 51.

25. Celia Walden, "Jane Hawking: 'Living with Stephen Made Me Suicidal but I Still Love Him,'" *The Telegraph*, May 16, 2015, www.telegraph.co.uk/news/features/11609068/Jane-Hawking-Living-with-Stephen-made-me-suicidal-but-I-still-love-him.html.

26. Jane Hawking, *Music to Move the Stars*, 58, 59.

27. Jane Hawking, *Music to Move the Stars*, 65; Hawking, *My Brief History*, 50.

28. Hawking, *My Brief History*, 50.

第 16 章　宇宙本原（1942—1962）

1. Stephen Hawking, *My Brief History* (London: Bantam Books, 2018), 34–35 (photo).

2. Hawking, *My Brief History*, 32; *A Brief History of Time*, directed by Errol Morris, 1991.

3. Michael White and John Gribbin, *Stephen Hawking: A Life in Science* (New York: Dutton, 1992), 61–62.

4. Michael Church, "Games with the Cosmos," *The Independent*, June 6, 1988; *A Brief History of Time*, directed by Errol Morris, 1991.

5. Andrew Grant, "Stephen Hawking (1942–2018)," *Physics Today*, March 14, 2018, https://doi.org/10.1063/PT.6.4.20180314a; *A Brief History of Time*, directed by Errol Morris, 1991; Stephen Hawking and Gene Stone, *Stephen Hawking's A Brief History of Time: A Reader's Companion* (New York: Bantam Books, 1992), 42–43.

6. "Photo 3 of 3," in "Photos of Frank Hawking," uploaded April 1, 2008, Geni, www.geni.com/photo/view/5213819130880079421?album_type=photos_of_me&end=&photo_id=5593127504360016751&start=&tagged_profiles=.

7. Hawking, *My Brief History*, 27 (photo).

8. Hawking, *My Brief History*, 24.

9. White and Gribbin, *Stephen Hawking*, 49.

10. Hawking, *My Brief History*, 28 (photo).

11. White and Gribbin, *Stephen Hawking*, 22–23.

12. "Stephen Hawking on the Teacher That Changed His Life | #TeachersMatter," YouTube, posted March 8, 2016, by Talking Education, www.youtube.com/watch?v=2srGloZ673A&feature=youtu.be; Hawking, *My Brief History*, 27–28.

13. Hawking, *My Brief History*, 30–31.

14. "Filariasis," *Scientific American* 199, no. 1 (1958): 94–101.

15. Hawking, *My Brief History*, 26.

16. Justin D. Arnold and Saurabh Singh, "How Frank Hawking, DM, and Table Salt, Helped Eliminate Lymphatic Filariasis from China," *JAMA Dermatology* 153, no. 8 (2017): 780, https://doi.org/10.1001/jamadermatol.2017.2494.

17. Hawking, *My Brief History*, 15 (photo).

18. Hawking and Stone, *Stephen Hawking's A Brief History of Time: A Reader's Companion*, 10.

19. Jane Hawking, *Music to Move the Stars: A Life with Stephen* (London: Pan, 2000), 20; Hawking, *My Brief History*, 7.

20. *A Brief History of Time*, directed by Errol Morris, 1991.

21. Hawking, *My Brief History*, 18.

22. Hawking, *My Brief History*, 19.

23. "Billy Graham Starts Crusade (1954)," YouTube, posted April 13, 2014, by British Pathé, www.youtube.com/watch?v=Fx_Tsc9IheM.

24. White and Gribbin, *Stephen Hawking*, 16–17.

25. Hawking and Stone, *Stephen Hawking's A Brief History of Time: A Reader's Companion*, 23.

26. *A Brief History of Time*, directed by Errol Morris, 1991.

27. John Boslough, *Stephen Hawking's Universe* (London: HarperCollins, 1995), 22.

28. *A Brief History of Time*, directed by Errol Morris, 1991.

29. *A Brief History of Time*, directed by Errol Morris, 1991.

30. Hawking, *My Brief History*, 24.

31. Hawking, *My Brief History*, 24.

32. Hawking and Stone, *Stephen Hawking's A Brief History of Time: A Reader's Companion*, 21.

33. Michael Church, "Games with the Cosmos," *The Independent*, June 6, 1988; Hawking, *My Brief History*, 13; *A Brief History of Time*, directed by Errol Morris, 1991.

34. *A Brief History of Time*, directed by Errol Morris, 1991.

35. Diario de Ibiza, "Stephen Hawking: Un Pequeño Turista en Ibiza," *Diario de Ibiza*, March 14, 2018, www.diariodeibiza.es/pitiuses-balears/2018/03/14/stephen-hawking-pequeno-turista-ibiza/975762.html.

36. Hawking and Stone, *Stephen Hawking's A Brief History of Time: A Reader's Companion*, 21.

37. Hawking, *My Brief History*, 20.

38. Hawking, *My Brief History*, 20.

39. Charles Marlow, "Stephen Hawking in Deia: A Very Brief History," Charles Marlow (blog), March 18, 2018, www.charlesmarlow.com/blog/2018/03/18/stephen-hawking-deia-brief-history.

40. Robert Graves, *Goodbye to All That* (London: Penguin, 2000), 220.

41. Marlow, "Stephen Hawking in Deia"; Hawking and Stone, *Stephen Hawking's A Brief History of Time: A Reader's Companion*, 22.

42. Hawking, *My Brief History*, 12 (photo).

43. Hawking, *My Brief History*, 12; Hawking and Stone, *Stephen Hawking's A Brief History of Time: A Reader's Companion*, 6.

44. Hawking, *My Brief History*, 14–16.

45. Hawking, *My Brief History*, 4.

第 17 章　站在巨人的肩膀上

1. Charlie Chaplin, *A Comedian Sees the World* (Columbia: University of Missouri Press, 2014), 60.

2. "Lights All Askew in the Heavens," *New York Times*, November 10, 1919, 17; Marshall Missner, "Why Einstein Became Famous in America," *Social Studies of Science* 15, no. 2 (1985): 276.

3. Philipp Frank, *Einstein: His Life and Times* (Cambridge, MA: Da Capo Press, 2002), 178–179.

4. Missner, "Why Einstein Became Famous in America," 282.

5. Frank, *Einstein*, 179.

6. Abraham Pais, *Einstein Lived Here* (Oxford: Oxford University Press, 1984), 138; Jürgen Neffe, *Einstein: A Biography* (New York: Farrar, Straus and Giroux, 2007), 373.

7. Kip Thorne, personal communication with author.

8. "Stephen Hawking's Wheelchair Sells for €340,000 at Auction of His Personal Items," TheJournal.ie, November 10, 2018, www.thejournal.ie/stephen-hawkings-wheelchair-and -thesis-fetch-more-than-expected-at-auction-4333052-Nov2018; Yvonne Nobis, Gordon Moore Library, personal communication with author (via email); Mark Chandler, "Stephen Hawking Official Biography Goes to John Murray," *The Bookseller*, September 27, 2019, www.thebook seller.com/news/stephen-hawking-official-biography-signed-john-murray-1088216.

9. Isaac Butler, "Errol Morris on His Movie—and Long Friendship—with Stephen Hawking," *Slate*, March 16, 2018, https://slate.com/culture/2018/03/errol-morris-on-stephen-hawking -and-his-movie-a-brief-history-of-time.html.